DEIN BIKE
DEIN FITTING

DEIN BIKE
DEIN FITTING

MIT DER OPTIMALEN SITZPOSITION DIE PERFORMANCE STEIGERN UND VERLETZUNGEN VORBEUGEN

PHIL BURT

riva

Ich widme dieses Buch meiner wundervollen Frau Claire und meinen Kindern Noah und Esme, ohne deren Unterstützung dieses Buch unmöglich hätte geschrieben werden können. Ebenso Nik Cook, der jedermanns Worte besser macht!

Bibliografische Information der Deutschen Nationalbibliothek
Die Deutsche Nationalbibliothek verzeichnet diese Publikation in der Deutschen Nationalbibliografie.
Detaillierte bibliografische Daten sind im Internet über http://d-nb.de abrufbar.

Für Fragen und Anregungen
info@rivaverlag.de

Wichtige Hinweise
Dieses Buch ist für Lernzwecke gedacht. Es stellt keinen Ersatz für eine individuelle medizinische Beratung dar und sollte auch nicht als solcher benutzt werden. Wenn Sie medizinischen Rat einholen wollen, konsultieren Sie bitte einen qualifizierten Arzt. Der Verlag und der Autor haften für keine nachteiligen Auswirkungen, die in einem direkten oder indirekten Zusammenhang mit den Informationen stehen, die in diesem Buch enthalten sind.

Ausschließlich zum Zweck der besseren Lesbarkeit wurde auf eine genderspezifische Schreibweise sowie eine Mehrfachbezeichnung verzichtet. Alle personenbezogenen Bezeichnungen sind somit geschlechtsneutral zu verstehen.

1. Auflage 2023

Türkenstraße 89
80799 München
Tel.: 089 651285-0
Fax: 089 652096

Die englischsprachige Originalausgabe erschien 2022 bei Bloomsbury Publishing Plc. unter dem Titel *Bike Fit: Optimise Your Bike Position For High Performance And Injury Avoidance. 2nd Edition.* © 2014 by Phil Burt. All rights reserved. Die Übersetzung von *Bike Fit 2nd Edition* wird im riva Verlag durch eine Vereinbarung mit Bloomsbury Publishing Plc. veröffentlicht.

Übersetzung: Jan Großöhmigen
Redaktion: Susanne Schneider
Umschlaggestaltung: Karina Braun, in Anlehnung an das Original
Umschlagabbildung: © Getty Images
Bilder im Innenteil: Illustrationen © XAB Design, außer: S. 25 f. © Shutterstock; S. 119 © Getty Images 2022
Studiofotos von Grant Pritchard; Fahrradfotos © Getty Images, außer: S. 12 © Endura; S. 120, S. 123 LH, S. 144 © Shutterstock; S. 154, S. 156, S. 158 , S. 160 f. © Zwift
Satz: Satzwerk Huber, Germering
Druck: Toppan
Printed in China

ISBN Print 978-3-7423-2319-4
ISBN E-Book (PDF) 978-3-7453-2117-3
ISBN E-Book (EPUB, Mobi) 978-3-7453-2116-6

Weitere Informationen zum Verlag finden Sie unter www.rivaverlag.de
Beachten Sie auch unsere weiteren Verlage unter www.m-vg.de

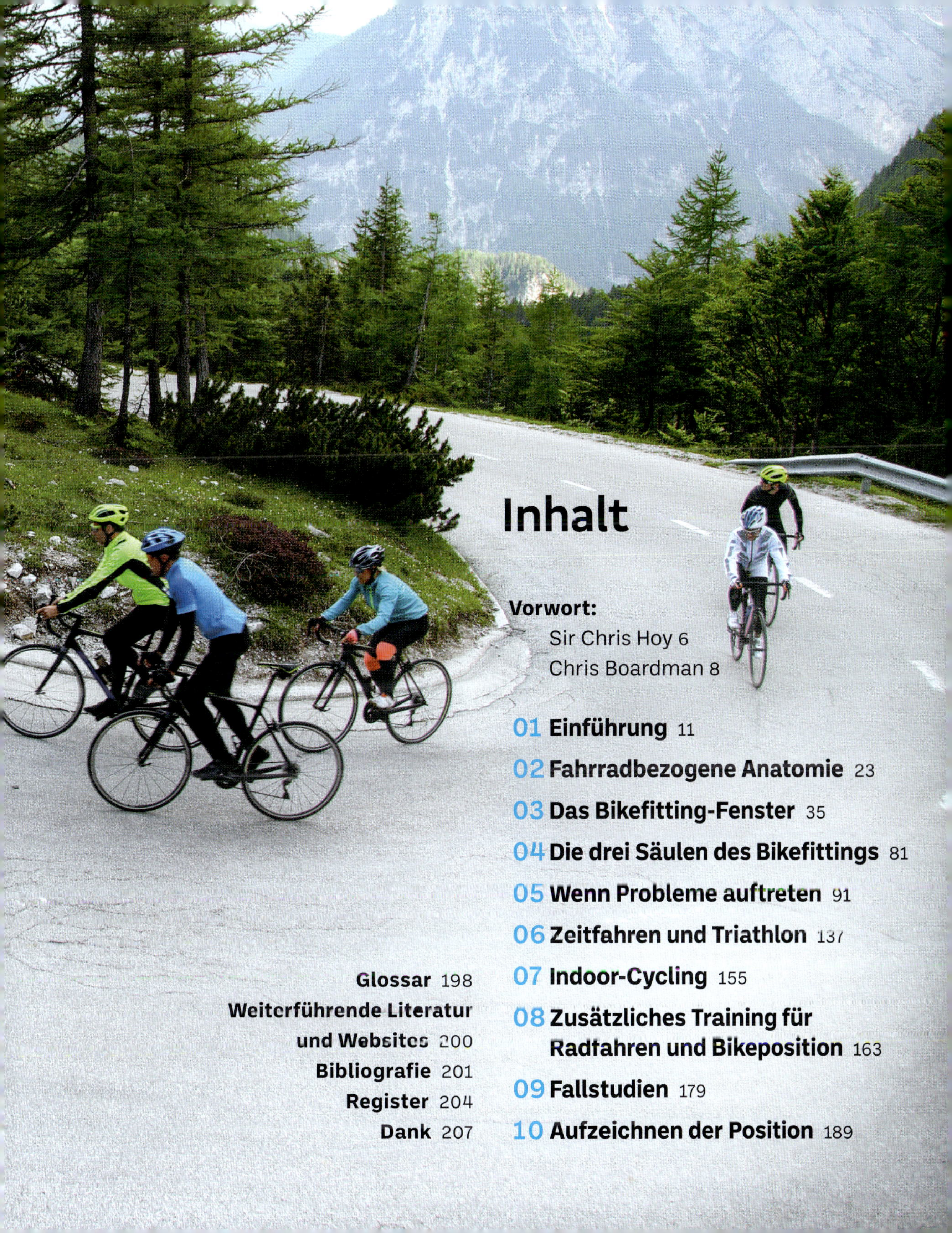

Inhalt

Vorwort:
Sir Chris Hoy

Ich liebe es, Menschen auf Fahrrädern zu sehen, aber nichts frustriert mich mehr, als jemanden zu sehen, der eine schlecht eingestellte Maschine fährt.

Wenn ich mit Radfahranfängern spreche, klagen sie oft über einen wunden Hintern, einen schmerzenden Rücken oder ein verletztes Knie. Sie haben das Radfahren ausprobiert, sagen sie, finden es aber schmerzhaft, unbequem oder beides – und daher nicht sehr angenehm.

Ich kann das nicht verstehen, denn ich fahre sehr gerne Fahrrad und finde es, wenn ich beim Training auf der Bahn nicht immer wieder Vollgas gebe, auch angenehm. Diejenigen, die sich beklagen, haben in 99 von 100 Fällen nicht deswegen Schmerzen, weil der Sattel zu hart oder das Radfahren zu anstrengend ist. Es liegt daran, dass das Fahrrad nicht richtig eingestellt wurde.

Menschen, die bei einer Wohltätigkeitsveranstaltung oder einem »Freizeitsportrennen« mitfahren, vielleicht zum ersten Mal, suchen oft nach Trainingstipps. Sie wollen wissen, welche Distanzen sie wie oft fahren müssen. Ich antworte dann: »Bevor du dir darüber Gedanken machst, stell sicher, dass deine Position richtig ist.«

Ein Fahrrad in der falschen Position zu fahren, ist ein bisschen so, als würde man versuchen, in den Schuhen eines anderen zu laufen. Ich bin durch viel Trial and Error,

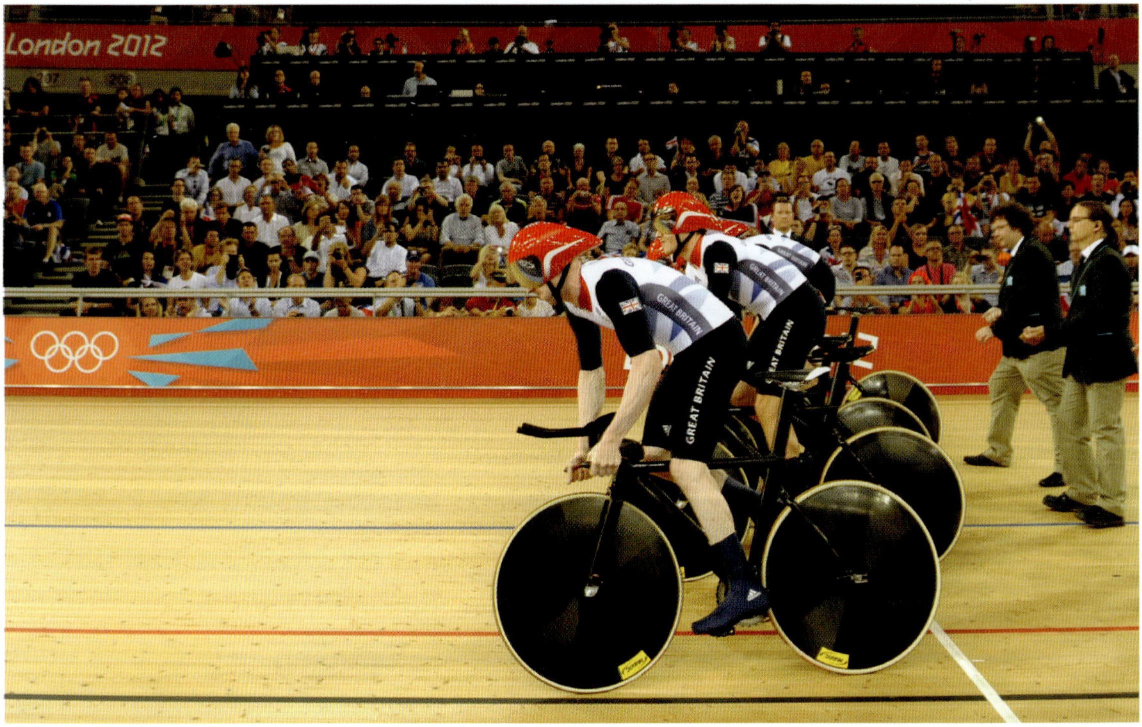

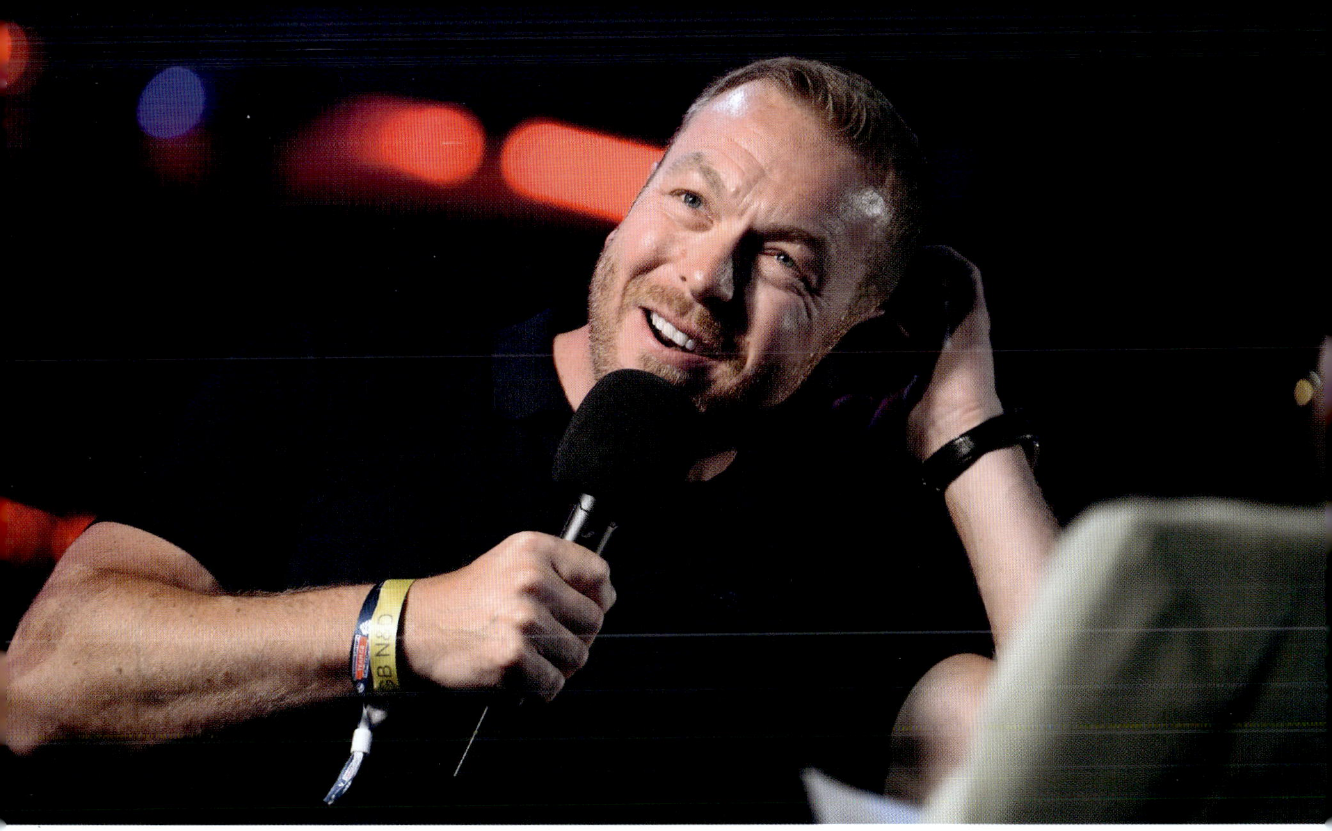

aber auch mithilfe von Expertenratschlägen zur »richtigen« Position gekommen.

Letztendlich bin ich 15 Jahre lang in derselben Position gefahren, und jetzt brauche ich kein Maßband mehr, das mir sagt, ob die drei Kontaktpunkte – Gesäß, Hände und Füße – für mich korrekt sind. Ich spüre das. Ich kann aufs Fahrrad steigen und dir sagen, ob der Sattel einen halben Zentimeter zu hoch oder zu tief ist.

Als Radsportprofi wird man perfekt auf seine Position eingestellt und reagiert sehr sensibel auf Veränderungen. Ich erinnere mich, dass meine Sattelhöhe in der Saison 2003 geringfügig abwich. Die Veränderung war minimal, aber sie verursachte sofort Knieprobleme.

Die Person, die mir fast ein Jahrzehnt lang geholfen hat, solche Verletzungen zu überwinden, war Phil Burt. Ich habe mit zahlreichen Physiotherapeuten gearbeitet, aber vor den Olympischen Spielen in Peking und London verbrachte ich genauso viel Zeit damit, mit Phil zu sprechen wie mit meinen Trainern.

Er hat so dazu beigetragen, dass ich unverletzt bleibe, besonders in der Vorbereitung auf London, als mein 36-jähriger Körper mich zeitweise aufzugeben schien. Er ist nicht nur ein wirklich netter Kerl, sondern auch ein sehr großer Kerl, sodass er meinen Rücken immer besser bearbeiten konnte als die meisten anderen. Aber gerade beim Thema Bikeposition ist Phil zum Experten geworden. Ich hätte vor über 20 Jahren nicht so viel Trial and Error gebraucht, wenn ich Phil damals gekannt hätte.

Es ist großartig, dass er sein Wissen nun in diesem Buch gesammelt hat. Mein Rat an jeden Radfahrer, ob neu oder alt, war schon immer, sich fachmännisch beraten zu lassen. Aber es gibt auch eine weitere Möglichkeit – Phils Buch zurate zu ziehen.

Ich hoffe, das bedeutet, dass ich, wenn ich mit meinem eigenen Fahrrad unterwegs bin und andere Radfahrer überhole – oder jetzt im Ruhestand von ihnen überholt werde –, die Positionen anderer auf ihren Fahrrädern bewundern kann, anstatt die Tatsache zu bedauern, dass sie viel mehr Freude am Sport haben könnten, wenn nur ihr Sattel die richtige Höhe hätte!

Wie sicher jeder weiß, macht es einfach mehr Spaß, in seinen eigenen Schuhen zu laufen.

Chris Hoy

Vorwort: **Chris Boardman**

Ich bin ein Excel-Typ. Ich liebe es, Dinge zu verstehen, Formeln zu finden und effizient zu arbeiten. Also ist Bikefitting genau mein Ding.

Es ist daher nicht verwunderlich, dass ich zusammen mit meinem Trainer Peter Keen, einem weltberühmten Sportwissenschaftler, die Positionseffizienz studierte, während ich fast ein Jahrzehnt lang Radsportprofi war. Da ich Rennen mit einer Dauer von vier Minuten bis zu drei Wochen fahren musste, experimentierten wir in vielen Bereichen: Bergfahren, Langstrecken, extreme Verfolgungsrennen und Zeitfahren.

Um an meiner Haltung beim Zeitfahren und bei Bahnrennen zu arbeiten, lernten wir mithilfe eines Ganzkörperspiegels und eines Ergometers (welches misst, wie viel Arbeit die Muskeln leisten), wie unglaublich engstirnig wir eigentlich waren, wenn es um das Thema Positionen ging.

Das Ergometer ermöglichte uns eine nahezu unendliche Bewegung in jeder Ebene und die Möglichkeit, die Geometrie völlig frei von Standardfahrradteilen zu betrachten. Abgesehen von einem Sattel, Pedalen und einem Lenker sah der Apparat nicht einmal wie ein Fahrrad aus, was sich als großer Durchbruch erweisen würde.

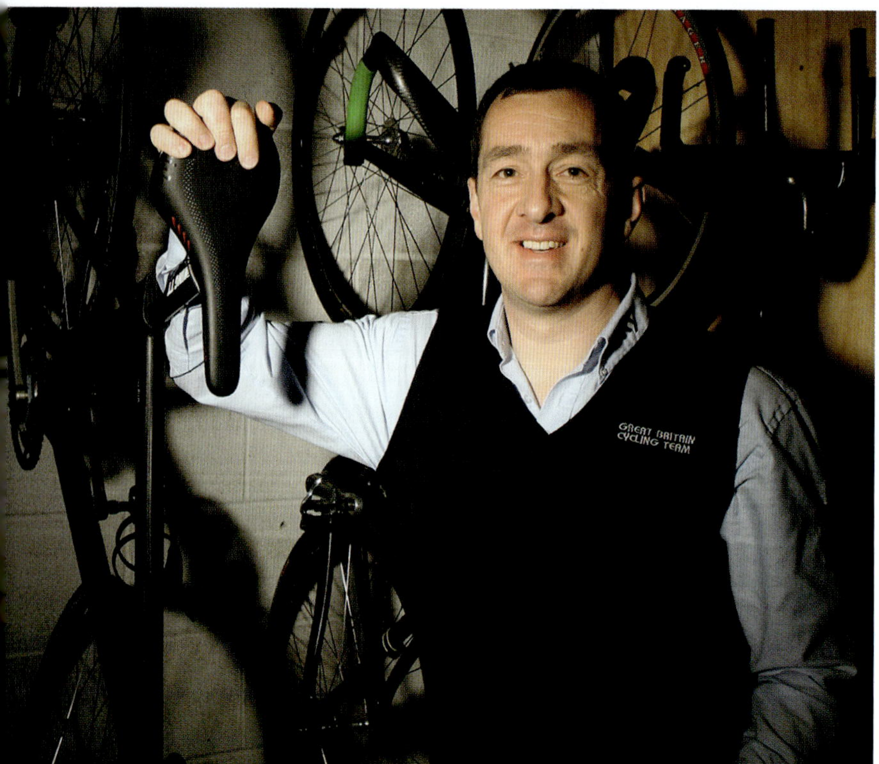

Einmal hatten wir uns vorgenommen, aerodynamische Positionen zu untersuchen. Wir verwendeten den Ganzkörperspiegel, um meine Silhouette (oder Stirnfläche) zu überwachen, mit dem Ziel, diese zu optimieren, während ich bei jeder von uns vorgenommenen Änderung den mechanischen Wirkungsgrad überwachte. Aufgrund der seltsamen Form des Ergometers testeten wir nach Gefühl, ohne zu messen, bis wir bei etwas ankamen, das vielversprechend aussah und von dem ich dachte, dass ich es für die Dauer des Rennens, für das wir trainierten, beibehalten könnte. Erst dann maßen wir nach und fanden heraus, wie sich das Ganze in Bezug auf Rahmengröße und Vorbaulänge umsetzen ließ – das war unsere übliche Vorgehensweise. Hätten wir normales Equipment genutzt, hätte uns unser Konzept davon, was ein Radsportler tun könnte, daran gehindert, die Position, für die wir uns jetzt entschieden hatten, jemals zu untersuchen. Von diesem Moment an haben wir während einer Positionseinheit nie gemessen, sondern erst nachdem wir die Bewertung der Ideen abgeschlossen hatten.

Diese Philosophie führten wir auch fort, als wir Bergfahrpositionen analysierten. Dieses Mal war es unser Ziel, eine effiziente und aufrechterhaltbare Haltung zu finden, um die Bergpässe der Tour de France zu bewältigen. Zu diesem Zweck trieben wir den Einsatz von Laufbändern voran, um zunächst im Labor – an der Brighton University – Positionen zu untersuchen, aufzuzeichnen und zu ändern und dann den Lernprozess der Muskeln mit langen Bergfahrphasen unter Wärmelampen zu verstärken, um die Bedingungen des großen Rennens zu simulieren.

Egal, für welche Radsportdisziplin du deine Position optimieren möchtest, die Anzahl der zu berücksichtigenden Faktoren ist enorm: persönliche Sensibilität für kleine Anpassungen, individuelle Körperform, individuelle Muskulosität, die Fahrradart, die Radsportdisziplin, wie lange man üblicherweise fahren wird, Kleidung, Schuhe und so weiter. All diese Dinge und noch viel mehr beeinflussen das gesamte »Positionspaket«.

Du wirst feststellen, dass der Begriff »Gefühl« in der obigen Erzählung wiederholt auftaucht. In all der Zeit, in der wir die Feinheiten der Bikeposition erforschten, fanden wir nie die Zauberformel. Tatsächlich bin ich mittlerweile fest davon überzeugt, dass es kein einziges Rezept gibt. Was sich jedoch meiner Meinung nach abzeichnet, sind solide Verfahren, um zu fundierten Schlussfolgerungen und durchweg akzeptablen Lösungen für eine Vielzahl von Radsportanforderungen zu gelangen.

Phil Burt hat wahrscheinlich mehr Zeit damit verbracht, diese Probleme mit mehr international bekannten Spitzensportlern und über mehr Disziplinen hinweg zu untersuchen, als jeder andere Mensch. Wenn du also wie ich glaubst, dass die Positionierung immer eine Mischung aus guter Wissenschaft und gutem Urteilsvermögen sein wird, kannst du zuversichtlich sein, dass beides zwischen den Einbänden dieses Buches zu finden ist.

Chris Boardman

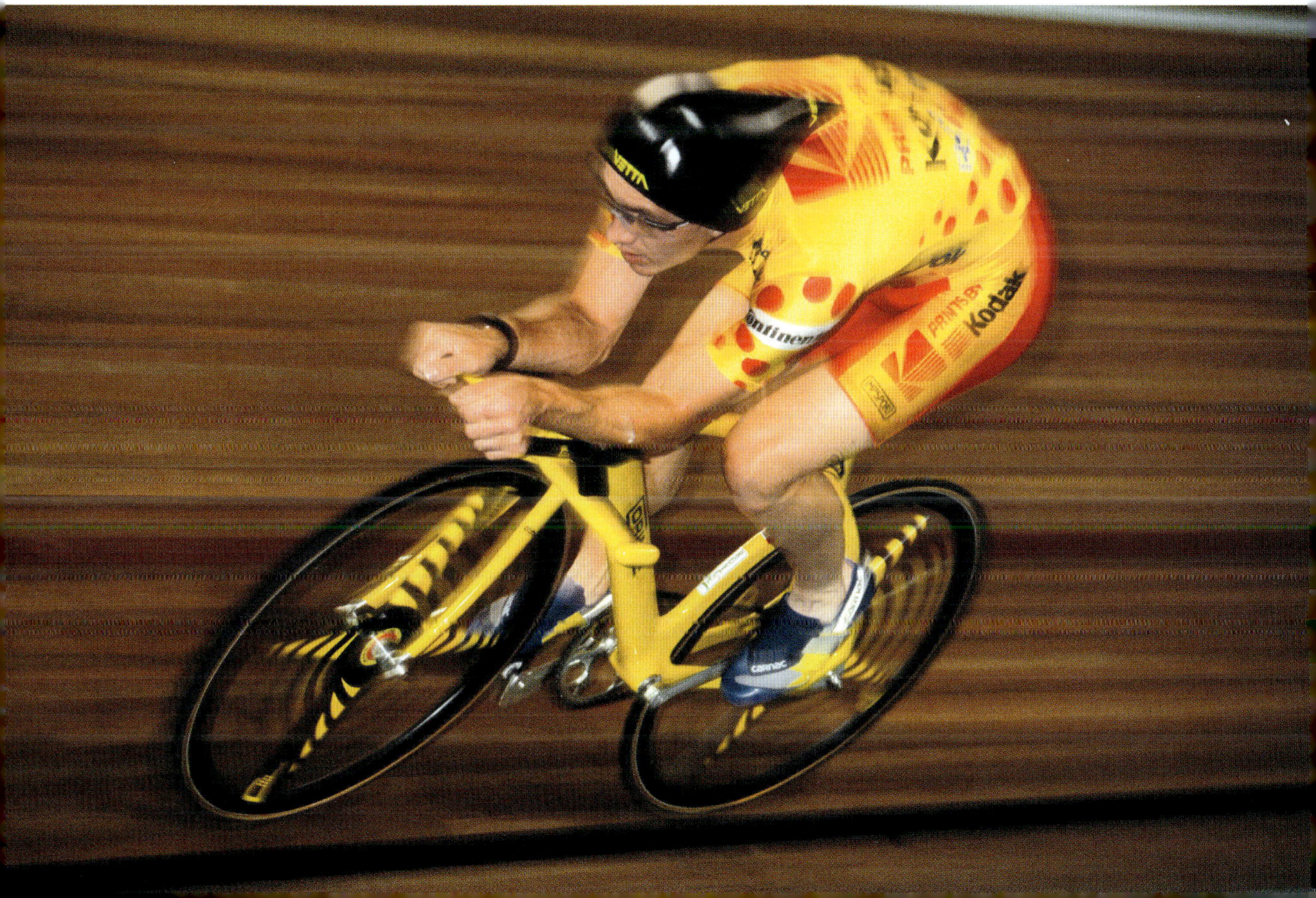

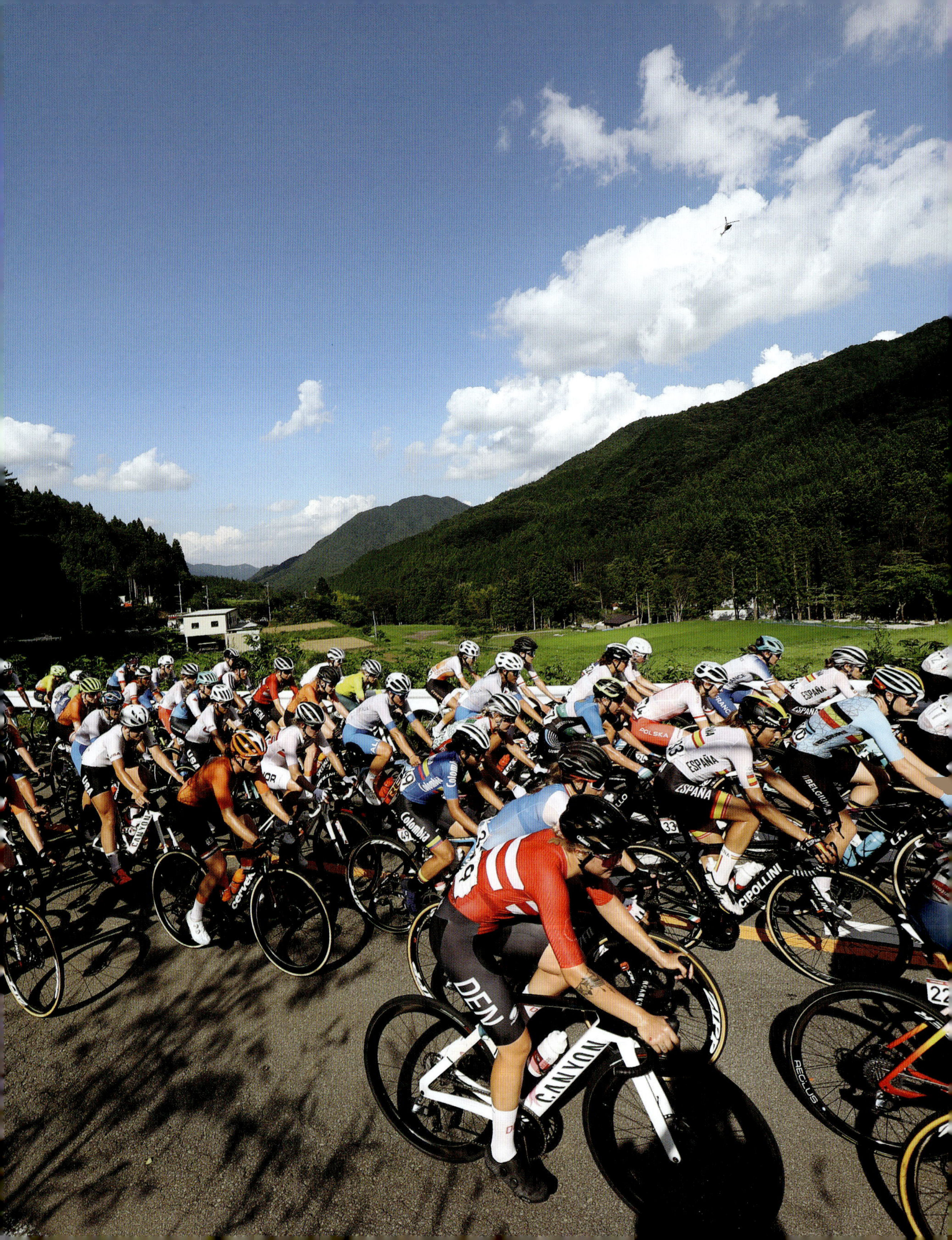
ESPAÑA
POLSKA
BELGIUM
Colombia
DEN
CANYON
CIPOLLINI

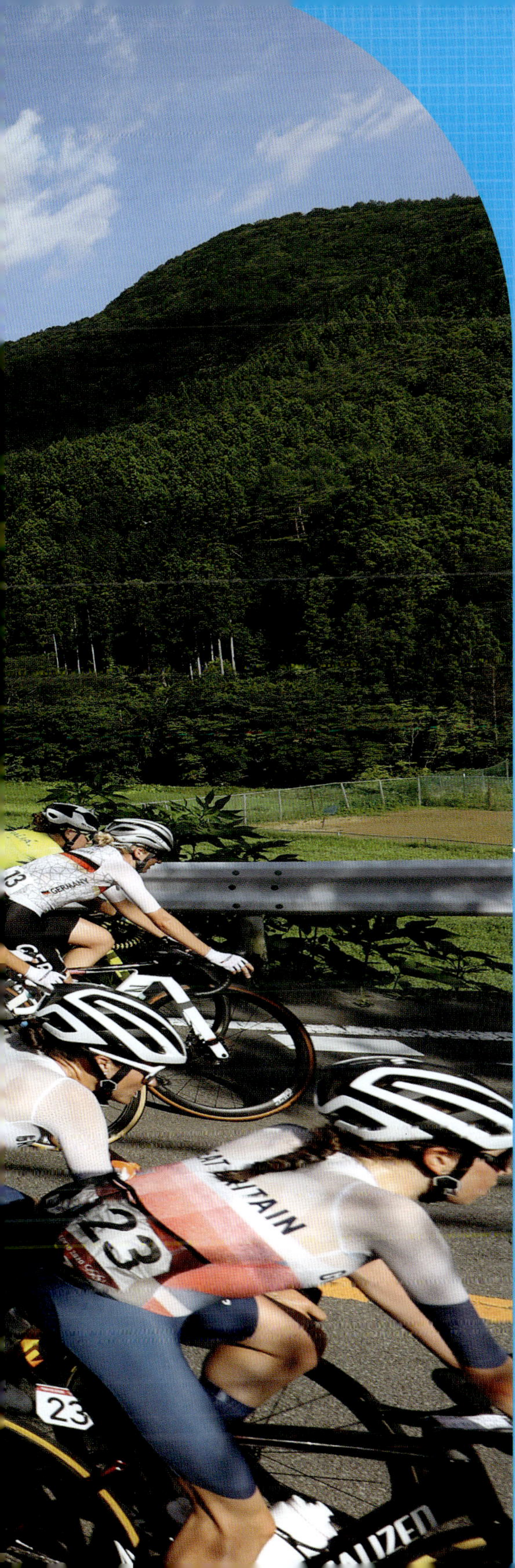

01 Einführung

Einführung

Das Konzept, die eine perfekte Position auf einem Fahrrad zu finden, weist meiner Meinung nach grundlegende Mängel auf, da diese Position von mehreren Variablen beeinflusst wird, egal, ob du ein Grand-Tour-Anwärter, Olympiasieger oder Breitensportler bist.

Sie entwickelt sich ständig weiter. Wie du dein Fahrrad einstellst, sollte eine Reise sein, die so lange andauert, wie du es fährst: Die Einstellungen sind abhängig von der Radsportdisziplin – deine Position wird auf einem Zeitfahrrad ganz anders sein als auf einem Mountainbike –, doch auch positive sowie negative Faktoren jenseits des Fahrrads wie Mobilität, Verletzungen oder sogar die Jahreszeit spielen eine Rolle, möglicherweise bevorzugst du im Winter eine entspanntere Position als im Sommer. Genauso läuft meine Ausbildung zum Bikefitter weiter und ich lerne stets etwas Neues dazu.

Meine Bikefitting-Reise

Alles fing damit an, dass ich meinen Abschluss in Pharmakologie machte und schnell merkte, dass ich nicht in einem Labor oder als Arzneimittelverkäufer arbeiten wollte. Ich wollte den Menschen, denen ich half, persönlich gegenüberstehen und entschied mich daher für eine Physiotherapie-Ausbildung in Manchester. Während meines Studiums arbeitete ich beim Manchester Rugby Club, ehe ich einige Zeit in Australien und Neuseeland verbrachte und dann eine Skiklinik in Courchevel leitete.

Phil im Bikefitting-Studio

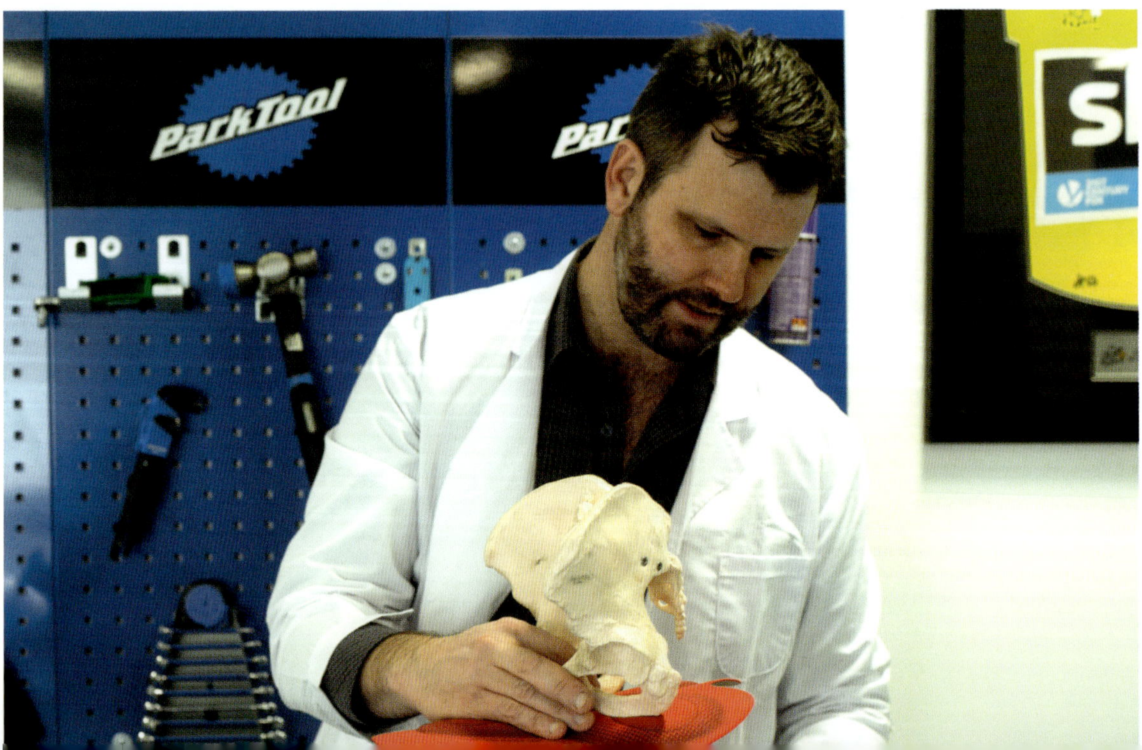

Als ich nach Großbritannien zurückkehrte, bekam ich glücklicherweise einen Job bei den Sale Sharks. Während meiner drei Jahre im Klub waren wir die dominierende Kraft im englischen Klub-Rugby. 2006 gewannen wir sogar den Premier-League-Titel.

Anschließend bewarb ich mich beim English Institute of Sport und landete in einer Position, in der ich mich um den Radsport- und den Wasserballbereich kümmerte. Diese verwandelte sich dann in eine Vollzeitstelle beim British-Cycling-Verband. Nachdem ich mich im Rugby hauptsächlich mit Weichteilverletzungen befasst hatte, war ich nun mit der komplexen Interaktion zwischen Radfahrern und ihren Fahrrädern konfrontiert. Es war eine steile Lernkurve. Zu diesem Zeitpunkt suchte ich nach einem Buch zu diesem Thema, aber es gab keines. Ich musste mich bei CycleFit in London im Bikefitting üben – und am Ende schrieb ich selbst das Buch, nach dem ich gesucht hatte. Im Nachhinein hat sich dieser breite sportliche Hintergrund, ob Rugby, Squash, Skifahren oder Wasserball, als unschätzbar erwiesen, da ich heute mit der breiteren Radsportbevölkerung arbeite, denn viele der Radfahrer haben entweder vorher eine andere Sportart betrieben oder üben nebenbei eine weitere aus.

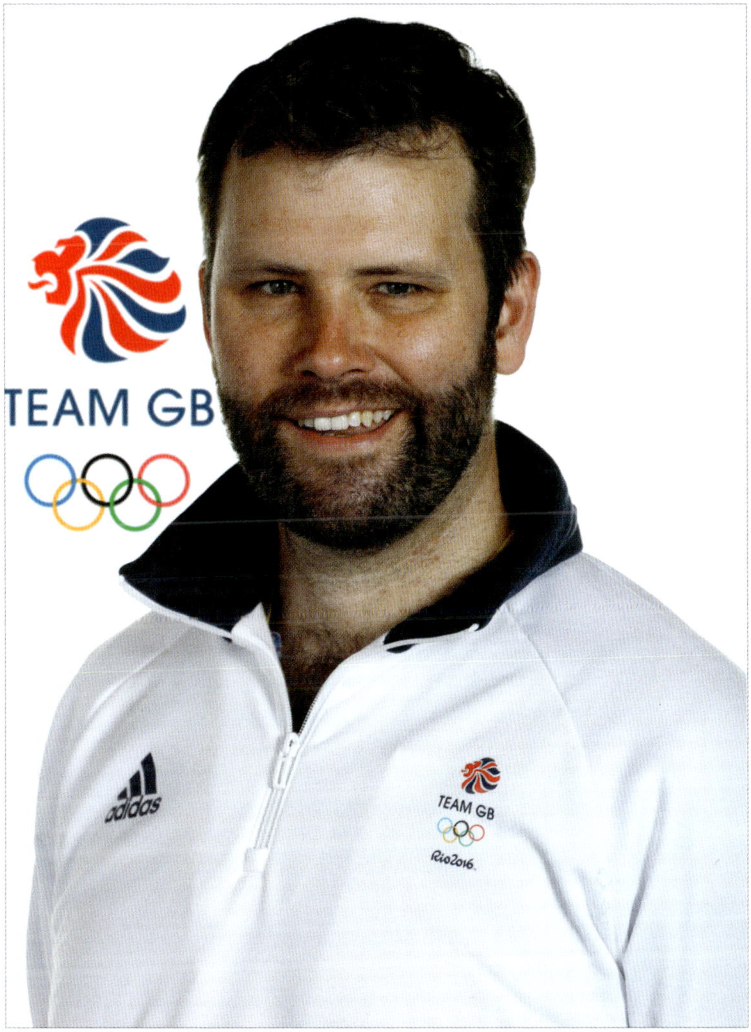

Phil im Jahr 2012

Meine Zeit bei British Cycling war unglaublich aufregend und die ganze Geschichte der Medal Factory und des Secret Squirrel Club ist gut dokumentiert. Alles begann mit Peter Keen und wurde von Leuten wie Chris Boardman, Steve Peters und natürlich Dave Brailsford verfeinert. Die einfache Prämisse lautete, dass Medaillen mehr Fördergelder bedeuten, was zu Verbesserungen führt, was wiederum mehr Medaillen bedeutet, und so hält die Erfolgsspirale an. Die am besten kontrollierbaren Medaillen gab es beim Zeitfahren auf der Bahn zu holen, wo Glück und äußere Faktoren weitgehend ausgeschlossen werden können, und deshalb konzentrierten wir uns darauf. Im Jahr 2006 traf Dave Brailsford die mutige Entscheidung, Chris Boardman die Hälfte seines Budgets zu geben, und sagte ihm, er solle die besten Fahrräder, Räder und Einteiler herstellen, die er konnte. Das war der Beginn des »Grenzertrag«-Ansatzes. Die Ergebnisse, die wir bei den Olympischen Spielen 2008 in Peking erzielten, waren weit von einer geringfügigen Verbesserung entfernt – sie waren revolutionär. Dieser olympische Erfolg gab Dave Brailsford die Möglichkeit, sich an Unternehmen zu wenden, um ein professionelles Radsportteam zu sponsern, und Team Sky war geboren. Er traf die kühne Behauptung, dass wir innerhalb von fünf Jahren einen britischen Tour-de-France-Sieger haben würden, und erntete skeptische Blicke dafür. Ich wurde entsandt, den professionellen Straßenradsport zu untersuchen, und kam zu dem Ergebnis, dass er nicht sehr professionell war, und wenn wir es auf die gleiche Weise angingen wie auf der Bahn, könnten wir Gewinn machen. Der professionelle Straßenradsport war immer noch in Tradition und Dogma verwurzelt, und es brauchte Team Sky und seine verschiedenen nachfolgenden Manifestationen, um ihn in eine neue Ära zu zerren. Ein tolles Beispiel für unsere Neuerungen ist, dass wir nach einem Etappenende ein Cool-down auf einem Rollentrainer absolvierten. Anfangs wurden wir dafür ausgelacht. Jetzt ist es jedoch im gesamten Peloton die Norm.

Die Arbeit mit dem Team Sky als auch mit British Cycling trug im Jahr 2012 vollends Früchte, als Bradley Wiggins die Tour de France gewann und wir bei den Olympischen Spielen zu Hause unglaublich erfolgreich waren. Daran beteiligt zu sein, war wirklich fantastisch, und diesen Sommer werde ich nie vergessen. Nach 2012 entwickelte sich meine Rolle bei British Cycling weiter, und obwohl ich immer noch ein behandelnder Physiotherapeut war, war ich zunehmend an der Entwicklung von Ausrüstung sowie dem Bikefitting beteiligt und ein Teil des Allerheiligsten des Secret Squirrel Club. Dazu gehörte auch die Suche nach weiteren Verbesserungen, die wir im Hinblick auf Rio 2016 anstrebten. Ein Schlüsselbereich war die Sattelgesundheit, insbesondere für unsere Radsportlerinnen. Eine beträchtliche Anzahl unserer Athletinnen und Athleten erlitt sattelbedingte Verletzungen, was sie Trainingszeit kostete, was sie aus Scham nicht meldeten und deswegen übersehen wurden. Unsere Untersuchungen führten dazu, die UCI-Entscheidung zur Sattelneigung infrage zu stellen, da wir der Meinung waren, dass ihr Beharren auf einem geraden Sattel Probleme verursachte. Wir konnten sie davon überzeugen, diese Regel zu ändern und eine Neigung von minus neun Grad zuzulassen, was den Komfort und das Wohlergehen aller Radsportler erheblich verbesserte.

In dieser Zeit schrieb ich die erste Ausgabe dieses Buches. Bei meinem ersten Treffen mit Bloomsbury wurde ich gefragt, warum sie dieses Buch veröffentlichen sollten. Ich antwortete: »Weil es nicht existiert«, und ihre Reaktion, die mich damals verunsicherte, war die Frage, ob es einen Grund dafür gebe. Glücklicherweise vertrauten sie mir. Dieses Buch zu schreiben, war eines der schwierigsten Dinge, die ich je getan habe. Ich bin sehr stolz darauf und die DNA jenes Buches ist das Herzstück dieses Buches.

Rio 2016 waren meine dritten Olympischen Spiele und wir übertrafen erneut unsere mittlerweile stratosphärischen Erwartungen. Jedoch war offensichtlich, dass der Rest der Welt, insbesondere Australien, Frankreich, die Niederlande, die USA und Neuseeland zu uns aufschlossen. Das war nicht auf irgendwelche Fehler unsererseits zurückzuführen, sondern darauf, dass die anderen Nationen ähnliche Modelle und Technologien verwendeten und dass sich die Karrieren einer außergewöhnlichen Generation von Radsportlern ihrem Ende zuneigten.

Für mich war dies ein natürlicher Endpunkt bei British Cycling, und ich richtete meine Aufmerksamkeit auf die breitere Radsportwelt außerhalb des Elitebereichs. Fast alles, was ich bisher tat, war darauf ausgerichtet, Medaillen zu gewinnen, ich arbeitete mit einem sehr begrenzten Pool von Radfahrern, ging auf ihre Bedürfnisse ein und entwickelte Ausrüstung, von der nur eine Handvoll Eliteradsportler profitieren würden. Ich wollte meine Reichweite, meinen Erfahrungsschatz und mein Wissen erweitern und der allgemeinen Radsportbevölkerung helfen.

Ich brauchte zwei Jahre, um den Sprung zu wagen, und obwohl das Sicherheitsnetz einer Teilzeitstelle bei British Cycling verlockend war, musste ich einen klaren Schnitt machen. Ehemalige Kollegen wie Steve Peters und Chris Boardman ermutigten mich, mich ihnen außerhalb der Blase in der realen Welt anzuschließen, und die Unterstützung meiner Familie war maßgeblich an meiner Entscheidung beteiligt. Ich richtete am Manchester Institute of Health & Performance mein eigenes Bikefitting-Studio ein und hatte das gesamte Spektrum der Radsportbevölkerung vor meiner Tür. Einerseits war das wirklich einschüchternd und erzeugte eine weitere steile Lernkurve, aber andererseits war es extrem befreiend, da ich die Kontrolle über den gesamten Prozess hatte, ohne Rechenschaft ablegen zu müssen. Auch die Abwechslung war erfrischend. Ich hatte es mit Triathleten zu tun, mit spät eingestiegenen Radrennfahrern und sogar mit absoluten Neulingen – jedes Bikefitting war eine Lernerfahrung, und ich hatte das Gefühl, einen echten Unterschied zu machen. Ja, es war großartig, beim Streben nach einer Goldmedaille dabei zu helfen, aber es ist unendlich befriedigender, einen Radfahrer, der verletzt ist, Schmerzen hat und psychisch leidet, weil er nicht Rad fahren kann, wieder zum Fahren zu bringen. Ich wurde auch aus dem Secret Squirrel Club befreit, und anstatt Ausrüstung nur für die Olympischen Spiele zu entwickeln, konnte ich anfangen, mit Unternehmen zusammenzuarbeiten, um Ausrüstung zu entwickeln, die allen Radfahrern zur Verfügung stehen würde. Dies bringt mich in die Gegenwart und zur zweiten Auflage. Nämlich gibt es Bereiche, die ich damals ausgelassen habe, aber darüber hinaus haben sich sowohl ich selbst als auch der Sport weiterentwickelt. Ich habe jetzt eine viel breitere Erfahrung und ein tieferes Verständnis von Radfahrern aus verschiedenen Disziplinen, mit unterschiedlichen Zielen und vielfältigen persönlichen Biografien. Ich habe gesehen, wie immer mehr Frauen einstiegen, wie das Gravelbiking auftauchte, wie Triathlon – insbesondere der Ironman – immer populärer wurde und wie die Teilnehmerzahlen am Indoor-Cycling und E-Racing enorm anstiegen.

Ich bin mir mehr als bewusst, dass sich nicht alle Radfahrer ein professionelles Bikefitting leisten können. Daher ist es mein Ziel, allen Radfahrern das Wissen für ihr eigenes individuelles Bikefitting zu vermitteln. Es war sehr befriedigend, Kunden zu erleben, die ein Buchexemplar der ersten Ausgabe zu einem persönlichen Bikefitting bei mir mitbrachten, mich baten, es zu signieren, und mir sagten, dass es ihnen geholfen hat, ein Problem zu lösen. Ich bin zuversichtlich, dass diese neue Ausgabe noch weiter reichen und auch dir helfen wird, viele Jahre schmerzfrei zu fahren.

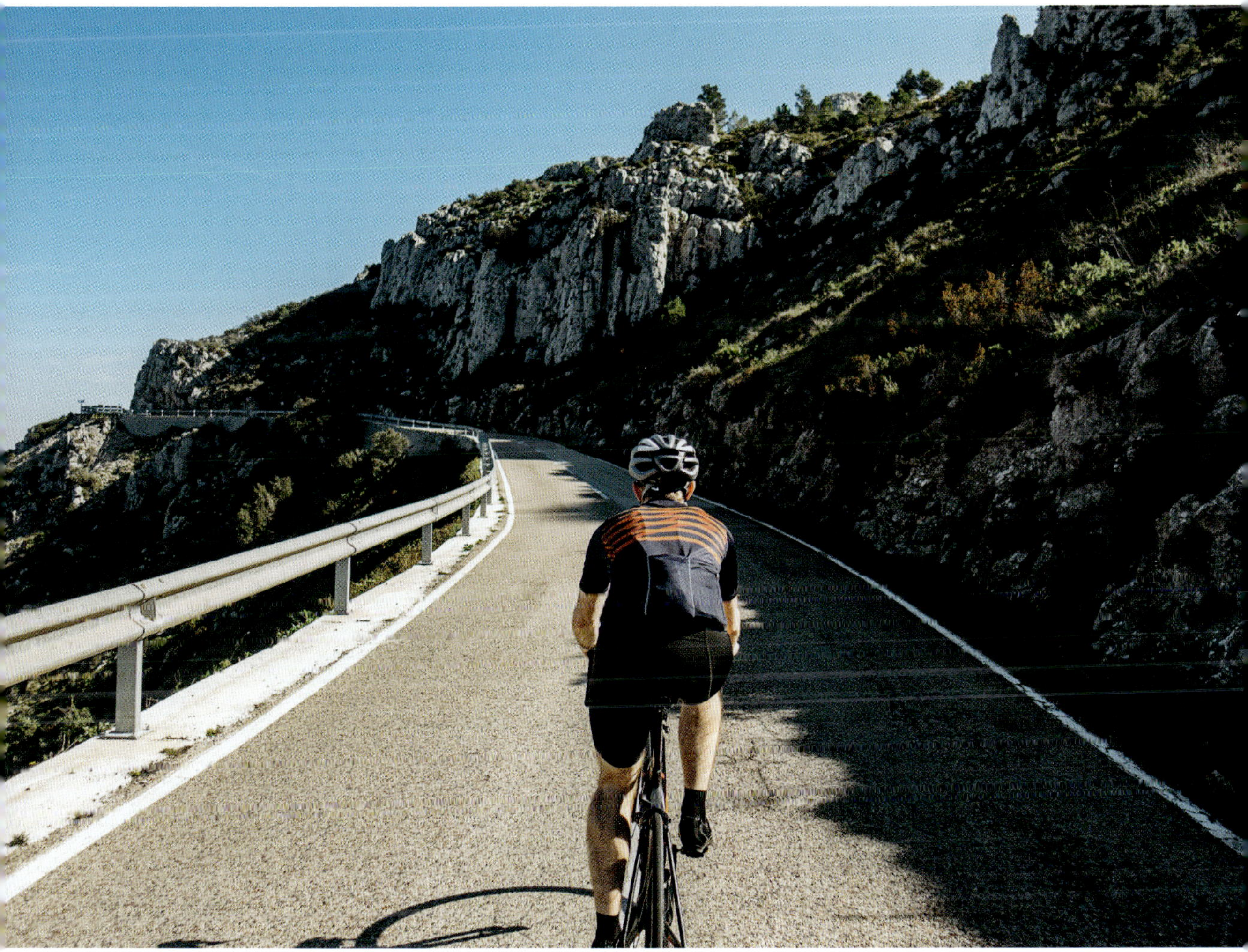

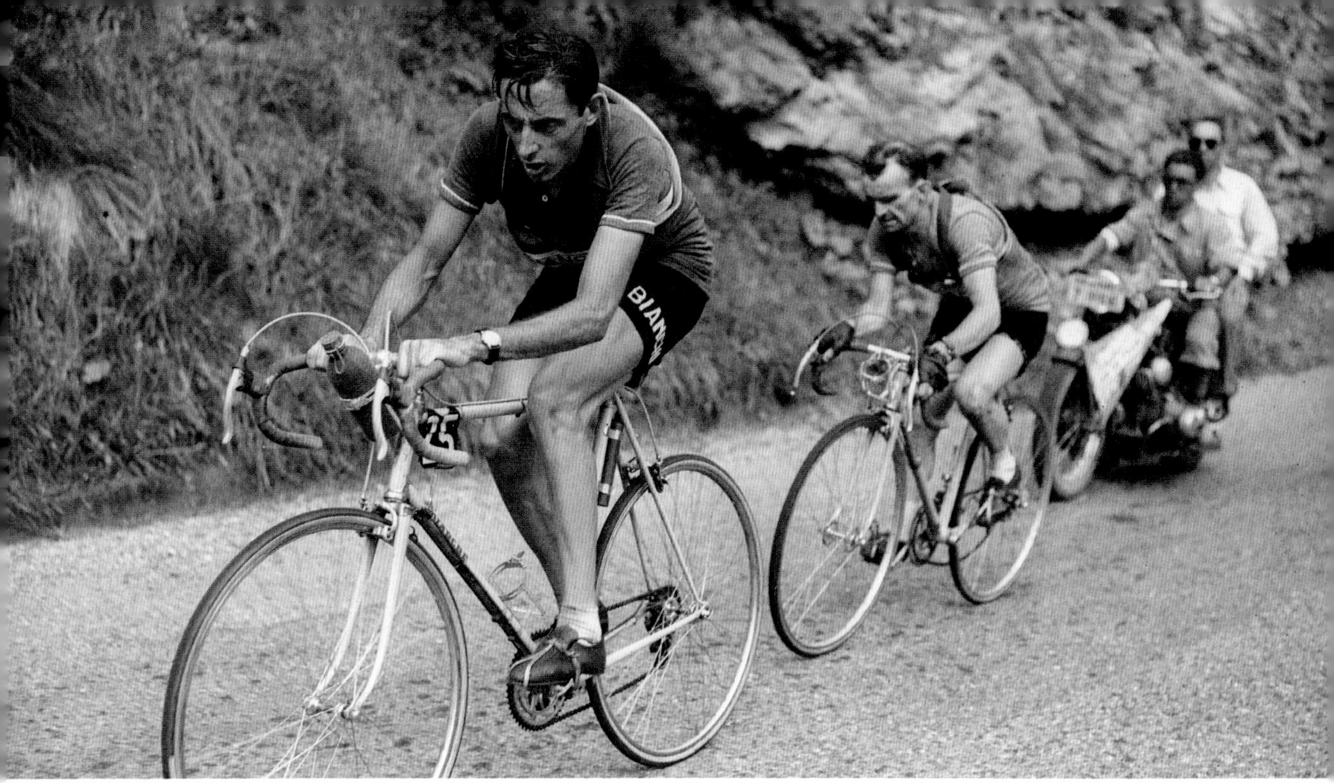

Fausto Coppi (links im Bild)

Bikeposition: Die Geschichte

Beim Betrachten alter Bilder von Radrennfahrern siehst du, wie sich die Bikepositionen verändert und weiterentwickelt haben. Fausto Coppi, der große italienische Star der 1940er- und 1950er-Jahre, saß tief mit hohem Lenker – wie alle seine Zeitgenossen. Jacques Anquetil, der Ende der 1950er-Jahre auftauchte und Anfang der 1960er-Jahre die Tour de France dominierte, saß immer noch relativ tief im Sattel – seine Beine waren nicht so gestreckt wie die der heutigen Radsportler –, aber er verlängerte seine Position und streckte sich über das Fahrrad. So sah seine Haltung ziemlich aerodynamisch aus und andere fingen an, ihn zu kopieren. Veränderungen wurden oft von den Besten einer Ära initiiert. Eddy Merckx, der größte Radrennfahrer von allen, folgte Anquetil und war der Katalysator für eine weitere Änderung. Er saß höher im Sattel und ähnelte fast einem modernen Fahrer. Merckx war ein Feinjustierer, der ständig seine Sattelhöhe und seinen Lenker optimierte.

Das allererste Bikefitting-Handbuch oder -Buch wurde im Jahr 1972 von CONI (dem Italienischen Olympischen Komitee, Comitato Olimpico Nazionale Italiano) veröffentlicht. Die Italiener schauten sich eine Gruppe erfolgreicher 20-jähriger Radsportprofis an und beschrieben die Gemeinsamkeiten ihrer Positionen auf dem Fahrrad. Da diese Radfahrer schnell waren, ging man davon aus, dass ihre Positionen von allen übernommen werden sollten. Die daraus resultierende Publikation wird oft als »italienische Fahrradbibel« bezeichnet und wurde lange Zeit so behandelt. Viele Menschen wurden daraufhin gezwungen, bestimmte Sitzpositionen auf ihren Fahrrädern einzunehmen. So wurde in dem Buch beispielsweise eine sichelfüßige Trittechnik befürwortet, bei der die Knie fast das Oberrohr berühren. Heute wissen wir, dass die dort dargestellten Fahrstile nicht für jeden passen.

Die Belgier waren die Nächsten. Wie Italien ist Belgien eine Hochburg des Radsports. Die Belgier behielten die Position fest in der xy-Ebene – sie betrachteten die Position eines Radfahrers nur von der Seite – und fügten einfach einen segmentalen Ansatz zur Größenbestimmung hinzu. Dies waren die ersten Versuche, die ideale Fahrradgröße und -position einer Person anhand ihrer Innenbeinlänge abzuleiten.

Cyrille Guimard, der legendäre französische Sportdirektor hinter Bernard Hinault und dem Renault-Gitane-Team,

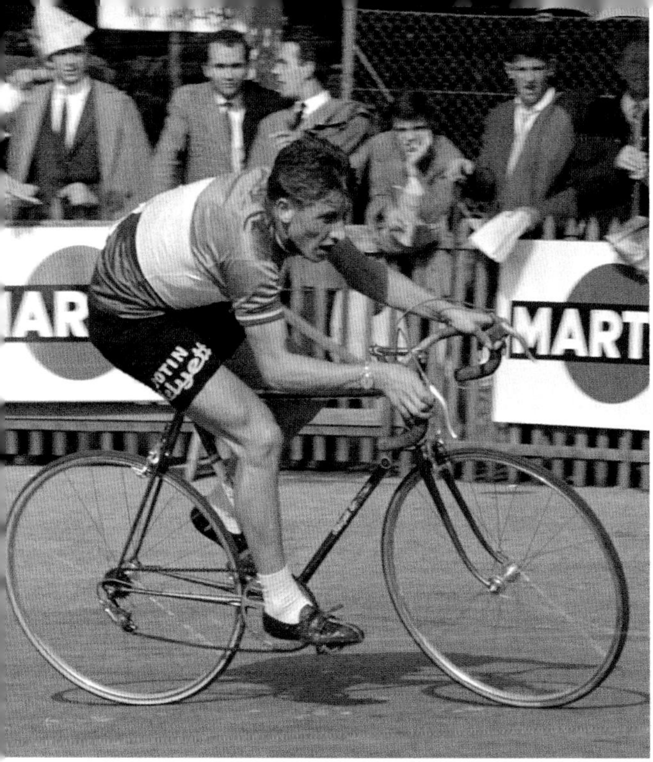

Jacques Anquetil

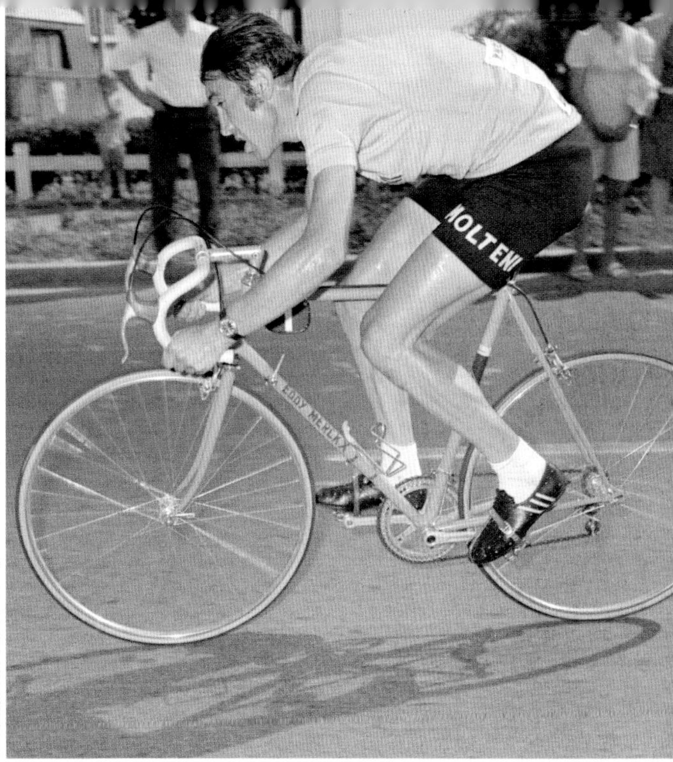

Eddy Merckx

befürwortete schließlich eine Formel, die in den 1980er-Jahren großen Anklang fand, nicht zuletzt weil sie vom amerikanischen Tour-de-France-Sieger Greg LeMond angewendet wurde. Bei dieser Formel nimmt man die Innenbeinlänge des Radfahrers in Zentimetern und multipliziert sie mit 0,883, um die empfohlene Sattelhöhe zu erhalten (gemessen von der Mitte des Tretlagers bis zur Oberkante des Sattels). Die Guimard/LeMond-Formel geht von einigen großen Annahmen aus – die wichtigste davon ist, dass alle Menschen in gleichen Proportionen wachsen. Sie geht zum Beispiel davon aus, dass die Beine aller Menschen in einem bestimmten Verhältnis zur Rücken- und Armlänge stehen. Leider gilt dies nicht in allen Fällen. Unsere Gliedmaßen sind unterschiedlich geformt und lang und stehen in individuell unterschiedlichem Verhältnis zueinander. Wenn du die menschliche Anatomie in Bezug auf Form und Größe darstellen würdest, zum Beispiel das Verhältnis von Beinlänge zu Rückenlänge, würdest du wahrscheinlich eine Grafik wie die auf der folgenden Seite bekommen.

Die Ermittlung der Fahrradgröße anhand einer Messung der Innenbeinlänge sollte für die meisten Menschen im mittleren Drittel der Grafik – mit »normal« gekennzeichnet – funktionieren, für andere jedoch weichen die Maße ab. Ein Mensch mit verhältnismäßig langen Beinen und kurzem Rücken würde gut auf dem Sattel sitzen, aber den Lenker nicht bequem erreichen können. Jemand mit kurzen Beinen und einem langen Rücken würde mit dem Reach gut auskommen, aber zu hoch sitzen.

Die Situation wird noch komplizierter, wenn man die unterschiedliche Flexibilität und Körperkontrolle bedenkt. Einfache Extrapolationen der ausgewählten Messwerte der Extremitäten können dies nicht berücksichtigen. Ich bin einmal mit dem Fahrrad von Bradley Wiggins gefahren. Ich bin 1,93 Meter groß und damit etwas größer als Brad. Ich konnte nicht glauben, wie hoch er seinen Sattel eingestellt hatte. Ich konnte kaum fahren und fand es schmerzhaft. Mir wurde klar, wie sehr sich Bradley im Laufe der Jahre angepasst hatte, im Streben, eine Kniebeugerflexibilität zu erreichen, die ihn supereffizient und kraftvoll in die Pedale treten lässt.

Inzwischen arbeitete ein weiterer Innovator, Andy Pruitt, am Boulder Center for Sports Medicine in Colorado, USA, an diesem Thema. Seit 30 Jahren ist er auf dem Gebiet der Radsportmedizin tätig und war die erste (und bisher einzige) Person, die einen wirklich hilfreichen medizinischen Ratgeber für Radsportler geschrieben hat. Es bleibt eines der wenigen Bücher, in dem das Konzept des Bikefittings aus dynamischer Sicht dargelegt wird, anhand von Untersuchungen mit Radfahrern in Bewegung im Gegensatz zu einer statischen Position. Es erweiterte das Bikefitting ebenfalls um eine dritte Dimension, unter Berücksichtigung der Stirnfläche, also der Position des Radfahrers von vorn.

Das dynamische Bikefitting hat das statische Bikefitting abgelöst, auch wenn es lange gedauert hat, bis die Datenerfassung perfektioniert und der Service für nichtprofessionelle Radfahrer zugänglich war. Menschen können jetzt in Kliniken und Laboren ihre Bikeposition bewerten und sich beraten zu lassen, was ihnen bei Leistung, Komfort oder Verletzungsvermeidung hilft.

2007 trug Todd Carver, ein Kollege von Pruitt, dazu bei, das Bikefitting zu revolutionieren. Er half bei der Entwicklung und Bereitstellung eines der ersten benutzerfreundlichen (das heißt nicht forschungs- oder laborbasierten) 3-D-Bewegungsanalysesysteme speziell für den Radsport – dem Retül-System. Dieses Paket aus Hardware und Software konnte nicht nur biometrische, sondern auch

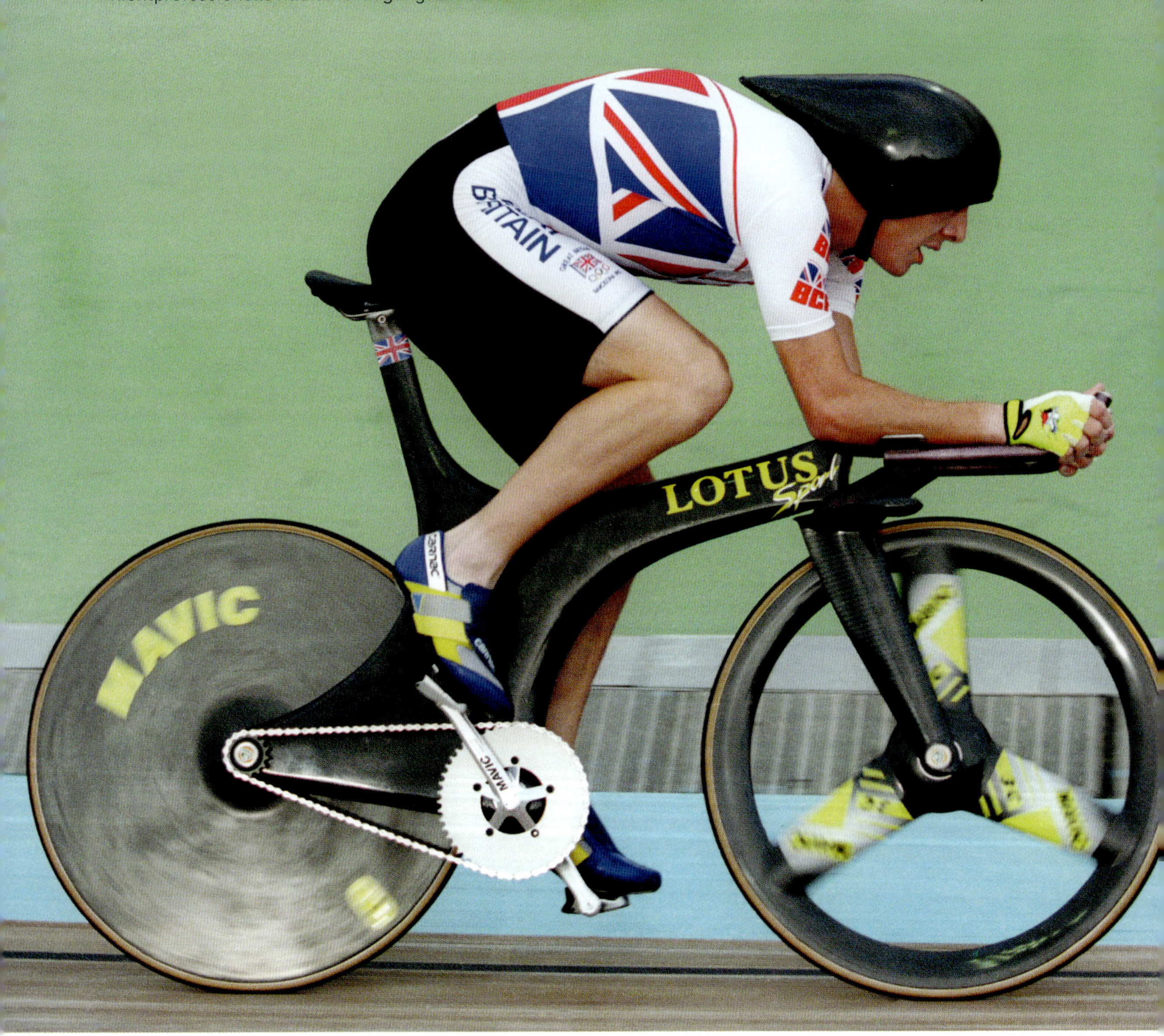

Die Normalverteilung

Der Graph beschreibt die Normalverteilung der menschlichen Bevölkerung. Die Verwendung von Vorhersagemodellen oder einfachen Berechnungen auf der Grundlage eines Messwertes funktioniert gut für diejenigen, die sich in den mittleren zwei Dritteln des mit »Normal« bezeichneten Bereichs befinden – scheitert jedoch beim anderen Drittel.

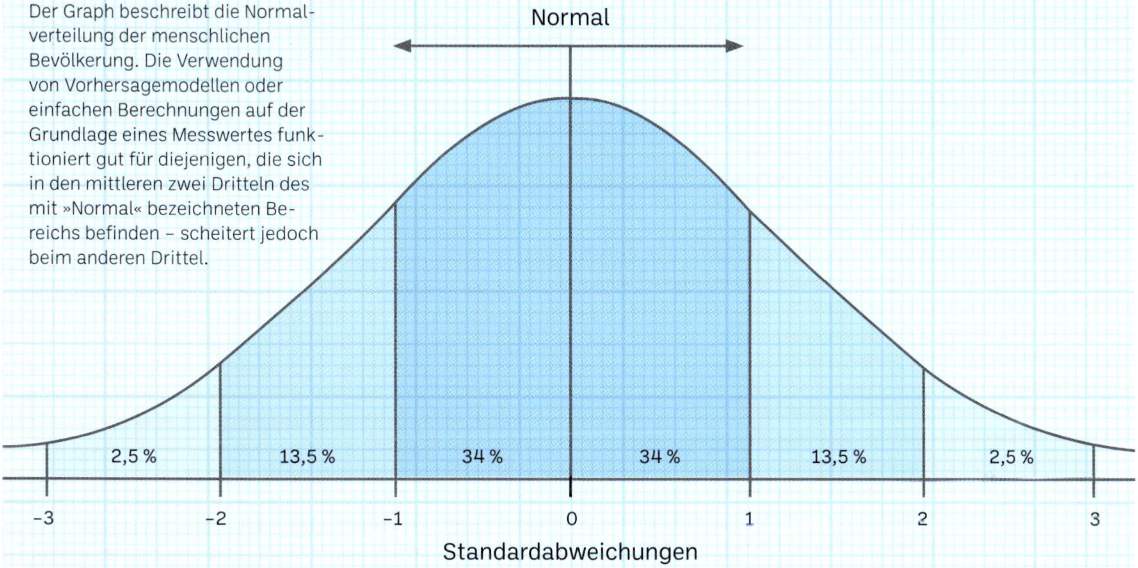

Fahrraddaten innerhalb von Sekunden erfassen. Dies hat das dynamische Bikefitting grundlegend verändert – heute kann sich ein Radsportler innerhalb von Stunden statt Tagen mit modernster Technologie beraten lassen.

Dynamisches Bikefitting kann teuer sein. Es ist ein großartiges Werkzeug, aber nicht unbedingt das Allheilmittel. Was die Evolution des dynamischen Bikefittings geschaffen hat, ist ein ganzes Spektrum für Bikefitting-Services. Die ersten Methoden zur Verwendung statischer Messungen von Radfahrer und Fahrrad können jetzt möglicherweise als »Größenbestimmung« für ein Fahrrad angesehen werden. Die späteren dynamischen Methoden entsprechen eher einem erweiterten Anwendungsniveau, wie es die Gruppe Medicine in Cycling formuliert: »Ein Bikefitting ist der detaillierte Prozess der Bewertung der körperlichen und leistungsbezogenen Anforderungen und Fähigkeiten des Radsportlers und der systematischen Anpassung des Fahrrads, um die Ziele und Bedürfnisse des Radsportlers zu erfüllen.«

Chris Boardman ist ein großartiges Beispiel für den die Guimard/LeMond-Methode nicht funktioniert. Wenn du den großen Mann das nächste Mal im Fernsehen siehst, studiere kurz seinen Körperbau. Er hat einen sehr langen Rücken im Vergleich zu seinen relativ kurzen Beinen. Diese Anomalie hat es ihm wahrscheinlich ermöglicht, diese niedrige aerodynamische Position mit flachem Rücken einzunehmen und somit olympisches Gold und die Prologe der Tour de France zu gewinnen. Chris hätte diese Position nie erlangt, wäre er den üblichen Standardformeln gefolgt.

Was also macht der Freizeitradfahrer oder der begeisterte Radrenneinsteiger, wenn er keine Lösung für sein Problem – seien es Schmerzen, eine Verletzung oder Minderleistung – mit der Sitzposition findet?

Es ist unwahrscheinlich, dass du 350 Euro für ein Bikefitting ausgibst, wenn dein Fahrrad weniger als 1000 Euro kostet. Dieses Buch soll die Lücke zwischen Freizeitradfahrern und wohlhabenderen Spitzenradfahrern schließen und der Mehrheit der Radsportler einen praktischen Leitfaden zur Selbsthilfe bieten. Mein Ziel ist es, dich mit den Informationen auszustatten, um fundierte Entscheidungen zur Bikeposition zu treffen, dir bei der Problemlösung in Bezug auf Leistung, Verletzungen und Beschwerden zu helfen sowie dir zu zeigen, wie du ganz einfach mehr aus dem Radfahren herausholen kannst.

Überblick der Fitting-Methoden

- Traditionell
- Empirisch
- Generisch
- Individualisiert
  - Statisch
  - Dynamisch

Traditionell

In Anlehnung an CONI, die italienische Radsportbibel, und mit Fokus auf Fahrposition und Fußstellung, also mit dem Fußballen auf der Spindel.

Vorteile: schnell und einfach
Nachteile: berücksichtigt nicht den individuellen Körpertyp, zwingt den Körper, sich an das Fahrrad anzupassen

Empirisch

Basierend auf den Überzeugungen des Einzelnen darüber, wie ein Radfahrer aussehen sollte.

Vorteile: eine Verbesserung von »Traditionell«, da das Individuum betrachtet wird
Nachteile: keine objektiven Daten, die meisten Radfahrer sehen am Ende gleich aus

Generisch

Gleichungsbasiertes Bikefitting unter Verwendung von Messungen von Körpersegmentlängen (CONI, Bioracer).

Vorteile: eine Verbesserung von »Empirisch«, weil der Körper gemessen sowie anerkannt wird, dass Proportionen für das Bikefitting wichtig sind
Nachteile: statische Messungen, berücksichtigt nicht die Interaktion zwischen Fahrrad und Radfahrer

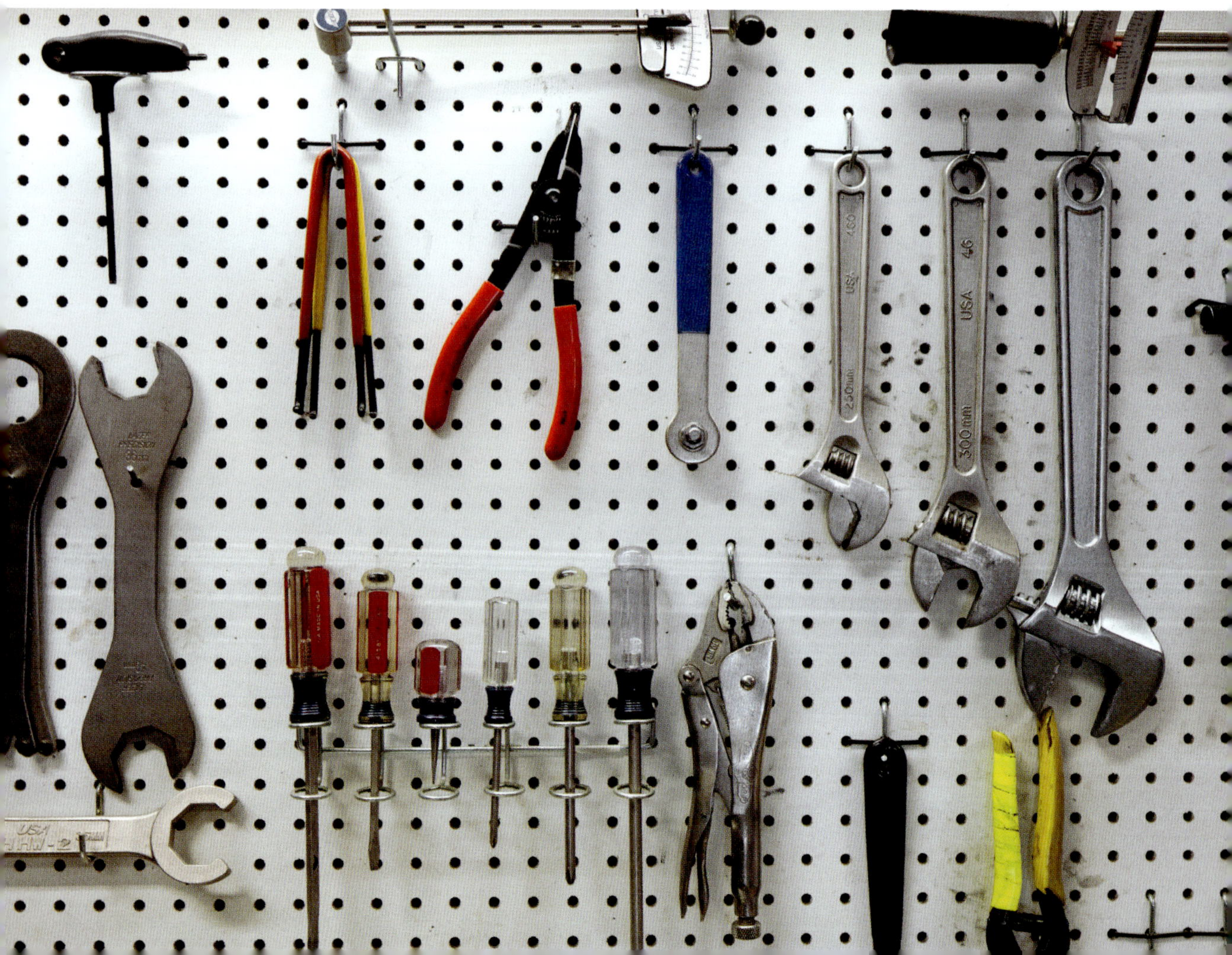

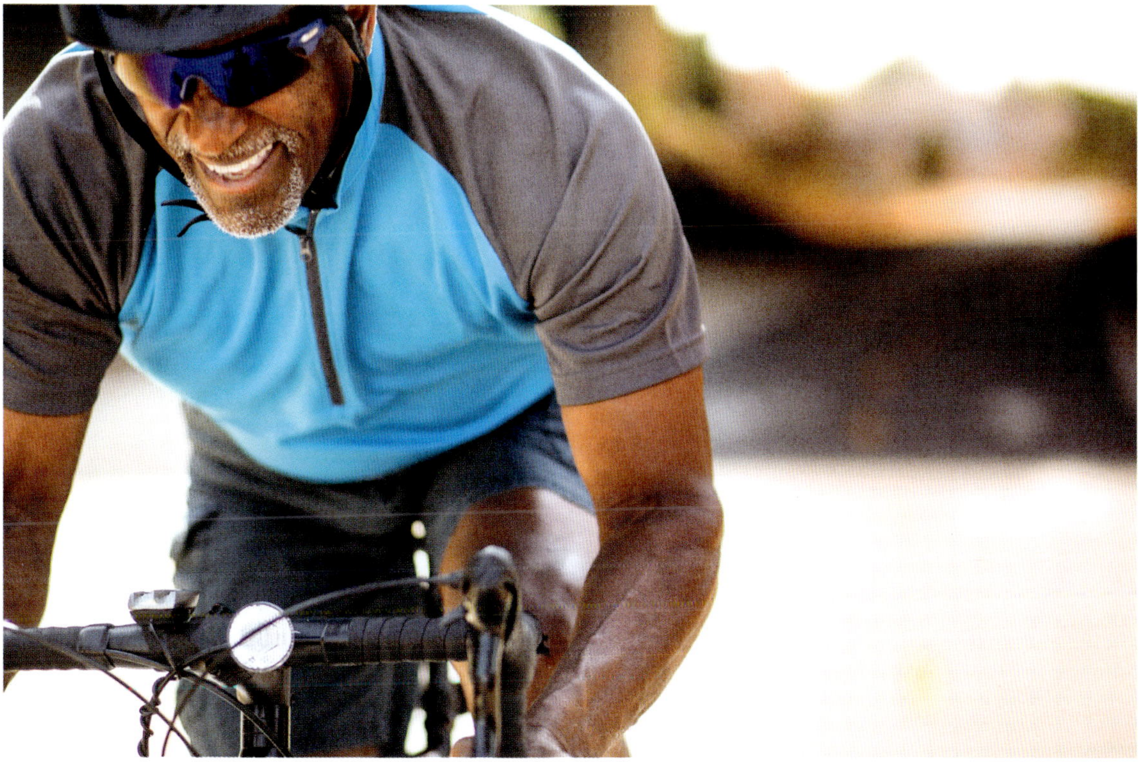

Individualisiertes Fitting – statisch

Nutzt Senklot (ein Stück Schnur mit einem Gewicht am Ende, um vertikale Positionen zu ermitteln) und Goniometrie (ein großer Winkelmesser zum Winkelmessen).

Vorteile: nutzt Gelenkwinkel zur Bikefitting-Optimierung
Nachteile: statische Natur nutzt nur eine theoretische Fahrposition, nicht die wahre Position des Radfahrers in Bewegung

Individualisiertes Fitting – dynamisch

Nutzt Video- oder Bewegungsanalysedaten, um das Fahrrad während der Fahrt anzupassen (in Bewegung).

Vorteile: nutzt objektive Daten und das dynamische Element spiegelt den Radfahrer wahrheitsgetreu wider
Nachteile: kostspielig

Neutral versus entgegenkommend

All dies sind Werkzeuge, die dir beim Bikefitting helfen. Natürlich können sie nur so gut sein wie die Person, die sie benutzt. Teures Equipment bedeutet nicht, dass automatisch ein optimales und angemessenes Bikefitting vorgenommen wird. Tatsächlich teilt sich die Branche in zwei Kategorien auf: diejenigen, die das Bikefitting mit einer neutralen Reihe von Bereichen betreiben, und diejenigen, die über die Fähigkeiten und die Erfahrung verfügen, um ein entgegenkommendes Bikefitting durchzuführen. Beim entgegenkommenden Bikefitting wird eine Einschränkung einer Person innerhalb des gesamten Bikefittings berücksichtigt, möglicherweise auf Kosten eines anderen Parameters, dennoch wird ein insgesamt besseres und sichereres Bikefitting erreicht. Ich verwende den Begriff »Fitting-Fenster«, um den Bereich der Anpassungen am Fahrrad zu bezeichnen, innerhalb dessen ein Radfahrer ein angemessenes Maß an Komfort und Leistung findet. Für die Zwecke dieses Buches beschreibe ich die Fitting-Fenster in Bezug auf eine neutrale Position für jede Radsportdisziplin. Ich habe auf viele Gründe für ein Bikefitting außerhalb dieses Fensters angespielt, aber letztendlich würde es den Rahmen sprengen, dir bei einem schwierigen entgegenkommenden Bikefitting zu helfen. Wenn du ein besonders kompliziertes Bikefitting benötigst, konsultiere einen qualifizierten Fachmann.

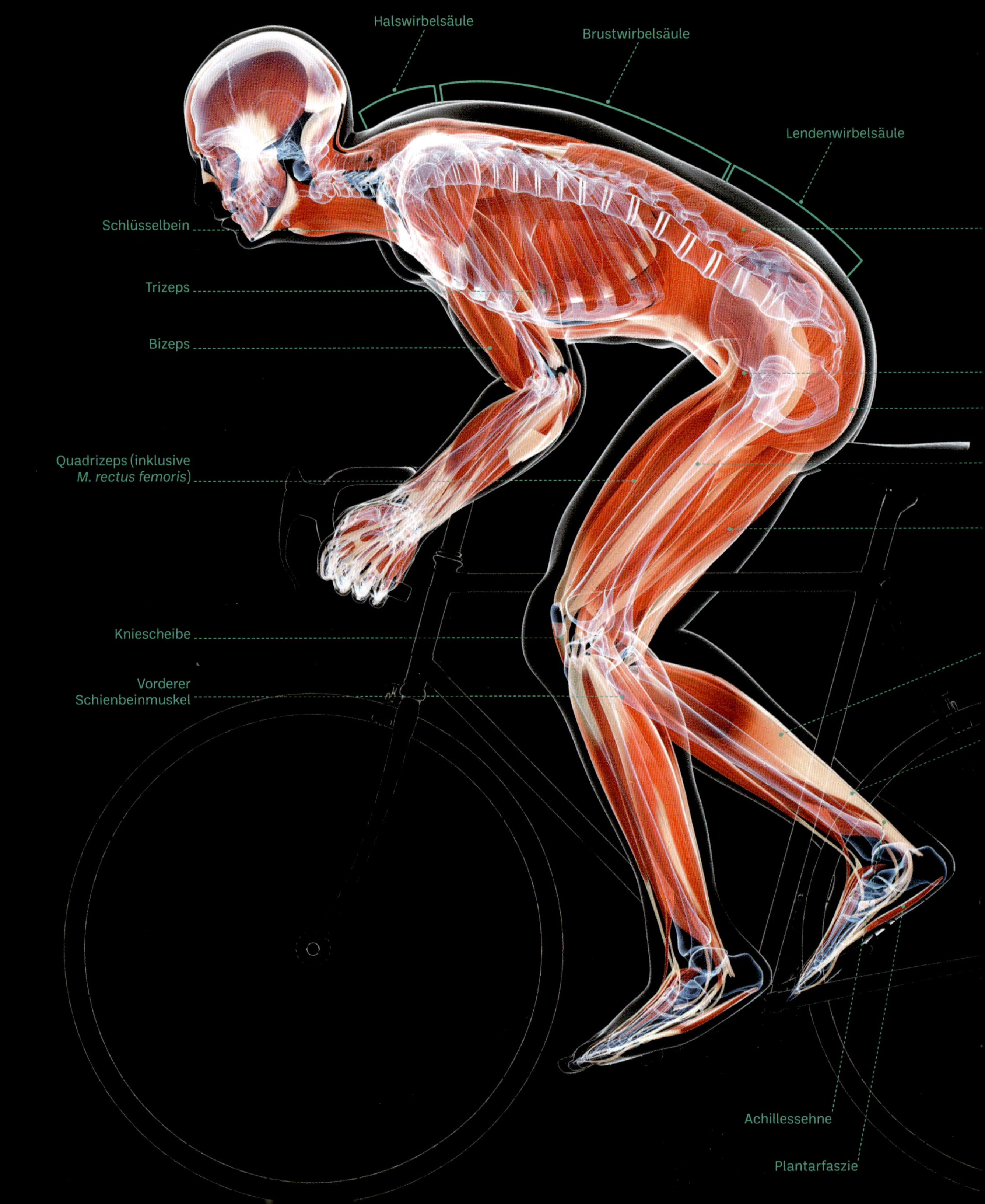
Halswirbelsäule
Brustwirbelsäule
Lendenwirbelsäule
Schlüsselbein
Trizeps
Bizeps
Quadrizeps (inklusive
M. rectus femoris)
Kniescheibe
Vorderer
Schienbeinmuskel
Achillessehne
Plantarfaszie

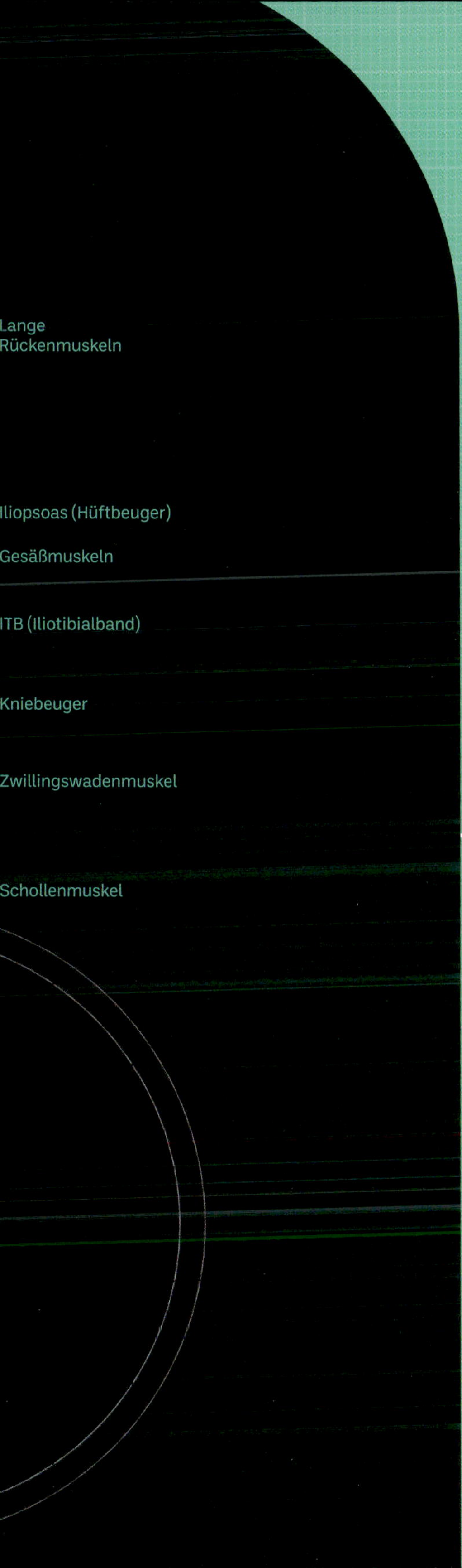

02

Fahrrad-bezogene Anatomie

Fahrradbezogene Anatomie

In diesem Kapitel wird die Rolle bestimmter Muskeln, Gelenke und Sehnen in Bezug auf die Erzeugung von Radfahrkraft (Drehmoment), Stabilität, Körperhaltung, Dämpfung und Ventilation dargestellt. Die überragende Bedeutung der Krafterzeugung muss gegen deine Fähigkeit ausgeglichen werden, eine Fahrradhaltung oder -position einzunehmen und aufrechtzuerhalten.

Radfahren wird durch Koordination ermöglicht: Muskeln ziehen sich zusammen, um Kraft zu erzeugen, diese wird durch Hebel (Knochen) über Gelenke übertragen, um an den Pedalen ein Drehmoment zu erzeugen. Muskeln sind eine Ansammlung von verschiebbaren Fasern. Diese können statische Positionen halten (isometrisch), durch Verkürzung Kraft erzeugen (konzentrisch) oder Belastung modifizieren (dämpfen), indem sie die Muskellänge kontrollieren (exzentrisch).

Stell dir vor, du hältst eine Dose Bohnen in deiner rechten Hand, wobei dein Ellenbogen im rechten Winkel zu deinem Körper absteht, während du absolut still bleibst. Der Bizeps verkürzt oder verlängert sich nicht, aber er arbeitet gegen die Schwerkraft, um Arm und Dose in Position zu halten. Dies ist eine isometrische Kontraktion. Wenn du die Dose durch Beugen des Ellenbogens in Richtung Schulter bewegst, verkürzt du den Bizeps. Dies wird als konzentrische Kontraktion bezeichnet. Wenn du dann den Muskel langsam und kontrolliert senkst, verlängert sich der Bizeps, arbeitet aber immer noch, um das Gewicht der Dose gegen die Schwerkraft zu kontrollieren. Dies ist eine exzentrische Kontraktion.

Muskelaktionen und -reaktionen werden durch Stimulation von Nerven gesteuert, die mit dem zentralen Nervensystem (Rückenmark und Gehirn) verbunden sind. Zu oft wird der neurologische Teil der neuromuskulären Kontrolle vergessen oder übersehen. Ein massiver, aber schlecht koordinierter und kontrollierter Muskel, kann sein Potenzial nicht ausschöpfen. Unsere krafterzeugenden Muskeln sind mit den Knochen durch Sehnen, die aus faserigem linear angeordnetem Material bestehen, verbunden. Alle am Radfahren beteiligten Muskeln erzeugen Kraft, um das Pedal zu drehen. Der Begriff »Drehmoment« wird verwendet, um die auf einen Hebel ausgeübte Kraft zu beschreiben, die zu einer Drehung um eine Achse führt, und beschreibt somit die Kraft beim Pedalieren.

Anatomie des Unterkörpers

Gelenke haben mehrere Bewegungsachsen. Die Koordination von Gelenkbewegungen für eine bestimmte Aufgabe ist ein äußerst komplizierter Prozess, an dem viele verschiedene Elemente beteiligt sind, einschließlich Muskeln und Nerven. Übermäßige, etwa zu lockere, oder begrenzte, also zu steife, Bewegungen können die Gelenke oberhalb oder unterhalb dieser Bewegung in der kinetischen Kette beeinträchtigen. Sprich, dass eine Bewegung in einem Körperteil die Bewegung des nächsten wie eine Reihe von Hebeln beeinflusst. Eine erkannte unregelmäßige Bewegung am Knie ist somit auch auf Unregelmäßigkeiten in Fuß oder Hüfte zurückzuführen.

Hüfte

Die Hüfte ist Teil des Beckens und der Anfang der Drehmomentkette beim Pedalieren. Das Becken hat eine Pfanne namens *Acetabulum*, die den Kopf des *Femurs* (Oberschenkelknochen) hält, um das Hüftgelenk zu bilden. Das

Das Skelettsystem

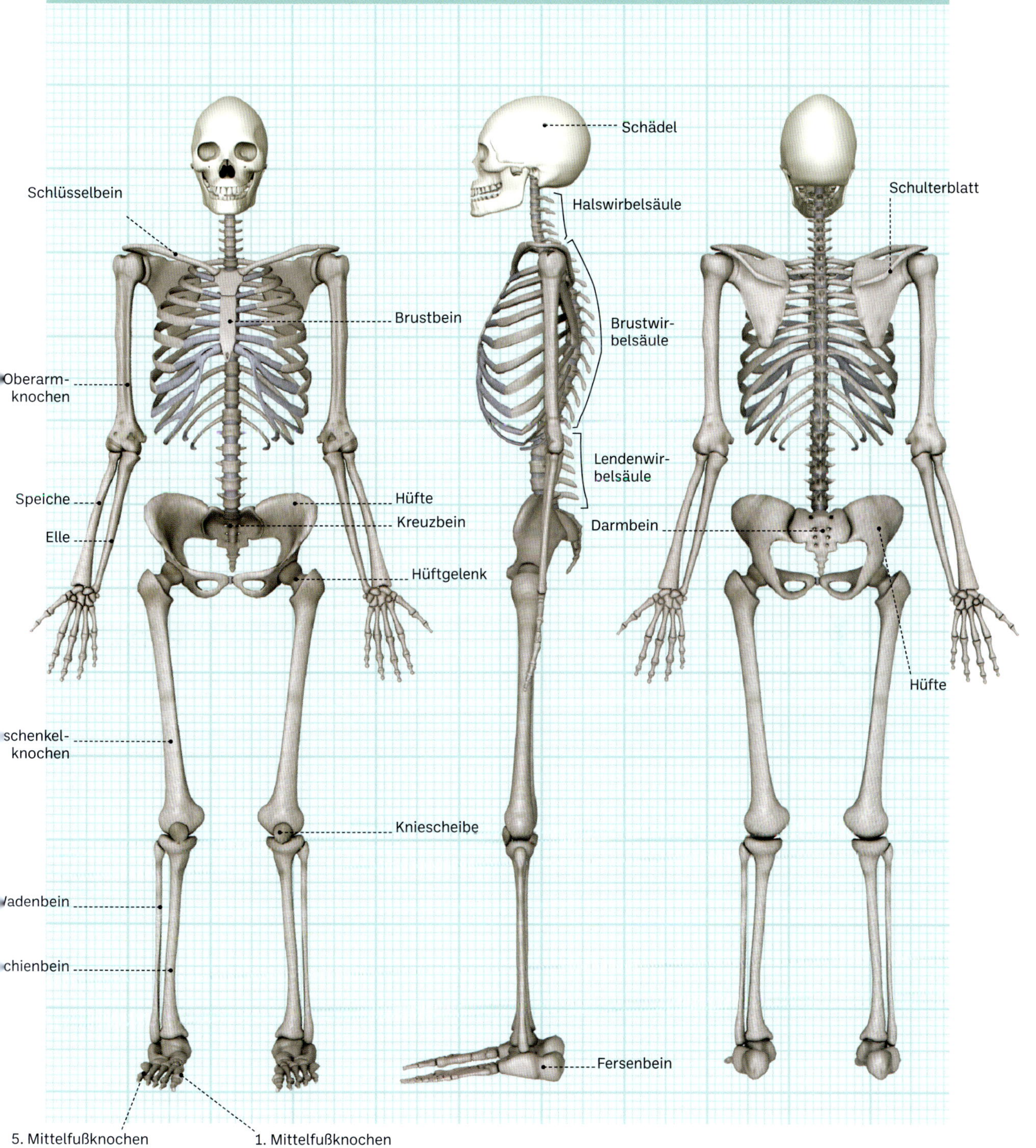

Das Muskelsystem

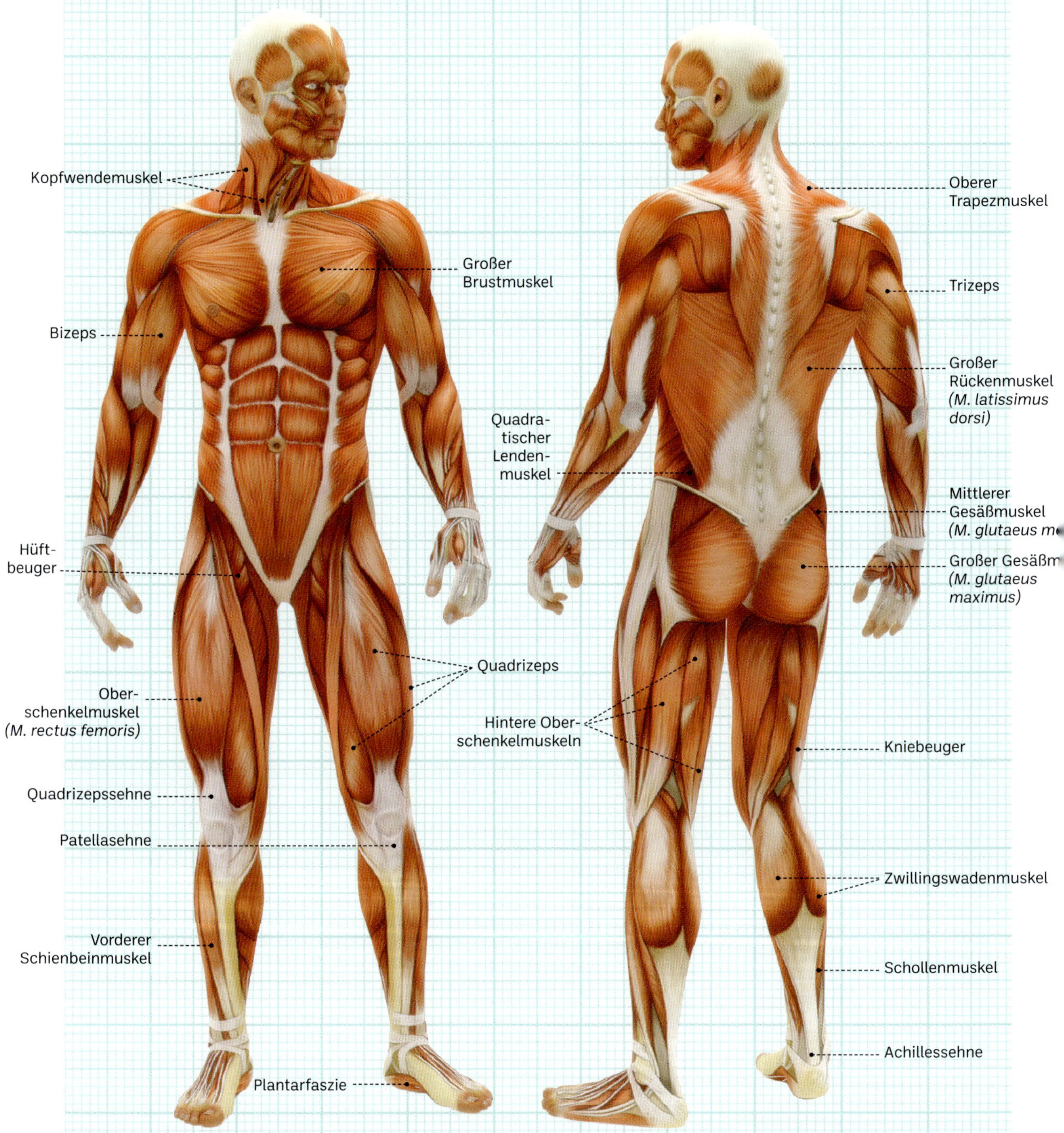

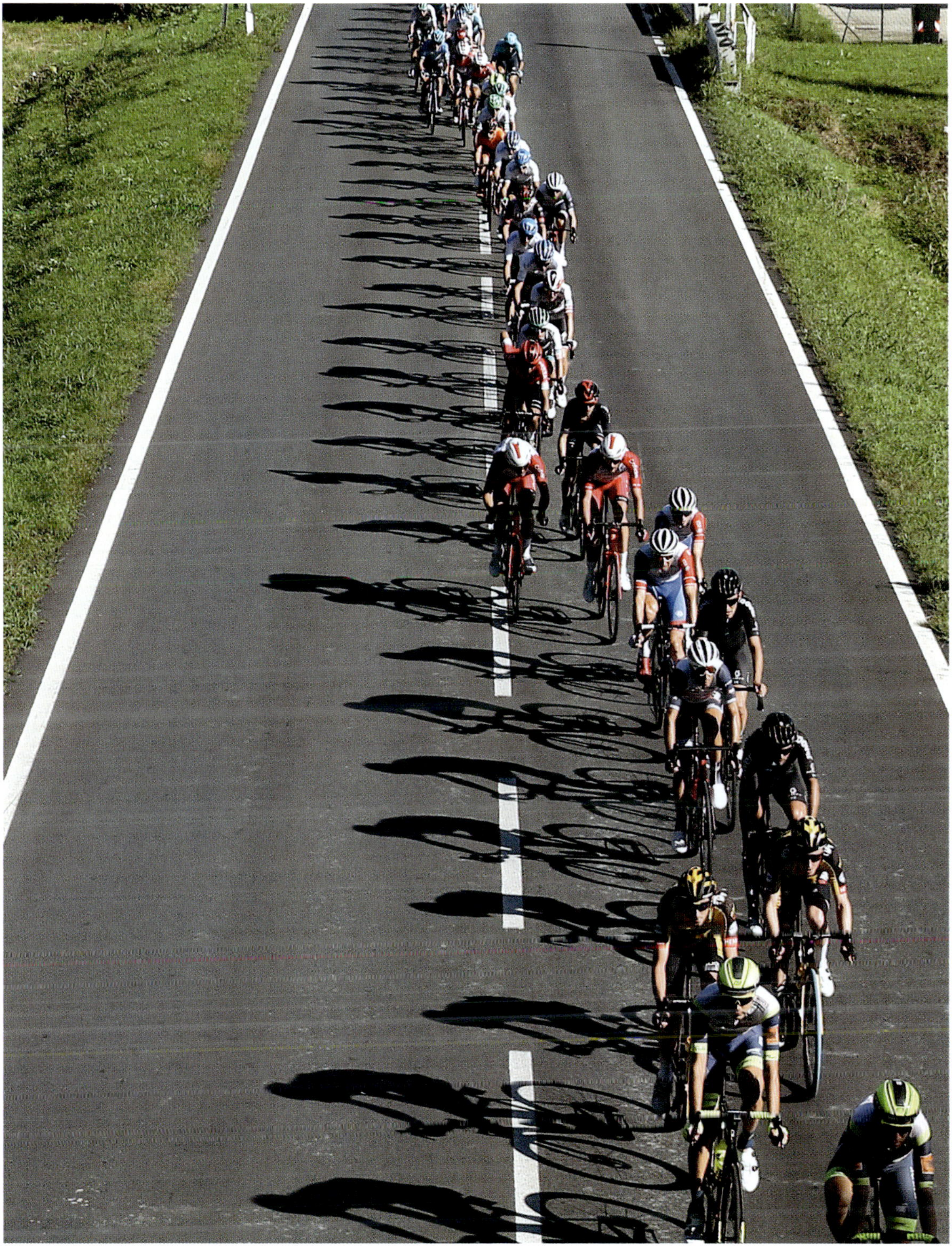

Hüftgelenk ermöglicht und führt beim Radfahren die Bewegungen Beugung, Streckung und Rotation aus. Unregelmäßigkeiten in der Bewegung des Hüftgelenks schränken häufig die Fähigkeit der Hüfte und des Beins ein, sich durch den oberen Teil des Pedaltritts zu bewegen.

Aufgrund seiner Länge und der Größe und Anzahl der es umgebenden Muskeln – Gesäßmuskeln und Quadrizeps des Oberschenkels/Knies – können um das Becken herum große Summen an Drehmoment erzeugt werden.

Becken

Das Becken besteht größtenteils aus zwei knöchernen Regionen: dem Sitzbein und dem Darmbein. Diese beiden Knochen bilden zwischen dem Kreuzbein, dem großen dreieckigen Knochen an der Rückseite des Beckens, und der Basis der Wirbelsäule ein Gelenk, das sogenannte Iliosakralgelenk. Da es sehr nah an der Lendenwirbelsäule liegt, kann es Schmerzen im unteren Rücken verursachen. Das Sitzbein ist für das Radfahren ein wichtiger Körperteil, da die Kniebeuger dort ihren Ursprung haben, in einem Bereich, der als Sitzbeinhöcker bekannt ist.

Ebenfalls wichtig für das Radfahren sind die Muskelgruppe der Hüftbeuger und insbesondere die inneren Hüftmuskeln, auch als Iliopsoas bezeichnet. Diese bestehen aus dem *Musculus iliacus*, der die Krümmung des Darmbeins auf beiden Seiten bedeckt, und den beiden Lendenmuskeln, die von den letzten drei Wirbeln ausgehen. Die Hüftbeuger sind eine wichtige Muskelgruppe, aber ihre Rolle wird oft falsch interpretiert und Probleme mit ihnen werden häufig falsch diagnostiziert. Tatsächlich tragen sie nur wenig (10 bis 15 Prozent) zum Hochziehen des Oberschenkelknochens bei, außer beim Fahren mit maximaler Leistung oder beim Sprinten, und verspannen oder schmerzen nicht aufgrund ihrer Arbeitsbelastung, sondern aufgrund der sehr geschlossenen Hüftposition, die Radfahrer über lange Zeiträume aufrechterhalten. Mehr dazu auf den Seiten 115 bis 117.

Knie und Oberschenkel

Das Knie besteht aus drei Knochen: Oberschenkel (*Femur*), Schienbein (*Tibia*) und Kniescheibe (*Patella*). Der Oberschenkelknochen ragt nach unten und sitzt auf dem Schienbein und ist der längste Knochen im Körper. Das Drehmoment hängt von der Größe des Hebels (Knochen)

▶ Vorder- und Rückseite der Kniescheibe

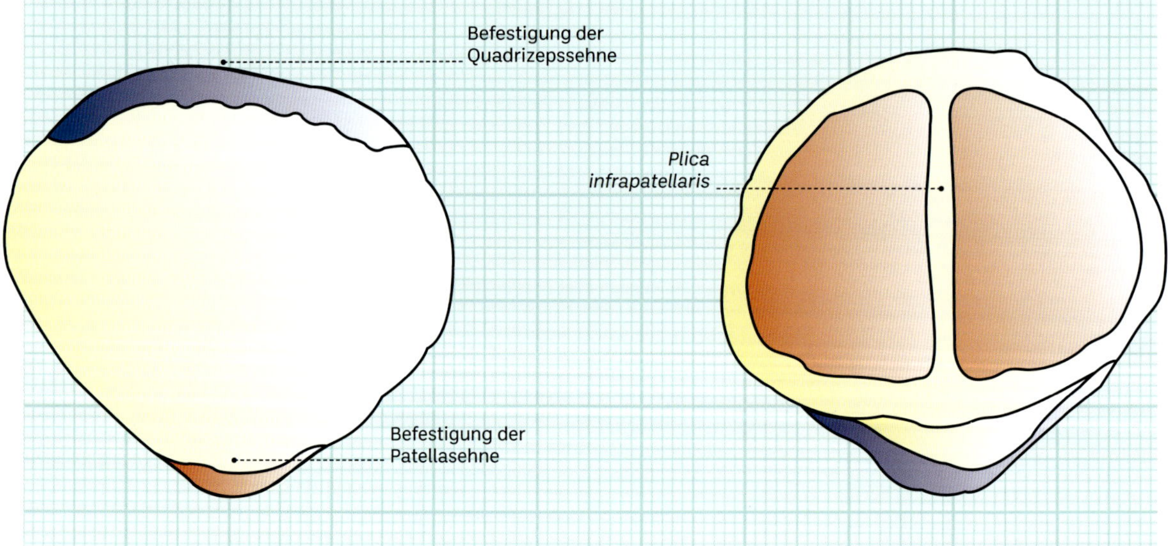

Die Kniescheibe (*Patella*) hat die Aufgabe, zusammen mit der Quadrizepssehne, in der sie sitzt, die Kraftübertragung von den Quadrizepsen über das Schienbein auf den Unterschenkel zu fokussieren. Sie bewegt sich sanft über der Basis des Oberschenkelknochens und des Kniegelenks.

ab: Große Kräfte durch lange Hebel führen zu einem großen Drehmoment. Die Kniescheibe fungiert als Drehpunkt, durch den die von Quadrizeps und Gesäßmuskel erzeugte Kraft auf das Schienbein und schließlich auf das Pedal übertragen wird.

PATELLOFEMORALGELENK

Das Patellofemoralgelenk ist das Kniegelenk, welches als Drehpunkt fungiert und den Schub auf das Pedal überträgt. Das Bild auf Seite 28 zeigt eine schräge Seitenansicht des Knies und die Position der Kniescheibe auf dem Oberschenkelknochen. Die Kniescheibe hat eine dreieckige Form und ist ein sogenanntes Sesambein – eines, das sich innerhalb einer Sehne bildet. Der knöcherne Vorsprung, an dem die Patellasehne ansetzt, ist die *Tuberositas tibiae*.

Die Quadrizepssehne befestigt den Quadrizeps an der Kniescheibe und die Patellasehne befestigt die Kniescheibe am Schienbein. Das Bild auf Seite 28 zeigt die Knorpeloberfläche der Kniescheibe und die *Plica infrapatellaris*, die sich in der Knochenvertiefung befindet, die von den beiden Kondylen (oder Gelenkhöckern) am Ende des Oberschenkelknochens gebildet wird. Das Patellofemoralgelenk ist eine besonders glatte Knorpeloberfläche mit einem neunmal höheren Reibungskoeffizienten als Eis, das auf Eis gleitet. Deswegen gibt es viele Faktoren, die die Kniescheibe zu weit aus der Knochenvertiefung bewegen und somit Schmerzen verursachen.

Das Pedalieren erfordert koordinierte Bewegungen der Unterkörpermuskeln. Die Messung der elektrischen Aktivität in den Muskeln (Elektromyografie) während des Radfahrens bestätigt, dass der Quadrizeps und die Gesäßmuskeln die primären drehmomenterzeugenden Muskeln sind. Sprich: Deine Oberschenkel- und deine Pomuskeln sind der Schlüssel der Radfahrbewegung.

QUADRIZEPS

Der Quadrizeps befindet sich an der Vorderseite des Oberschenkels und besteht aus vier Muskeln: dem *Musculus vastus lateralis*, dem *Musculus vastus medialis*, dem *Musculus rectus femoris* und dem *Musculus vastus intermedius*. Der Quadrizeps streckt das Knie. Wenn der Quadrizeps konzentrisch (oder verkürzt) angespannt ist, wird das Knie gestreckt. Der *Musculus rectus femo-*

▶ EMG-Messwert eines Radfahrers

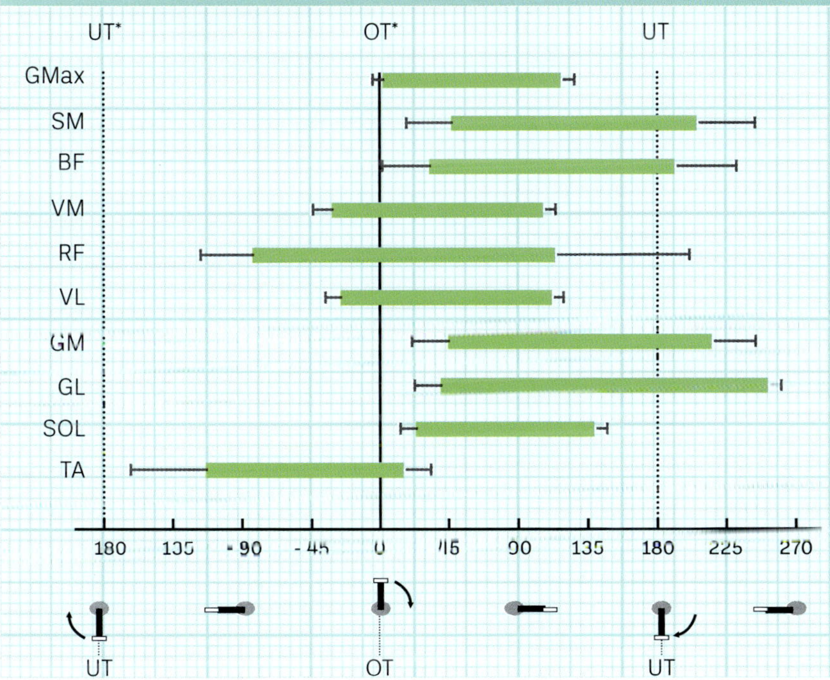

Elektromyografie

Die Elektromyografie (oder EMG) ist eine Technik zur Analyse der Biomechanik der Bewegung unter Verwendung von Elektroden auf der Hautoberfläche (oder, in manchen Fällen, Nadeln, die in die Muskeln eingeführt werden), um das von Muskelzellen erzeugte elektrische Potenzial zu erkennen. Das Ergebnis der Messung wird im Elektromyogramm dargestellt. Die EMG zeigt, wann die verschiedenen Muskeln im Laufe des Tretzyklus feuern.

Quelle: Hug, F.; Dorel, S. (2009): *Electromyographic analysis of pedaling: a review*. Journal of Electromyography and Kinesiology 19 (2): 182–198

Tretkurbelwinkel vom OT (°)

*UT = Unterer Totpunkt des Pedaltritts
OT = Oberer Totpunkt des Pedaltritts

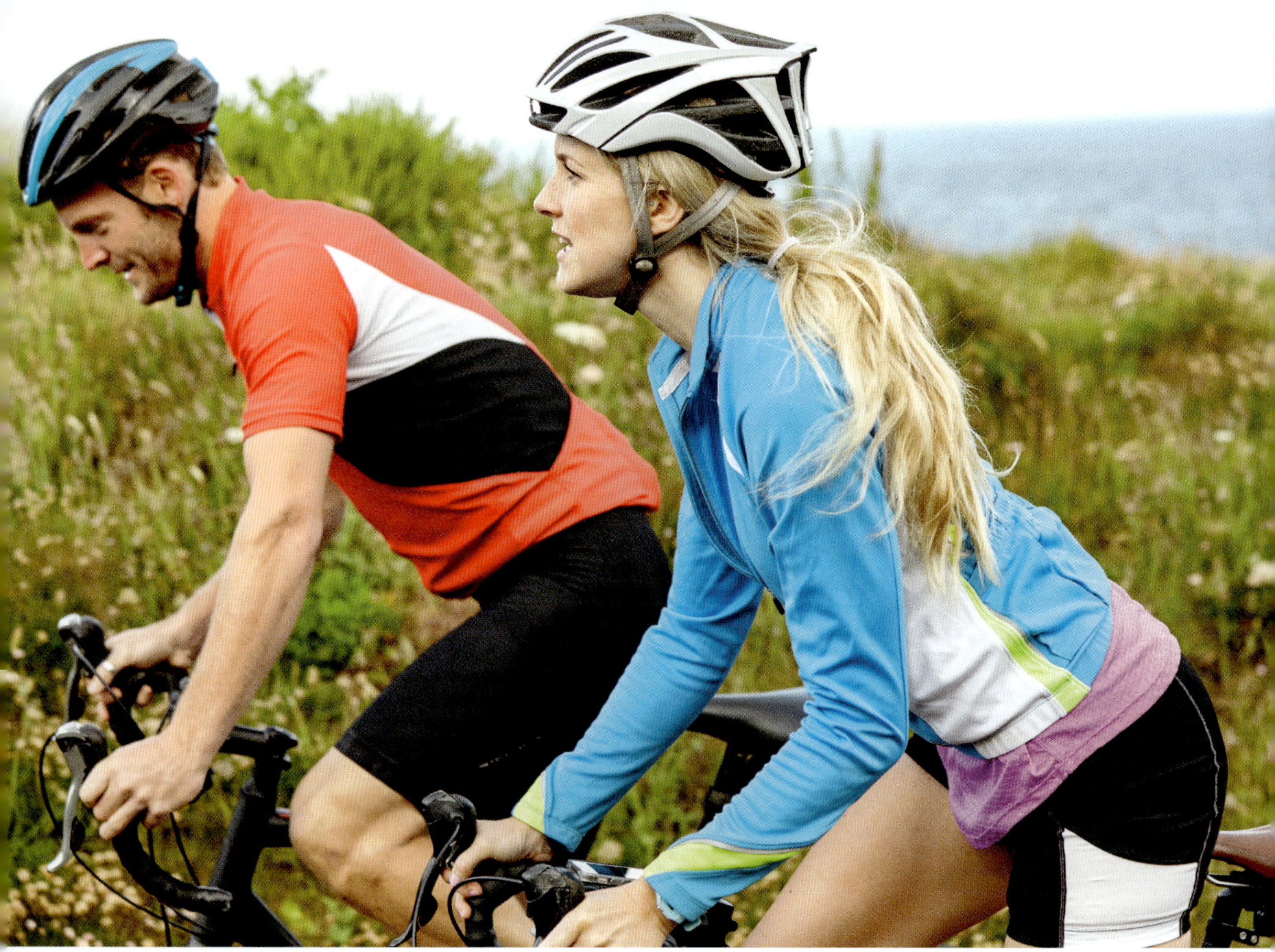

ris ist der einzige Quadrizepsmuskel, der Hüfte und Knie kreuzt, und wird daher als »biartikulärer« Muskel bezeichnet, der die Hüfte beugen kann. Meistens ist eine Verspannung in diesem Muskel für Knieschmerzen (in diesem Fall patellofemorale Schmerzen) verantwortlich, da sie die Druckkraft um das Gelenk herum erhöht, wenn er zu kurz ist oder nicht richtig funktioniert. Das Extensions- oder Schubkraftpaar wird durch den *Musculus glutaeus maximus* oder Hüftextensor vervollständigt.

KNIEBEUGER

Die Kniebeuger, bestehend aus *Musculus biceps femoris*, *Musculus semimembranosus* und *Musculus semitendinosus*, stabilisieren das Knie während des unteren Teils des Pedaltritts und helfen, das Bein durch den hinteren Teil des Pedaltritts zu steuern.

Unterschenkel

Beim Radfahren ist der Unterschenkel für die Kraftübertragung von Quadrizeps- und Gesäßmuskeln auf das Pedal verantwortlich. Er besteht aus Schienbein, Wadenbein, Sprunggelenk und Fuß. Das Sprunggelenk besteht aus dem Sprungbein, welches auf dem Fersenbein (*Calcaneus*) sitzt. Der Fuß wird allgemein in drei Bereiche unterteilt: Rückfuß, Mittelfuß und Vorfuß. Unregelmäßige Bewegungen des Fußes können von jeder dieser drei Regionen ausgehen. Die langen Knochen des Fußes werden als Mittelfußknochen bezeichnet und werden dazu genutzt, den Fuß richtig auf dem Pedal zu positionieren.

EMG-Studien zeigen, dass die Wadenmuskeln nicht wesentlich zur Krafterzeugung in der kinetischen Kette beitragen, aber sie arbeiten hart, um den Unterschenkel in Position zu halten und die Kraft besser auf das Pedal zu übertragen. Arbeiten sie nicht effektiv, geht Kraft verloren, deswegen sollten sie auf keinen Fall ignoriert werden.

Um den Fuß zu stabilisieren, damit er einen starren Hebel bilden kann, um das Pedal zu bewegen, sind vor allem der Zwillingswadenmuskel und der Schollenmuskel im Einsatz. Diese Muskeln bilden zusammen die Wadenmuskeln. Der Zwillingswadenmuskel hat zwei Köpfe, die oberhalb des Knies am Oberschenkelknochen beginnen und zum Fersenbein hinunterlaufen.

Andere Muskeln, die den Fuß stützen, sind die Wadenbeinmuskeln, Schienbeinmuskeln und die Zehenstrecker. Diese Fuß- und Sprunggelenksmuskeln haben ihren Ursprung am Unterschenkel und stützen somit das ganze Fußgewölbe.

Rumpf- und Rückenanatomie

Zwar leisten die Beine die meiste Arbeit, trotzdem brauchen sie eine starke Stützbasis, die Rumpf- und Rückenmuskulatur. Studien zur Rückenmuskulatur von Ausdauerradfahrern zeigen eine erhöhte Aktivität dieser Muskulatur bei steigender Belastung auf die Pedale.

Rückenmuskeln sind in einer Reihe angeordnet. Im unteren Rücken befinden sich tiefe, kleine Muskeln, die *Multifidi*, und ein größerer Muskel, der *Musculus quadratus lumborum*. Diese Muskeln helfen, die Wirbelsäule bei seitlichen und Rotationsbelastungen zu stabilisieren.

Die nächste Schicht der Rückenmuskeln sind die *Longissimi*. Diese Muskeln sind Extensoren über mehrere Segmente des Rückens und erhalten beim Radfahren die Haltung und Stabilität aufrecht.

Die Bauchmuskulatur stabilisiert den Rumpf in kurzen Momenten unter hoher Kraft. Fährt man unter aeroben Bedingungen, verwendet man normalerweise die Bauchmuskeln für die Zwerchfellatmung.

Vom oberen Rücken und der Schulter gehen der *Musculus trapezius* und der *Musculus latissimus dorsi* aus. Diese sind beim Radfahren als Stabilisatoren wichtig, da sie die Arme fixieren. Wenn du das linke Pedal trittst, fixiert und zieht dein rechter Arm durch die Wirkung des rechten *Musculus latissimus dorsi* am Lenker, um dich zu stabilisieren, und umgekehrt. Wenn du stark pushst, bergfährst oder sprintest, kannst du wirklich spüren, wie deine Arme auf diese Weise arbeiten.

Der Bizeps wirkt in Verbindung mit dem *Musculus latissimus dorsi* auch als stabilisierender Muskel, der wiederum der Drehmomenterzeugung aus den Beinen entgegenwirkt und den Oberkörper stabilisiert, indem er am Lenker zieht. Der rechte Arm gleicht den Oberkörper gegen das vom linken Bein erzeugte Drehmoment aus.

Dämpfung

Dämpfung ist im Wesentlichen eine Lastabsorption, wie ein Stoßdämpfer. Die Hauptmuskeln, die beim Radfahren die Stöße von der Straßenoberfläche aufnehmen, sind der Trizeps und die Wadenmuskeln. Durch die exzentrische Muskelaktion können Lasten abgefedert oder »gedämpft« werden. Die Lastdämpfung des Trizepses bei Lenkervibration und Belastung schützt den Nacken und die Schultern. Durch die Lastdämpfung der Wadenmuskeln bleiben Oberkörper und Hüfte beziehungsweise Knie auch auf unebenem Untergrund stabil.

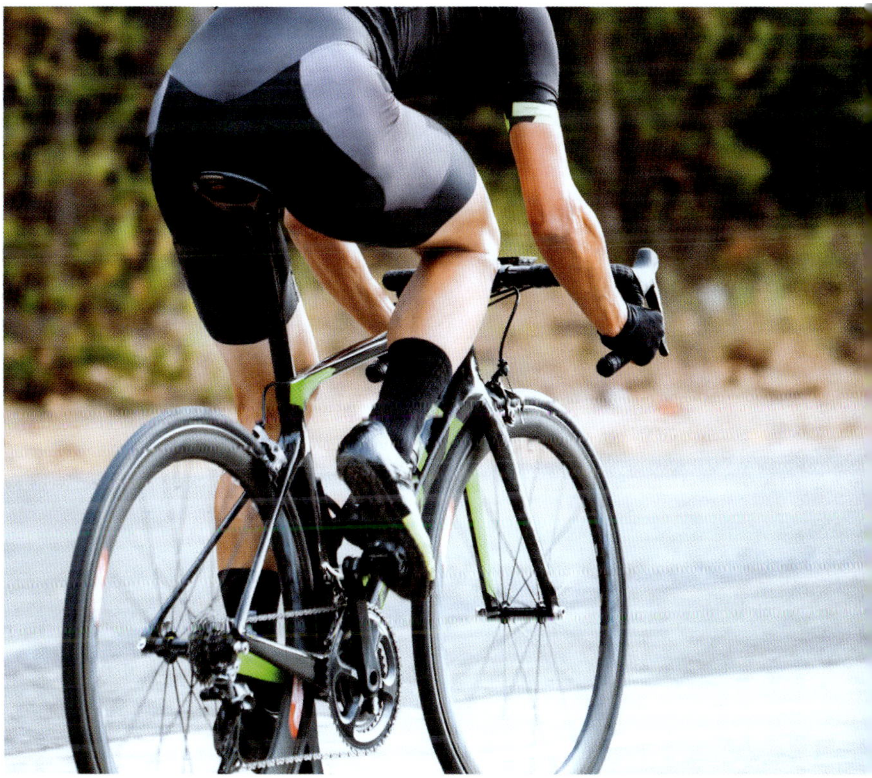

Haltung

Die Aufrechterhaltung einer bestimmten Körperposition erfordert eine entsprechende Gelenkbeweglichkeit, Gelenk-Muskel-Koordination und Muskelausdauer. Einschränkungen bei einem dieser Elemente können zu Haltungsstörungen führen. Eine gute Haltung auf dem Fahrrad erfordert Flexibilität der Kniebeuger und Gesäßmuskeln: So kann das Becken nach vorn kippen und der Rücken gerade bleiben beim Griff nach dem Lenker. Ein Hauptfaktor für eine krumme Haltung ist die Unbeweglichkeit des Brustkorbs: Eine eingeschränkte Bewegungsfähigkeit in der Mitte der Wirbelsäule führt dort zu einer zu starken Beugung. Eine übermäßige Wirbelsäulenbeugung beim Radfahren schränkt jedoch die Atmung ein und beeinträchtigt die Stabilisation der Wirbelsäule für die Drehmomenterzeugung auf die Pedale.

Ventilation

Mit Ventilation ist das Ein- und Ausströmen von Luft in die Lunge gemeint. Für den Ausdauersportler ist es entscheidend, dass dieser Prozess so effizient wie möglich abläuft. Die Lunge wird von den Rippen umzäunt, die durch eine enge Verbindung zur Brustwirbelsäule im Körper verankert sind. Es gibt anatomische und fahrradbezogene Faktoren, die limitierend auf die Ventilation wirken. Ein Beispiel für eine anatomische Limitation ist eine zu starke Beugung der Brustwirbelsäule (nach vorn gebeugt), wodurch sich der Brustkorb nicht ausreichend ausdehnen kann. Fahrradbezogene Limitationen können kompakte aerodynamische Positionen sein, die die Atmung beeinträchtigen, oder eine Sattelneigung nach hinten, wodurch sich die Wirbelsäule biegen muss, um eine Sitzposition auf dem Sattel zu ermöglichen.

Bei Ausdauersportlern erfolgt die effektivste Ventilation bei der Zwerchfellatmung, durch Kontraktion und Entspannung des Zwerchfells wird Luft aus der Lunge gesogen und gepresst. Zu den sekundären Muskeln der Ventilation gehören die Zwischenrippenmuskeln, die Bauchmuskeln, der Trapezmuskel, die Schulterblattheber und die Treppenmuskeln. Ist die Zwerchfellatmung beeinträchtigt, können diese sekundären Muskeln chronisch überlasten und myofasziale Schmerzen – Schmerzen zwischen dem Muskel und der Muskelhülle –, häufig im Nacken- und Schulterbereich, verursachen.

Fußnerven

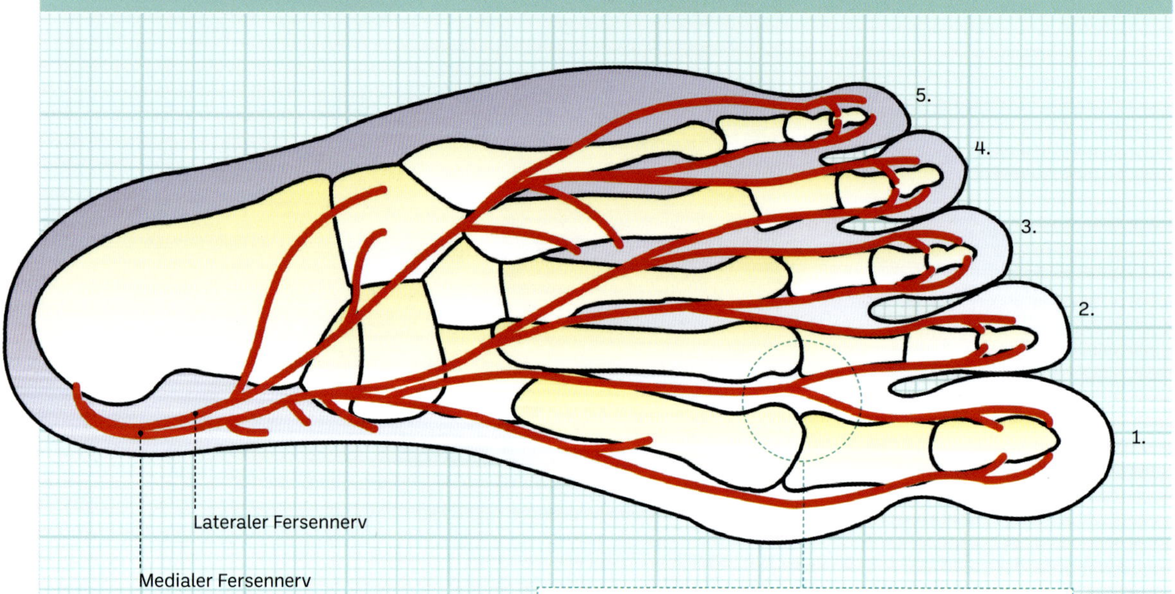

Nervenkompression entsteht meist zwischen den Mittelfußknochen (Zehen). Am häufigsten zwischen dem ersten und dem zweiten Mittelfußknochen (*Morton Neurom*). Oft behebt ein *Metatarsal Button* im Fußbett das Problem.

Kontaktpunkte

Die Punkte, an denen dein Körper das Fahrrad berührt, werden Kontaktpunkte genannt. Wir werden sie uns später genauer ansehen. Dennoch gibt es wichtige anatomische Gründe, das Rad richtig einzustellen.

Die drei primären anatomischen Kontaktpunkte zum Fahrrad können zu Beschwerden führen: Fuß auf dem Pedal, Hand am Lenker und Becken auf dem Sattel. Taubheit, Kraftlosigkeit und Schmerzen können entstehen, wenn vaskuläres und neurales Gewebe unregelmäßig belastet wird, was zu einer Kompression führt.

Fuß auf dem Pedal

Die gezeigte Ansicht der Fußunterseite weist eine neurale Verteilung auf. Eine schlechte Cleat-Position, eine unregelmäßige Unterstützung oder Kompression des Fußes können zu Gewebeschäden führen. Inmitten eines komplexen Gefäßsystems aus Venen und Arteriolen befinden sich die Nerven, die zwischen den Mittelfußköpfchen verlaufen. Fahrradbedingte Fußschmerzen entstehen vorwiegend an den Nerven.

Hand am Lenker

Die beiden Hauptnerven der Hand sind der Mittelarmnerv und der Ellennerv. Diese Nerven passieren zwei Tunnel, wenn sie in die Handregion eintreten: den Karpaltunnel (Mittelarmnerv) und die Guyon-Loge (Ellennerv). Wird die Hand am Lenker zu breit positioniert, was zu einem Spreizen der Finger führt, oder wird aufgrund der Gesamtposition zu viel Gewicht auf die Hand verlagert, können Nerven komprimiert werden, was Schmerzen, Taubheit und Kraftlosigkeit in bestimmten Muskeln verursacht. Die Kompression des Mittelarmnervs führt zur Taubheit der ersten drei Finger und der Hälfte des vierten, während der Ellennerv die laterale Hälfte des vierten Fingers und den gesamten fünften Finger betrifft.

Becken auf dem Sattel

Die dem Becken zugewandte Sattelregion weist druckempfindliche Arterien und Nerven auf. Unregelmäßige Druckbelastung aus anatomischen Gründen oder aus Gründen des Bikefittings führt zu Taubheit, Schmerzen und Verlust der Gewebefunktion.

▶ Handnerven

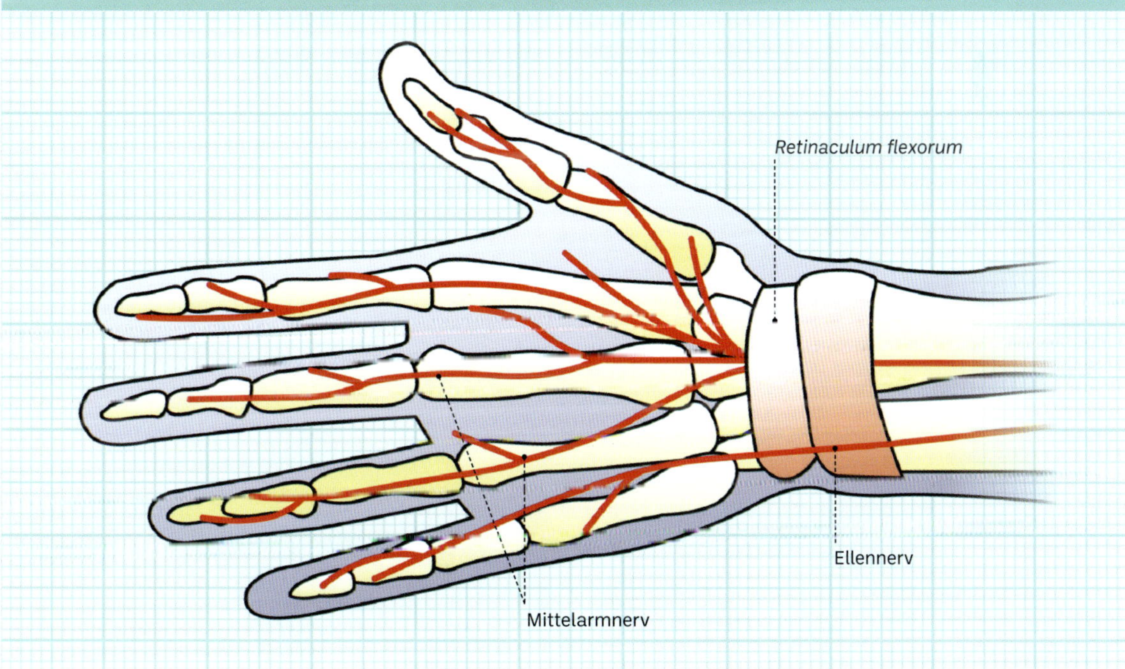

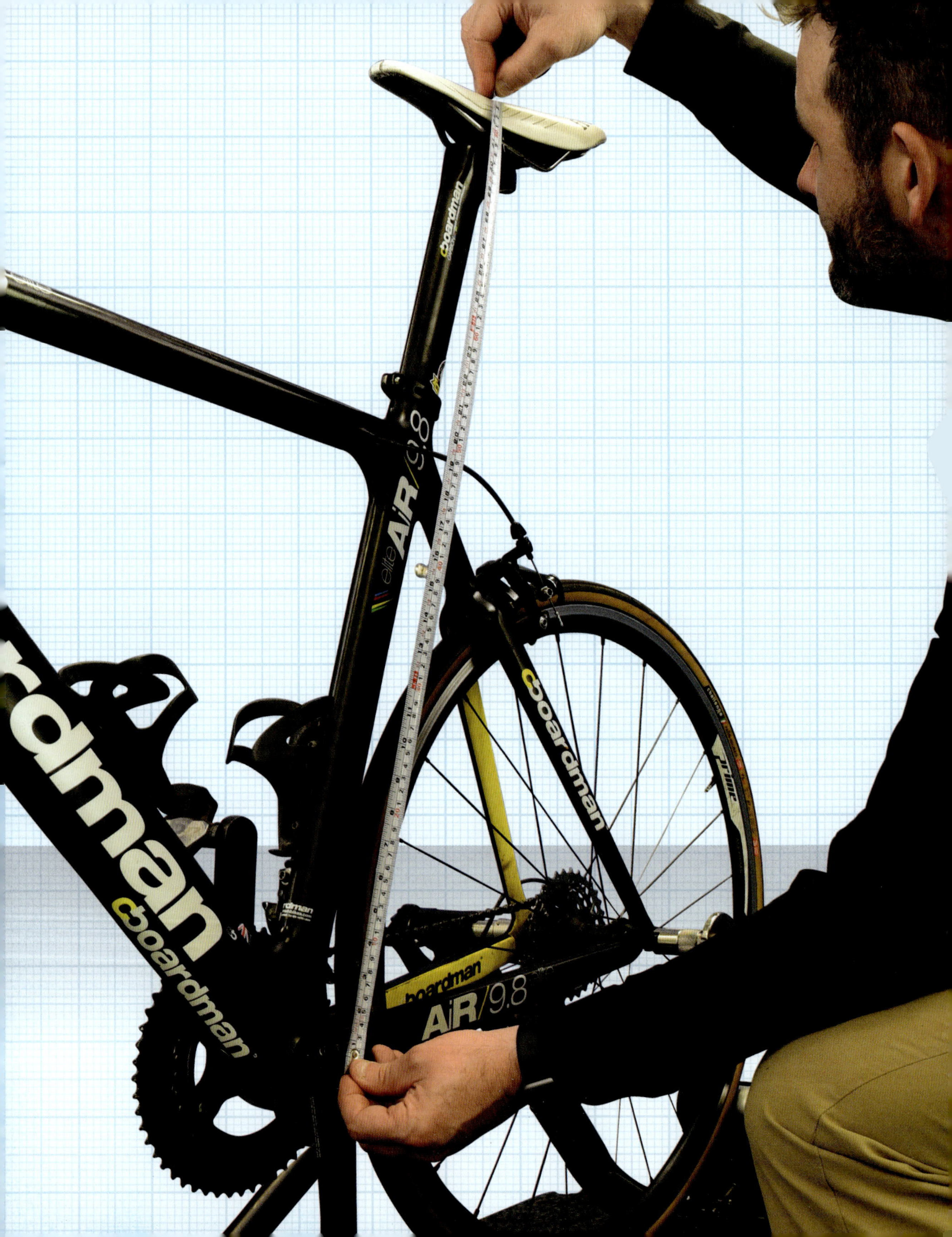
boardman
AiR/9.8
elite
Prime

03

Das Bikefitting-Fenster

Das Bikefitting-Fenster

Menschen fragen mich oft nach der perfekten Position. Meine Antwort lautet: Wofür? Die perfekte Position richtet sich nach ihren Zielen: Krafterzeugung, Komfort, Aufrechterhaltbarkeit oder Aerodynamik.

Man könnte es leicht rechtfertigen, eine Bikeposition für jede separat festzulegen, aber tatsächlich sind alle Positionen ein Kompromiss zwischen diesen vier Kriterien. Die Position ist auf die Wünsche des Radfahrers ausgerichtet, aber durch das eingeschränkt, was er handhaben kann. Was ist also der perfekte Kompromiss für eine optimale Sitzposition? An jedem beliebigen Tag wird die perfekte Bikeposition anders sein als am Vortag und ist deswegen irrelevant.

Betrachte einen Schlüsselparameter: Die Fähigkeit einer Person, ihre Zehen zu berühren, ist eine Kombination ihrer verschiedenen »segmentalen Flexibilitäten« – am Knie, an der Hüfte (Kniebeuger) und im Bereich von Lendenwirbelsäule und Becken. Mit zunehmendem Alter und Verletzungen werden wir unterschiedlich schnell unbeweglicher und steifer. Über 50 Prozent leiden unter irgendeiner Form von Schmerzen im unteren Rückenbereich, die oft mit Steifheit einhergehen – und unsere sitzende Lebens-

▸ Teile eines Standardfahrrads

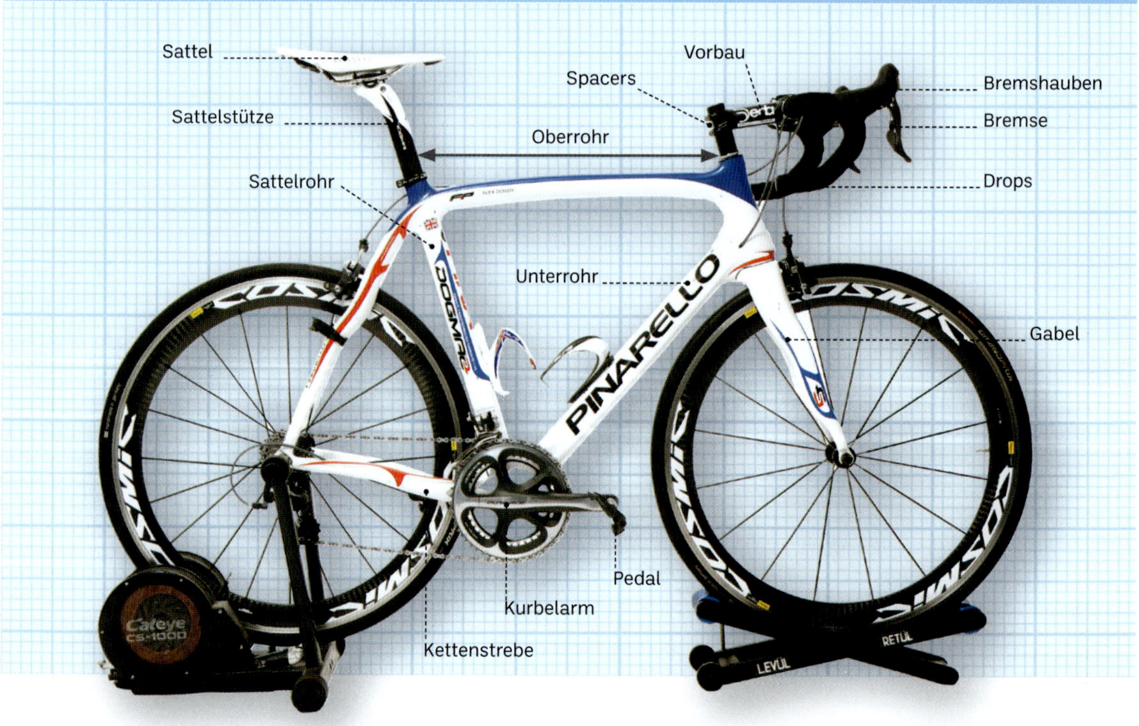

weise ist teilweise dafür verantwortlich. Ich könnte dich an einem Freitagmorgen um 8 Uhr morgens in deine perfekte Position bringen, nachdem du eine lange Arbeitswoche am Schreibtisch verbracht hast. Die Position würde deine relative Unbeweglichkeit im unteren Rücken berücksichtigen und wäre somit konservativer, aufrechter und mit höherem Lenker. Aber wenn du nach einem arbeitsfreien Wochenende voller Radfahrten hergekommen wärst, hätte sich deine ideale Sitzposition geändert: Die Lendenwirbelsäule könnte im Vergleich zu Freitagmorgen beweglicher sein, und deine »perfekte Position« müsste dies widerspiegeln: Sie wäre aggressiver, weniger aufrecht, mit niedrigerem Lenker. Selbst die Schlafqualität kann ausreichen, um die »perfekte« Position einer Person zu verändern.

Das Gleiche gilt für Radsportprofis, die von langen Bergetappen kommen und nach stundenlangem Bergfahren im Sattel leiden. Ihre ideale Position ändert sich, wenn sie in die flachen Etappen eines Rennens einsteigen. Viele sind aufmerksam genug, um entsprechend unterschiedliche Fahrradeinstellungen vorzunehmen.

Aus diesem Grund bevorzuge ich das »Bikefitting-Fenster« gegenüber einer perfekten Position. Der Ausdruck, von Andy Pruitt geprägt, beschreibt perfekt, wie wir uns unsere fließende Beziehung zum Fahrrad vorstellen sollten. Stelle dir deine drei Hauptmaße und Kontaktpunkte mit dem Fahrrad vor: Sattelhöhe, Lenker und Fuß beziehungsweise Radschuh. Das Fitting-Fenster befindet sich zwischen dem Maximum und dem Minimum jeder Variablen. Zum Beispiel beschreibe ich normalerweise die Sattelhöhe von Menschen (vorausgesetzt, sie ist ungefähr korrekt) innerhalb des Fitting-Fensters als hoch oder niedrig. Deine niedrigste akzeptable Sattelhöhe könnte 78 Zentimeter und die höchste 79,5 Zentimeter betragen. Jenseits dieser Grenzen wird die Höhe weniger als ideal, aber innerhalb dieser Zone kann sich jemand vollkommen wohlfühlen und Leistung erbringen. Deine Sattelhöhe an einem Freitag nach der Arbeit läge am unteren Rand deiner Zone (was deine relative Unbeweglichkeit zu diesem Zeitpunkt widerspiegelt), aber am Montag entspräche sie dem höchsten ermittelten Wert – dein Fitting-Fenster ändert sich aufgrund einer Verbesserung der Flexibilität.

Das Fitting-Fenster ist jedoch mehr als nur das. Es ist die Beziehung zwischen diesen wichtigen Fuß-auf-Pedal-Kontaktpunkten. Sattelhöhe und die Fuß-auf-Pe-

▶ Größe und Länge in der Haltung

Eine gute Balance

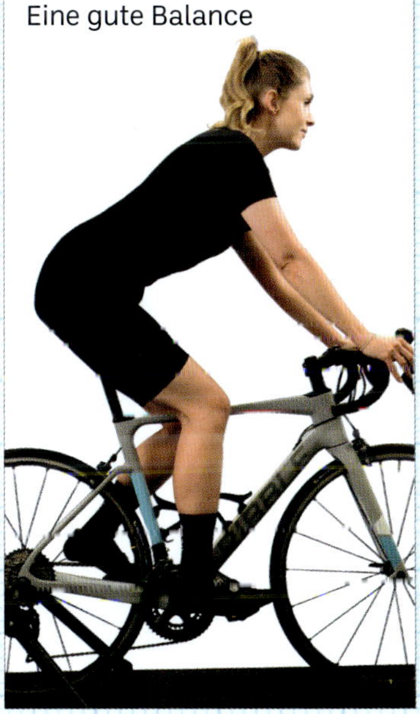

Zu lang und niedrig

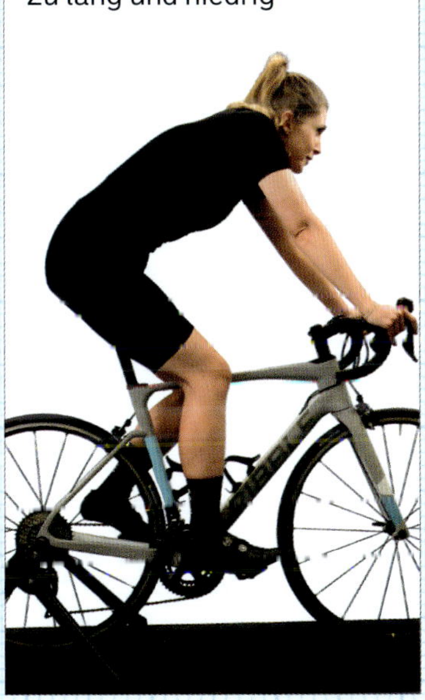

Zu kurz und hoch

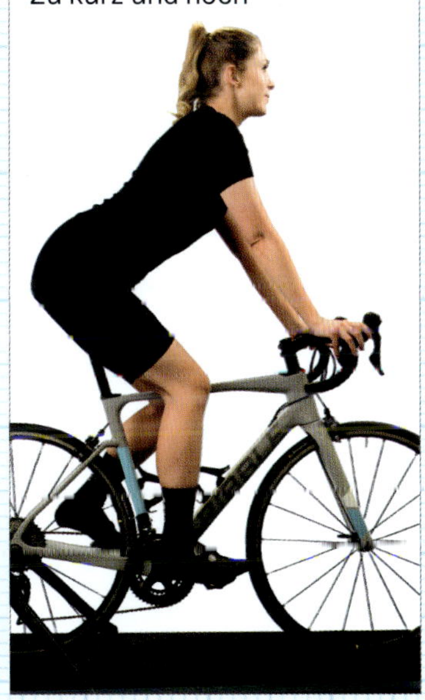

dal-Position werden als die Positionshöhe eines Radfahrers beschrieben, während der Lenker die Positionslänge angibt, weil ihre Lage bestimmt, wie weit du nach vorn greifen kannst: Ein niedrigerer Lenker bedeutet, dass du dich weiter nach vorn lehnen musst. Der Sattelversatz wirkt sich ebenfalls auf die Positionslänge aus; das werden wir später besprechen (siehe Seiten 48–50). Die meisten Anpassungen konzentrieren sich zuerst auf die optimale Höheneinstellung des Hinterteils, da hier die Kraft abgeleitet wird – sozusagen der Maschinenraum. Was ich gerne das Cockpit nenne – das Vorderteil –, wird dann so eingerichtet, dass der Radfahrer ausbalanciert ist, der Rückenwinkel bequem ist und die Arme an den Ellenbogen entspannen können. All dies bestimmt eine bequeme Kopfposition , sodass der Fahrer den Hals strecken und bequem auf die Straße schauen kann.

Das Gleichgewicht des Bikefittings aus der Seitenansicht ist zunächst einfach: die Höhe des Maschinenraums und die Position des Cockpits so einstellen, dass die Neigung des Radfahrers optimal ist. Bei einer falschen Aussrichtung ist der Radfahrer entweder zu weit nach vorn oder zu weit nach hinten geneigt.

Unterer und oberer Totpunkt

Die Begriffe »unterer Totpunkt« (UT) und »oberer Totpunkt« (OT) sind technische Abkürzungen für die Position des Beins ganz unten beziehungweise ganz oben in der Pedalbewegung. Befindet sich ein Bein am unteren Totpunkt, steht das andere am oberen Totpunkt. Die Pedale sitzen direkt über und unter der Mitte des Kurbelsatzes, die Kurbelarme vertikal zueinander.

Gelenkwinkel

Das Bikefitting-Fenster kann in Bezug auf die physische Messung der wichtigsten Abstände über dem Fahrrad ausgedrückt werden, etwa Sattelhöhe und Reach zum Lenker. Die bestimmenden Parameter sind die Interaktion des Radfahrers mit dem Fahrrad. Diese werden am besten als die Gelenkwinkel ausgedrückt, die der Radfahrer einnimmt, um das Fahrrad in einer bestimmten

Durchschnittliche Grundmaße und -bereiche von Retül für ein Straßenrennrad

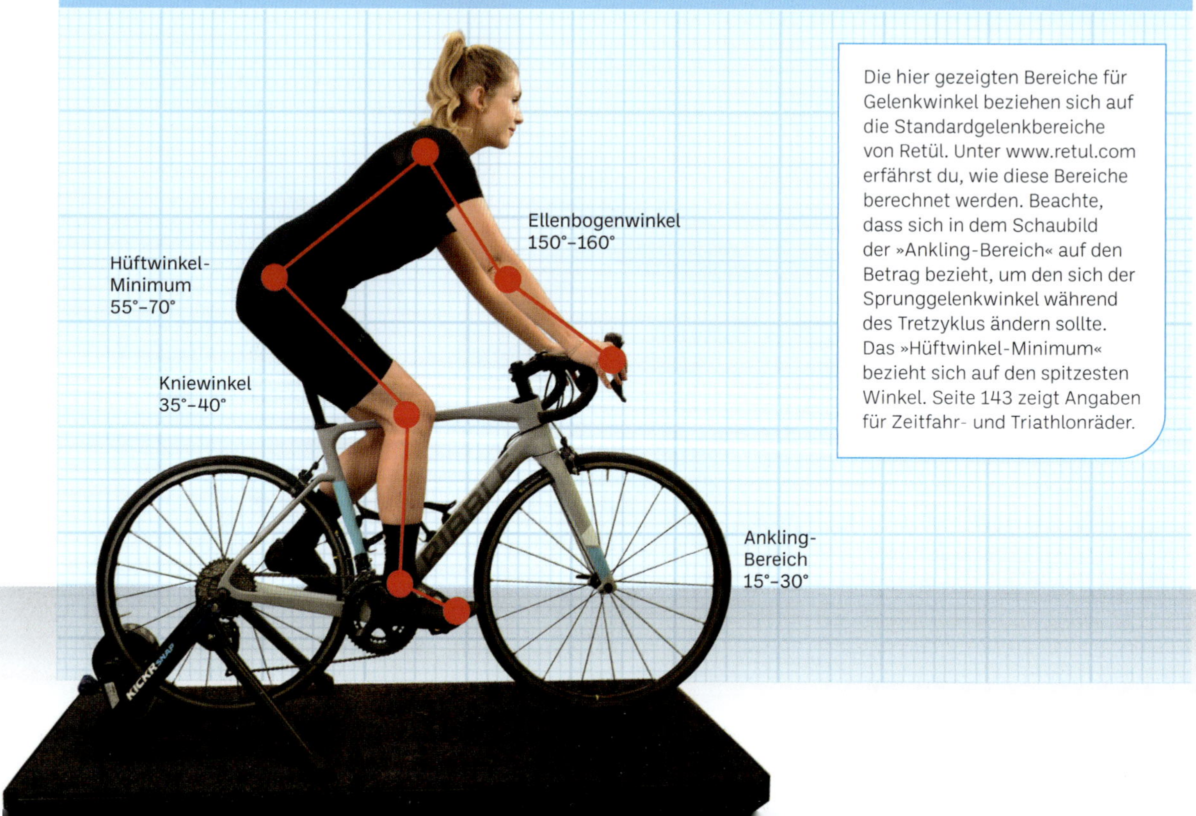

Die hier gezeigten Bereiche für Gelenkwinkel beziehen sich auf die Standardgelenkbereiche von Retül. Unter www.retul.com erfährst du, wie diese Bereiche berechnet werden. Beachte, dass sich in dem Schaubild der »Ankling-Bereich« auf den Betrag bezieht, um den sich der Sprunggelenkwinkel während des Tretzyklus ändern sollte. Das »Hüftwinkel-Minimum« bezieht sich auf den spitzesten Winkel. Seite 143 zeigt Angaben für Zeitfahr- und Triathlonräder.

▶ Kurbeln verschiedener Länge

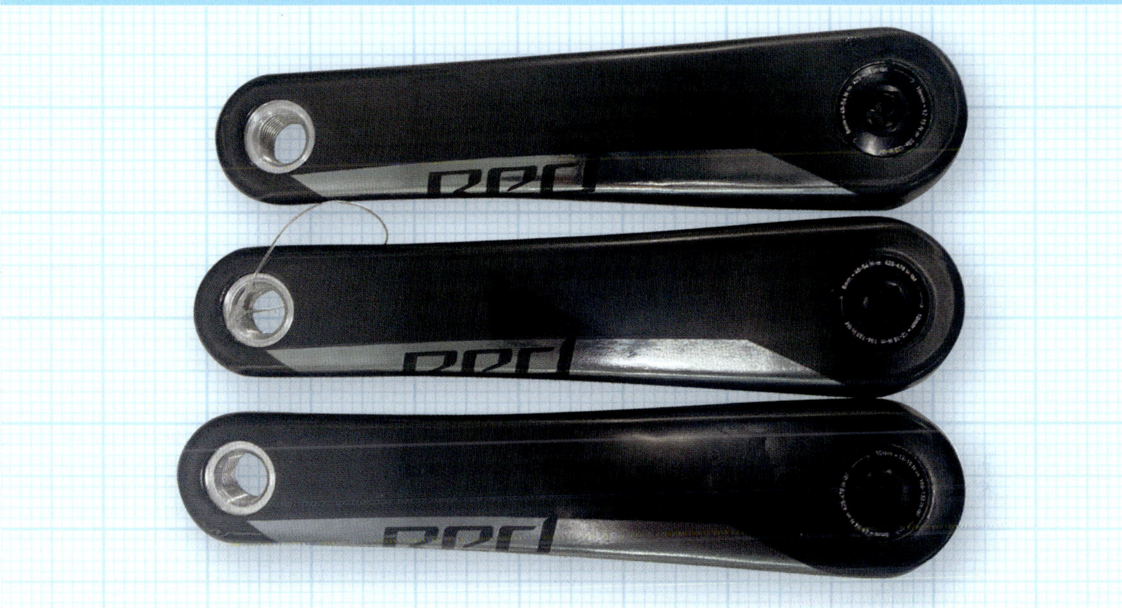

Position zu fahren. Mit Gelenkwinkel ist der Winkel der Beugung, sagen wir, des Knies gemeint – zum Beispiel bei einer Kniestreckung im unteren Totpunkt eines Pedaltritts von 35 Grad. Für diese Gelenkwinkel gibt es optimale Bereiche, außerhalb derer das Bikefitting suboptimal wird. Ich verwende Gelenkwinkel, um das Bikefitting zu optimieren. Das Schaubild zeigt das Fitting-Fenster für ein Straßenrennrad aus der Perspektive der Gelenkwinkel.

So gelangst du zu deinem Bikefitting-Fenster

Wenn du für ein Bikefitting zu mir kommst, wärst du überrascht, was ich in Bezug auf deine Bikeposition feststelle. Bei der ersten Analyse führe ich den Radfahrer durch einen Prozess des dynamischen Bikefittings. Das statische Bikefitting ist bis zu einem gewissen Punkt in Ordnung, aber das dynamische Bikefitting – bei dem man die Knieposition einer Person relativ zu ihrem Fuß während der Fahrt messen kann – ist der Goldstandard. Die Ziele und zentralen Regeln des Fitting-Fensters sind dieselben, aber ein besserer Weg, um es zu erreichen.

Kurbellänge

Ich hatte lange den Verdacht, dass die Kurbellänge der Elefant im Bikefitting-Studio ist, und obwohl wir während meiner Zeit bei British Cycling die aerodynamischen Vorteile der Verkürzung von Kurbeln beim Zeitfahren und bei Verfolgungsrennen gesehen haben, habe ich erst seit meiner Arbeit mit einem breiten Spektrum an Radfahrern wirklich gesehen, welchen Einfluss sie sowohl auf den Komfort als auch auf die Krafterzeugung haben kann. Diese fast damaszenische Erkenntnis in Bezug auf die Kurbellänge ist wahrscheinlich das Bedeutendste und Beeindruckendste, was ich gelernt habe.

Kurbeln sind die Komponenten, die ich bei Radfahrern am häufigsten auswechsle und die einen Wendepunkt darstellen. Bei einem Fahrrad ist der einzig fest sitzende Punkt, der sich auf eine Position bezieht, das Tretlager. Beim Bikefitting dreht sich alles darum, die Radfahrer um das Tretlager herum zu drehen. Ein Zeitfahrer wird nach vorn gedreht, ein Straßenrennradfahrer etwas nach hinten und ein Mountainbiker noch weiter nach hinten. Es geht darum, diese Drehung zu erreichen und anzupassen. In der Mitte davon befinden sich die Kurbeln, also ist es nur logisch, dass sie eine Auswirkung haben.

Der Hebelmythos

Im Radsport herrscht seit Langem die Überzeugung, dass man für mehr Hebelwirkung und Drehmoment längere Kurbeln benötigt. In Disziplinen wie der Verfolgung sieht man aus diesem Grund immer noch Radfahrer, die Kurbeln mit 175 Millimeter Länge oder mehr montieren. Selbst Trainer auf höchstem Niveau halten an diesem Irrtum fest, dass längere Kurbeln mehr Power bedeuten.

Im letzten Jahrzehnt hat jedoch eine Reihe von Studien gezeigt, dass eine längere Kurbellänge kaum oder gar keinen Einfluss auf die Krafterzeugung hat. Eine solche Studie ergab, dass man für submaximales Radfahren bis auf 80 Millimeter runter und bis auf 320 Millimeter hoch gehen müsste, um einen signifikanten Einfluss auf die Krafterzeugung zu haben. In diesem Fall bezog sich »submaximal« auf jedes Radfahren, das nicht die ersten zwei Pedaltritte beim Start eines Teamsprints war.

Wenn also eine Änderung der Kurbellänge keinen Einfluss auf die Krafterzeugung hat, aber Komfort, Aerodynamik und andere Bereiche verbessern kann, warum diese nicht ändern? Warum sollte man lieber einen großen Kreis treten als einen kleineren? Die Analogie, die ich oft bei Kunden verwende, lautet: Wenn du eine 1-Meter-Plyobox und eine 15-Zentimeter-Stufe hättest und ich dir 100 Euro anbieten würde, um hundertmal daraufzuspringen, welche würdest du wählen? Natürlich möchtest du einen kleineren Kreis treten und alle Probleme auf deine Gänge verlagern anstatt auf Sprunggelenke, Knie, Hüfte und unteren Rücken.

Schnell drehen für den Sieg?

Bekannt durch Lance Armstrong – der auch andere »Helfer« hatte – und in jüngerer Zeit durch Chris Froome, wurde das Pedalieren mit Trittfrequenzen über 100 Umdrehungen pro Minute als die effizienteste Art angepriesen. Es mag für Lance und Chris gut gewesen sein, aber für die Allgemeinheit bedeutet es, die vielen Komponenten der Tritteffizienz zu ignorieren. Die Trittfrequenz wird auch durch die Kurbellänge und die Gangwahl beeinflusst. Untersuchungen zeigen, dass die metabolisch optimale Trittfrequenz 60 Umdrehungen pro Minute beträgt, die meisten jedoch eine Trittfrequenz von etwa 90 Umdrehungen pro Minute bevorzugen. Dies ist wahrscheinlich ein Kompromiss zwischen metabolischer Effizienz und Krafterzeugung, und wo das Gleichgewicht dieser beiden liegt, ist für jeden unterschiedlich. Interessanterweise steigt mit zunehmender Kraft auch die optimale Trittfrequenz, die erforderlich ist, um diese aufzubringen. Eliteradsportler können 100 Umdrehungen pro Minute relativ leicht halten, weil sie gut trainiert sind.

Bist du ein Kandidat für kürzere Kurbeln?

Ich wage zu behaupten, dass fast alle Radfahrer, unabhängig von ihrer Körpergröße, von kürzeren Kurbeln profitieren würden. Die Fahrradindustrie muss aufwachen und 165 Millimeter müssen zum Standard werden. Es gibt eine Reihe von Hinweisen, die darauf hindeuten, dass kürzere Kurbeln dir helfen könnten.

Wenn du Schwierigkeiten hast, höhere Trittfrequenzen aufrechtzuerhalten, kannst du deine Kurbellänge einfach von 175 auf 165 Millimeter verkürzen. Bahnradsportler fahren aufgrund der steilen Kurven auf der Bahn in der Regel mit 165-Millimeter-Kurbeln, können aufgrund der kürzeren Kurbeln höhere Trittfrequenzen aufrechterhalten.

Bei einer Vorgeschichte mit Knieschmerzen oder -verletzungen bedeuten kürzere Kurbeln eine geringere Kniebeugung, um über die Spitze des Pedaltritts hinauszukommen, und daher eine geringere Belastung.

Sehr wenige Menschen sind symmetrisch, dies manifestiert sich bei Radfahrern oft als einseitiger Schmerz oder einseitige Beschwerden. Dies können zum Beispiel rechtsseitige sattelbedingte Schmerzen kombiniert mit linksseitigen Knieschmerzen sein. Längere Kurbeln verstärken die Asymmetrie, kürzere mindern deren Einfluss.

Rückenschmerzen auf dem Rad hängen oft mit verspannten Hüftbeugern zusammen. Kürzere Kurbeln öffnen deine Hüfte und deine Knie müssen nicht so hoch kommen. Das hilft, deinen Rücken zu entspannen.

Wippen auf dem Sattel, insbesondere bei höheren Trittfrequenzen, kann ein Hinweis sein, dass dein Körper Schwierigkeiten hat, sich an zu lange Kurbeln anzupassen. Leidest du in ähnlicher Weise unter sattelbedingten Schmerzen, obwohl du alle üblichen Schritte (siehe ab Seite 119) ausprobiert hast, um sie zu beheben? Mit kürzeren Kurbeln wird übermäßiger Druck auf den Sattel reduziert und viele Radfahrer können ihre sattelbedingten Beschwerden mit kürzeren Kurbeln deutlich lindern.

Fühlt sich dein Fahrrad zu lang an und greifst du nach dem Lenker, obwohl die Größe korrekt zu sein scheint? Das könnte daran liegen, dass du höher und weiter hinten sitzt, um dich an zu lange Kurbeln anpassen zu können. Wenn du dich vorwärtsbewegst, wird das Reach-Problem gelöst, aber aufgrund der Kurbellänge wird sich deine Hüfte verkrampft anfühlen.

Ich könnte so weitermachen, aber unterm Strich profitiert jeder Radfahrer von kürzeren Kurbeln. Sie geben dir mehr Freiheit innerhalb des Bikefitting-Fensters, egal, worin deine Priorität besteht – schnelleres oder längeres Fahren oder ein bequemer Sitz –, kürzere Kurbeln könnten durchaus die Lösung sein.

Sind ovale Kettenblätter besser als runde?

Es ist derzeit schwer, diese Frage eindeutig zu beantworten, aber ovale Kettenblätter sind kein besonders neues Konzept, denn Shimano warb bereits in den 1990er-Jahren für seine Biopace-Kettenblätter, auch wenn diese um 90 Grad falsch ausgerichtet waren!

In gewisser Weise ist ein ovales Kettenblatt sinnvoll, da es den Totbereich des Pedaltritts verringert, in dem du keine positive Kraft erzeugst. Andere argumentieren, dass der Vorteil, das Bein länger zu strecken, durch die längere Rückkehr in die Beugung ausgeglichen wird. Bisher wurde in keiner wissenschaftlichen Studie ein Nutzen nachgewiesen. Es kann daran liegen, dass unterschiedliche Formen zu unterschiedlichen Radfahrern passen. Interessant ist, obwohl ovale Kettenblätter mehrere Jahre lang von einer Reihe von Top-Profis eingesetzt wurden, habe ich bei der ersten Zeitfahretappe der Tour de France 2021 kein einziges solches gesehen.

Kürzere Kurbeln kaufen?

Leider hinkt die Fahrradindustrie der Wissenschaft hinterher und hat noch eine Menge aufzuholen. So werden die Kurbeln beim Kauf eines Fahrrads von der Stange leider noch eine Weile zu lang sein.

Glücklicherweise erlauben dir einige Fahrradmarken mittlerweile, verschiedene Komponenten zu spezifizieren, was auch ein großer Vorteil bei der Zusammenstellung eines Fahrradrahmens ist, insbesondere wenn du

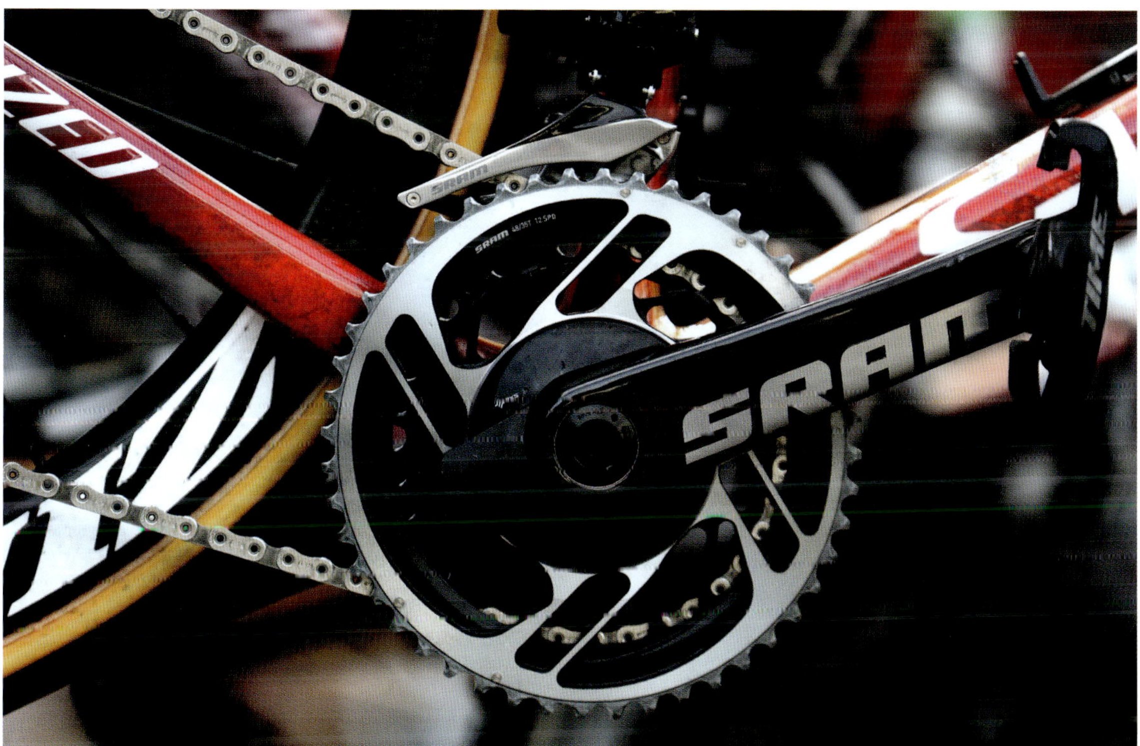

weißt, dass du spezielle Anforderungen an das Bikefitting hast. Die drei großen Schaltgruppenhersteller – Shimano, Campagnolo und SRAM – bieten allesamt 165-Millimeter-Kurbeln an, aber man muss danach suchen. Eine Reihe von Herstellern geht auf 150 Millimeter runter, und ich habe festgestellt, dass Rotor eine der am einfachsten zu beschaffenden Quellen ist. Es gibt nur sehr wenige Radfahrer, die noch kürzere Kurbeln benötigen. So habe ich ein Bikefitting für einen Radfahrer mit Akromegalie gemacht, der mit 150-Millimeter-Kurbeln zu kämpfen hatte, sodass wir für ihn noch kleinere anfertigen ließen.

Bei einer Flotte von Fahrrädern mit teuren Schaltgruppen und vielleicht sogar kurbel- oder spiderbasierten Powermetern kann ein kompletter Austausch der Kurbeln eine teure Angelegenheit werden. Wenn du keine Probleme hast, experimentiere einfach im Laufe der Zeit und Zug um Zug, indem du Schaltgruppen ersetzt. Wenn du jedoch mit deiner Position, Verletzungen oder Beschwerden zu kämpfen hast und diese Maßnahmen nicht fruchten, könnte ein Austausch der Kurbeln deine Probleme beheben.

Sattel

Die Sitzhöhe ist für die Kraft der heilige Gral. Sie ist eine der wichtigsten Einstellungen. Viele andere Empfehlungen, beispielsweise zum Lenker oder zu den Pedalen, versuchen tatsächlich, eine suboptimale Sitzhöhe zu korrigieren. Die natürliche Position des vollständig gestreckten Beins am unteren Totpunkt des Pedaltritts beschreibt die optimale Sattelhöhe. Dies wiederum hängt von den Knie- und Sprunggelenkwinkeln ab. Ein Kniestreckwinkel von 35 bis 40 Grad ist für den normalen Radfahrer optimal. Bei Profis sind Winkel bis zu 30 Grad möglich.

Die relative Sitzhöhe kann auf viele verschiedene Arten geändert werden, nicht nur indem der Sattel nach oben oder unten bewegt wird. Jede Änderung am Setup des Fahrrads, die den Abstand vom Sattel zum Pedal ändert, ändert im Grunde die Sitzhöhe.

Wie bei jeder Positionierung müssen wir einen Kompromiss zwischen den Variablen Krafterzeugung, Komfort

▶ Kniewinkel

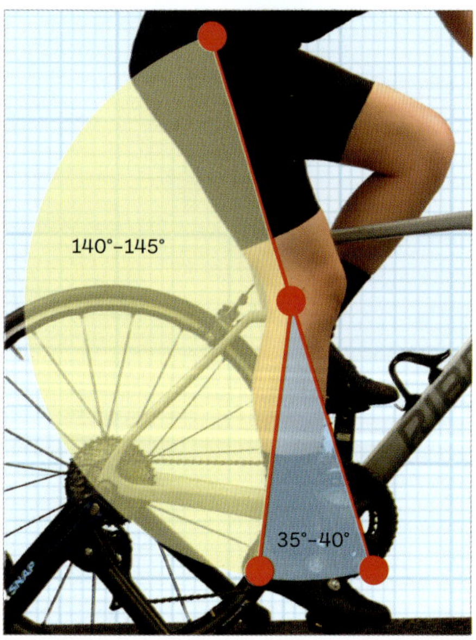

Ein Kniestreckwinkel von 140–145 Grad – im Fachjargon als 35–40 Grad bezeichnet, der Abweichungswinkel von einem geraden Bein – ist für den Durchschnittsradfahrer optimal.

▶ Kraft versus Sattelhöhe

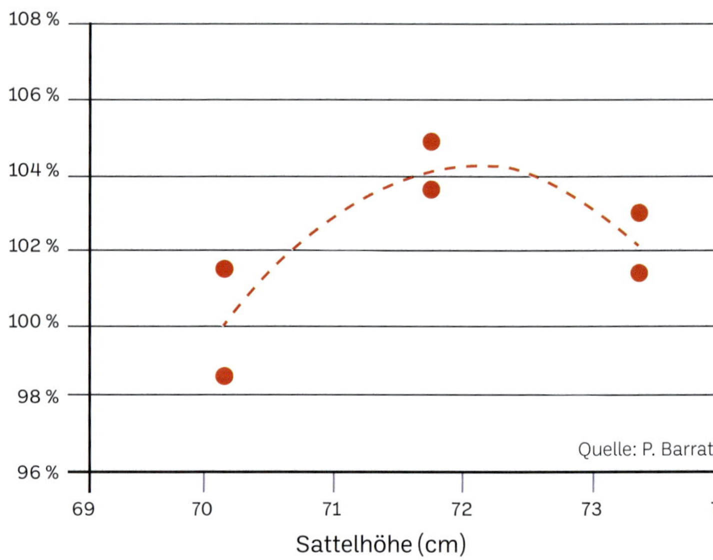

Mit zunehmender Sattelhöhe steigt auch die Kraft bis zu einem Punkt, an dem sie wieder abfällt. Kurz vor diesem Abfall liegt die optimale Sattelhöhe für die Krafterzeugung. Diese ist für den Komfort weniger optimal.

und Verletzungsvermeidung finden. Das Schaubild zeigt die optimale Sattelhöhe für die Krafterzeugung.

Ist der Sattel zu niedrig, können der Quadrizeps und die Gesäßmuskeln nicht genug Kraft erzeugen, da sie nie ihre optimale Länge erreichen. Ist er zu hoch, ist das Knie zu sehr gestreckt und das Bein verliert den Halt auf dem Pedal, womit weniger Kraft erzeugt wird. Die für die Krafterzeugung optimale Sattelhöhe muss ein Ziel sein, auf das man hinarbeitet. Diese Sattelhöhen befinden sich am oberen Ende des Fitting-Fensters und erfordern einen Kniestreckwinkel von 30 bis 25 Grad.

Der größte einschränkende Faktor ist unsere Kniebeugerflexibilität. Verspannte Kniebeuger hemmen die Kniestreckung und hindern uns daran unser Becken nach vorn zu rollen, sodass viele von uns am unteren Totpunkt niemals eine Kniestreckung von mehr als 40 Grad erreichen werden.

Jemanden allein wegen der Krafterzeugung in seiner optimalen Sitzhöhe zu platzieren, ohne seine Flexibilität zu berücksichtigen, bedeutet, eine Belastung und Schmerzen in der Kniekehle und potenzielle Verletzungen in Kauf zu nehmen. Eine zu niedrige Sattelhöhe hingegen erhöht die Druckkraft auf die Kniescheibe, da das Bein über den oberen Totpunkt (OT) kommt und nach unten drückt. Dies kann ebenfalls Schmerzen und Verletzungen verursachen.

Wenn du also sicher und komfortabel fahren möchtest, muss die Sattelhöhe ein Kompromiss sein, der all diese Parameter berücksichtigt. Idealerweise solltest du versuchen, in die Mitte des Fitting-Fensters zu gelangen.

Sattelhöhe – statisch

Eine der einfachsten Möglichkeiten, deine Sattelhöhe statisch zu bestimmen, ist die Fersenmethode.

Setze dich auf dein Fahrrad, falls vorhanden auf deinen Rollentrainer (oder lehne dich an eine Wand), und tritt rückwärts, mit deiner Ferse in der Mitte des Pedals. Wenn deine Sattelhöhe korrekt ist, sollte dein Knie komplett gerade sein, wenn du den unteren Totpunkt erreichst. Sollte dein Knie noch gebeugt sein oder deine Ferse den Pedalkontakt verlieren, stelle deine Sattelhöhe neu ein. Der Nachteil

Fersenmethode

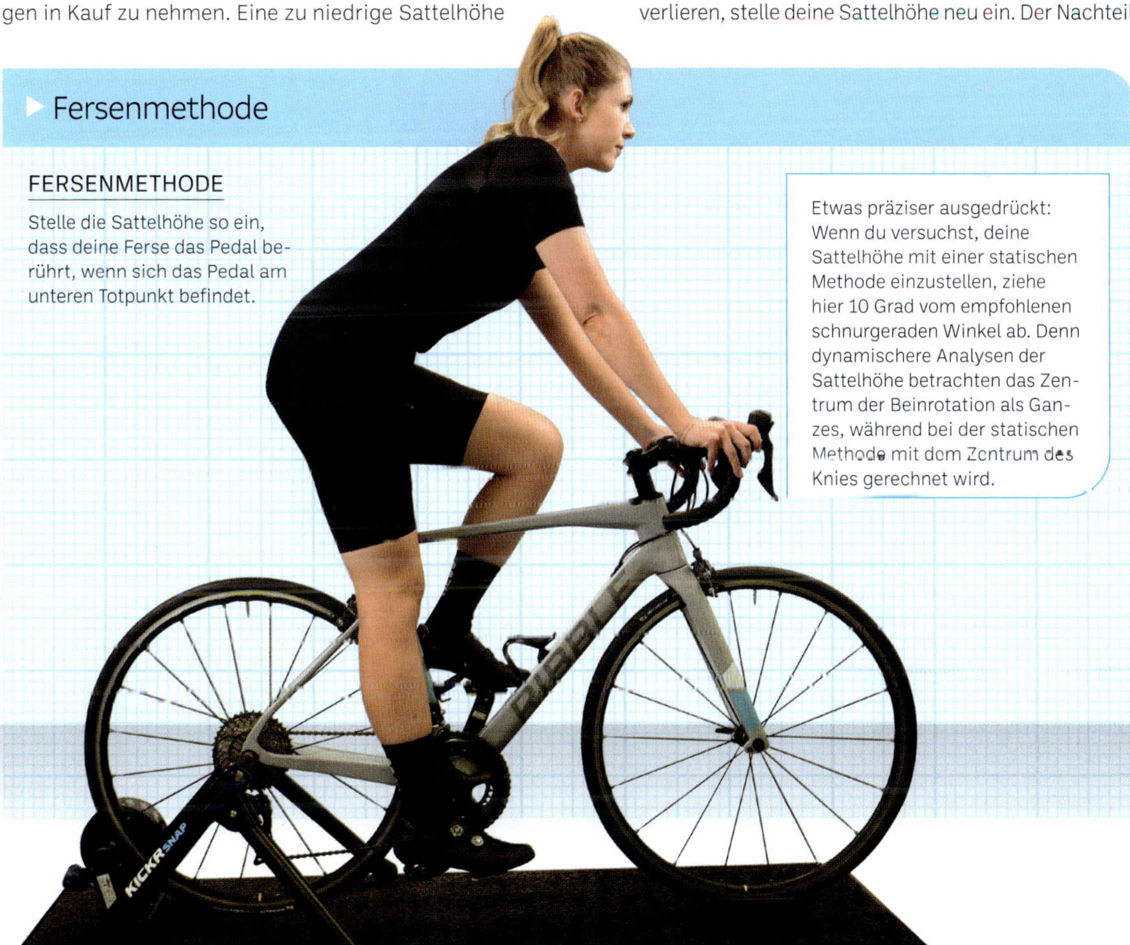

FERSENMETHODE

Stelle die Sattelhöhe so ein, dass deine Ferse das Pedal berührt, wenn sich das Pedal am unteren Totpunkt befindet.

Etwas präziser ausgedrückt: Wenn du versuchst, deine Sattelhöhe mit einer statischen Methode einzustellen, ziehe hier 10 Grad vom empfohlenen schnurgeraden Winkel ab. Denn dynamischere Analysen der Sattelhöhe betrachten das Zentrum der Beinrotation als Ganzes, während bei der statischen Methode mit dem Zentrum des Knies gerechnet wird.

der statischen Methode besteht darin, dass einige Faktoren wie Tritttechnik oder Schuhwahl und -position nicht berücksichtigt werden.

Tritttechnik

Ich habe zuvor geschrieben, dass die Sattelhöhe durch die »Beschaffenheit des Beines bei voller Streckung« definiert wird. Diese besteht nicht nur aus dem Kniewinkel, sondern auch aus dem Sprunggelenkwinkel. Die Tritttechnik unterscheidet sich von Radsportler zu Radsportler massiv; jemand, der mit ganz nach unten gerichteter Fußspitze in die Pedale tritt, kann eine höhere Sattelhöhe erreichen, ohne den Kniewinkel zu verändern, als jemand, der mit der Ferse nach unten tritt. An den Extremen der Tritttechnik reicht es nicht aus, das Bikefitting nur mittels Kniewinkel zu vollrichten.

Formeln

Wie bereits erwähnt, gibt es Formeln zur Berechnung. Es gibt viele »Wundermittel«-Formeln, aber diejenige, die du wahrscheinlich am ehesten kennst, wurde Anfang der 1980er-Jahre von Greg LeMond und seinem Trainer populär gemacht. Du misst deine Innenbeinlänge: Stelle dich mit dem Rücken an eine Wand, lege einen flachen Gegenstand, ähnlich einem Sattel, unter deine Leiste und ahme den Druck nach, der beim Radfahren auf den Sattel ausgeübt wird. Miss den Abstand zwischen dem Boden und deinem Schritt in Zentimetern. Multipliziere diese Zahl mit 0,883 und du hast deine Sattelhöhe, definiert als der Abstand, der zwischen dem Tretlager des Fahrrads und der Oberkante des Sattels in einer Linie mit dem Sitzrohr gemessen wird. Diese Methode hat viele Radfahrer in das Fitting-Fenster für ihre Sattelhöhe gebracht.

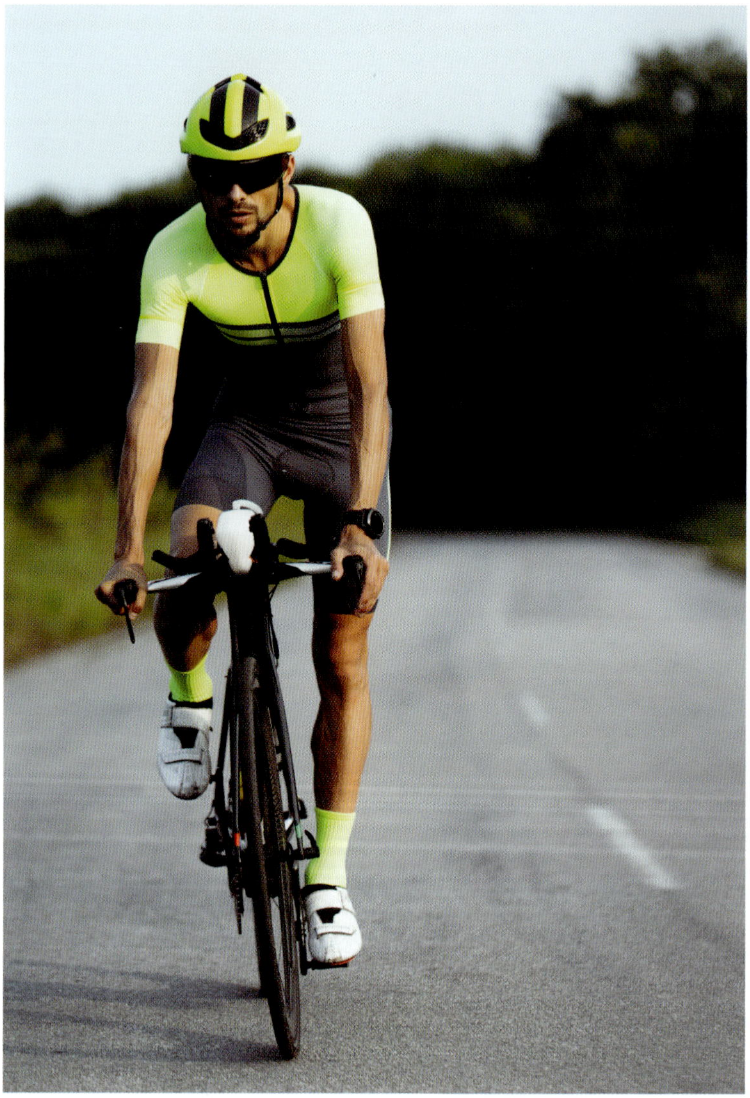

Jedoch werden bei Formeln individuelle Abweichungen von den Durchschnittswerten nicht berücksichtigt: Flexibilität, Tritttechnik oder Genetik. Aus diesem Grund werden diese Formeln jemandem mit langen Gliedmaßen und einem kurzen Oberkörper – oder umgekehrt – leider nicht helfen, eine optimale Sattelhöhe zu ermitteln

Goniometrie

Eine andere Möglichkeit, die Sattelhöhe einzustellen, ist die Verwendung eines langarmigen Goniometers, mit dem dein Kniewinkel gemessen wird. Bringe das Bein in den unteren Totpunkt (UT), also in die 6-Uhr-Pedalposition. Miss dann zwischen drei Schlüsselpunkten: der *Trochanter major* (großer Rollhügel) an der Hüfte (die breiteste Knochenmasse an der Seite deiner Hüfte), das Rotationszentrum am Knie sowie die Knochenmasse an der Außenseite des Sprunggelenks. Der Kniewinkel, der es den meisten Menschen ermöglicht, bequem und ohne Verletzungen zu fahren und gleichzeitig Kraft zu erzeugen, beträgt idealerweise 25 bis 35 Grad.

Der Hauptnachteil dieser Messmethode besteht darin, dass es sich um eine statische Messung handelt, die wenig Aufmerksamkeit für Details erfordert und möglicherweise die tatsächliche Fahr- oder Fußposition nicht berücksichtigt. Dies kann zu einer suboptimalen Einstellung führen, wenn man tatsächlich losfährt.

Sattelhöhe – dynamisch

Bis heute ist die bei Weitem beste Methode zur Einstellung der Sattelhöhe die dynamische Messung. Mit anderen Worten: die Aufzeichnung der Positionen der Knie- und Sprunggelenkwinkel einer Person, während sie Rad fährt. Ein System wie Retül kann in kurzer Zeit Tausende von Datenpunktmessungen durchführen und den Winkeldurchschnitt ermitteln. Erfahrene Bikefitter können diese Daten mit solchen der Berücksichtigung der körperlichen Einschränkungen des Radfahrers kombinieren, um jemanden genau in der Mitte seines spezifischen Fitting-Fensters zu platzieren.

Sattelversatz – die Längsverstellung

Sobald du die für dich optimale Sattelhöhe festgelegt hast, ist es wichtig, den Sattelversatz richtig einzustellen. Dieser Parameter ist der Schlüssel zur Optimierung der Pedalkraft, zur Vermeidung von Verletzungen und zur Einstellung des Gesamtgleichgewichts des Radfahrers auf dem Fahrrad.

Der Sattelversatz bestimmt die Position von Knie und Hüfte in Bezug auf die Fuß/Pedal-Schnittstelle. Wenn Knie und Hüfte in der 3-Uhr-Position zu weit hinter dem Fuß/Pedal sind, ist es schwieriger, beim Pedalieren die optimale Kraft zu erzeugen. Umgekehrt, wenn sie zu weit vorn sind, mit dem Knie vor der Fuß/Pedal-Schnittstelle in der 3-Uhr-Kurbelposition, besteht ein erhöhtes Risiko für Knieprobleme aufgrund der erhöhten Kräfte, die auf die Kniescheibe ausgeübt werden.

▶ LeMond-Methode

Innenbeinlänge-Formel

Multipliziere die Innenbeinlänge mit 0,883. Damit ermittelst du die optimale Sattelhöhe. Achtung: Es kann für einige funktionieren, aber nicht jeder hat die gleichen Körperproportionen.

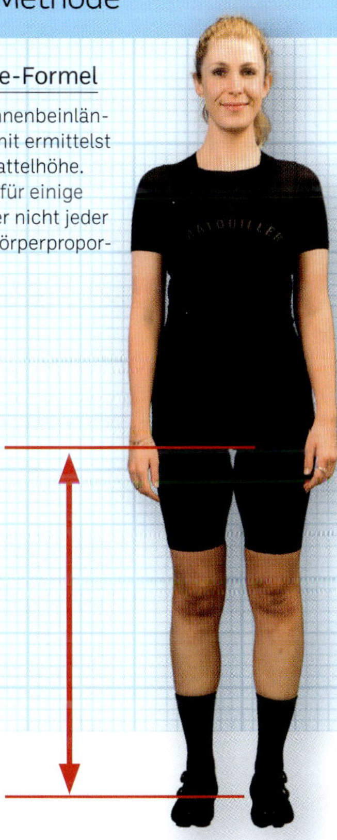

▶ Goniometer

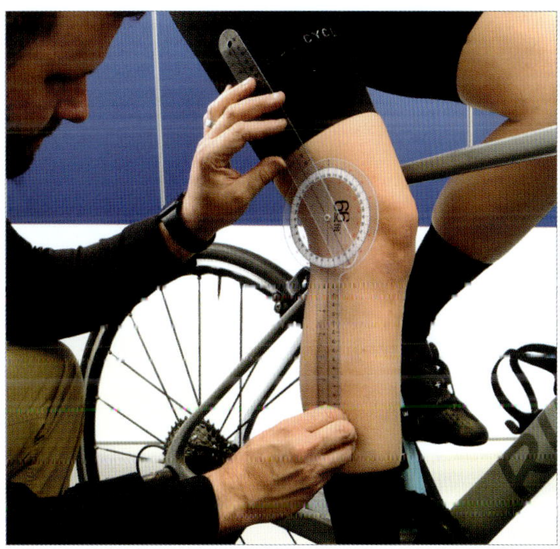

Miss den Kniestreckwinkel auf dem Fahrrad, um deine Sattelhöhe einzustellen.

Quelle: bikefit.com © BikeFit LLC

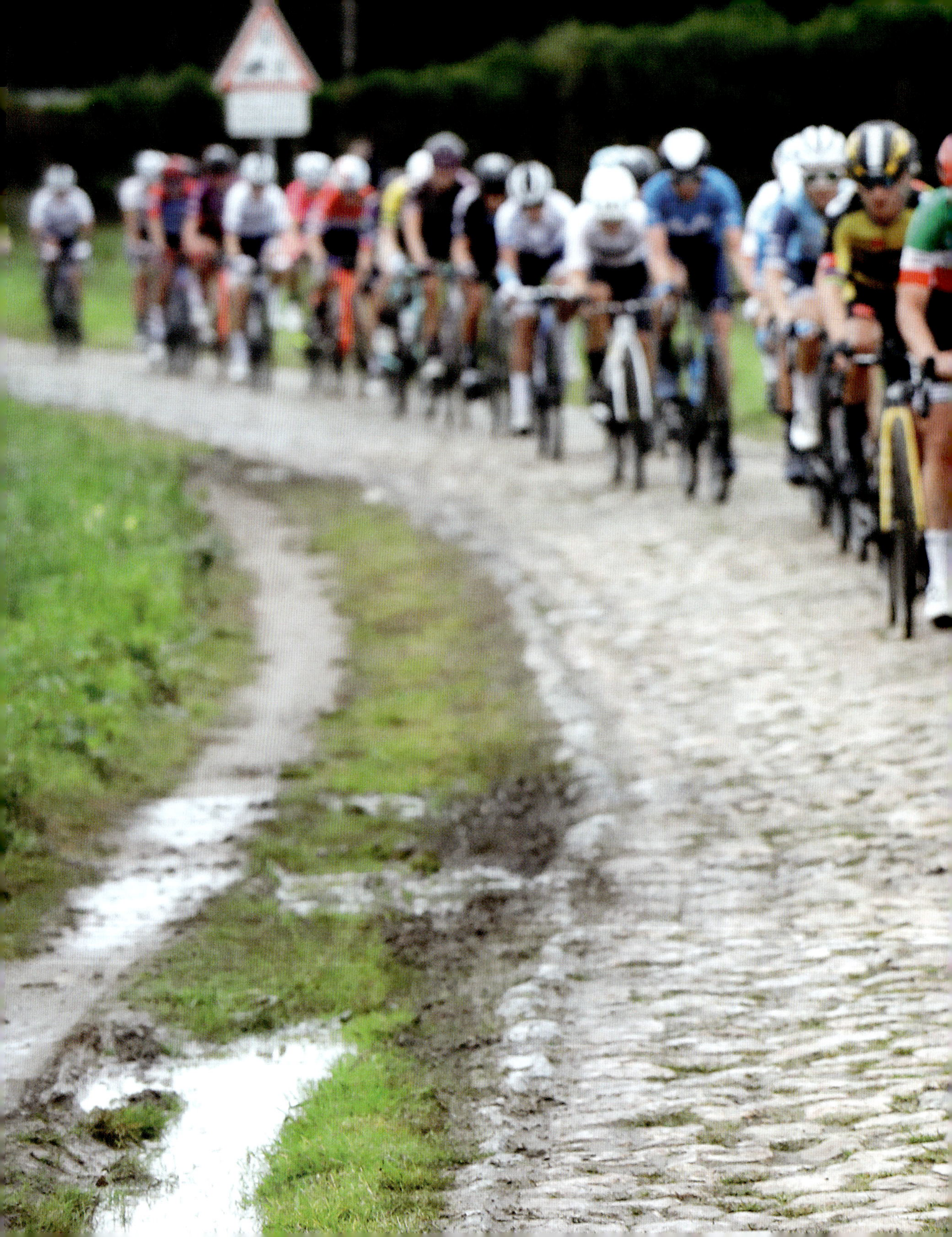

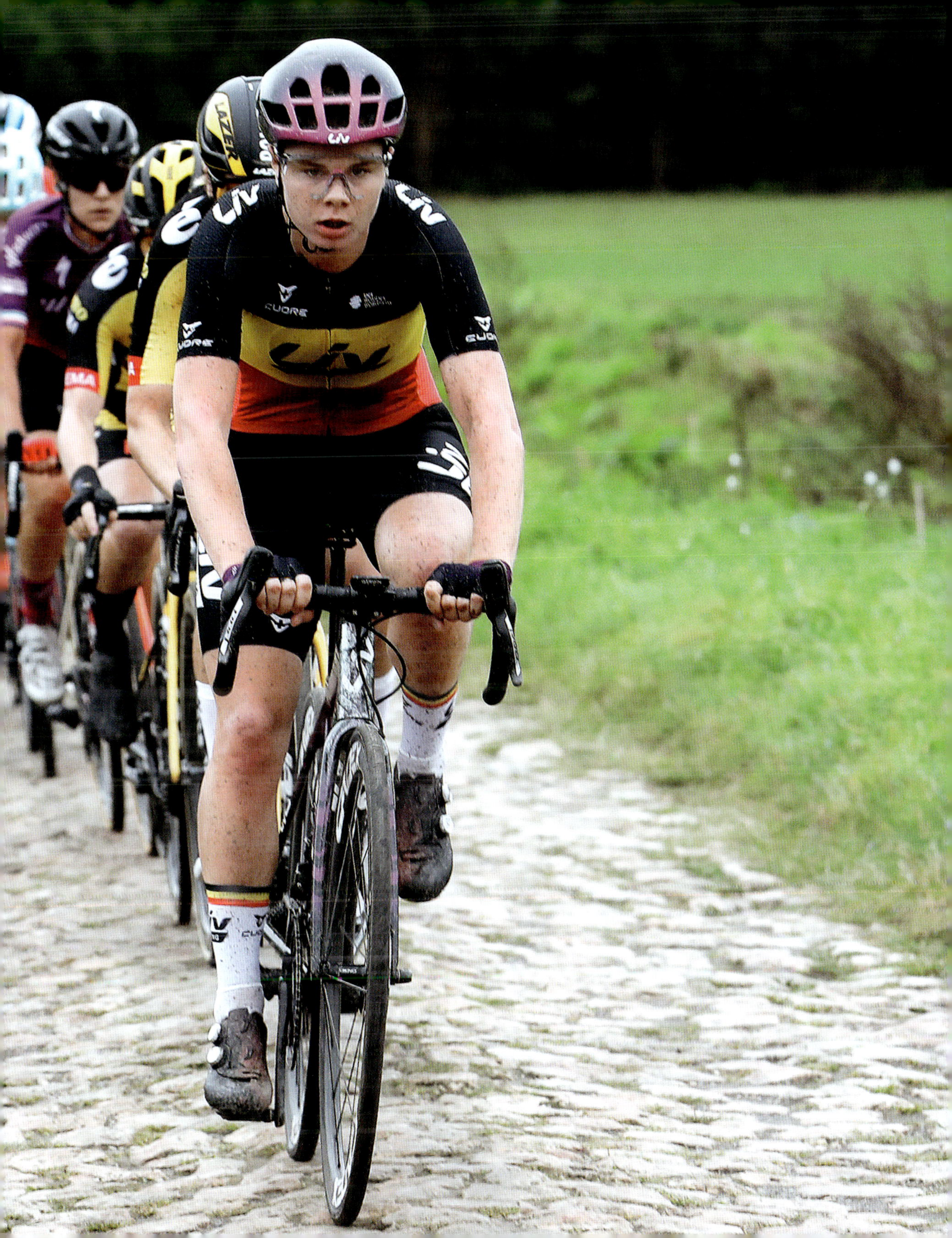
LAZER
CUORE
Liv

Setze dich weit hinten auf den Sattel und versuche, in die Pedale zu treten, was sich als schwierig erweisen sollte. Setze dich nun ganz nach vorn, nur die Hinterseite deines Gesäßes berührt den Sattel. Das fühlt sich unbequem an, da die Kniescheiben stark belastet werden. Innerhalb des Fitting-Fensters ermöglicht dir dein Sattelversatz, Kraft aus den Quadrizeps- und Gesäßmuskeln zu erzeugen, sodass du die Kontrolle behältst. So bleibst du verletzungsfrei.

Diese Koordinate des Bikefittings richtig hinzubekommen, spielt auch eine wichtige Rolle bei der Einstellung des korrekten Gleichgewichts des Radfahrers auf dem Fahrrad. Das Gesamtgleichgewicht ist eine Summe der Beziehung zwischen allen Bikefitting-Punkten. Wenn der Sattelversatz zu groß eingestellt ist, lastet der Großteil deines Gewichts auf dem hinteren Ende des Fahrrads, was das Handling vorn leichter und weniger kontrolliert macht. Wenn du zu weit hinten sitzt, musst du eine sehr große Distanz überbrücken, um den Lenker zu greifen, sofern du den Lenker nicht entsprechend eingestellt hast. Das kann zu Schmerzen und Verletzungen durch überdehntes Gewebe führen. Befindet sich der Sattel zu weit vorn, lastet zu viel Gewicht auf den Händen und Handgelenken und du könntest Probleme bekommen – der Klassiker ist die Ulnarisneuropathie (siehe Seite 135).

So stellst du den Sattelversatz ein – statisch

Die sogenannte KOPS-Methode steht für *Knee Over Pedal Spindle* (Knie über der Pedalachse). Und genau darum geht es: Stelle die richtige Sattelversatzposition ein, indem du versuchst, das Knie direkt über der Pedalachse zu platzieren, während sich die Kurbeln in der 3-Uhr-Position befinden.

Traditionell wird ein Lot von der Unterseite des Knies (*Tuberositas tibiae*) herunterhängen gelassen, und der Sattel wird so eingestellt, dass die Linie die Pedalachse halbiert. Bei dieser Methode gibt es eine Reihe an Problemen, die von anderen Autoren gut dokumentiert sind,

▶ Knie zu weit vor dem Pedal

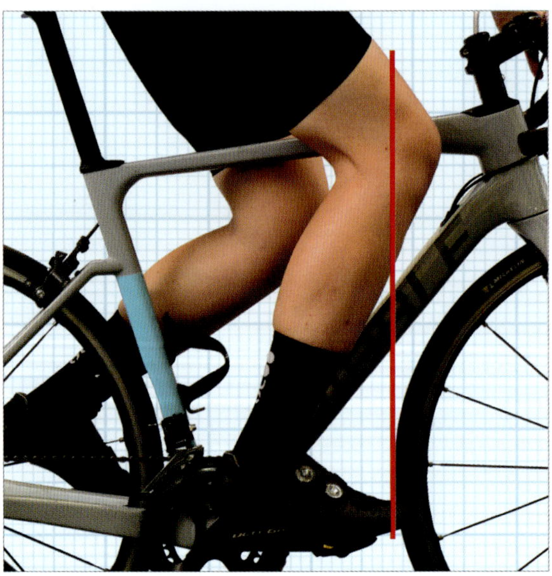

Beachte die Position der Vorderseite des Knies in Bezug auf den Fuß. In dieser »Knie vor dem Fuß«-Position nehmen die Kräfte zu, die die Kniescheibe zusammendrücken.

▶ KOPS: Knie über der Pedalachse

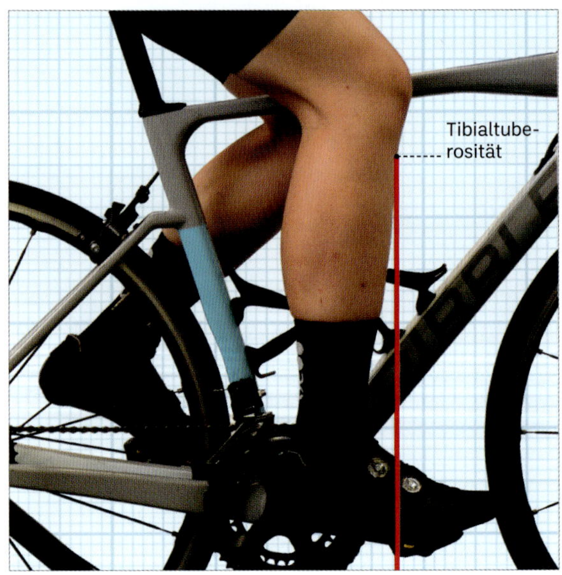

Beachte hier den Unterschied bei der Position des Knies. Eine vertikale Linie von der Unterseite des Knies halbiert die Pedalachse und reduziert so die Kräfte auf der Kniescheibe.

zum Beispiel in dem Onlineartikel von Keith Bontrager »The Myth of KOPS«. In der Praxis ist es schwierig, die anatomischen Orientierungspunkte genau zu finden, und das Senklot kann sich bewegen, wodurch die vertikale Beurteilung subjektiv wird. KOPS hat auch einige Nachteile, wenn es um Spezialdisziplinen wie Zeitfahren geht.

An der KOPS-Methode gefällt mir die Einfachheit: Verwende ein Richtscheit, zum Beispiel einen Meterstab, platziere es vor der Kniescheibe und achte darauf, dass sich diese vor der Pedalachse befindet. So hat KOPS vielen Radfahrern geholfen, eine sichere Sattelversatzposition einzustellen.

Der Nachteil dieser Methode ist, wie bei allen statischen Messungen, dass sie davon abhängig ist, dass der Radfahrer genau dort sitzen sollte, wo er während der Fahrt auf dem Sattel sitzen würde. Dies ist in einem klinischen Umfeld überraschend schwer nachzuahmen.

So stellst du den Sattelversatz ein – dynamisch

Das Retül-System liefert den Sattelversatz als Durchschnitt von über 10 000 Datenpunkten des Knies im Verhältnis zum Fuß über 15 Sekunden Fahrtzeit. Damit kann dargestellt werden, wo sich Knie und Druckpunkte des Radfahrers während der Fahrt tatsächlich befinden. Bikefitter verwenden diese Daten, um den Sattelversatz anzupassen, in diesem Fall, bis das Knie im Durchschnitt häufiger hinter dem Fuß ist, was einen sicheren Sattelversatz anzeigt. Ich weiß, dass die meisten von uns kein Retül-System in ihrer Garage stehen haben, und es ist gut, sich da-

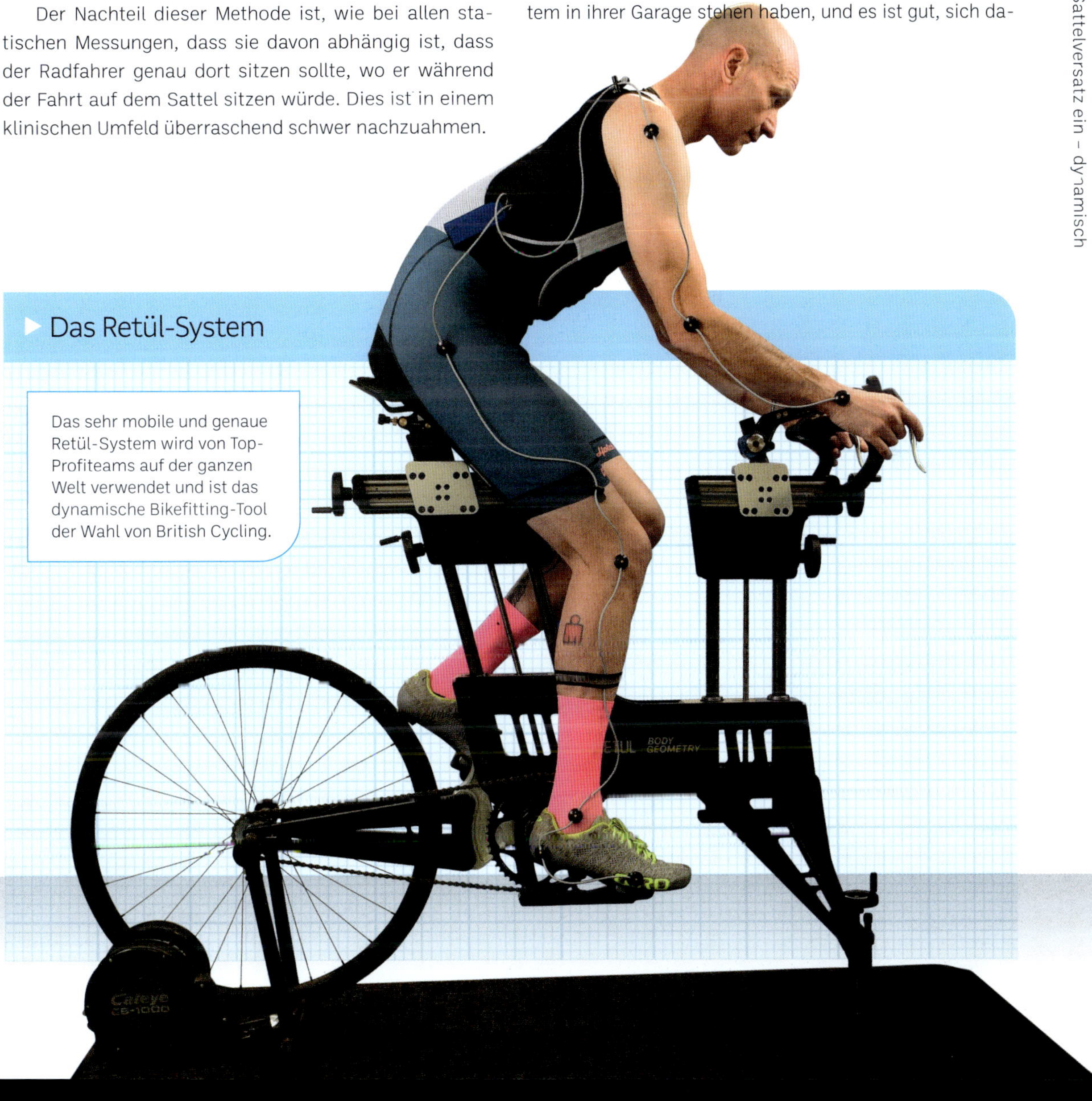

▶ Das Retül-System

Das sehr mobile und genaue Retül-System wird von Top-Profiteams auf der ganzen Welt verwendet und ist das dynamische Bikefitting-Tool der Wahl von British Cycling.

ran zu erinnern, dass dynamische Messsysteme zwar die fortschrittlichste Methode des Bikefittings sind, sie aber dennoch Messsysteme sind – genau wie der Meterstab! Die Kunst liegt in der Interpretation der Daten.

Das sehr mobile und genaue Retül-System wird von Top-Profiteams auf der ganzen Welt verwendet und ist mein dynamisches Bikefitting-Tool der Wahl.

Die Sattelneigung einstellen

Als ich die erste Ausgabe dieses Buches schrieb, musste man bei der Teilnahme an einem von der UCI genehmigten Rennen mit einem vollständig waagerechten Sattel fahren. Aufgrund der Forschung, wie Sattelgesundheitsprobleme bei Radsportlern reduziert werden können, hat die UCI diese Regelung geändert und erlaubt jetzt bis zu neun Grad Neigung. Diejenigen, die unter Taubheit im Genitalbereich leiden, finden oft große Erleichterung, wenn sie den Sattel ein oder zwei Grad nach unten neigen. Die Anatomie einiger Menschen erfordert dies, um den Damm und andere Gewebe zu entlasten. Wenn wir die Sättel der meisten Menschen untersuchen würden, wären sie eben – waagerecht – oder leicht abgesenkt. Mir ist kein guter Grund dafür bekannt, die Sattelnase nach oben zeigend einzustellen. Ein häufiger Grund für eine nach oben zeigende Sattelnase ist, das Nach-vorne-Rutschen auf dem Sattel zu verhindern. Das ist ein klassischer Fall einer Anpassung der falschen Bikefitting-Koordinate: Es ist mehr als wahrscheinlich, dass die Sattelhöhe oder die vordere oder hintere Balance falsch ist und der Radfahrer nach vorn kippt. Diese Probleme müssen behoben werden, anstatt den Radfahrer in einer Position zu blockieren.

Amateurmountainbiker bevorzugen aus einem einfachen Grund einen leicht nach unten geneigten Sattel – er verhindert, dass sich jedes Mal ihre Fahrradhose verfängt, wenn sie sich nach dem Stehen wieder hinsetzen.

Sattelwahl

Für manche Radfahrer kann die Suche nach einem bequemen Sattel frustrierend, scheinbar endlos und teu-

Unterschiedliche Sattelwinkel

WAAGERECHT ODER NASE NACH UNTEN

Der Winkel des Sattels kann beim Bikefitting aufgrund seiner tiefgreifenden Wirkung auf die Stellung des Beckens einen großen Unterschied machen. Ich empfehle im Allgemeinen, dass der Sattel waagerecht oder leicht nach unten gerichtet ist.

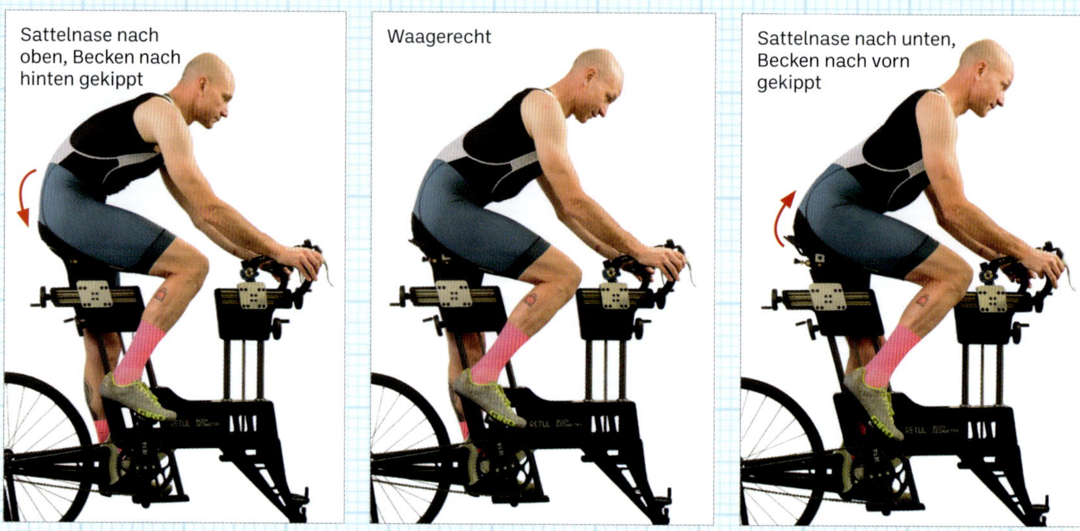

Eine Auswahl an Sätteln

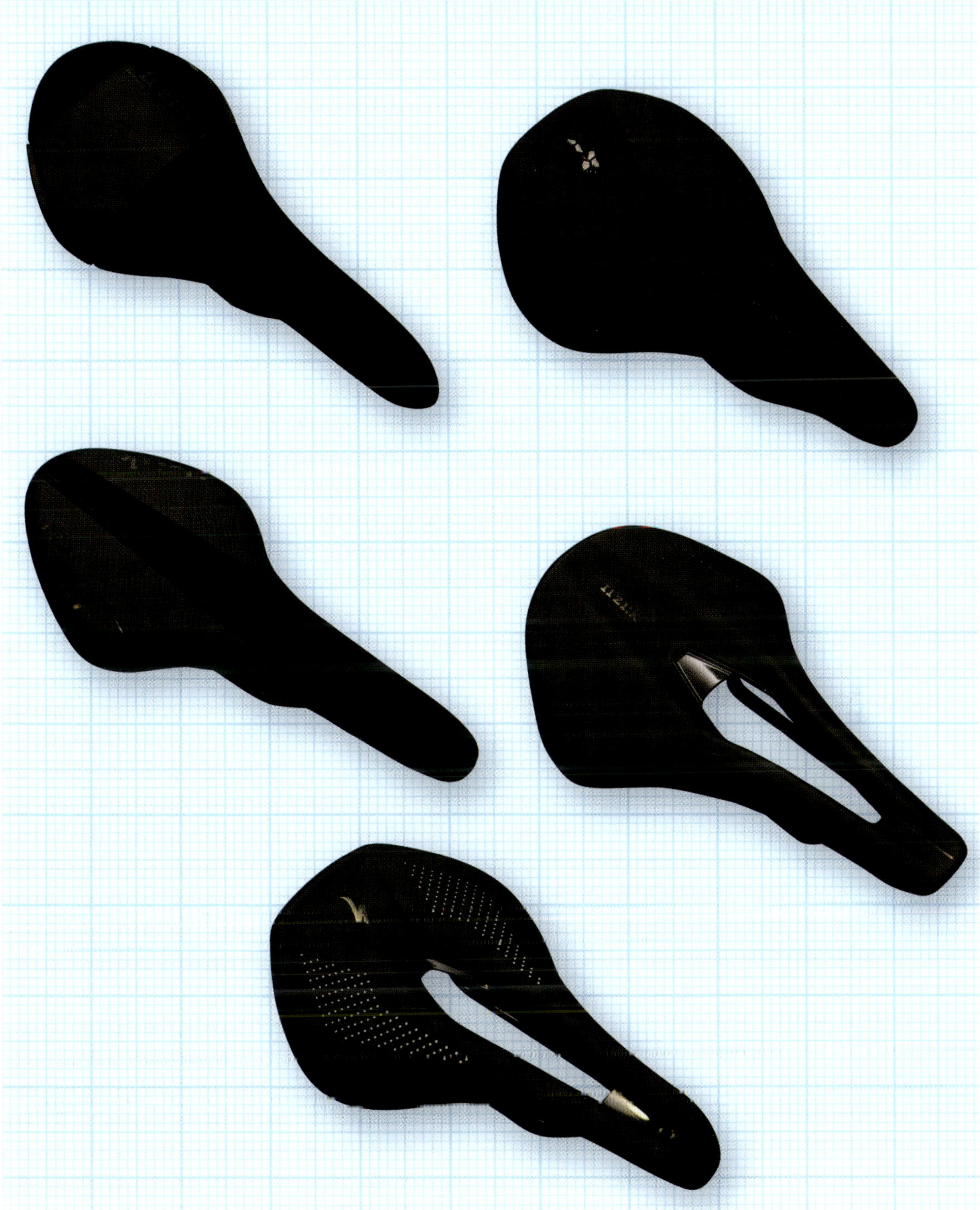

er sein. Ich war am Design und der Konstruktion von Sätteln für Olympioniken beteiligt, wobei verschiedene Materialien verwendet wurden, einschließlich des Silikonkautschuks. Ich war die treibende Kraft hinter einer Sattelgesundheitsinitiative für Radfahrerinnen der britischen Radsportmannschaft und arbeite derzeit mit Sattelherstellern zusammen, um neue Designs und Produkte zu entwickeln. Kurz gesagt, ich habe sehr viel Zeit damit verbracht, über Sättel nachzudenken und mich damit auseinanderzusetzen.

Positioniere dich richtig

Bevor wir anfangen, darüber zu diskutieren, welche Satteltypen zu dir passen könnten, und auf jeden Fall bevor du Geld für einen neuen Sattel ausgibst, stelle sicher, dass du Sattelhöhe, Sattelversatz und Sattelneigung richtig eingestellt hast. Beziehe dich auf die vorherigen Ratschläge zur Sattelposition und finde das Fitting-Fenster, das für deine Radsportdisziplin am besten geeignet ist. Befindet sich ein Sattel nicht an der richtigen Stelle, wird er nie bequem sein. Also wirf den Sattel nicht weg, sondern überprüfe zuerst deine Position.

Satteldesign

Einer der Gründe, warum die Menschen wegen Sätteln so verwirrt sind, ist die riesige Auswahl auf dem Markt. Unterm Strich hat sich jedoch die Grundform von Sätteln bis heute nicht sehr verändert. Wenn man sich sehr traditionelle Sättel ansieht, etwa einen Brooks, würde einer davon auf einem viktorianischen Fahrrad nicht fehl am Platz aussehen, und es gibt immer noch viele Radfahrer, die auch heute noch auf diese schwören.

Bei Sätteln ist es so, dass sie mit ziemlich geringfügigen Änderungen in Form, Länge, Flare und den verwendeten Materialien in und aus der Mode kommen. Nach den frühen Brooks-Sätteln gab es Zeiten, in denen Produkte wie der Selle Italia Flite propagiert wurden. Die nächste Phase waren längere und schmalere Sättel wie der fi'zi:k Arione und der Antares und jetzt sind wir bei kurzen und kompakten Sätteln wie dem Specialized Power angekommen.

Variationen bei Sattelform und -design werden durch die Rolle begrenzt, die ein Sattel erfüllen muss, durch unsere Anatomie und wie sie am Fahrrad befestigt sind. Doppelschienen auf einer Sattelstütze sind die Norm.

▶ GebioMized-Scans auf einem Zeitfahrrad, Straßenrennrad und Mountainbike

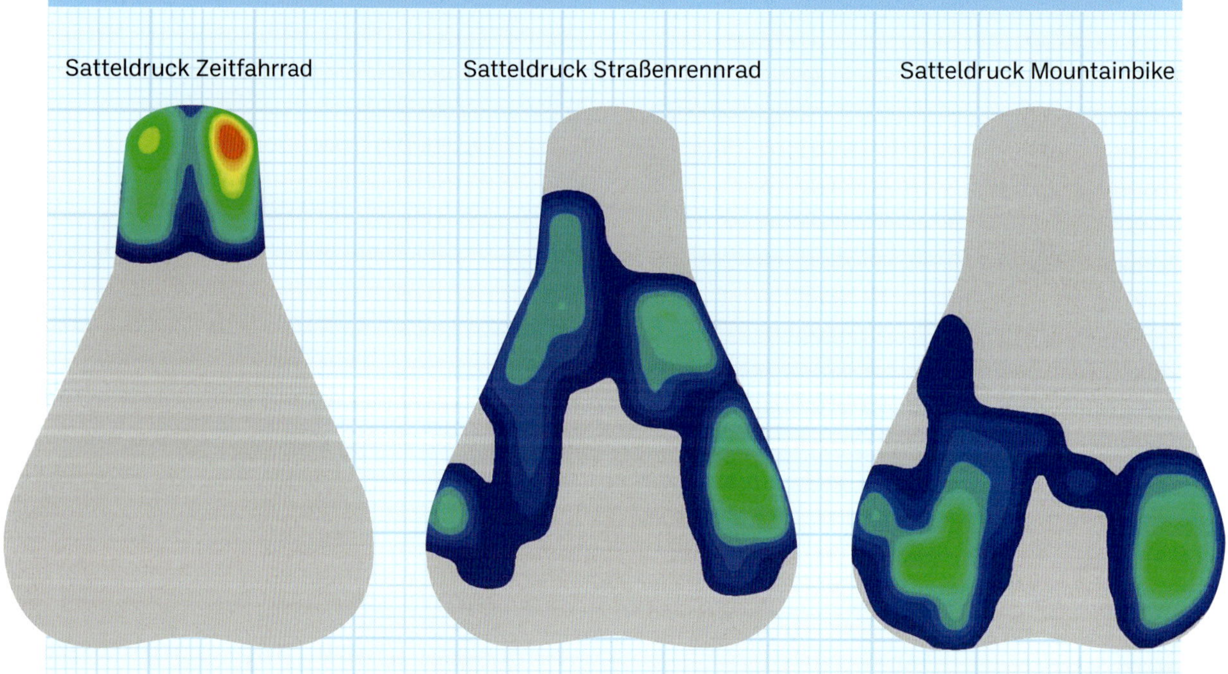

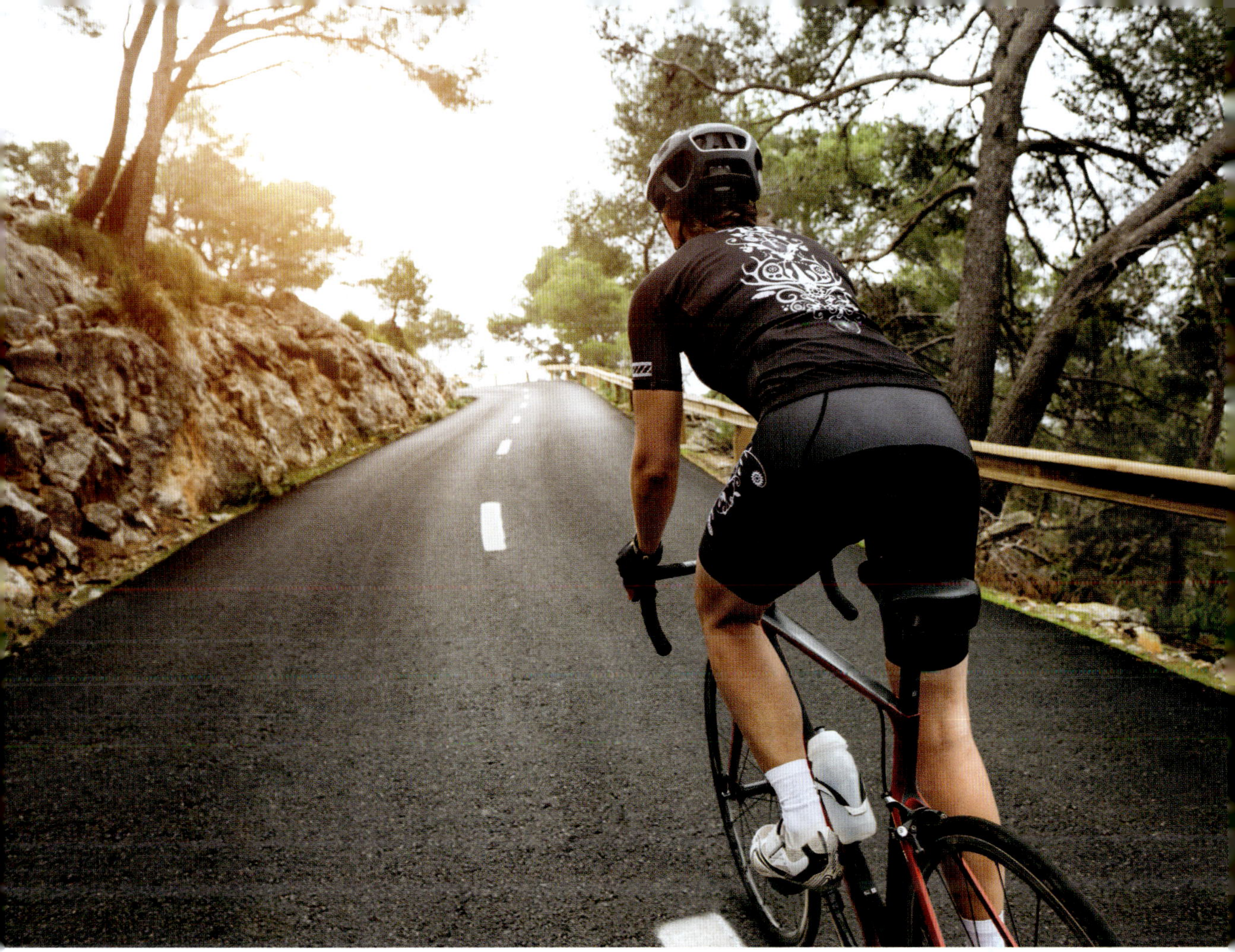

Wenn man das Satteldesign wirklich verändern wollte, müsste man bei null anfangen, auf die Schienen verzichten und vielleicht eine Art Mono-Pin-Design in Betracht ziehen, aber wie bei vielen Aspekten des Radfahrens dauert eine wirkliche und grundlegende Änderung lange.

Nicht bloß Trial and Error

Sobald sie sicher sind, dass ihr Sattel richtig positioniert ist, gehen viele Radfahrer nach dem Trial-and-Error-Prinzip vor, um den richtigen Sattel zu finden. Wie ich bereits sagte, besuchten mich Radfahrer mit mehr als zehn Sätteln, die sie ausprobiert hatten, die wahrscheinlich jeweils über 100 Euro kosteten, und das kann ein kostspieliges Unterfangen sein. Obwohl definitiv eine Menge Kunst und Rätselraten mit der Wissenschaft der Sattelwahl einhergehen, gibt es eine Reihe von Faktoren, die dir helfen können, deine Wahl einzugrenzen.

Die Rolle der Radsportdisziplin

So wie sich die Beinposition beim Zeitfahren sehr von einer Position beim Straßenrennen, beim Mountainbiken oder beim Pendeln unterscheidet, so unterscheidet sich auch, wie man in jeder dieser Disziplinen auf dem Sattel sitzt. Du wirst oft Radfahrer sehen, deren Sättel für ihre Radsportdisziplin völlig ungeeignet sind, und für sie kann ein einfacher Tausch aufschlussreich sein.

Ein gutes Beispiel dafür sind Radfahrer, die einen ISM-Sattel mit geteilter Nase auf ein Straßenrennrad montiert haben. Diese Sättel eignen sich hervorragend für aggressive Zeitfahr- und Bahnpositionen, bei denen die Hüfte nach vorn kippt und du direkt auf der Sattelspitze sitzt, aber für eine Straßenrennradposition funktionieren sie selten, da sie eine breite Sattelspitze haben und damit nur im Weg sind. Herstellerempfehlungen für den Einsatzzweck sind ein guter Ausgangspunkt.

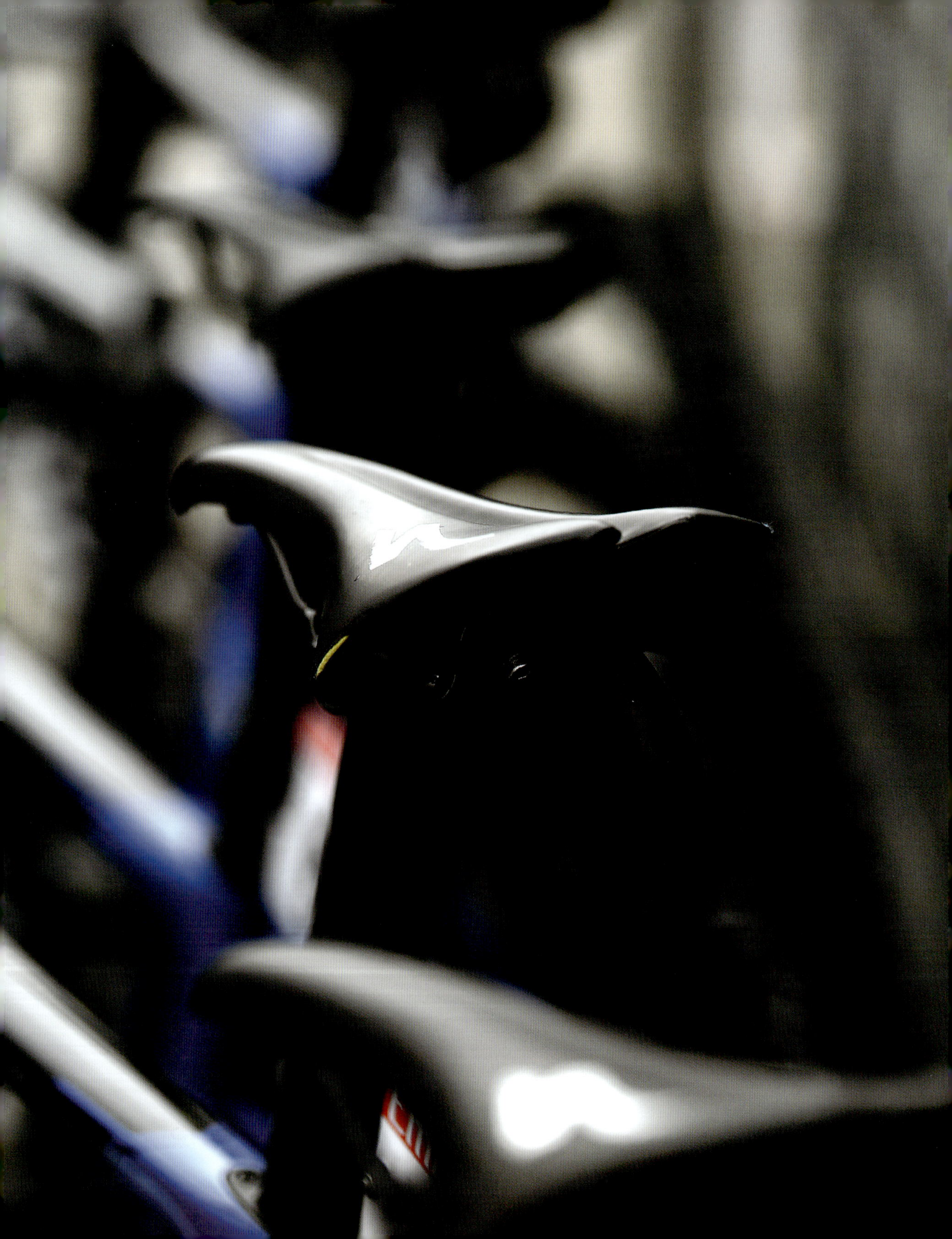

Allerdings können einige Sättel unglaublich entgegenkommend und vielseitig sein. Ich kenne einen Radsportler, der auf jedem seiner Fahrräder einen fi'zi:k Arione montiert hat, von der Verfolgung bis zum Mountainbiking. Jedoch sind die Abnutzungsspuren an jedem Sattel unterschiedlich. Auf dem Bahnrad befinden sie sich ungefähr an den ersten 2,5 Zentimetern der Nase, auf dem Rennrad etwas weiter hinten, und auf seinem Mountainbike sind die Stellen, wo seine Sitzknochen wären, sowie die Flügel glatt poliert. Dieser Sattel funktioniert für ihn bei allen Disziplinen, weil er die richtige Position und aufgrund seiner Länge vielfältige Sitzmöglichkeiten bietet.

Das Gegenteil kann bei manchen Satteldesigns mit kürzerer Nase der Fall sein, insbesondere bei solchen, die leicht gewölbt sind und dich in einer Position fixieren. Es gibt sehr wenig Platz für Positionsfehler, und obwohl sie bei richtiger Position äußerst stützend und bequem sein können, wird es bei einer falschen Position keine bequeme Fahrt. Also, noch einmal, überprüfe deine Sattelposition.

Sattelbreite

Sobald du weißt, welche Radsportdisziplin du betreiben wirst, solltest du dich mit der Sattelbreite befassen. Du kannst dir eine gute Vorstellung davon machen, indem du den Abstand zwischen deinen Sitzbeinhöckern misst. Das ist in vielen Fahrradgeschäften möglich, die Sattelanpassungen anbieten. Sie lassen dich auf einer reaktiven Oberfläche sitzen, deine Sitzknochen hinterlassen einen Abdruck und sie messen den Abstand. In meinem Labor verwende ich ein digitales System, aber du kannst diesen Prozess ganz einfach zu Hause nachmachen.

Nimm ein Stück Alufolie und lege sie auf eine Treppenstufe mit einer Stufenmatte. Setze dich auf die Folie, lehne dich etwas nach vorn, um dich deiner Fahrposition anzunähern, und hebe deine Füße an. Das hinterlässt auf der Folie einen Abdruck deines Gesäßes, und du kannst zwischen den beiden tiefsten Punkten des Abdrucks messen, um deine Sitzknochenbreite zu erhalten. Diese kannst du nun mit der Sattelbreite vergleichen.

Die schmalsten Sättel auf dem Markt sind etwa 138 Millimeter breit. Damen- und Freizeitsättel können hingegen eine Breite von 155 bis 165 Millimetern haben.

Anhand der Scans kann man sehen, dass, insbesondere bei Straßenrennrad- und Zeitfahr-Set-ups, minimales Gewicht auf den Sitzknochen lastet. Die Methode ist nach wie vor ein fundierter Maßstab für die Suche nach dem perfekten Sattel. Obwohl du möglicherweise nicht auf deinen Sitzknochen sitzt, wird der Rest des Sattels proportional zu diesem Maß entworfen und geformt. Insbesondere Frauen haben breitere Hüften und Sitzknochen, was die für sie entwickelten Sättel berücksichtigen. Es ist auch erwähnenswert, dass die Beckenform von Frauen eher dreieckig ist, und daher muss ein Sattel, obwohl er hinten breiter sein kann, vorn schneller schmaler werden, damit der Pedaltritt nicht beeinträchtigt wird. Der Specialized Power eignet sich hier sehr gut.

Sattellänge

Wie bereits erwähnt, ermöglicht dir ein längerer Sattel, wie ein fi'zi:k Arione, dich darauf zu bewegen, leichter unterschiedliche Positionen einzunehmen und verschiedene Disziplinen mit ein und demselben Sattel zu bestreiten. Längere Sättel sind jedoch tendenziell schmaler, denn um die Länge zu ermöglichen, ohne den Pedaltritt zu beeinträchtigen, können sie nicht besonders breit beginnen.

Ein Großteil der frühen Entwicklung von Sätteln mit kurzer Nase ist darin begründet, dass die UCI-Regelung umgangen werden sollte, die besagt, dass die Nase des Sattels fünf Zentimeter hinter der Mitte des Tretlagers liegen muss. Berüchtigterweise rückte Graeme Obree, nachdem er mit den Kommissaren in Konflikt geraten war, seinem Sattel mit einer Metallsäge zu Leibe und montierte, als sie dies ebenfalls untersagten, einen Sattel von einem Kinder-BMX-Rad.

Sattelhersteller begannen mit der Entwicklung von Sätteln mit kurzer Nase für den Handel, jedoch hatte das Profi-Peloton wenig Interesse daran. Der Grund dafür ist, dass der Radsportler innerhalb einer Rennsaison oder eines Etappenrennens kurze Pausen macht, einen Berg erklimmt, über Pflaster fährt oder in einer großen Gruppe chillt, und all dies erfordert eine etwas andere Position, weswegen sich die Straßenrennradprofis für einen längeren Sattel entscheiden. Jedoch fanden die kurzen Sättel bei Amateursportlern großen Anklang. Denn wenn der Sattel mit kurzer Nase richtig positioniert ist, kann man nur an der richtigen Stelle sitzen. Aufgrund ihrer Breite bieten sie außerdem viel Stabilität und Unterstützung. Man muss auch bedenken, dass Profis und stärkere Radfahrer viel mehr Druck auf ihre Pedale und weniger auf den Sattel ausüben. Deswegen ist ihnen die stützende, stabilisierende Rolle des Sattels egal. Schließlich kann für Radfahrerinnen ein Sattel mit kurzer Nase hinten breiter sein, um die Sitzknochen zu stützen, ohne die Oberschenkelbewegung zu beeinträchtigen.

▶ Lochsattel

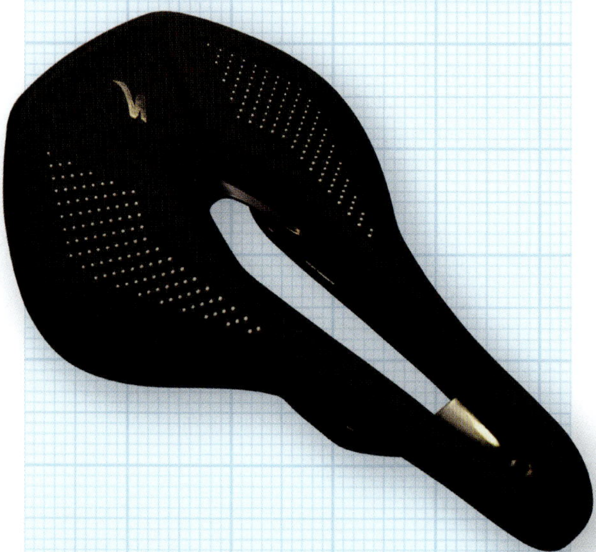

▶ Sattel mit geteilter Nase

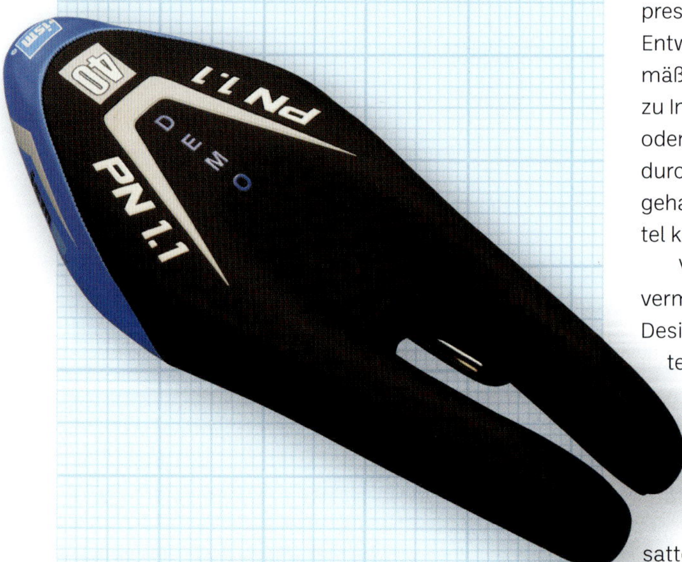

POLSTERUNG

Wenn du einen Sattel kaufst, solltest du daran denken, dass du meistens weniger (an Material) bekommst, je mehr du ausgibst. Das gilt insbesondere für die Polsterung, denn neben dem Einsatz von Titan und Kohlefaser im Streben nach geringerem Gewicht ist überflüssige Polsterung eines der ersten Dinge, die geopfert werden. Bei Hochleistungssätteln dreht sich alles um minimales Gewicht, maximale Steifigkeit und keine Priorisierung von Unterstützung und Stabilität.

Am anderen Ende des Spektrums findest du stark gepolsterte »Freizeitsättel«, Gelüberzüge und Sättel von Heimtrainern, die Sofas ähneln. Obwohl einige Radfahrer zweifellos mehr Polsterung benötigen als andere, ist es mehr als wahrscheinlich, dass die Grundlagen deiner Sattelposition, -länge und -breite falsch sind, wenn du auf extreme oder zusätzliche Polsterung zurückgreifen musst, um eine falsche Positionierung zu kompensieren. Aus diesem Grund sieht man auf handelsüblichen Heimtrainern so große und stark gepolsterte Sättel, denn sie müssen einer Vielzahl von Benutzern gerecht werden, von denen die meisten keine Radfahrer sind und definitiv nicht viel Ahnung von ihrer Fahrposition haben.

LOCHSÄTTEL UND VERTIEFUNGEN

Lochsättel wurden für Männer entwickelt, um ein Taubheitsgefühl im Penis zu bekämpfen, das durch die Kompression des dorsalen Penisnervs symptomatisch für die Entwicklung einer erektilen Dysfunktion sein kann. Übermäßiger Druck kann auch die Harnröhre schädigen und zu Infektionen führen. Das äußert sich durch ein Brennen oder Stechen beim Toilettengang nach einer Fahrt oder durch Blut im Urin. Bei beiden Symptomen sollte sofort gehandelt und ärztlicher Rat eingeholt werden. Lochsättel können diesen Zuständen vorbeugen.

Viele Lochsatteldesigns werden als frauenspezifisch vermarktet, sind aber in Wirklichkeit nur modifizierte Designs von ursprünglich für Männer konzipierten Sätteln. Verletzungen und Entzündungen des Schamlippengewebes sind unter Radfahrerinnen ein ziemlich häufiges Problem. Bei einigen Frauen können Lochsatteldesigns effektiv sein, bei anderen verschieben sie das Problem nur oder verschlimmern es sogar. Beispielsweise verringern einige Lochsatteldesigns den Druck auf die inneren Schamlippen, übertragen ihn stattdessen auf die äußeren Schamlippen. Wird dem nicht entgegengewirkt, können die Entzündungen und Schwellungen schwerwiegend werden, den Bereich anfälliger für weitere Schäden machen und durch ungewöhnliche Positionen auf dem Sattel, die eingenommen werden, um die Beschwerden zu lindern, zu sekundären Verletzungen am Rücken oder in den Knien führen. Es ist definitiv ein Bereich, in dem die Radsportindustrie die Frauen im Stich lässt, und ich persönlich dränge auf eine frauenspezifischere Sattelauswahl.

SÄTTEL MIT GETEILTER NASE

Sättel mit geteilter Nase, wie der ISM, sind für aggressive Zeitfahr- und Bahnradpositionen, bei denen das Becken des Radsportlers nach vorn rotiert, am besten geeignet. Die meisten Straßenrennradfahrer finden sie an der Nase zu breit, um auch weiter hinten Sitzpositionen einzunehmen. Diese Breite ist hauptsächlich auf die strengen Tests zurückzuführen, denen die Sättel unterzogen werden müssen. In einem Testlabor simuliert, müssen sie sowohl plötzlichen Stößen als auch konstanten hochfrequenten kleineren Stößen und Vibrationen oder Straßengeklapper standhalten. Designs mit geteilter Nase sind von Natur aus instabiler, und um den Tests standzuhalten, gibt es eine Grenze dafür, wie dünn sie sein können.

Bei einer Zeitfahrposition mit nach vorn gekippter Hüfte sitzt man direkt auf seinen Schambeinästen, und ein Sattel mit geteilter Nase erleichtert diese Sitzposition, denn die Zacken bewegen sich leicht während des Pedalierens, wodurch die Schambeinäste sehr gut gestützt werden. Der Spalt sorgt gleichzeitig für eine zentrale Druckentlastung empfindlicher Weichteilbereiche.

Unter Zeitfahrern und Triathleten sind sie unglaublich beliebt und bei Ironman-Weltmeisterschaften wird man etwa 50 Prozent der Radfahrer auf ihnen sehen. Sie provozieren jedoch eine gewisse Hassliebe. Als ich mit dem britischen Damenverfolgungsteam arbeitete, war es entweder Liebe oder Hass auf den ersten Ritt.

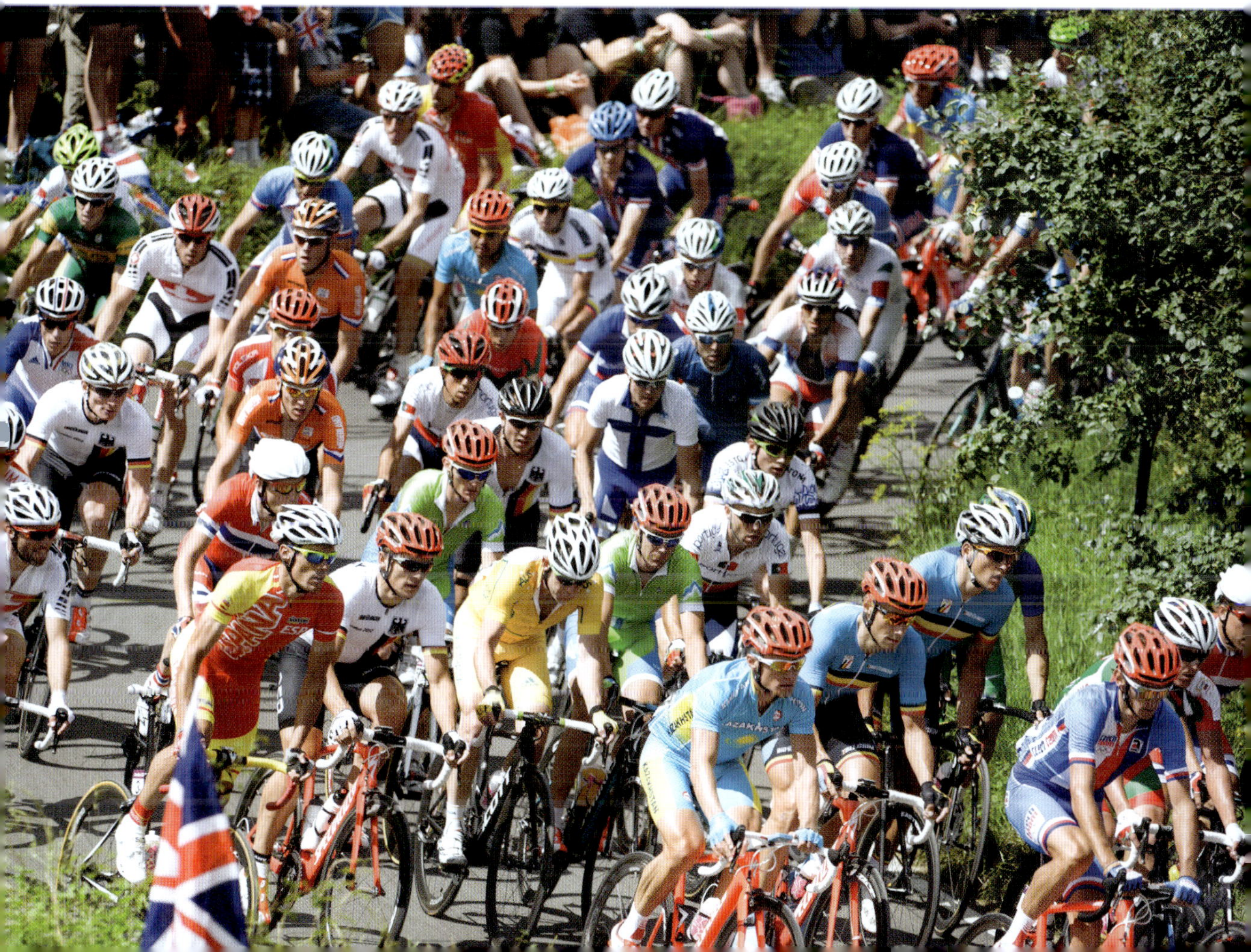

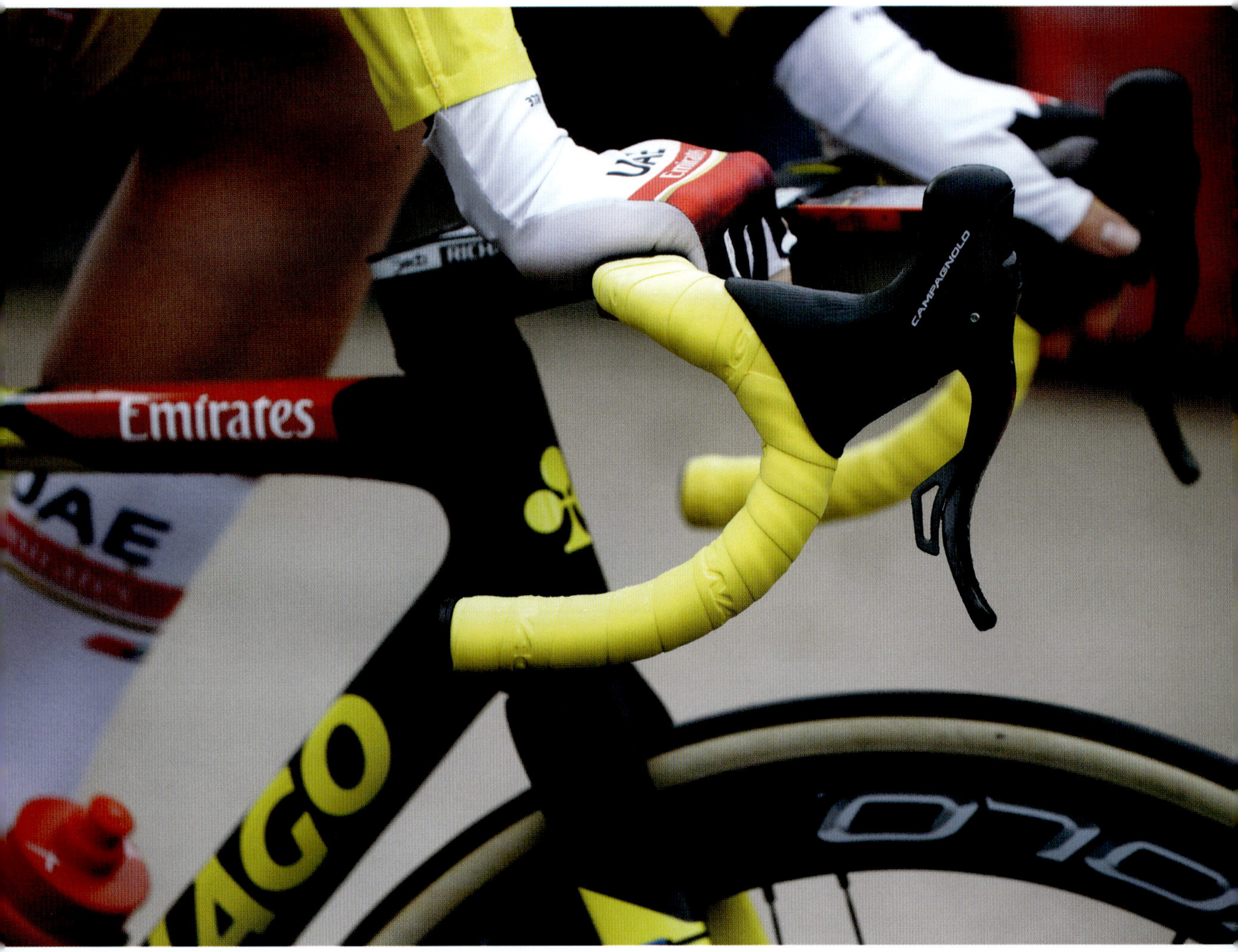

Lenker

Es gibt eine große Vielfalt an Formen und Größen von Lenkern auf dem Markt. Die Breite ist traditionell der wichtigste Bikefitting-Parameter, aber auch Form und Größe sind wichtig. Allgemein sollte die Lenkerbreite bei Straßenrennradfahrern der Schulterbreite entsprechen. Dies kann auf dem und abseits des Fahrrads gemessen werden. Auf dem Fahrrad sollte die laterale Seite der Schultern mit dem Daumen/Zeigefinger auf dem Bremsgriffgummi auf einer Linie sein. Miss abseits des Fahrrads zwischen den knöchernen Ausläufern am Ende des Schlüsselbeins. Dies ist ein guter Anhaltspunkt für die Lenkerbreite. Es ist wichtig, dieses Maß richtig zu messen, da eine zu breite Handplatzierung zu Ermüdung und Taubheit in den Händen führt, wenn diese gespreizt sind. Dies wirkt sich auch auf das Handling aus und verlangsamt das Kurvenfahren. Eine zu enge Handplatzierung kann den Trizeps ermüden, der dann eine größere Last tragen muss, und das Handling beeinträchtigen, da die Lenkung schneller wird und das Fahrrad mehr »zuckt«.

Ausnahmen von diesen allgemeinen Regeln gelten für Mountainbiker, die aus Gründen der Kontrolle mit breiten Lenkern fahren, und Bahnsprinter, die schmalere Lenker bevorzugen, die sie beim Manövrieren unterstützen – schmalere Lenker bedeuten, dass sie einfacher zwischen anderen Radfahrern hindurchfahren können. Einige spezialisierte Straßensprinter tun dies ebenfalls.

Form

Die meisten Menschen fahren einfach mit den Lenkern, mit denen das Fahrrad geliefert wird. Wenn du sie austauschen musst oder Probleme mit Reach, Komfort oder Handling hast, bedenke bei der Wahl auch die Form des Lenkers. Idealerweise bestimmen dein Fahrstil, deine Handgröße und dein Reach diese Form.

Der Oberlenker ist der Bereich, in dem sich deine Hände beim Bergfahren die meiste Zeit befinden. Aus diesem Grund bevorzugen Bergfahrer dieses Stück breiter, damit sie mehr Platz haben, die Positionen ihrer Hände zu verändern. Manchmal wird auch ein ovaler oder flacher Oberlenker präferiert, um den Griff zu optimieren. Bahnsprinter hingegen wählen einen kürzeren Oberlenker mit einer runderen Kurve hin zu den Drops, um zu helfen, den zuvor erwähnten schmaleren Lenker zu erhalten, und um zu vermeiden, dass sie in den Drops ihr Handgelenk oder ihren Unterarm gegen den Oberlenker stoßen.

DROP UND REACH

Der Drop und der Reach eines Lenkers sind eine Erweiterung des Bikefitting-Prozesses. In erster Linie bestimmen der Stack und der Reach des Rahmens, zusammen mit der Höhe und Länge des Vorbaus, den Drop und den Reach, aber auch der Lenker hat einen Einfluss auf den Drop und den Reach.

Tiefe Lenker mit einem langen Reach und einem großen Drop werden von Radfahrern mit langen Armen bevorzugt, um in den Drops eine niedrige aerodynamische Position zu erreichen. Allgemein bevorzugen Radfahrer mit kürzeren Armen kürzere, flachere Lenker, die keine Überstreckung oder eine tiefe Drop-Position erfordern.

Die tatsächliche Form des Lenker-Drops hat sich im Laufe der Jahre geändert, wobei einige jetzt einen flachen Abschnitt in die Kurve integrieren. Diese werden »anatomische Lenker« genannt. Manche Radsportler bevorzugen sie, aber Lenkervariationen auf diesem Niveau hängen von individuellen Vorlieben und Komfort ab.

Mit zunehmender Popularität des Gravelbikings sieht man auch Lenker mit extremen Flares. Diese verbreitern die Lenker in den Drops und bieten so mehr Kontrolle und Stabilität bei Abfahrten im Gelände. Es gibt jedoch einen Kompromiss in Bezug auf den Winkel der Bremshauben (Hoods), sodass diese Lenker nicht für alle geeignet sind.

▸ Messung der Lenkerbreite

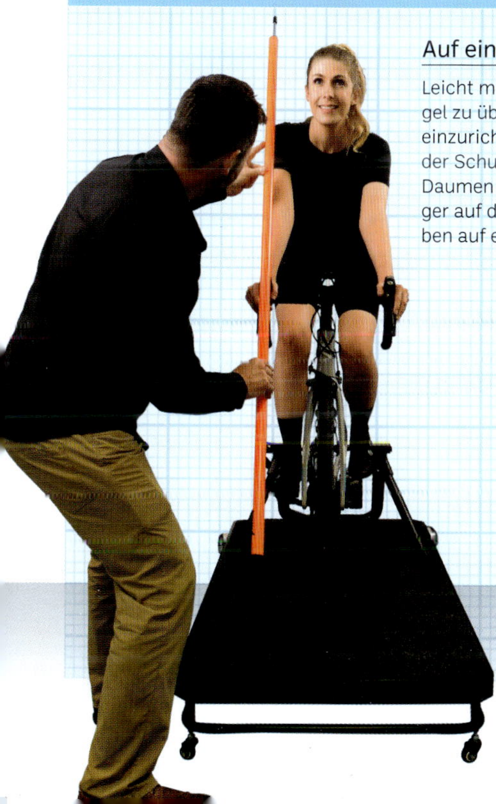

Auf einem Fahrrad

Leicht mit einem Spiegel zu überprüfen und einzurichten. Die Mitte der Schulter muss mit Daumen und Zeigefinger auf den Bremshauben auf einer Linie sein.

Ohne Fahrrad

Man misst von Akromion zu Akromion (das spitze Knochenstück, das du dort fühlen kannst, wo dein Arm auf deine Schulter trifft).

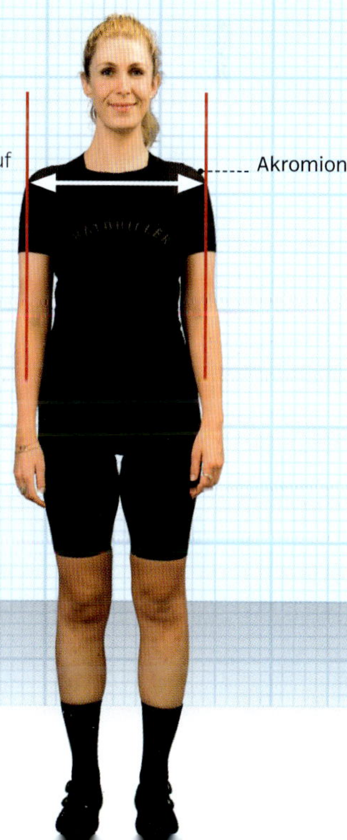

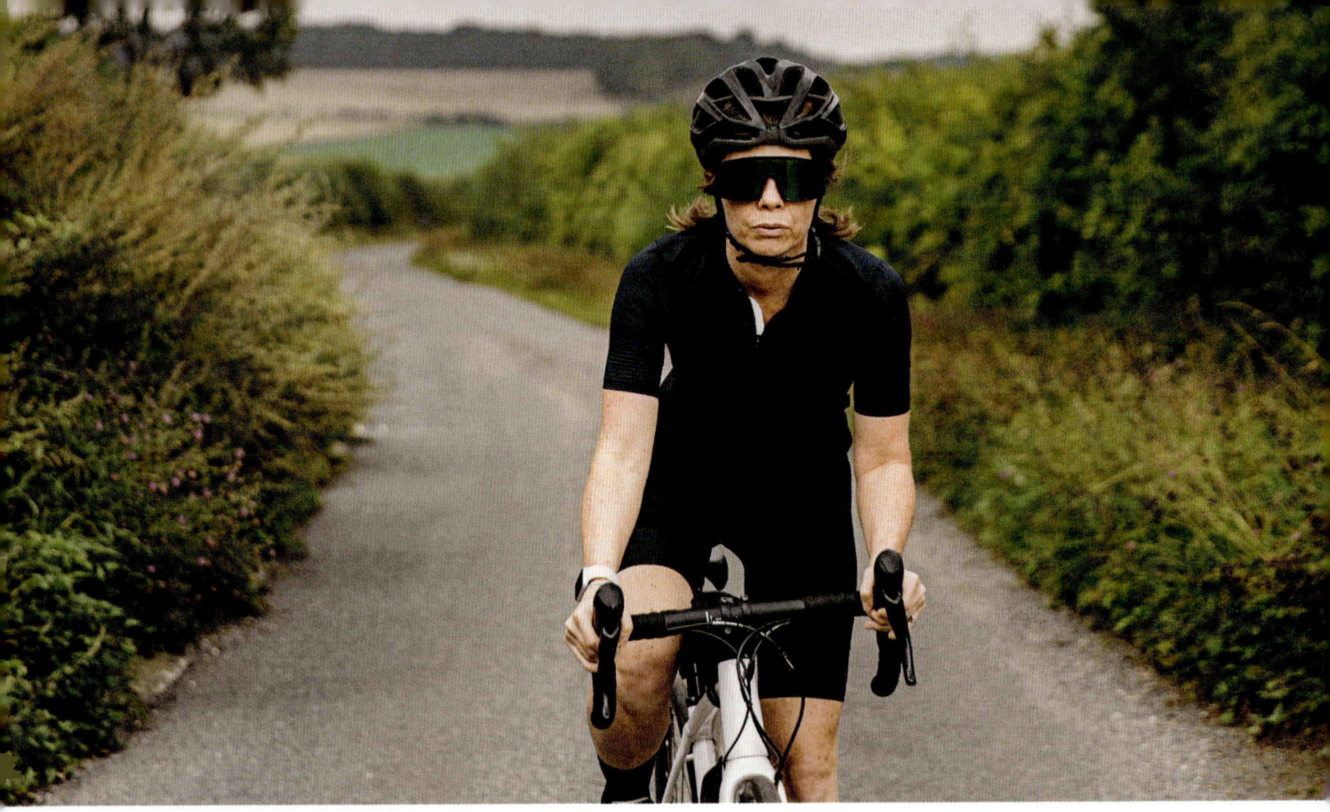

Anatomie eines Lenkers

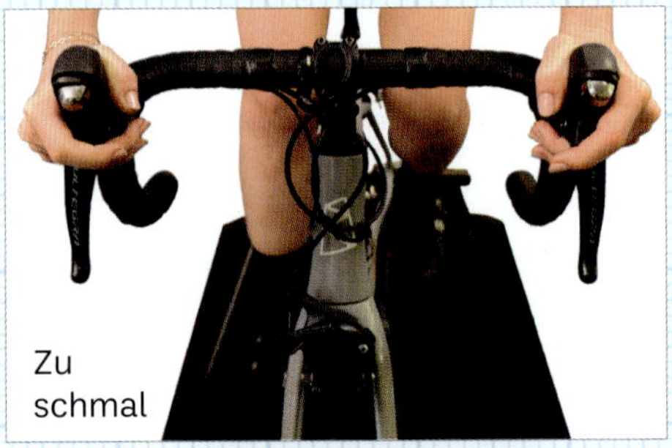

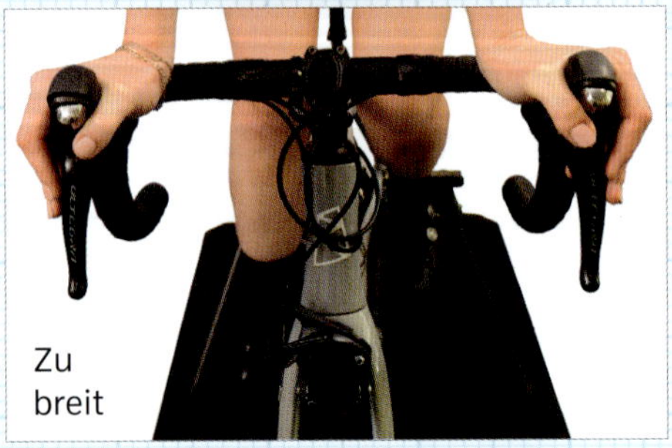

Ein zu breiter Lenker zwingt die Hände in eine gespreizte, gestreckte Form und erhöht die Belastung für Unterarm, Ellenbogen und Trizeps. Ein zu schmaler Lenker zwingt die Hände zu übermäßigem Greifen.

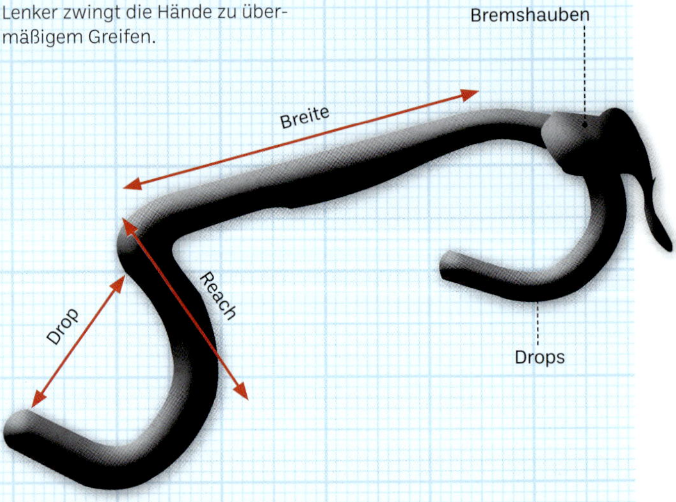

▶ Unterschiedliche Drops

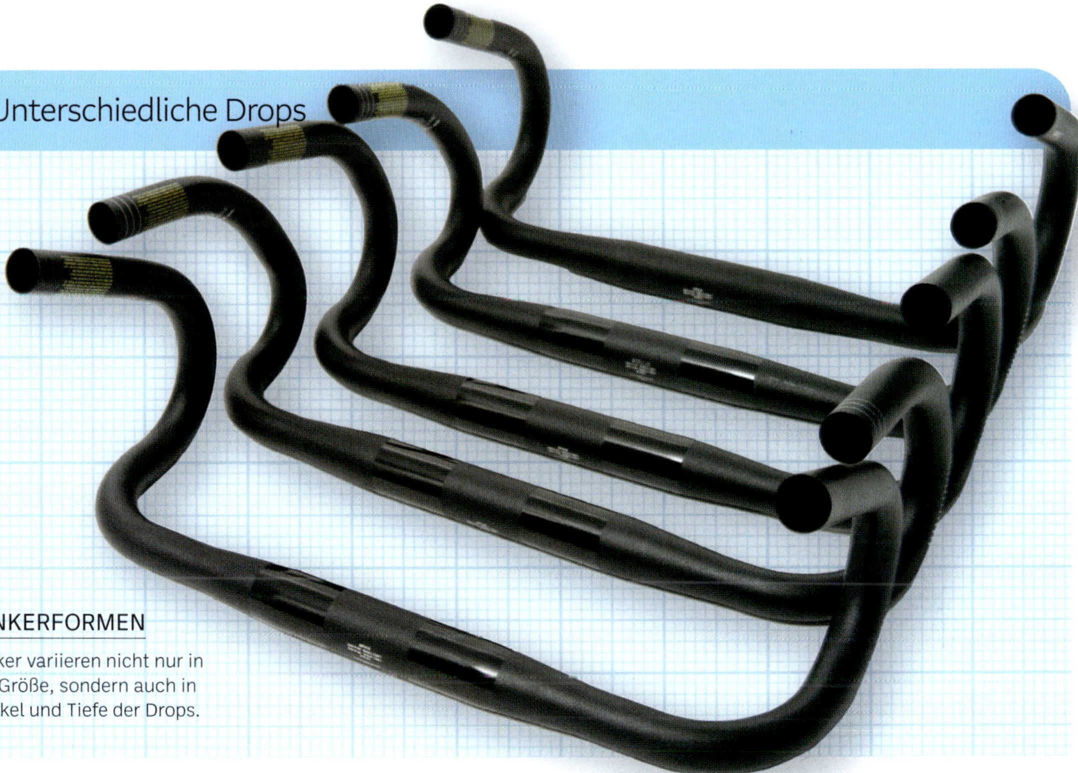

LENKERFORMEN

Lenker variieren nicht nur in der Größe, sondern auch in Winkel und Tiefe der Drops.

▶ Gravel-Set-up mit Flare

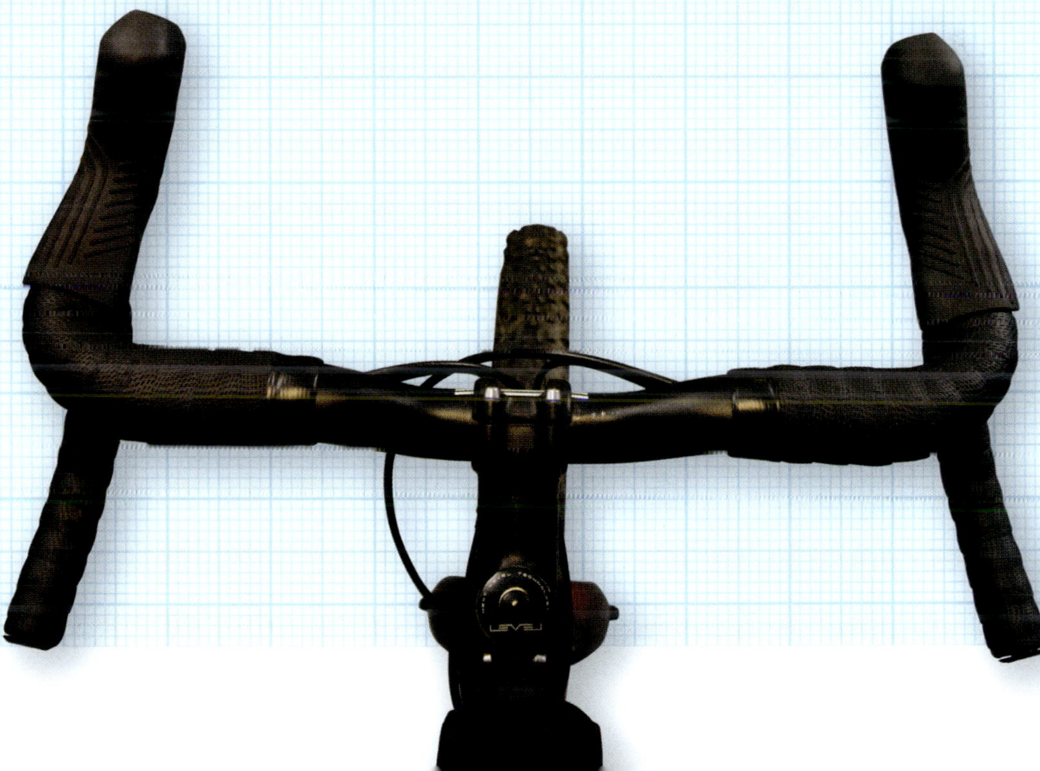

Bremshebel

Ich habe bei vielen Bikefittings festgestellt, dass die richtige Einstellung des Bremshebels alle Bikefitting-Probleme des Fahrers lösen kann. Die Position des Bremshebels ist entscheidend und sollte nicht übersehen werden. Unsere Hände ruhen während der Fahrt auf den Bremshauben. Die Ingenieurskunst, die in die Gestaltung eines Dura Ace oder eines anderen Spitzenklasse-Bremshebels gesteckt wird, macht ihn zum teuersten Kontaktpunkt am Fahrrad – und doch schenken wir seiner Position so oft wenig oder gar keine Aufmerksamkeit.

Die Platzierung des Bremshebels muss dem Radfahrer ermöglichen, auf die Bremsen zuzugreifen, wenn sich seine Hände auf den Bremshauben befinden und wenn er sich zu den Drops bewegt. Von dieser Prämisse gehen Fahrradhersteller bei der Konstruktion aus, daher ist es sinnvoll, sie bestimmungsgemäß einzustellen. Die Spitze des Hebels auf das Ende des Lenker-Drops auszurichten, ist eine der einfachsten Methoden.

Wenn du feststellst, dass sich die Bremshebel näher am Oberlenker befinden, und du dich damit wohlfühlst, ist dein Reach oder dein Drop zu lang oder zu tief eingestellt. Die Position der Bremshebel ist in diesem Fall ein Kompromiss, um für andere suboptimale Koordinaten aufzukommen. Durch Verkürzen oder Absenken des Vorbaus kann der Bremshebel korrekter positioniert werden.

Mountainbiker sind mal wieder eine Ausnahme. Hier werden die Bremshebel auf den Griff eingestellt, der durch den Zugangswinkel des Arms an den Lenker bestimmt wird, etwa 30 bis 40 Grad. Dies ermöglicht komfortables Bremsen im als auch außerhalb des Sattels.

WINKEL DER BREMSHAUBEN

Ziel ist, dass der flache Teil deiner Bremshauben waagerecht ist oder leicht nach oben neigt. Wenn du sie drehen musst, um nach oben zu zeigen, deutet das auf Probleme mit der Höhe von Stack, Reach oder beidem hin.

Lenkerposition

Wo der Lenker in Bezug auf Höhe und Länge des Sattels positioniert ist, bestimmt deinen Reach. Manchmal wird dies als posturale »Länge« bezeichnet. Es ist der individuellste Teil des Bikefittings, da viele Faktoren zu seiner Einstellung beitragen, sobald Sattelhöhe und Sattelversatz ermittelt wurden. Abgesehen von einigen sehr grundlegenden Richtlinien wird er weitgehend durch die individuelle Kraft und Flexibilität in den Kniebeugern, dem unteren Rücken, der Brustwirbelsäule, den Schultern, dem Nacken und den Armen bestimmt. Die Position des Lenkers bestimmt nicht nur den Reach, sondern auch den Winkel des Oberkörpers oder Rückens. Dieser Messwert liefert einen nützlichen Anhaltspunkt für die allgemeine Position und den Reach.

Der empfohlene Oberkörperwinkel für Freizeitradfahrer beträgt 45 bis 55 Grad. Dies ermöglicht eine entspannte Fahrposition, mit geringem oder keinem Sattel-zu-Lenker-Drop und einem bequemen Reach. Schnellere Rennradfahrer haben hingegen einen Winkel von 45 bis 30 Grad. Diese aggressivere Haltung wird eingenommen, um schneller zu fahren und mehr Kraft zu erzeugen.

▶ Bremshebel-Set-up

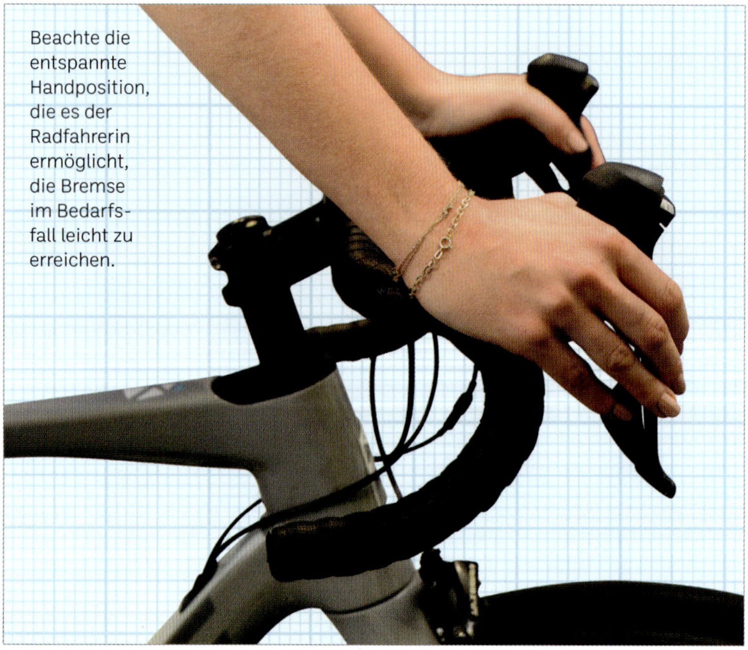

Beachte die entspannte Handposition, die es der Radfahrerin ermöglicht, die Bremse im Bedarfsfall leicht zu erreichen.

▶ Korrekter Winkel der Bremshauben

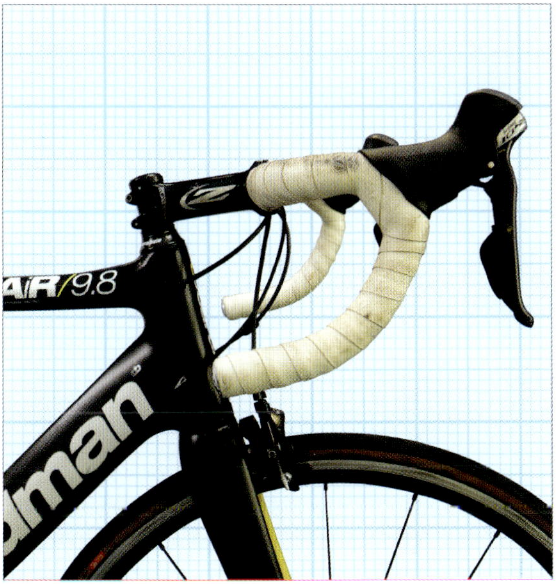

▶ Falscher Winkel der Bremshauben

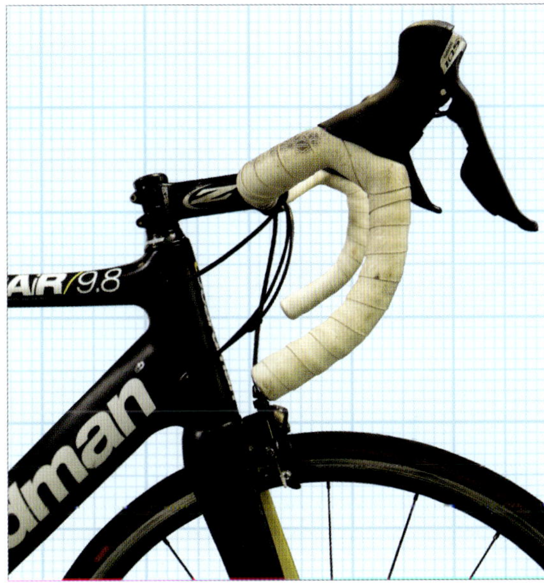

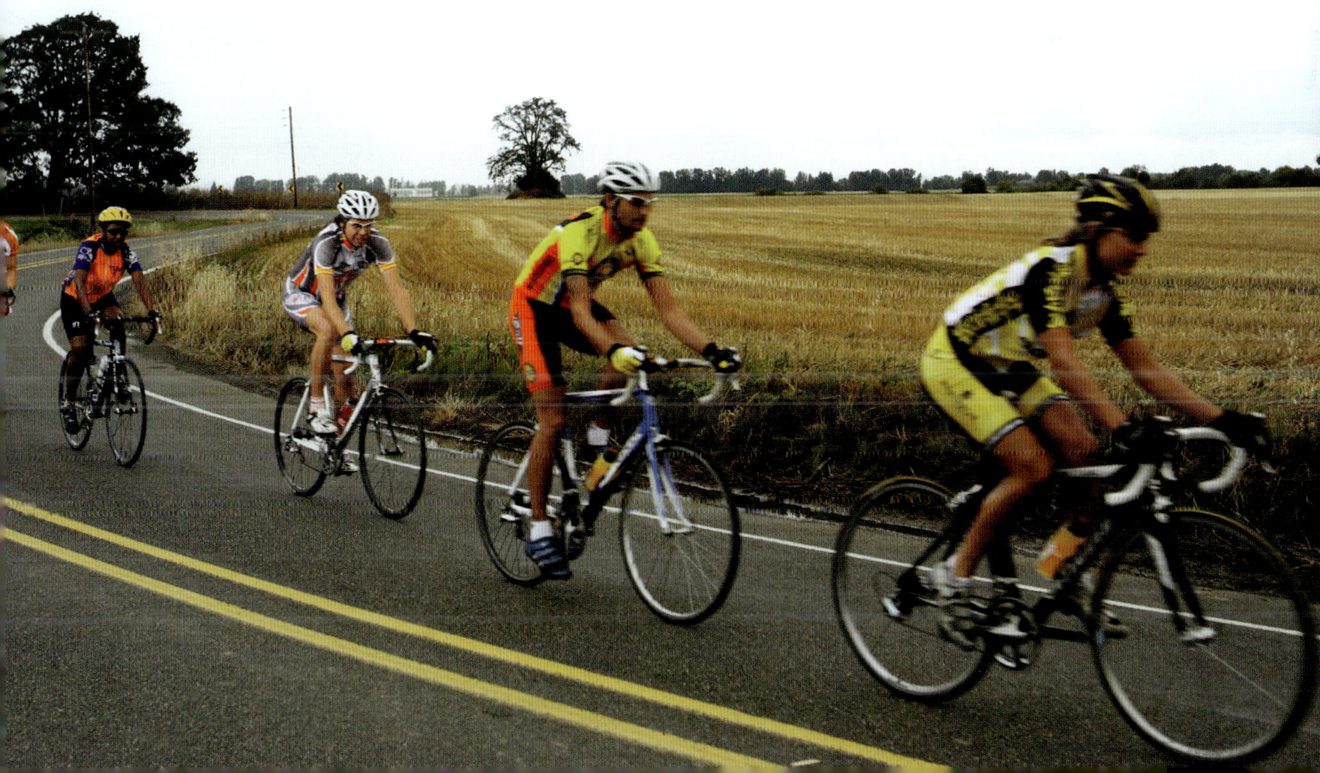

Zeitfahrer sind am aggressivsten und streben einen »flachen Rücken« (niedrigen Oberkörperwinkel) an, um eine aerodynamische Position zu erreichen. Aerolenker ermöglichen das Einnehmen dieser sehr niedrigen Position, die große Flexibilität und viel Anpassung erfordert.

Alle erwähnten den Reach beeinflussenden Faktoren werden wiederum von unserem Alter bestimmt. Wenn wir steifer und weniger anpassungsfähig werden, wird es schwieriger, aggressive Positionen einzunehmen.

Wie man Höhe und Reach des Lenkers einstellt

Es gibt einige alte anatomische Annäherungen im CONI-Stil. Die erste besteht darin, den Ellenbogen gegen die Sattelvorderseite zu legen und den Arm und die offene Hand zum Lenker zu strecken. Passe die Lenkerposition an, bis nur noch drei bis fünf Zentimeter Platz zwischen Lenker und deinem Mittelfinger vorhanden sind. Eine andere Methode sieht vor, die Breite deiner geballten Faust zu messen und die Größe deines Vorbaus daran auszurichten, um den korrekten Reach zu erreichen. Bei all diesen anatomischen Annäherungen fehlt Sensibilität für individuelle Merkmale. Diese Angaben können für einige funktionieren, für andere jedoch nicht.

Verschiedene Autoren (Silberman et al. 2005) beziehen sich auf den vertikalen Abstand zwischen dem Sattel und der Oberkante des Lenkers – auch Sattel-zu-Lenker-Drop genannt –, der 2,5 bis 8 Zentimeter betragen sollte. Keiner verweist darauf, wo man sich innerhalb dieses Bereichs befinden sollte. Jedoch gibt es so viele Faktoren, die eine Faustregel unmöglich machen.

Es scheint so schwierig zu quantifizieren, dass einige sogar die »Gleichgewicht«-Methode vorgeschlagen haben. Die Gewichtsverteilung eines Radfahrers sollte ungefähr bei 40 bis 45 Prozent vorn und zu 55 bis 60 Prozent hinten liegen. Allerdings hat noch niemand eine effektive Methode entwickelt, um dies zu bewerten oder zu messen. Die Gewichtsverteilung ist so subjektiv, dass man diese Faustformel nicht als primäres Maß zur Festlegung des Reachs verwenden kann. Außerdem tragen mehrere Bikefitting-Komponenten zum Gleichgewicht bei, nicht allein der Reach.

▶ Unterschiedliche Oberkörperpositionen in Relation zur Position des Lenkers

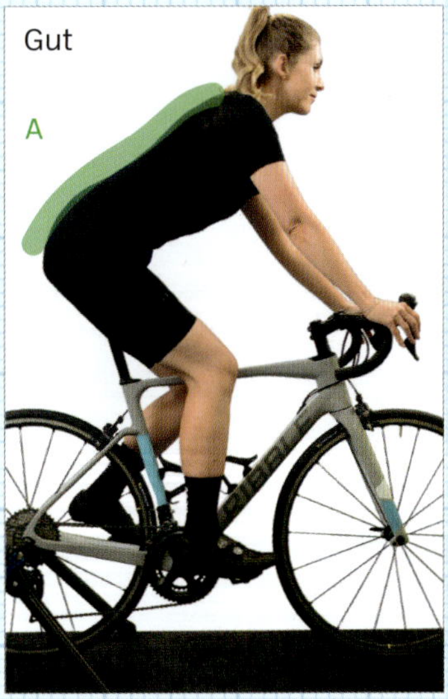

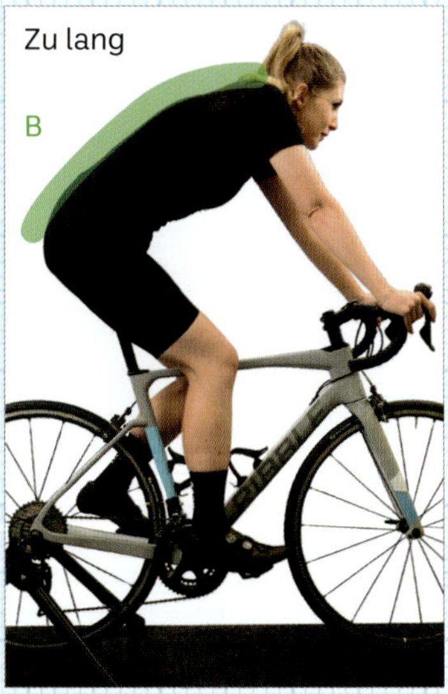

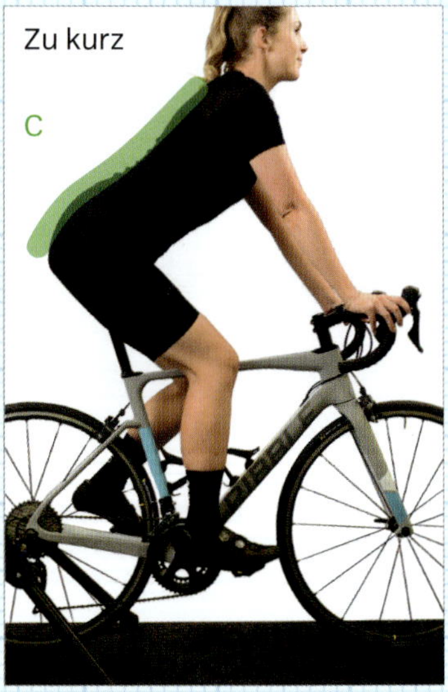

Die Position des Lenkers in Bild B ist zu lang für die Radfahrerin, was dazu führt, dass sie ihre Arme und ihren Rücken streckt und ihren Hals nach vorn reckt. Bei Bild C ist die Position des Lenkers zu kurz und die Radfahrerin wird zusammengepresst, wodurch ihr Oberkörper (Rückenwinkel) zu hoch ist und zu viel Gewicht nach hinten verlagert wird.

Verwende gesunden Menschenverstand und »Gefühl«, um die Höhe und den Reach des Lenkers einzustellen. Häufig nehmen Menschen aggressive Positionen ein ohne Rücksicht auf die Fähigkeit ihres Körpers, diese aufrechtzuerhalten. Sie leiden somit oft in diesen Positionen, bis sie Hilfe suchen oder sich verletzen.

Um die ideale Position deines Lenkers zu finden – im Sinne von »erforschen« –, solltest du zunächst Folgendes erreichen: Mit den Händen auf den Bremshauben oder dem Oberlenker sollten sich deine Arme entspannt anfühlen und du solltest mit leicht gebeugten Ellenbogen fahren können und dich dabei wohlfühlen. Wenn der Sattel-zu-Lenker-Drop zu groß ist, werden sich deine Arme strecken und dazu neigen, zu überstrecken. Das Entspannen der Arme oder das Beugen der Ellenbogen wird sich schwierig anfühlen, da zu viel Gewicht auf den Armen lastet und deine Hände somit oft schnell taub werden oder zu kribbeln beginnen. Du solltest beim Radfahren auch in der Lage sein, leicht nach oben zu blicken, ohne Verspannungen oder Schmerzen im Nacken oder zwischen den Schulterblättern zu spüren.

Stelle zuerst deinen Lenker auf die oben genannten Parameter ein und schäme dich nicht, wenn du ein hohes Vorderteil hast: Wenn die oben genannten Richtlinien befolgt wurden, ist das alles, was dein Körper zulässt. Wir alle können bis zu einem gewissen Grad an unserer Flexibilität arbeiten, und tatsächlich hilft uns die Natur des Radfahrens, uns an diese spezielle Körperhaltung anzupassen. Eine aggressive Position sollte mit der Zeit entwickelt werden, indem du die Lenkerhöhe langsam verringerst oder deinen Vorbau verlängerst. Denke daran: Das Fahrrad ist einstellbar, der Radfahrer ist anpassungsfähig. Das eine dauert Sekunde, das andere bei den meisten von uns leider jedoch sehr viel länger.

Pedale

Heutzutage haben wir viele verschiedene Arten von Pedalen, bei denen dein Fuß jeden gewünschten Kontakt herstellen kann und Cleats hinzugefügt werden können, bis hin zu Klickpedalen mit Cleats, die deinen Radschuh auf deinem Pedal fixieren. Der Vorteil von Cleats besteht darin, dass mehr Kraft und Antrieb direkt aufgebracht wer-

Beispiel einer guten Reach-Position

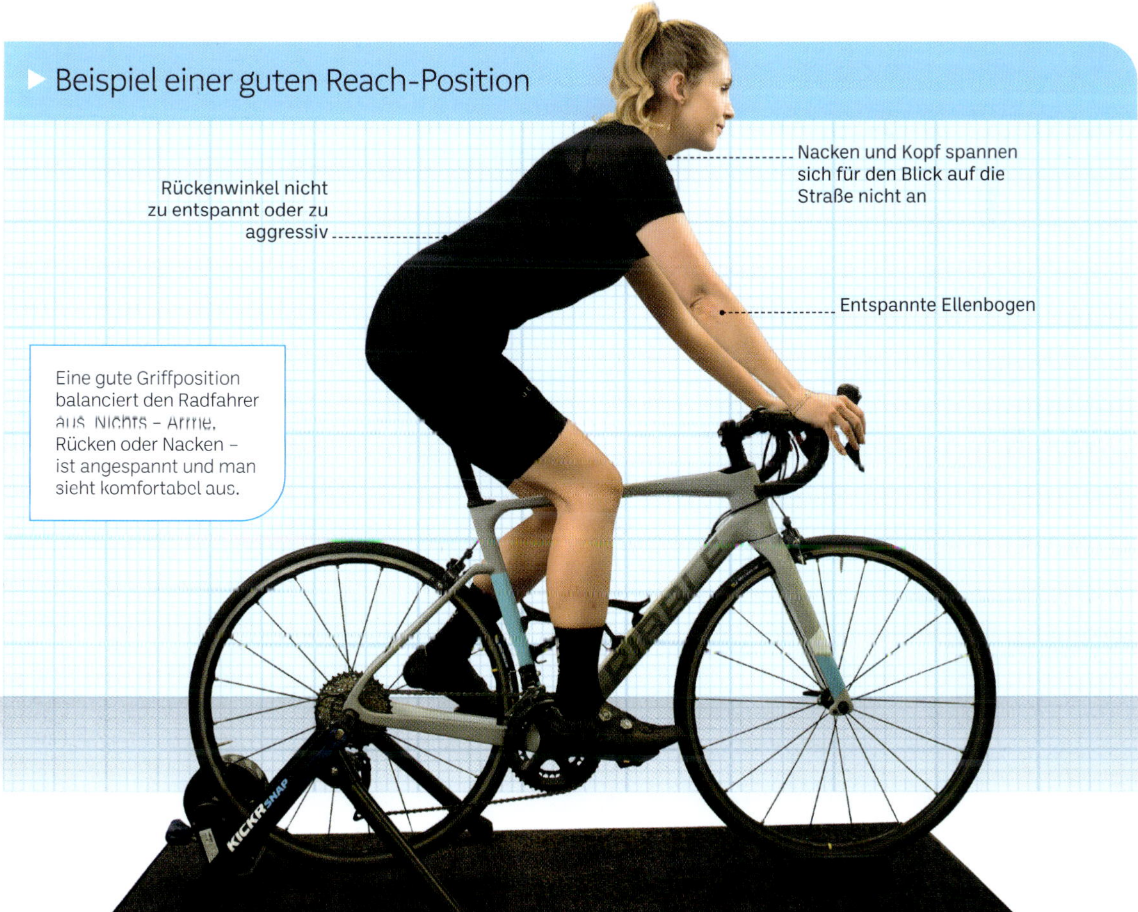

Eine gute Griffposition balanciert den Radfahrer aus. Nichts – Arme, Rücken oder Nacken – ist angespannt und man sieht komfortabel aus.

▶ Das einstellbare Fahrrad und der anpassungsfähige Radfahrer

Beachte die aggressive Straßenrennradposition und die noch aggressivere Zeitfahrposition. Es braucht Zeit, um uns so daran anzupassen, dass es für uns am besten ist, und leider müssen einige von uns akzeptieren, dass wir nicht anpassungsfähig genug sind.

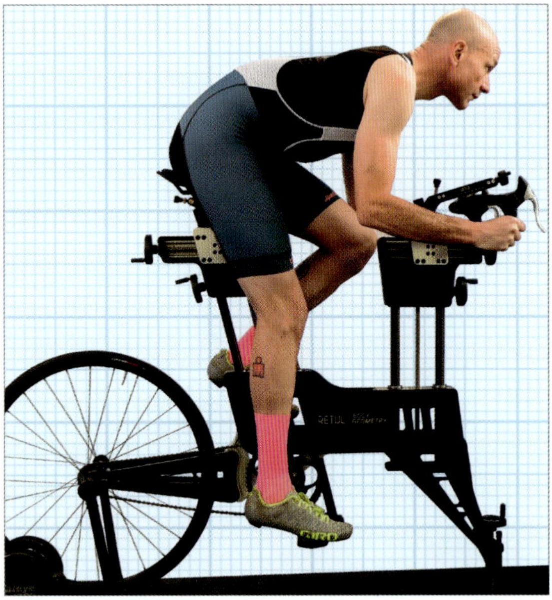

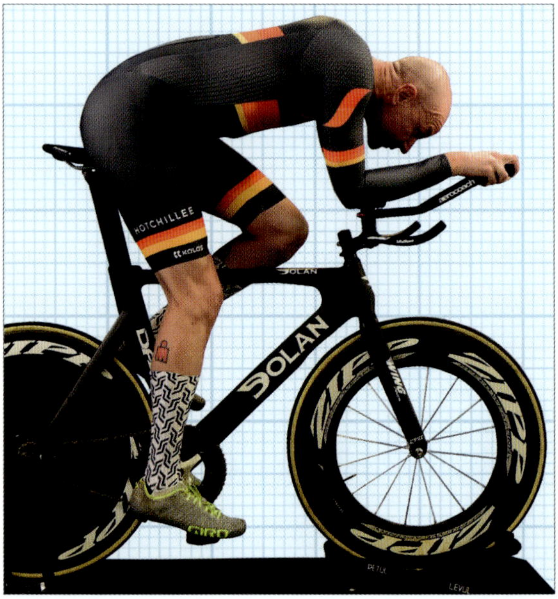

▶ Unterschiedliche Vorbaulängen und ihr Einfluss auf das Handling des Fahrrads

Manche argumentieren, an den Extremen der Vorbaulänge könne das Handling eines Fahrrads aufgrund der relativen Position der Hände am Lenker hinter oder vor der Vorderradnabe beeinträchtigt werden. Ein zu kurzer Vorbau, und das Handling kann unruhig werden; ein zu langer Vorbau, und das Handling ist mühsam.

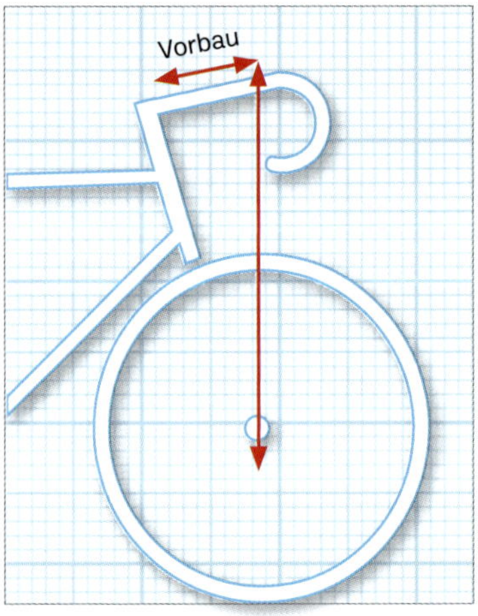

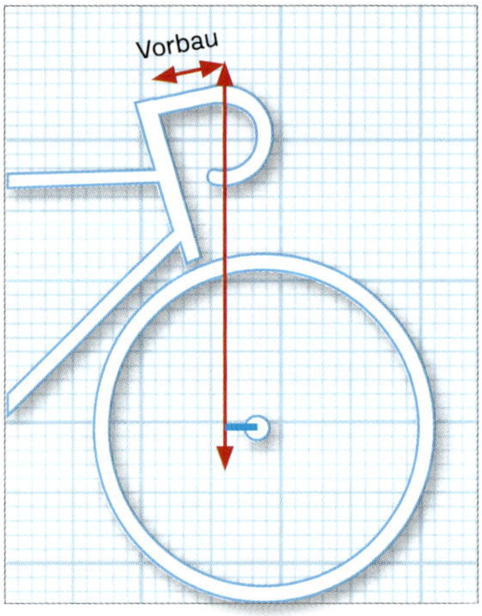

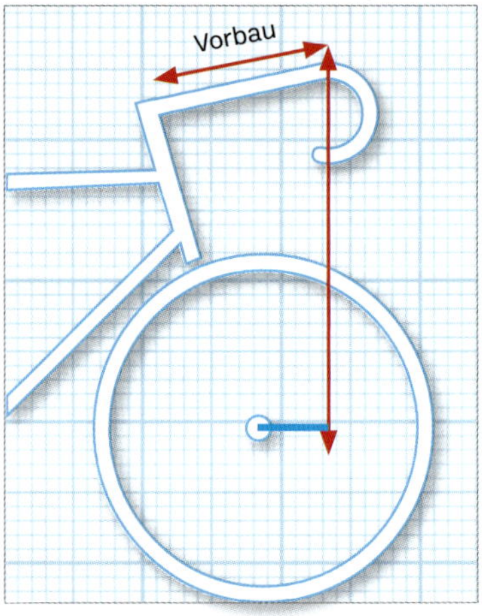

den und weniger Energie oder Kraft verschwendet wird, um die Position deines Fußes auf dem Pedal zu kontrollieren. Das Ausmaß der Verriegelung der Cleats ist variabel, von Mountainbike-Pedalen, die es einem ermöglichen, sich beim geringsten Anzeichen von Schwierigkeiten zu lösen, bis zu den unglaublich festen Cleats, die von Bahnsprintern verwendet werden, um zu verhindern, dass sie beim Start im Stehen ihre Füße vom Pedal ziehen. Mit einem Wechsel von Plattform- zu Klickpedalen haben die meisten Menschen zu kämpfen. Es braucht Zeit, um sich daran zu gewöhnen, mit dem Pedal verbunden zu fahren. Ich empfehle, so lange wie nötig an einem sicheren Ort zu üben, bevor du dich auf stark befahrene Straßen oder Mountainbike-Trails wagst, auf denen die Fähigkeit, das Pedal zu verlassen, von entscheidender Bedeutung ist.

Welches Klickpedal ist das richtige für dich? Wie üblich gibt es keine einfache Antwort. Die Wahl der Pedale hängt von den persönlichen Vorlieben ab und davon, was für den einzelnen Radfahrer funktioniert.

Folgewirkung auf das Handling

Falls du beim Einstellen deines Lenkers eine Änderung beim Handling des Fahrrads festgestellt hast – eine geringfügige Änderung ist zu erwarten. Wenn deine Fahrradrahmengröße korrekt ist, sollte die Vorbaulänge 10 bis 12 Zentimeter betragen. Weniger oder mehr als das verändert das Handling eines Straßenrennrads, da sich dein Gewicht entweder zu weit vor oder zu weit hinter der Vorderradnabe befindet. Bei Radsportprofis akzeptiere ich Vorbaulängen von 10 bis 14 Zentimetern, aber Vorbauten, die einen komfortablen Reach von unter 10 Zentimetern oder über 14 Zentimeter erreichen, weisen auf eine suboptimale Rahmengröße hin (siehe Seite 77).

Berücksichtige bei deiner Wahl die Anpassungsmöglichkeiten des Pedalsystems. Der Abschnitt über Float (die Menge an Bewegung, die ein Cleat zulässt – siehe Seite 72) unterstreicht die Bedeutung der Einstellung der Interaktion zwischen Pedal und Fuß. Wenn du unter Knieschmerzen leidest, sollte das von dir gewählte Pedalsystem die Einstellbarkeit besitzen, die du für deine Biomechanik benötigst. Einige werden gerne in ein starres Klickpedal ohne Float schlüpfen und wenig Zeit damit verbringen, es einzurichten, und nie ein Problem haben – das sind die Makro-Absorber unter uns! Der Rest muss

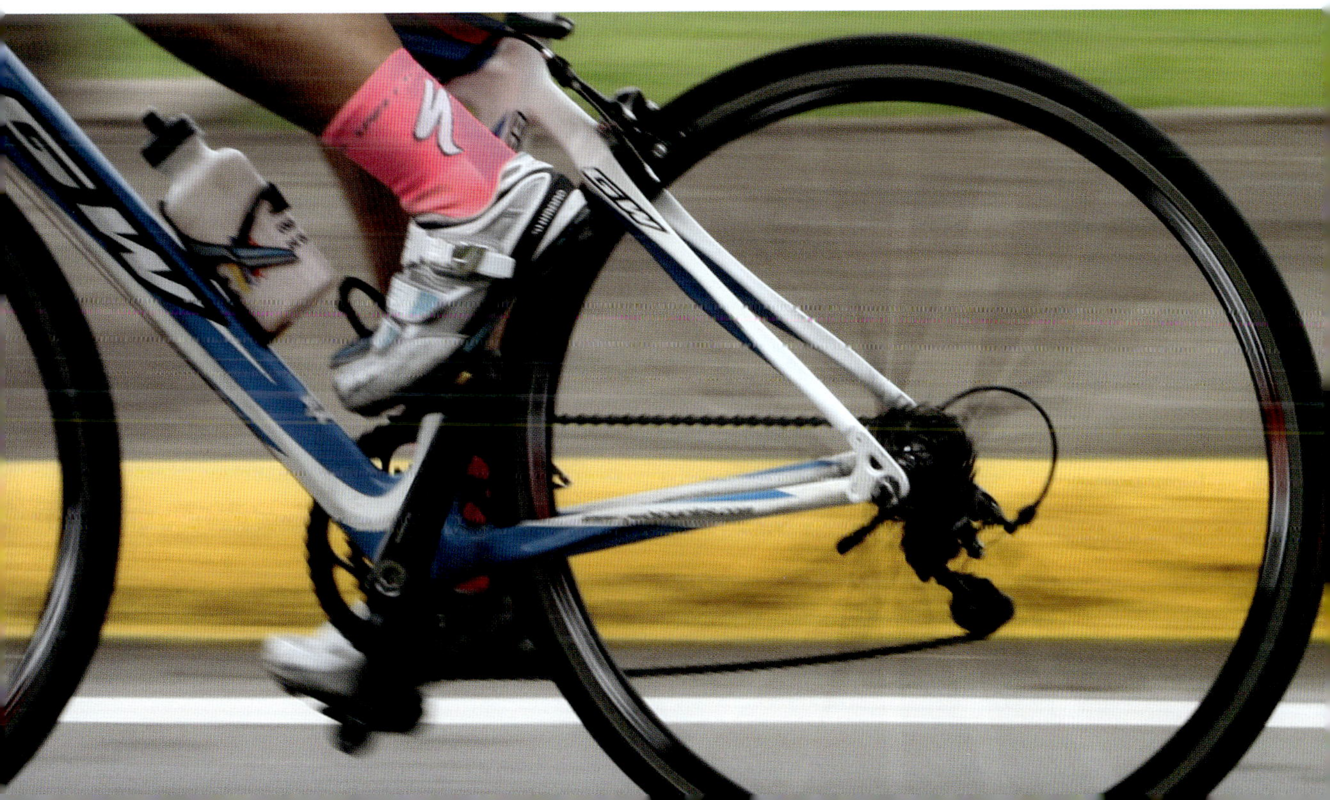

etwas mehr Zeit aufbringen, herauszufinden, welchen Grad an Fixierung er bei den repetitiven Bewegegungen akzeptieren kann. Am hinteren Ende des Spektrums kann die Verwendung von Speedplay-Pedalen Radfahrern helfen, die Probleme mit ihrem Fuß/Pedal-Set-up haben. Das liegt an deren hohem Maß an Verstellmöglichkeiten – zum Beispiel längere Spindeln für eine Beinhaltung, bei der die Beine weiter auseinander sind. Für einige Straßenrennradfahrer ist der Einsatz von Mountainbike-Pedalen eine gute Zwischenstation. Sie lassen sich leicht lösen und sind weniger einschränkend, was sie zu einer guten Übergangslösung macht, bevor man es mit stärkeren Klickpedalen aufnimmt. Für einige könnten frühere Verletzungen oder ihre Biomechanik bedeuten, dass sie dauerhaft Mountainbike-Pedale verwenden werden.

Die Art von »Float«, den bestimmte Pedale zulassen, ist unterschiedlich. Float ist die Toleranz für eine leichte Drehbewegung des Cleats beziehungsweise des Schuhs auf dem Pedal. LOOK- und Shimano-Pedale haben einen Zehen-Float, wobei die Drehung an der Vorderseite des Fußes zentriert ist. Speedplay hingegen hat einen Float, der auf den Fußballen zentriert ist. Manche Pedalsysteme haben eine Federspannung, die den Cleat in dem Moment im Tretzyklus in die Mittelposition zurückführt, in dem der Fuß es zulässt, andere nicht. Diese Spannung kann bei Menschen, die sie nicht kontrollieren können, Probleme verursachen, insbesondere Knieschmerzen und Verspannungen am Iliotibialband.

Während meiner Zeit bei British Cycling und Team Sky wurde ich plötzlich von einer Flut von Kniebeschwerden überschwemmt. Radsportler, die noch nie zuvor unter diesem Problem gelitten hatten, beschwerten sich, und die Mikro-Adjuster waren einfach unzufrieden. Nach etwa einer Woche hatte sich alles wieder gelegt. Die Betroffenen fuhren alle mit Pedalen eines neuen Fabrikats. Wir fragten sie, ob sich irgendetwas geändert habe, und das betraf lediglich eine Sache: Die Federspannung wurde erhöht. Nur eine kleine Veränderung wie diese hatte so viele beeinträchtigt und zeigt, wie sensibel wir für Veränderungen sein können.

Fuß/Pedal-Schnittstelle

Das letzte Teil des Puzzles besteht darin, deine Fuß/Pedal-Schnittstelle einzurichten, also deine Cleats an der richtigen Stelle an deinen Schuhen zu platzieren.

Wenn du kein Klickpedalsystem verwendest, musst du dir um diesen Abschnitt keine Gedanken machen. Deine Füße finden auf einem flachen Pedal ihren eigenen glücklichen Platz. Wenn du jedoch das moderne Klickpedal verwendest, beachte diesen Abschnitt sorgfältig. Radfahren ist ein Sport der Wiederholungen und der durchschnittliche Radfahrer macht 80 Umdrehungen pro Minute – das sind 5400 Umdrehungen pro Stunde. Welche Position du

Klickpedale und Cleats helfen dir, deine Hüftbeuger hochzuziehen und zu nutzen – oder?

Nein, das tun sie nicht, es sei denn, du bist ein Bahnsprinter. Die Arbeit von Barratt und Martin zeigt deutlich, dass das negative Drehmoment während der Hubphase nicht mechanischer Natur ist. Dies ist wichtig, da eine Reihe von Trainern das negative Drehmoment als etwas betrachten, das angegangen werden kann, indem die Hüftbeuger trainiert werden. Das kann jedoch nicht erreicht werden. Die nicht mechanischer Natur des Drehmoments wird durch das Gewicht der Extremität bei der Rückkehr des Pedals zum oberen Totpunkt erzeugt, wodurch das Pedal verlangsamt wird. Die Hüftbeuger arbeiten lediglich, um die Extremität so schnell wie möglich aus dem Weg zu räumen. Warum? Die Kraft, die auf dem anderen Pedal durch die Streckung von Oberschenkel- und Gesäßmuskeln erzeugt wird, negiert vollständig jeden Beitrag, den der kleine biomechanisch benachteiligte Hüftbeuger leisten kann.

Warnung: Vor diesem Hintergrund sollte die Verwendung von entkoppelten oder unabhängigen Kurbeln, bei denen man das Pedal mittels Hüftbeuger ohne Unterstützung durch die gegenüberliegende Kurbel zum OT zurückbringen muss, mit Vorsicht erfolgen. Mit fragwürdigem Nutzen für die Tretkraftproduktion erhöhen diese Trainingsgeräte die Wahrscheinlichkeit, dass sich in der geschlossenen Hüftposition verspannte und dysfunktionale Hüftbeuger entwickeln.

wählst, um deinen Fuß – und damit das Knie und die gesamte untere Extremität – am Pedal zu fixieren, ist eine große Sache. Es ist die Kehrseite davon, in das Fahrrad eingesperrt zu sein und so viel Kraft wie möglich auf das Pedal ausüben zu können, ohne Energie zu verschwenden, indem versucht wird, die Fuß/Pedal-Schnittstelle zu stabilisieren. Bei falschem Einrasten bist du für eine Reihe von Überbeanspruchungsverletzungen anfällig.

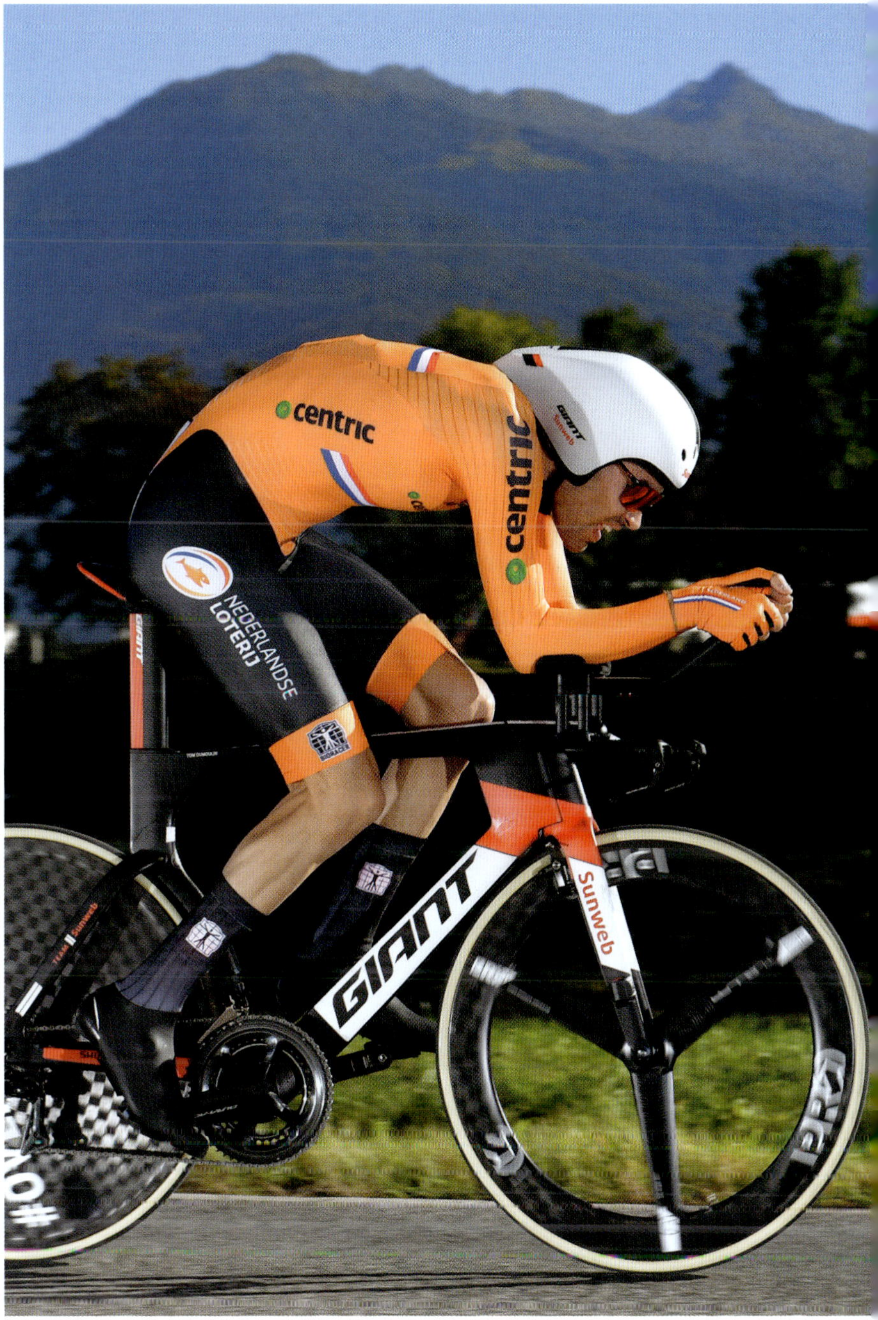

Vor-zurück-Position

Die allgemeine Faustregel für die Vor-und-zurück-Position des Cleats lautet, den Fußballen mit der Mittellinie der Pedalachse in der 3-Uhr-Position auszurichten. Der Fußballen ist der große knöcherne Vorsprung direkt hinter dem großen Zeh. Traditionell wurde der Fußballen über der Pedalachse platziert, da sie die größte Kontaktfläche des Fußes direkt über der Rotationsachse des Pedals bietet und daher die biomechanischen Vorteile des Fußes für den optimalen Kraft-Output maximiert.

Andy Pruitt weist darauf hin, dass dieser Ansatz tatsächlich nur bei Männerfüßen mit Schuhgröße 41,5 funktioniert, da größere Füße mehr Stabilität benötigen und der Cleat leicht hinter der Pedalachse liegen muss. Bei kleineren Füßen gilt das Gegenteil. Einige befürworten sogar die Orientierung am zweiten und dritten Mittelfußknochen, und Sanderson et al. (1994) schlagen vor, dass das fünfte Mittelfußköpfchen der anatomische Orientierungspunkt ist, an dem man bei der Positionierung ansetzt. Für nichtprofessionelle Radfahrer ist es dennoch schwierig, diese Punkte allein zu finden.

Todd Carvers Herangehensweise an die Cleat-Position ist ein Kompromiss, der sehr gut funktioniert. Finde das erste Mittelfußköpfchen (Fußballen). Suche dann das fünfte Mittelfußköpfchen – wenn du mit den Fingern an der Außenseite deines Fußes entlangfährst, ist dies der erste große Knochenvorsprung. Richte die Pedalachse so aus, dass sie das erste und fünfte Mittelfußköpfchen halbiert. Diese Methode trägt dazu bei, das Größenproblem zu berücksichtigen, das Pruitt hervorhebt, und bringt die Menschen im Allgemeinen in das Fitting-Fenster.

An dieser Vor-und-zurück-Position können Änderungen vorgenommen werden, um mehrere Umstände zu berücksichtigen (Seiten 93–94), aber die korrekte Ausrichtung des Pedals ist aus einer Reihe von Gründen wichtig. Ein nach vorn positionierter Cleat führt zu einer stärkeren Auf-und-ab-Bewegung der Ferse, da sie sich um einen längeren Hebelarm dreht, und kann Achillessehnenprobleme verursachen. Es wirkt sich auch auf die Gesamteinstellung des Fahrrads aus, indem es die relative Position des Fußes zum Knie verändert (siehe Seite 106).

Ein nach hinten positionierter Cleat trägt dazu bei, den Druck, der beim Pedalieren entsteht, auf einen größeren Teil des Fußes und insbesondere den Mittelfuß zu verteilen. Dies kann Vorfußschmerzen lindern.

Bei Personen mit Entenfüßen kann durch das Bewegen des Cleats nach hinten den Tretkurbel-/Fersenkontakt begrenzen.

Welche Cleat-Position potenzielle Leistungsvorteile bringt, ist umstritten. Viele Studien haben die Auswirkung auf die aufgewendete Energiemenge in Bezug auf die Vor-und-zurück-Position untersucht, mit uneindeutigen Ergebnissen. Man findet viele Internetforen, in denen man für die effizienteste Kraftübertragung von den unteren Gliedmaßen auf das Pedal eine Cleat-Position unter dem Fußgewölbe oder dem Mittelfuß befürwortet, da man durch die Verkürzung des Hebelarms der Interaktion zwischen Fuß/Sprunggelenk und Pedal/Cleat eine biomechanisch günstigere Position für die Kraftübertragung einnimmt.

Rotation

Bereits in den 1970er-Jahren riet das CONI-Handbuch, eine sehr sichelfüßige Tritttechnik – Fersen nach außen, Zehen nach innen – anzunehmen, bei der die Knie in das Oberrohr kommen. Wenn diese Technik jahrelang befolgt wird, könnte sie viele Radsportkarrieren beenden.

Die Rotation oder der Winkel, in dem die Cleats eingestellt sind, ist wichtig, da sie unseren individuellen Körperbau widerspiegeln. Sieh dir die nächsten 20 Men-

Cleat-Position

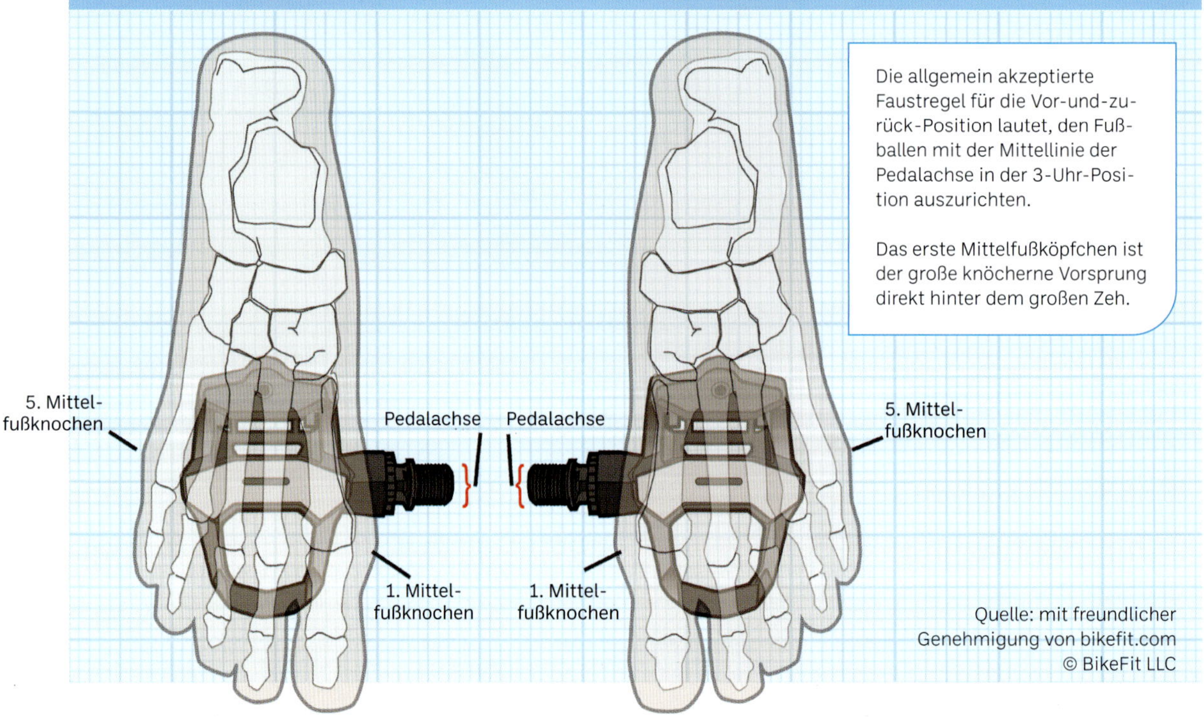

Die allgemein akzeptierte Faustregel für die Vor-und-zurück-Position lautet, den Fußballen mit der Mittellinie der Pedalachse in der 3-Uhr-Position auszurichten.

Das erste Mittelfußköpfchen ist der große knöcherne Vorsprung direkt hinter dem großen Zeh.

Quelle: mit freundlicher Genehmigung von bikefit.com © BikeFit LLC

schen an, die an dir vorbeigehen, ob sie mit geraden Füßen, entenfüßig oder sichelfüßig laufen.

Würden wir uns an die CONI-Richtlinien halten, wären nur die X-Beinigen unter uns glücklich. Der Rest würde bald Überbeanspruchungsverletzungen entwickeln, wie Verspannungen des Iliotibialbandes oder patellofemorale Schmerzen. Wir sollten stattdessen unsere Cleats so einstellen, dass sie unserer natürlichen und einzigartigen Biomechanik entsprechen. Wenn wir dies nicht tun, können unsere Füße die Fersen nicht einwärtsdrehen, also »pronieren«, was bedeutet, dass die Kräfte, die normalerweise durch diese Bewegung verteilt werden, über die kinetische Kette nach oben übertragen werden. Der schwächste Punkt – normalerweise das Knie – wird schließlich einbrechen.

Bei festen Cleat-/Pedalsystemen (ohne Float) ist das Set-up entscheidend. Bei Pedalsystemen, die Rotation oder Float zulassen, ist dies weniger wichtig, aber der Mittelpunkt der Rotation oder des Floats muss immer noch korrekt ausgerichtet sein.

Wenn ein Radfahrer mit gerade nach vorn gerichteten Zehen geht, sollte er seine Pedale oder Cleats so einstellen, dass dies auch auf dem Fahrrad der Fall ist.

Wenn ein Radfahrer mit den Zehen nach außen und den Fersen nach innen geht, sollte er seine Pedale oder Cleats so einstellen, dass sich die Fersen beim Pedalieren einwärtsdrehen können. Personen dieser Gruppe stellen oft fest, dass sie ihre Cleats zur Innenseite des Schuhs bewegen müssen, um die Schrittbreite effektiv zu vergrößern und zu verhindern, dass ihre Fersen mit dem Kurbelarm in Kontakt kommen. Manche Radfahrer lassen ihre Fersen so weit einwärtsdrehen, dass sie oft längere Pedalachsen benötigen, um ihre Schrittbreite so weit zu vergrößern, dass die Kurbel nicht am Fuß reibt.

Ein x-beiniger Radfahrer muss dies in seinem Cleat- beziehungsweise Pedalsystem widerspiegeln und seine Fersen leicht nach außen zeigen lassen. Diese Fahrer sind meiner Erfahrung nach klein, und man sollte bei der Anpassung dieses Set-ups vorsichtig sein, da es bei allen zu Verspannungen und Irritationen des ITB führt, außer bei denen, deren Biomechanik es erforderlich macht.

Ausrichtung der Pedalachse in Relation zum 1. und 5. Mittelfußköpfchen

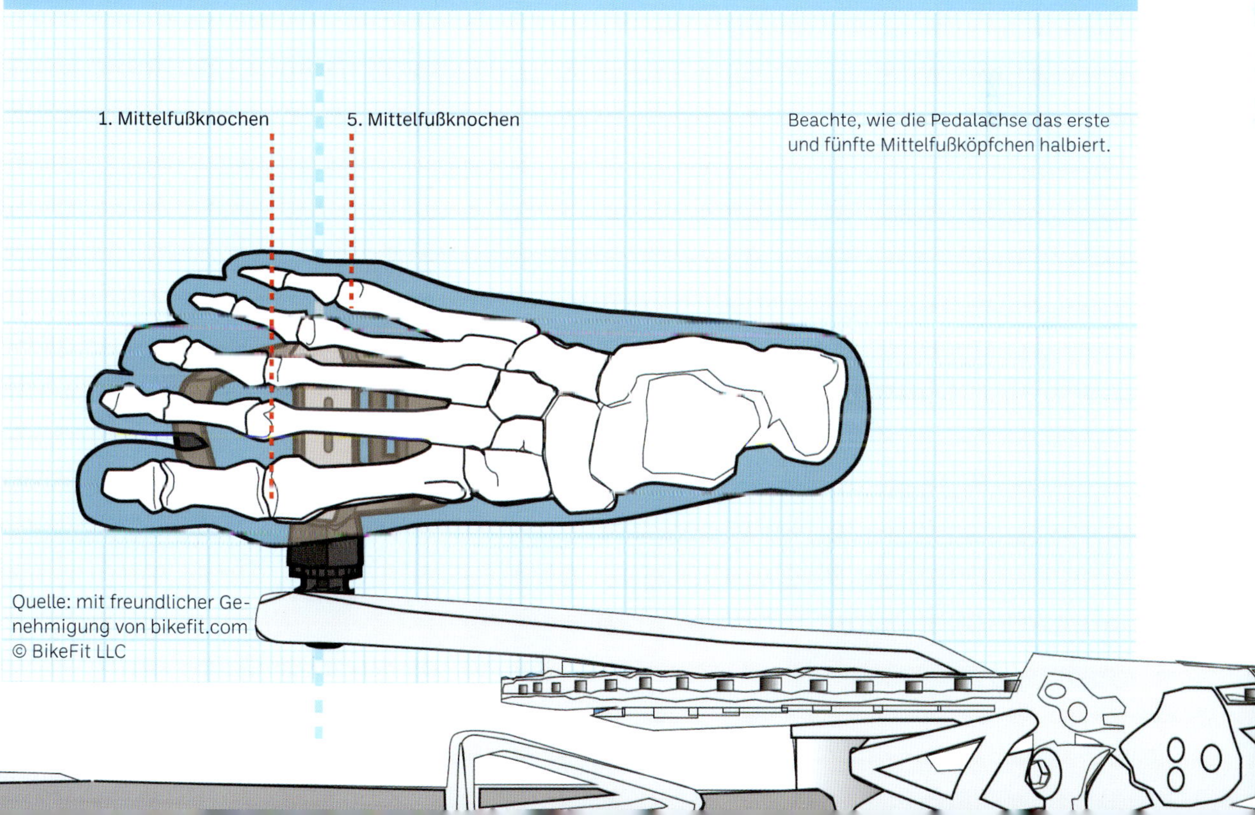

Quelle: mit freundlicher Genehmigung von bikefit.com © BikeFit LLC

Fuß-Pedal-Float

Wie bereits erwähnt ist »Float« die geringe Rotationsbewegung, die der Cleat zulässt, um den Fuß nicht zu starr auf dem Pedal zu fixieren. In den Tagen, als die Menschen nur mit Pedalhaken im alten Stil auf flachen Pedalen herumfuhren, existierte der Float zufällig. Bei diesem freien Pedalsystem konnten die Füße der Menschen frei in jede gewünschte Position wandern.

Mit dem Aufkommen der Klickpedalsysteme in den 1970er-Jahren wurden alle Float-Stufen entfernt. Die Idee für das einrastende Pedal-Cleat-Schuh-System kam von Skischuhbindungssystemen. Die Firma LOOK produzierte diese zuerst, lange bevor sie ein großer Hersteller von Fahrradpedalen waren. Beim Skifahren war kein Float nötig, daher boten frühe Verriegelungspedalsysteme keinen. Es dauerte jedoch nicht lange, bis Radfahrer Verletzungen erlitten, wenn sie in einer Position fixiert waren. Mit den Cleats, die gerade eingestellt waren, entwickelten viele Radfahrer Verspannungen im Iliotibialband sowie patellofemorale Probleme.

Änderung deines Set-ups

Wenn du viel mit einem bestimmten Fahrrad und Pedalsystem gefahren bist, sei vorsichtig, wenn du zu einem neuen Set-up wechselst. Viele Menschen haben eine Verletzung oder Schmerzen, ohne zu wissen, dass ein Wechsel der Ausrüstung deren Ursache war. Wenn du beispielsweise Cleats austauschst, solltest du ein Foto von der alten Position machen, bevor du sie entfernst. Auf diese Weise kannst du die neuen Cleats präzise anbringen. Ich empfehle immer, alte Schuhe und Cleats aufzubewahren, bis ein neues Set-up über viele Fahrten ausprobiert wurde, damit wir im Fall eines Problems nicht nur Anschauungsmaterial haben, sondern auch mit dem alten Set-up weiterfahren können, bis das Problem behoben ist.

Der Grund: Das Knie ist nicht nur ein Scharniergelenk, das sich beugt und streckt: Es dreht sich auch. Wenn wir das Pedal nach unten treten, dreht sich das Schienbein

▶ Gerader Laufstil

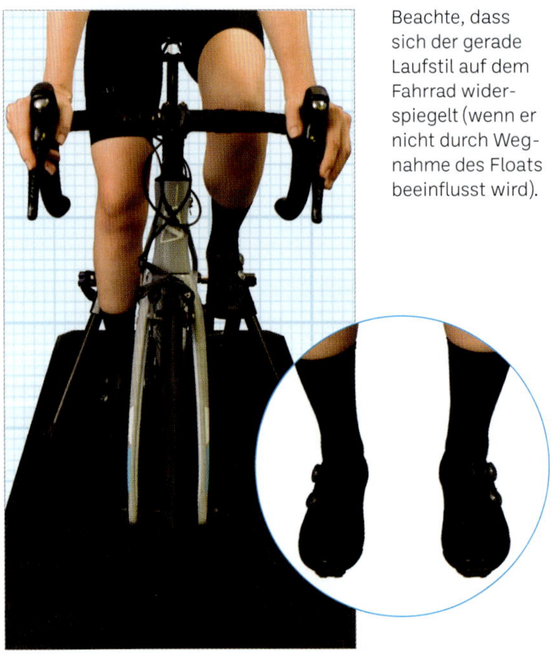

Beachte, dass sich der gerade Laufstil auf dem Fahrrad widerspiegelt (wenn er nicht durch Wegnahme des Floats beeinflusst wird).

▶ Entenfüßiger Laufstil

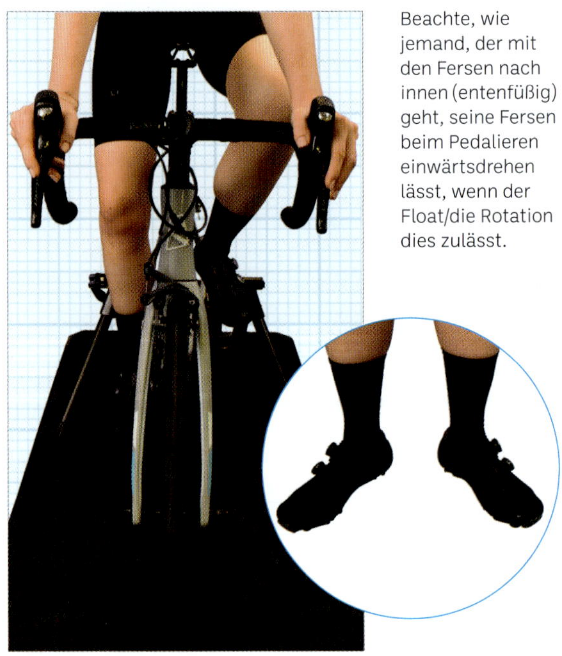

Beachte, wie jemand, der mit den Fersen nach innen (entenfüßig) geht, seine Fersen beim Pedalieren einwärtsdrehen lässt, wenn der Float/die Rotation dies zulässt.

auf dem Oberschenkelknochen. Assoziative Rotation und Pronation des Fuß-Sprunggelenk-Komplexes treten gleichzeitig auf. Die fixierte Position des eingerasteten Klickpedalsystems reduziert die dafür verfügbaren Bewegungsgrade erheblich, was zu mehr Verletzungen bei Radfahrern führt, die keinen Float verwenden.

Maury Hull (Ruby und Hull 1993) hat einige der umfangreichsten und wissenschaftlich zuverlässigsten Untersuchungen zur Auswirkung der Fuß/Pedal-Schnittstelle auf die Belastung des Knies durchgeführt. Zu den Schlussfolgerungen aus seiner Arbeit gehört, dass beim Float das Zulassen eines Grades an Freiheit die Belastung der Kniegelenke erheblich verringert. Auf der SICI-Konferenz 2007 (SICI = Serotta International Cycling Institute) versetzte er Bikefitting-Profis in Erstaunen, als er seine Forschungsergebnisse enthüllte, die darauf hindeuteten, dass eine Valgus-Stellung (nach innen) und nicht eine Varus-Stellung (nach außen) des Vorfußes weniger Verletzungskräfte am Kniegelenk ausübt.

Alte Mythen rund um den Float finden immer noch Widerhall. Viele argumentieren, dass der Float mehr »Hilfsmuskelstabilisierung« erfordert – das erste Mal Rad fahren auf Speedplay-Pedalen fühlt sich an, als würde man auf einem Eiswürfel treten – und daher die Kraft verringert. Andere argumentieren, dass der Float die sich wiederholenden Belastungen für das Knie und das angrenzende Weichgewebe verteilt. Beide Lager liegen meiner Meinung nach daneben. Die Art und Weise, wie der Float es einem Radfahrer ermöglicht, das für seine Muskeln und Gelenke optimale biomechanische Muster anzunehmen, muss ihm sicherlich ermöglichen, mehr

Bahnsprinter verwenden flächendeckend eingerastete Pedalsysteme ohne Float und nutzen zwei Straps. Sie leiden jedoch nicht unter Überbeanspruchungsbeschwerden, da die Zeit, die mit intensivem Pedalieren mit eingeschränkter Bewegung verbracht wird, kurz ist. Für sie ist das Wichtigste, dass ihre Füße beim Start (etwa bei einem Team-Sprint) oder bei einer extremen Beschleunigung bei einem Match-Sprint nicht ausklicken. Hier hilft es, wenn man Float wegnimmt.

▶ Sichelfüßiger Laufstil

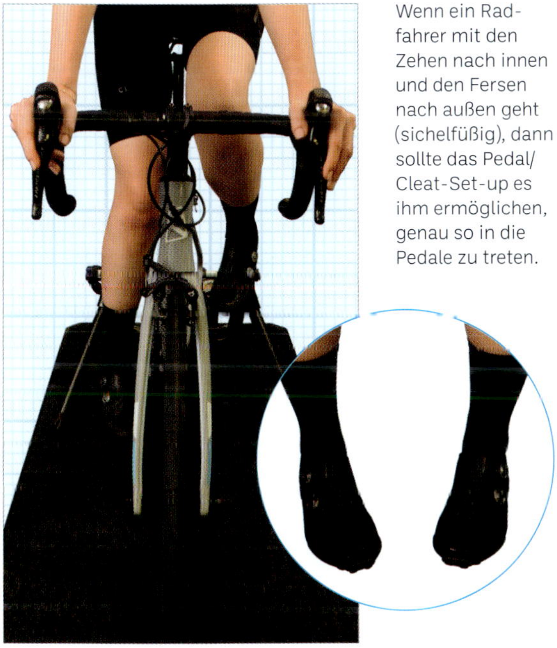

Wenn ein Radfahrer mit den Zehen nach innen und den Fersen nach außen geht (sichelfüßig), dann sollte das Pedal/Cleat-Set-up es ihm ermöglichen, genau so in die Pedale zu treten.

▶ Ferse trifft den Kurbelarm

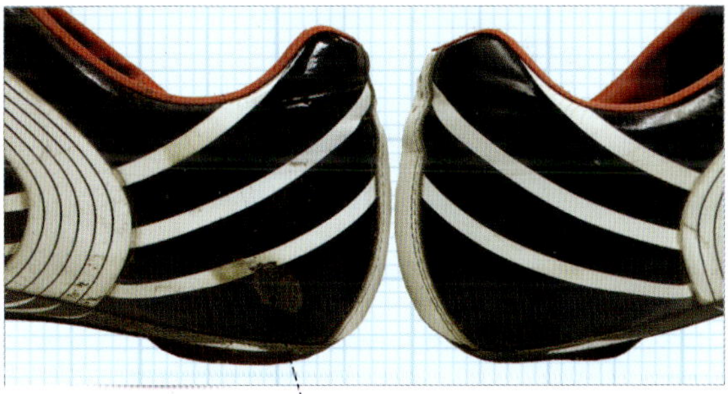

Fersenabrieb: Entenfüßige Radfahrer benötigen eine Schrittbreitenkorrektur.

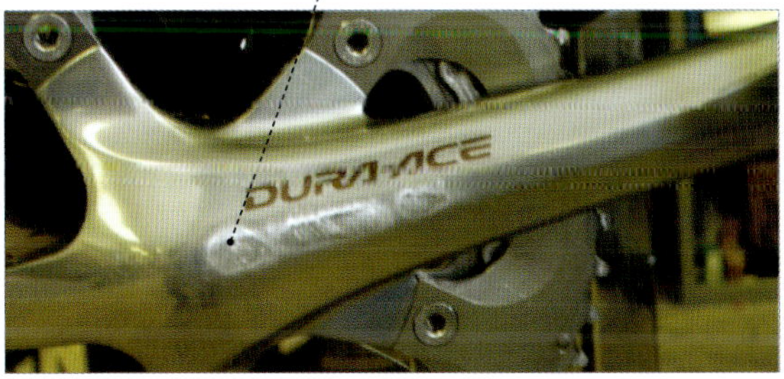

Kraft zu erzeugen, als verloren geht, wenn er versucht, sich als Ausgleich für ein paar Grad Float zu stabilisieren – sofern er das überhaupt tun muss.

Gleichzeitig sagt mir die Erfahrung, dass die Idee, die Belastung zu verteilen, zwar überzeugend klingt, aber wahrscheinlich nicht der Grund ist, warum Float funktioniert. Dies liegt daran, dass Radfahrer, die zu einem Klickpedalsystem mit einstellbarem Float wechseln, normalerweise mit dem maximal verfügbaren Float beginnen und im Laufe der Zeit den Float einstellen und das entfernen, was sie nicht benötigen. Der Float ermöglicht es ihnen, die perfekte Position auf dem Pedal zu finden, und dann ermöglichen die wenigen verbleibenden Grad, nach Entfernung des überschüssigen Float, ein natürliches Bewegungsmuster.

Seitliche Position der Cleats

Die seitliche Position der Cleats, also, wie weit links oder rechts sie auf dem Schuh sitzen, beeinflusst die effektive Schrittbreite auf dem Fahrrad; das heißt den Abstand zwischen den Füßen. Indem man die Cleats näher an der Außenseite oder der Innenseite des Schuhs positioniert, ist der Fuß näher am oder weiter weg vom Kurbelarm. Daher können Menschen mit schmalen Hüften, die versuchen, Hüfte, Knie und Fuß auszurichten, ihre Cleats zur Außenseite ihrer Schuhe bewegen, wodurch ihre Schrittbreite verringert wird und die Ausrichtung der Hüfte mit dem Knie und dem Fuß unterstützt wird. Radfahrer mit breiteren Hüften machen das Gegenteil.

Verschiedene Pedale bieten unterschiedliche Einstellmöglichkeiten in Bezug auf die Schrittbreite. Speedplay erlaubt auf beiden Seiten der Mitte bis zu vier Millimeter. Einige Pedalsysteme bieten unterschiedlich große Pedalachsen für Menschen, die ihre Schrittbreite optimieren möchten.

Schrittbreite

Von allen einstellbaren Parametern wird die Schrittbreite meiner Meinung nach am häufigsten übersehen. Bis vor kurzer Zeit wurde die Schrittbreite quasi nur durch die Breite des Tretlagers am Fahrrad bestimmt, da die Pedalachsen fast überall gleich lang waren. Das hat mich

Zehen-Float

ZEHEN-FLOAT VERSUS ZENTRIERTER FLOAT UND FEDERZENTRIERTE PEDALE

Die meisten verfügbaren Pedalsysteme verwenden Cleat-Systeme, die an der Vorderseite des Schuhs einrasten. Mit anderen Worten: Der Float ist am Vorder- oder Zehenende des Cleats zentriert. Speedplay-Pedale ermöglichen eine zentrierte Rotation (siehe Abbildung).

Viele Pedalsysteme verwenden auch Federn, die den Cleat und den Schuh nach Möglichkeit in die Mittelposition zurückführen – zum Beispiel Shimano Dura-Ace. Andere nutzen Reibung, die mit zunehmender Entfernung von der Mittellinie zunimmt. Beide geben das Gefühl, den Fuß auf dem Pedal zu zentrieren, wenn die Kräfte es zulassen. Als ein berühmtes Unternehmen die Federn in seinem Premiumpedal auf einen höheren Widerstand umstellte, ohne es jemandem zu sagen, bemerkten wir einen starken Anstieg von Kniebeschwerden und -schmerzen, da das System die Position effektiv blockiert hatte, wenn der Radfahrer nicht kräftig genug war, die stärkere Feder zu überwinden.

Quelle: mit freundlicher Genehmigung von bikefit.com © BikeFit LLC

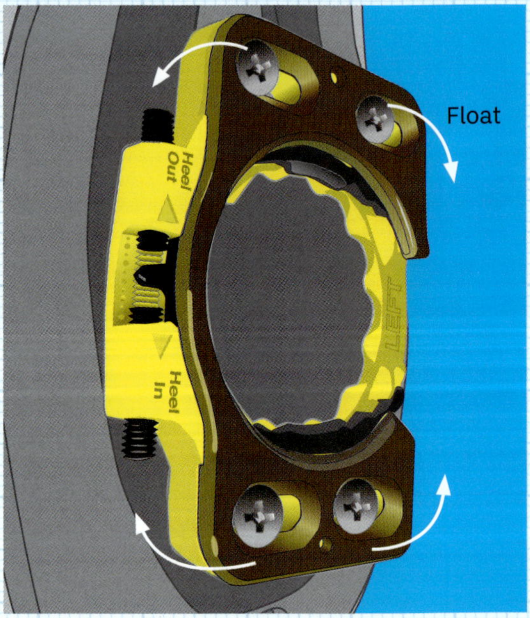

Schrittbreite

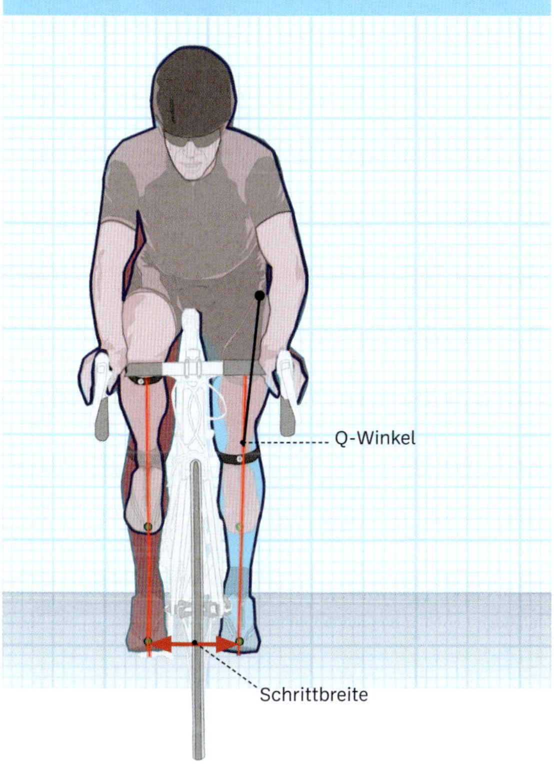

Unterschiedliche Achsenbreiten

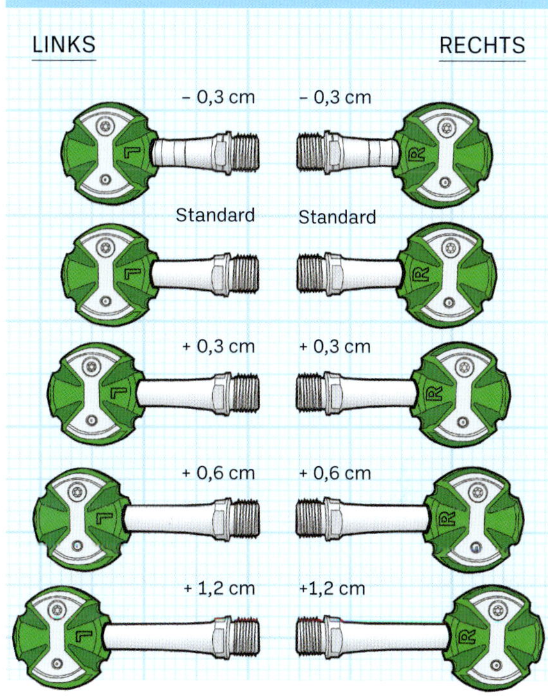

Quelle (für beide Abbildungen): mit freundlicher Genehmigung von bikefit.com © BikeFit LLC

immer verblüfft. Die Hüftbreiten der Menschen sind schließlich unterschiedlich – dabei hängt es von der Schrittbreite ab, ob man eine Ausrichtung von Hüfte, Knie und Fuß erreichen kann, die einen Q-Winkel liefert, mit dem ein Radfahrer zurechtkommt.

Du kannst das beobachten, wenn du jemanden bittest, eine Kniebeuge auszuführen: Die Fußposition, die Menschen instinktiv einnehmen, wird massiv variieren. Es ist wichtig, das im Kopf zu behalten, wenn du verschiedene Arten von Fahrrädern fährst. Die Tretlagerbreiten und damit die Schrittbreiten unterscheiden sich beispielsweise zwischen einem Rennrad und einem Mountainbike erheblich, und noch mehr, wenn man sich spezielle Indoor-Bikes und E-Bikes ansieht.

Q-Faktor und Q-Winkel

Die Begriffe Q-Faktor und Q-Winkel sind verwirrend, da sie oft synonym verwendet werden. Der Q-Winkel meint den Winkel, den der Quadrizeps bildet, wenn er auf die Patellasehne trifft. Frauen haben aufgrund breiterer Hüften einen größeren Q-Winkel als Männer. Der Q-Faktor ist der Abstand zwischen den beiden Tretkurbeln, was ein Maß für die Schrittbreite ist und den Q-Winkel beeinflusst. Ich habe mich entschieden, den Begriff »Schrittbreite« anstelle von »Q-Faktor« zu verwenden. Die Manipulation des Q-Winkels durch die Schrittbreite scheint die Knieprobleme vieler Radfahrer zu lösen.

Welche Rahmengröße brauche ich?

Trotz aller Komplikationen werden sich einige diese Frage immer noch stellen. Wir haben die Mängel verschiedener Schnellmethoden – Formeln und dergleichen – erörtert, aber ich verstehe, dass viele keine 200 bis 300 Euro für ein dynamisches Bikefitting ausgeben möchten. Der beste Weg, deine Rahmengröße kostengünstig zu ermitteln, besteht darin, sich nicht auf ein einzelnes Maß zu verlassen. Wenn du dich außerhalb des mittleren Bereichs der Normalverteilung befindest, könntest du in Schwierigkeiten geraten. Suche also viele Beweise für deine wahrscheinliche Rahmengröße.

Um die Erfolgschancen zu erhöhen, gehe so vor:

1 Erkundige dich beim Hersteller. Viele haben Websites, die vorschlagen, welche Größe du brauchen könntest. Am einfachsten ist deine Körpergröße im Verhältnis zur Oberrohrlänge. Ich bin 1,93 Meter groß, und dafür würden die meisten ein Fahrrad mit 60 Zentimeter Oberrohrgröße empfehlen. Andere gehen mehr in die Tiefe.

2 Verwende die LeMond-Methode. Miss deine Innenbeinlänge und multipliziere sie mit 0,833, um deine Sattelhöhe zu erhalten. Nimm diese Information am besten in ein Fahrradgeschäft mit.

3 Verwende Online-Apps zur Größenbestimmung. Sie beinhalten normalerweise die Messung einiger Körperteile. Zum Zeitpunkt des Verfassens dieses Buchs verfügt beispielsweise die Website www.ebicycles.com über einen guten Rennrad-Größenrechner.

4 Wenn du bereits ein Fahrrad hast, vermesse es – Sattelhöhe sowie Reach und Drop. Diese Informationen helfen dir, den richtigen Rahmen zu finden.

Denke daran: Hier geht es um die Größenbestimmung, nicht um das Bikefitting. Bei der Größenbestimmung wird ermittelt, welche Fahrradgröße für dich geeignet ist, während beim Bikefitting das Fahrrad an dich angepasst wird.

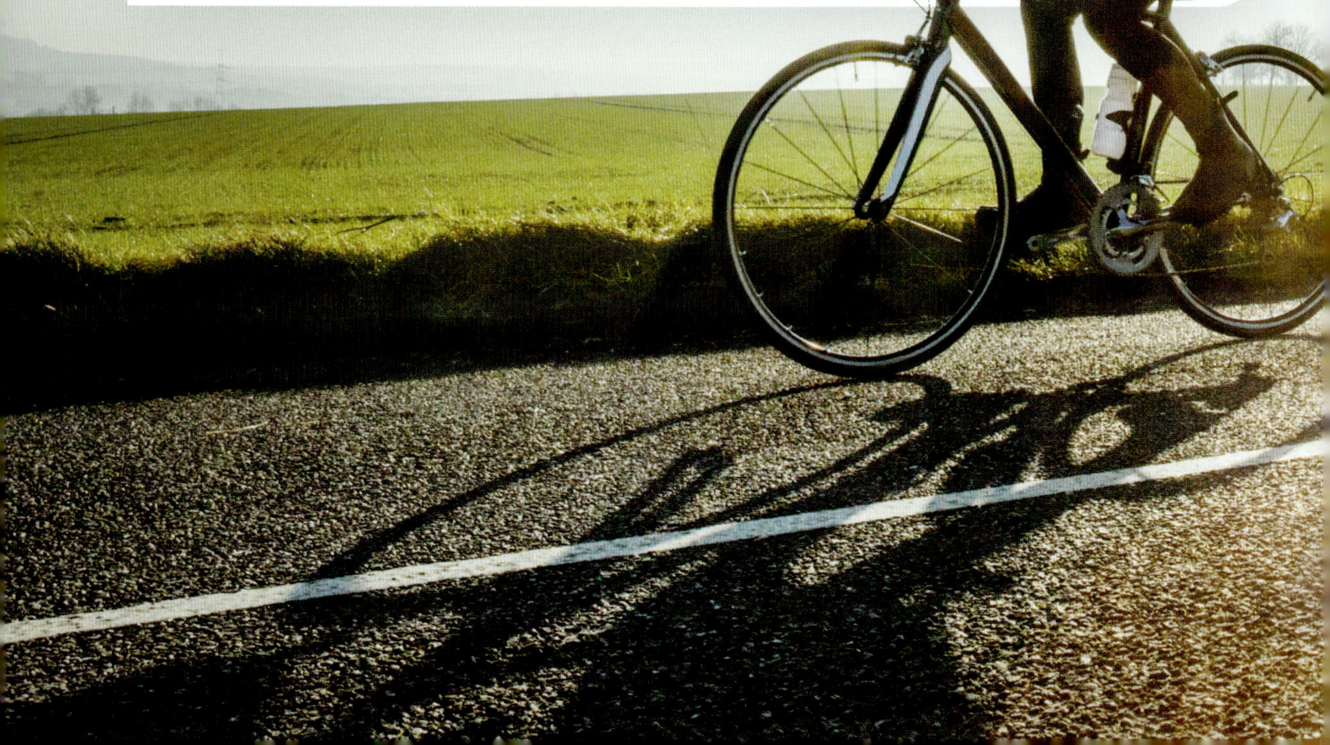

▶ Von Retül empfohlene Normalbereiche

BEZEICHNUNG	HINWEISE	RENNRAD	MTB	ZEITFAHREN	TRIATHLON
Knieflexionswinkel	–	108°–112°	110°–115°	110°–115°	110°–115°
Kniestreckwinkel	–	35°–40°	35°–40°	37°–42°	37°–42°
Rückenwinkel	Rennrad: auf Hoods	45°	50°	20°	25°
Winkel Achsel zu Ellenbogen	–	–	–	75°–80°	70°–75°
Winkel Achsel zu Handgelenk	–	90°	75°–80°	–	–
Ellenbogenwinkel	–	150°–170°	150°–170°	90°–100°	90°–100°
Unterarmwinkel	–	–	–	variiert	variiert
Ankling-Bereich	–	15°–30°	15°–30°	15°–30°	15°–30°
Max. Sprunggelenkwinkel	nahe der Spitze des Pedaltritts	95°–105°	95°–105°	95°–105°	95°–105°
Min. Sprunggelenkwinkel	nahe der Tiefe	70°–80°	70°–80°	70°–80°	70°–80°
Hüftwinkel geschlossen	auf bilaterale Unterschiede achten	55°–65°	60°–80°	35°–45°	45°–55°
Hüftwinkel offen	Kurbellänge beachten	–	–	–	–
Knie vor dem Fuß	–	(-10)–0 mm	(-20)–(-10) mm	(+50)–(+100) mm	(+50)–(+100) mm
Vertikale Hüftbewegung	–	40–60 mm	40–60 mm	40–60 mm	40–60 mm

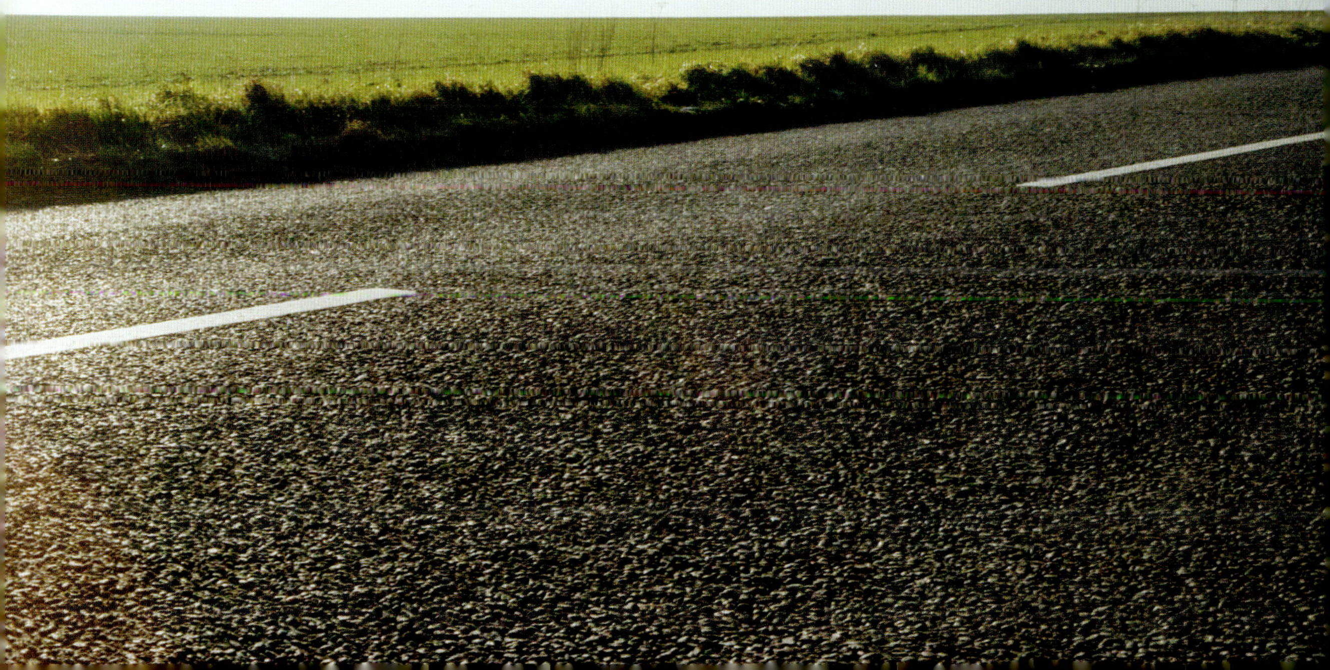

Der Bikefitting-Detektiv

Bikefitting ist unbestreitbar eine Wissenschaft, aber es steckt auch eine Menge Kunstfertigkeit, Intuition und etwas Detektivarbeit dahinter. Es gibt ein paar allgemeine Hinweise, die ich regelmäßig sehe und die starke Anzeichen dafür sind, dass etwas optimiert werden muss.

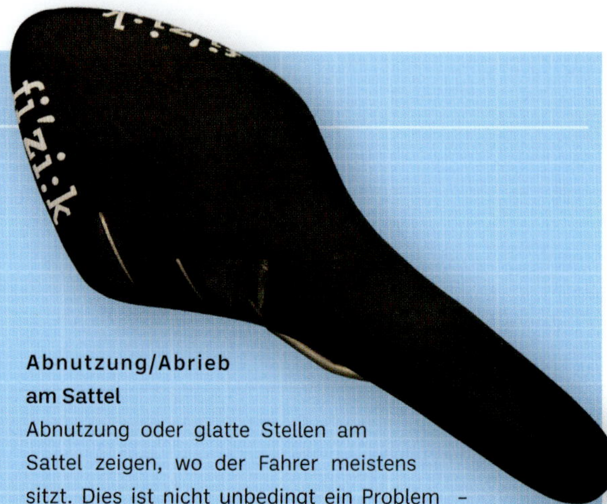

Abrieb am Schuh
Abrieb oder Scheuerstellen im inneren Fersenbereich weisen auf ein Problem mit der Schrittbreite oder dem Cleat-Set-up hin (seitliche Positionierung oder Drehung).

Abrieb an der Kurbel
Bei Abrieb an der Kurbel und am Schuh weißt du definitiv, dass etwas nicht stimmt. Mögliche Ursachen sind die gleichen wie beim Abrieb am Schuh.

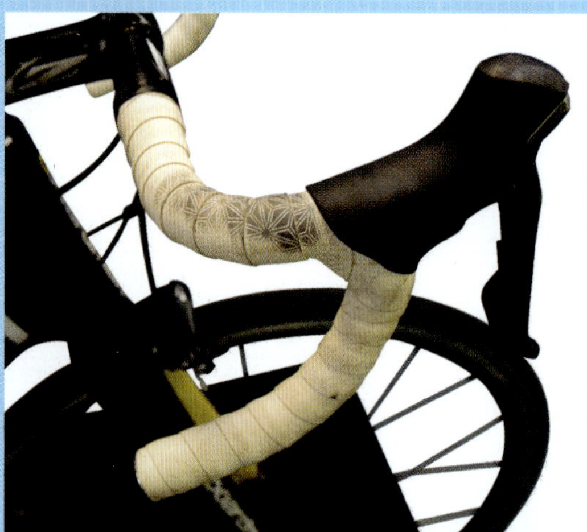

Abnutzung/Verschleiß am Lenkerband
Durch einen Blick auf das Lenkerband eines Radfahrers, insbesondere bei weißem Band, ist leicht zu erkennen, wo er seine Hände die meiste Zeit positioniert. Wenn sich die meiste Abnutzung oben befindet und nur wenig an den Bremshauben oder auf den Drops, ist es entweder ein Bergfahrer oder es kann sein, dass der Reach zu lang oder die Höhe des Stacks zu niedrig ist. Wenn du direkt hinter den Bremshauben deutlichen Verschleiß beobachtest, kann der Reach etwas zu lang sein oder die Bremshauben sind nicht richtig eingestellt, um eine bequeme Handposition zu bieten.

Abnutzung/Abrieb am Sattel
Abnutzung oder glatte Stellen am Sattel zeigen, wo der Fahrer meistens sitzt. Dies ist nicht unbedingt ein Problem – zum Beispiel erwartet man, dass die Nase eines Sattels bei einem aggressiven Set-up für das Zeitfahren glatt ist. Wenn jedoch etwa auf einem Zeitfahrrad eine merkliche Abnutzung im hinteren Bereich des Sattels festgestellt wurde, könnte dies darauf hindeuten, dass der Fahrer versucht, mehr Sattelhöhe oder Reach zu bekommen.

Ein eindeutigeres Warnsignal ist, wenn eine Seite eines Sattels mehr abgenutzt ist als die andere. Zu mir kamen sogar Radfahrer mit einem Sattel, der auf einer Seite zusammengebrochen war. Eine solche ungleichmäßige Abnutzung könnte ein Indikator für einen Beinlängenunterschied oder ein anderes Ungleichgewicht sein.

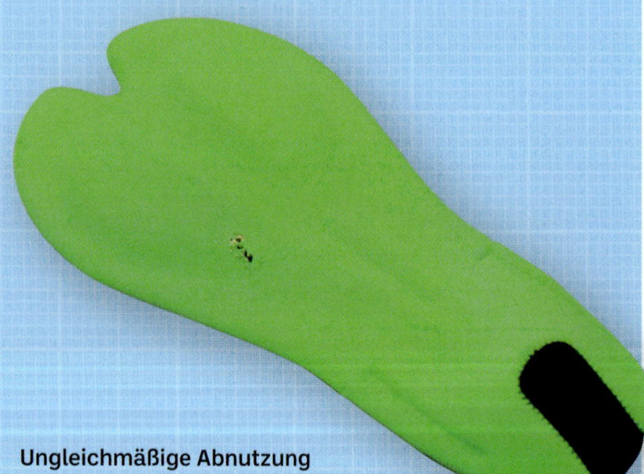

Ungleichmäßige Abnutzung am Chamois/Sitzpolster
Das Sitzpolster eines Radfahrers kann oft ein sehr nützliches Frühwarnsystem sein. Auch hier kann eine größere Abnutzung auf einer Seite ein starker Hinweis auf irgendeine Form von Ungleichgewicht sein.

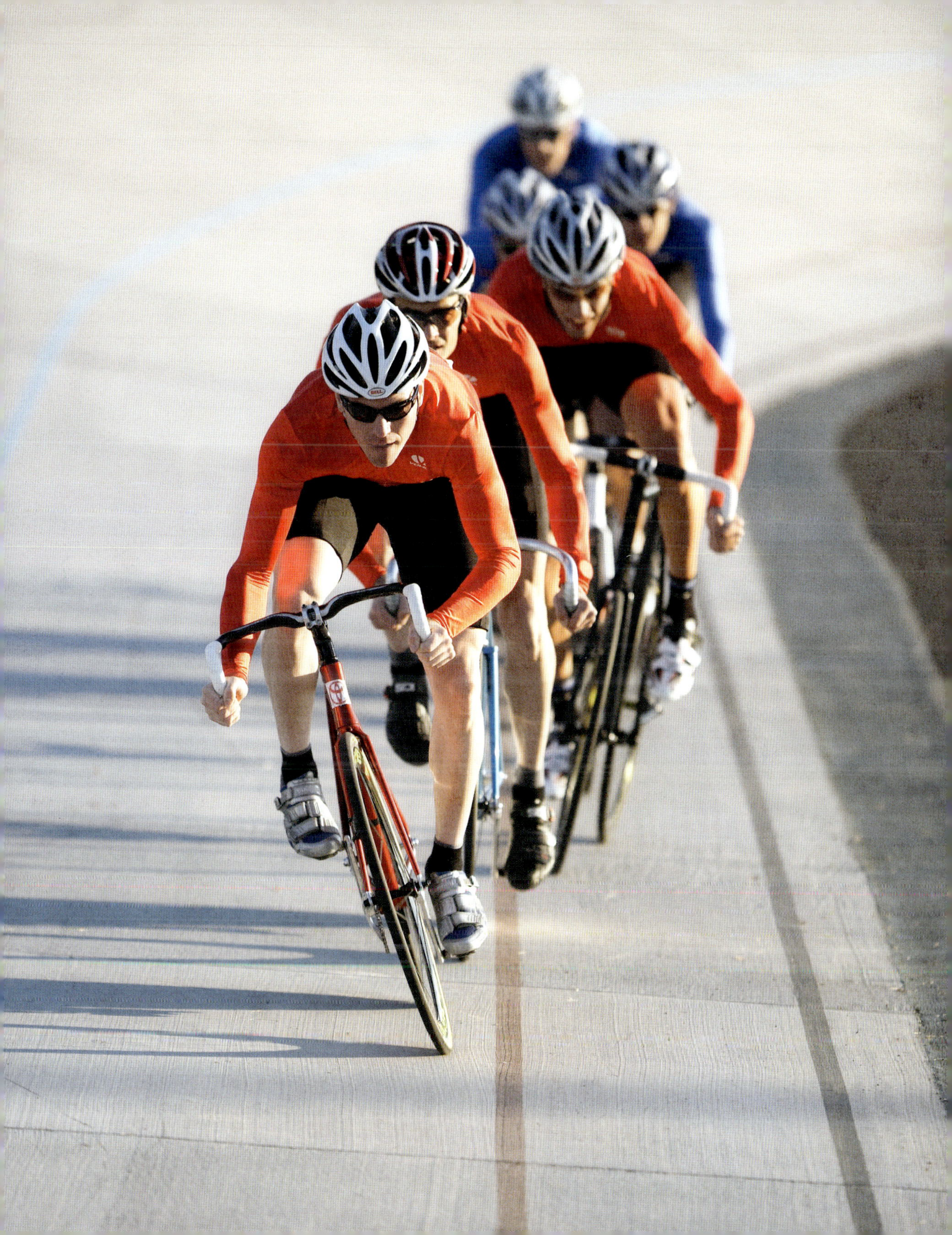

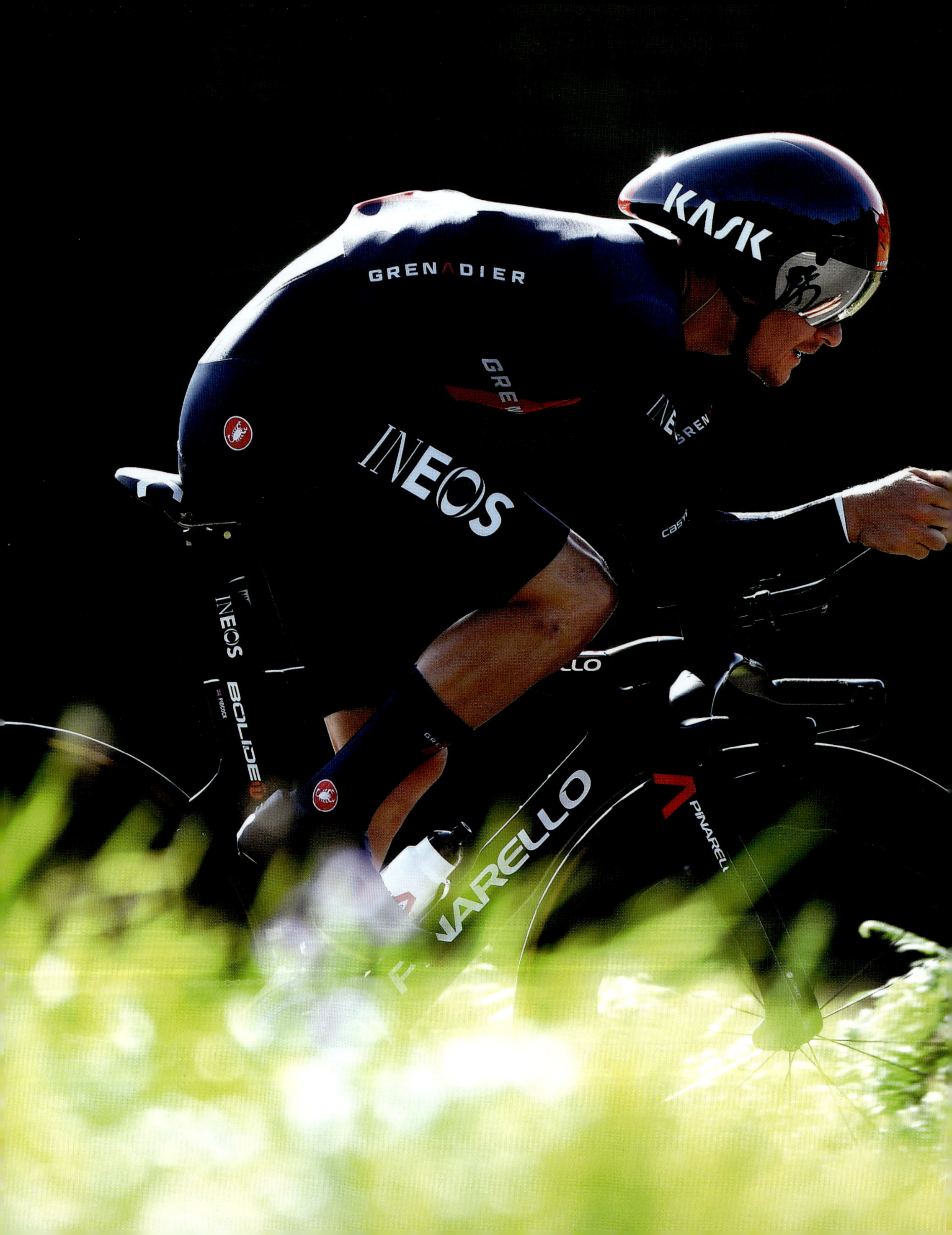

04

Die drei Säulen des Bikefittings

Die drei Säulen des Bikefittings

Um das richtige Bikefitting für dich zu finden, ist es wichtig, zu den Grundprinzipien zurückzukehren und dein Ziel festzulegen. Sage also nicht: »Bringe mich einfach in die richtige Position auf dem Fahrrad.« Sondern frage: »Wofür?«

Die richtige Position, um kurz zum Einkaufen zu radeln, ist nicht dieselbe, wie wenn man acht Stunden auf einer Étape du Tour fährt. Du würdest auch nicht eine aerodynamische Zeitfahrposition für eine Sonntagnachmittagsfahrt mit den Kindern einnehmen.

Dieses Konzept soll helfen, den Balanceakt zu verstehen, der eine gute Bikeposition ausmacht. Es wurde mir ursprünglich von Chris Boardman an einem Vorbereitungstag auf die Olympischen Spiele 2012 in London präsentiert. Seitdem habe ich es ein wenig angepasst.

Stelle dir drei Säulen vor: eine für Aerodynamik, eine für Komfort und eine für Krafterzeugung. Je höher die Säule, desto wichtiger ist die Anpassung an den Faktor, aber wenn eine Säule nach oben geht, müssen eine oder beide der anderen zum Ausgleich nach unten gehen.

Mannschaftsverfolgung

Das erste Schaubild beschreibt die Position bei der olympischen Verfolgung. Sie könnte als extrem bezeichnet werden, weil sie nur von zwei Faktoren bestimmt wird: Aerodynamik und Kraft. Die in der Position verbrachte Zeit beträgt weniger als vier Minuten, sodass der Komfort unbedeutend ist.

▶ Bikefitting-Säulen: Verfolgung

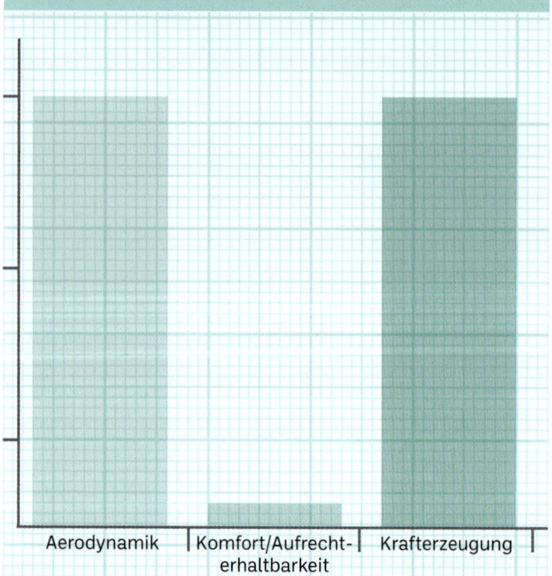

▶ Bikefitting-Säulen: Zeitfahren

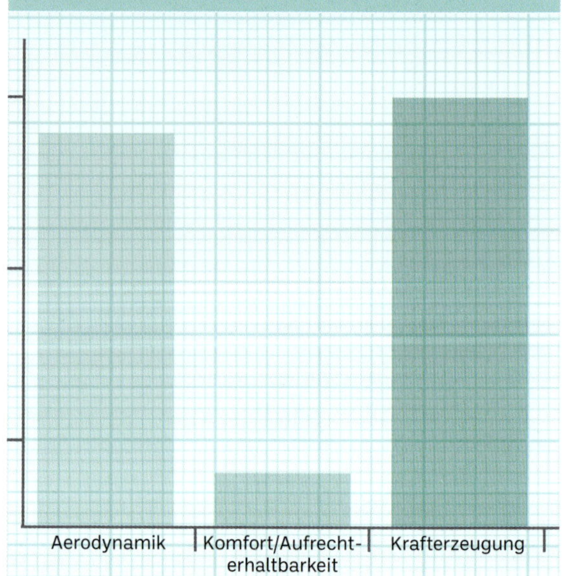

Zeitfahren

Die meisten Radfahrer können die Verfolgungsposition nicht weit über die Dauer des Wettbewerbs hinaus tolerieren. Es gibt Ausnahmen – die Verfolgungsposition von Brad Wiggins ist seiner Zeitfahrposition bei der Tour de France sehr ähnlich. Aber er hat seine Position über Jahre weiterentwickelt. Bei den meisten Radfahrern muss der Komfortfaktor berücksichtigt werden. Denn es ergibt keinen Sinn, vier Minuten am Stück unglaublich aerodynamisch und kraftvoll zu sein, wenn man ein 40-minütiges Zeitfahren absolviert. Wenn die Position nicht aufrechterhaltbar ist, gehen alle Vorteile verloren. Und natürlich kann die Aufrechterhaltung einer solch extremen Position über längere Zeit zu körperlichen Schäden führen. Für längere Zeitfahrten ist also ein gewisses Maß an Komfort oder Aufrechterhaltbarkeit wichtig.

Kriterium-/Rundstreckenrennen

Bei einstündigen Kriterium- oder Rundstreckenrennen oder noch kürzeren Rennen mit mehreren Teilnehmern sind Komfort oder Aufrechterhaltbarkeit zu vernachlässigen, stattdessen sind die Prioritäten die Krafterzeugung und die Aerodynamik. Die Säulen sehen denen des Zeitfahrens ähnlich. Bei einem Massenrennen sollte man zusätzlich das Fahrgefühl und Handling berücksichtigen, und natürlich darfst du keinen Triathlon-Lenkeraufsatz verwenden!

Freizeitsportrennen

Für einen Hobbyradsportler, der an einem Rennen teilnimmt, ändert sich das Spiel komplett. Hier ist die Zielsetzung entscheidend. Wenn du nicht jede Woche die doppelte Dauer des Wettbewerbs trainierst, muss Komfort dein oberstes Ziel sein. Das Beenden einer hügeligen Etappe der Tour ist das Ziel vieler Menschen, die jedoch scheitern, da sie in einer Position fahren, die nicht darauf ausgelegt ist, acht Stunden im Sattel zu sitzen. Viele Fahrradhersteller produzieren mittlerweile Modelle mit »Endurance-Geometrie«, die besser geeignet sind, um diese Art von Position zu erreichen.

Gravel-/Adventurebiking

Weiter entlang des Spektrums von Komfort und Aufrechterhaltbarkeit haben wir Gravel- und Adventurebiker. Bei langen und oft mehreren Tagen im Sattel sowie der zusätzlichen Gepäcklast ist die Krafterzeugung

▶ Bikefitting-Säulen: Rundstrecken

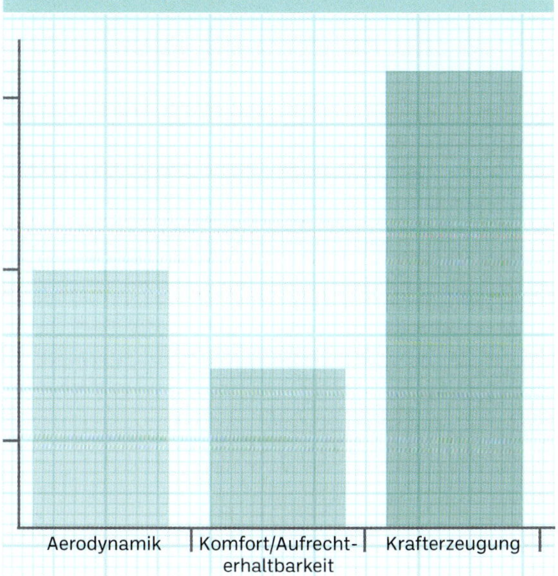

▶ Bikefitting-Säulen: Freizeitrennen

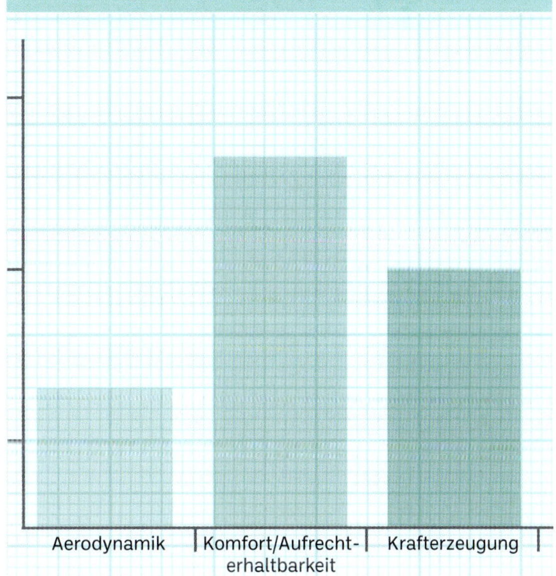

immer noch wichtig, aber Komfort sowie Aufrechterhaltbarkeit stehen an erster Stelle. Interessanterweise greifen viele Gravel- und Adventurebiker auf Triathlon-Lenkeraufsätze oder Ähnliches zurück, um eine Position zu schaffen, die die Last verteilt.

Pendeln

Auf der gegenüberliegenden Seite des Spektrums von einem Bahnverfolger befindet sich ein Pendler oder jemand, der sein Fahrrad nur zum Einkaufen nutzt. Bei dieser Art des Radfahrens gibt es keinen Leistungsdruck und keine Erwartungen, es geht also nur um Komfort.

Komfort versus Aufrechterhaltbarkeit

Als ich mit dem Trainerstab des Team Sky über die drei Säulen des Bikefittings sprach, tauschte ich das Wort »Komfort« gegen »Aufrechterhaltbarkeit«. Die Anforderungen des professionellen Radsports heben diesen Begriff oft auf. Denn viele denken, dass den Radfahrern zu viel für »Komfort« gezahlt wird, wenn unerträgliche Positionen bedeuten, dass sie mehr gewinnen!

Zielsetzung

Sei realistisch, wenn du deine Ziele festlegst und dein optimales Bikefitting bestimmst. Einige von uns sind anpassungsfähiger als andere, aber alle Fahrräder verfügen über ein gewisses Maß an Einstellbarkeit. Stelle das Fahrrad zunächst selbst ein, um deine Anpassungsfähigkeit zu berücksichtigen, zum Beispiel, wie sehr du deinen unteren Rücken beugen kannst, um eine niedrigere Bikeposition zu erreichen, oder ob du es akzeptieren kannst, stundenlang auf einem schmalen Sattel zu sitzen.

Stelle dir bei der Überprüfung deiner Bikeposition die folgenden Fragen:

Was ist dein Ziel?

- Ein Freizeitrennen zum ersten Mal abschließen: Priorisiere Komfort vor Krafterzeugung und Aerodynamik.
- Bei einem 40-Kilometer-Zeitfahren schneller sein als zuvor: Priorisiere Aerodynamik und Krafterzeugung.
- Eine Étape du Tour fahren und abschließen: Priorisiere Komfort vor Aerodynamik und Krafterzeugung.

Bikefitting-Säulen: Gravelbiking

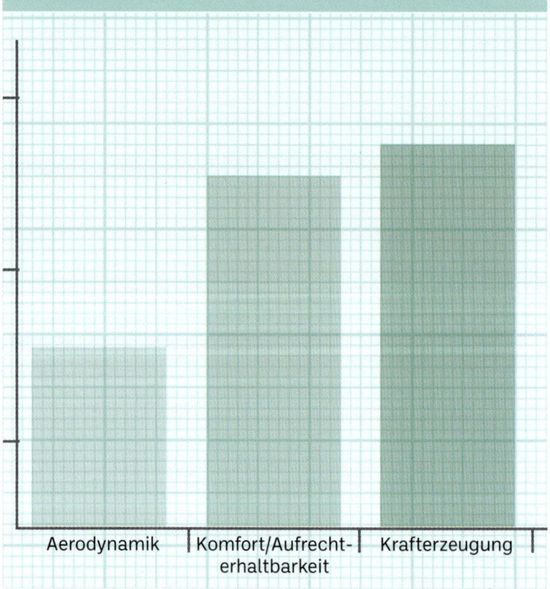

Bikefitting-Säulen: Pendeln

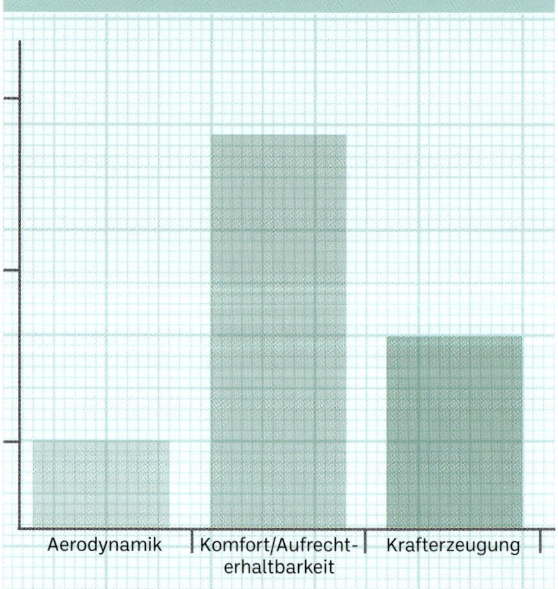

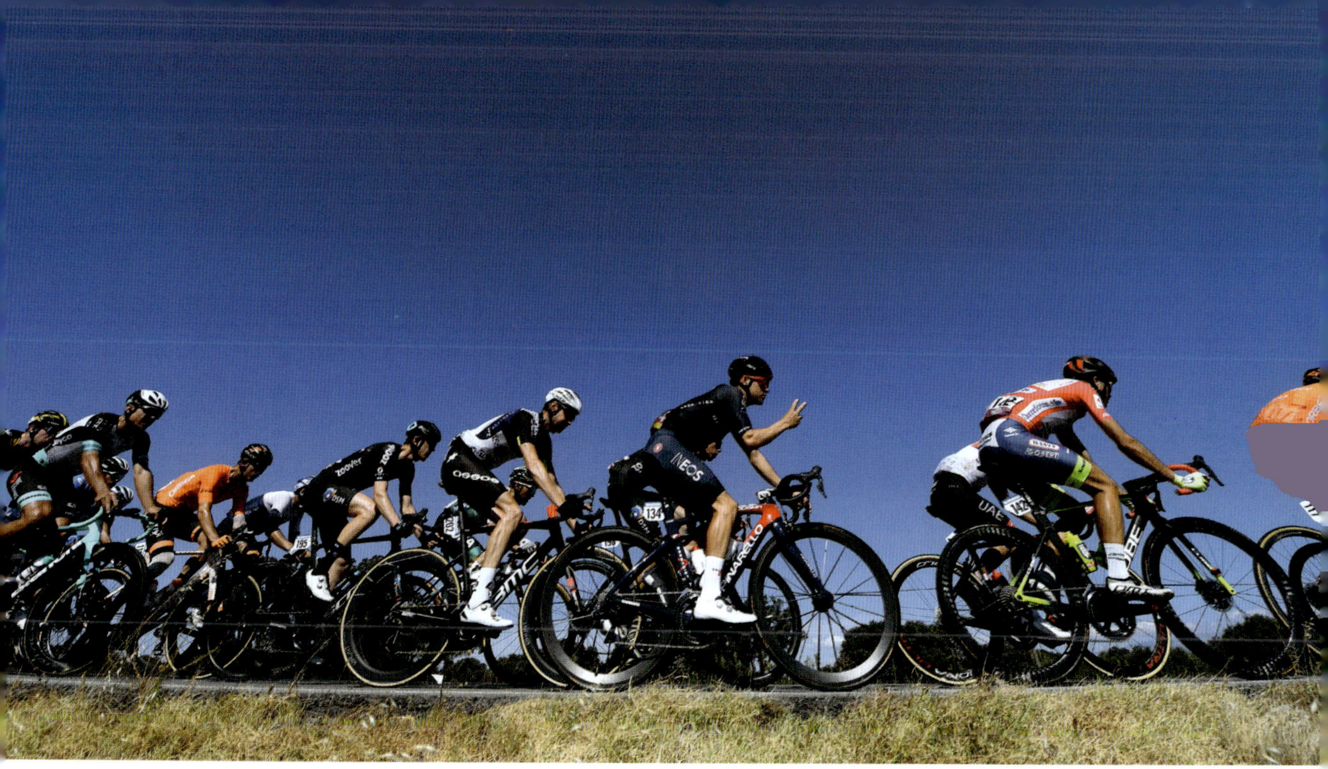

Wie viel Zeit kannst du deinem Ziel widmen?

- Sehr wenig: Passe dein Fahrrad an, nicht deinen Körper oder überdenke dein Ziel.
- Viel: Investiere in ein Bikefitting und beginne an deinen Einschränkungen zu arbeiten.

Evolution, nicht Revolution

Alle Positionen entwickeln sich: Niemand kommt sofort in eine ideale Position, einige erfordern viel mehr Arbeit als andere. Ich war im Rahmen einer umfassenden Prüfung von Sportverletzungen durch UK Sport an der Sammlung von Informationen über Verletzungen von Radfahrern beteiligt. Die häufigsten Verletzungsursachen waren plötzliche starke Änderungen des Trainingsvolumens oder der Bikeposition. Der Körper erleidet Schmerzen oder Verletzungen, wenn er zu viele Änderungen akzeptieren muss, ohne dass ihm eine ausreichende Zeitspanne zur Anpassung eingeräumt wird. Deshalb entwickle ich eine Position immer Schritt für Schritt. Selbst wenn eine Position grundsätzlich falsch ist – wenn jemand schon lange so fährt, braucht er Zeit, um sich anzupassen, sogar an eine viel bessere Position.

Ein namentlich nicht genannter Sportlicher Leiter senkte den Lenker eines neu unter Vertrag genommenen Radfahrers vorn um drei Zentimeter, um ihn aerodynamischer zu machen. Dieser kehrte mit Schmerzen und Muskelkrämpfen in beiden Kniebeugern von der ersten Mannschaftstrainingsfahrt zurück.

In vielen Sportarten suchen die Menschen an der Schnittstelle zwischen Biologie (Mensch) und Technik (Ausrüstung) nach Leistungssteigerungen. Für die meisten wird es zu einer sicheren, bequemen Bikeposition führen, wenn wir unsere Anpassungsfähigkeit realistisch einschätzen und die Bikeposition dies widerspiegelt.

Wenn ich auf alte Aufzeichnungen zurückblicke, insbesondere auf die Sattelhöhe des olympischen Bahnrad-Ausdauerteams der Männer, kann ich eine imposante Gemeinsamkeit herauslesen. Sie alle haben ihre Sattelhöhe in kleinen Schritten auf eine optimale Höhe nach oben entwickelt. Da dies der heilige Gral der Krafterzeugung ist, ist es ein indirektes Maß für die Anpassung, um wettbewerbsfähig zu sein.

Natürlich ist nicht jede Position für jeden erreichbar: Du musst realistisch sein. Wenn du 38 Stunden pro Woche am Schreibtisch sitzt und nur zwei zweistündige Ausfahrten am Wochenende schaffst, wird der Wettkampf um deinen Körper von Stuhl und Schreibtisch »gewonnen«. Dies wird durch jedwede Vorerkrankung übersteigert. Schmerzen oder Steifheit im unteren Rücken sind ein besonders häufiger Grund dafür, dass Menschen eine bestimmte Position nicht einnehmen können. Aber verzweifle nicht: Die besten Positionen entwickeln sich im Laufe der Zeit. Wenn ein vernünftiger Plan erstellt wird, können die meisten Menschen ihre Ziele auf einem Fahrrad mit einer Position verwirklichen, die für sie funktioniert, es muss nur nicht bedeuten, dass sie wie ein WorldTour-Profi aussehen.

Wenn jemand das Ziel hat, seine Sattelhöhe zu erhöhen, um beim Zeitfahren einen größeren Kraft-Output zu erzielen, und wir feststellen, dass die begrenzenden Faktoren unglaublich verspannte Kniebeuger und eine eingeschränkte Flexibilität der Lendenwirbelsäule sind, ignorieren wir das Problem nicht. Stattdessen erstellen wir einen Plan. Bereits Fahren in einer leicht erhöhten Sattelposition ermöglicht es den Kniebeugern, sich an eine etwas stärkere Verlängerung anzupassen. Unterstützt durch ein progressives Flexibilitätsprogramm, können sich die meisten mit der Zeit bis zu einem gewissen Grad anpassen, um ihr Ziel zu erreichen.

▶ Anpassung

Die Interaktion zwischen Mensch und Maschine

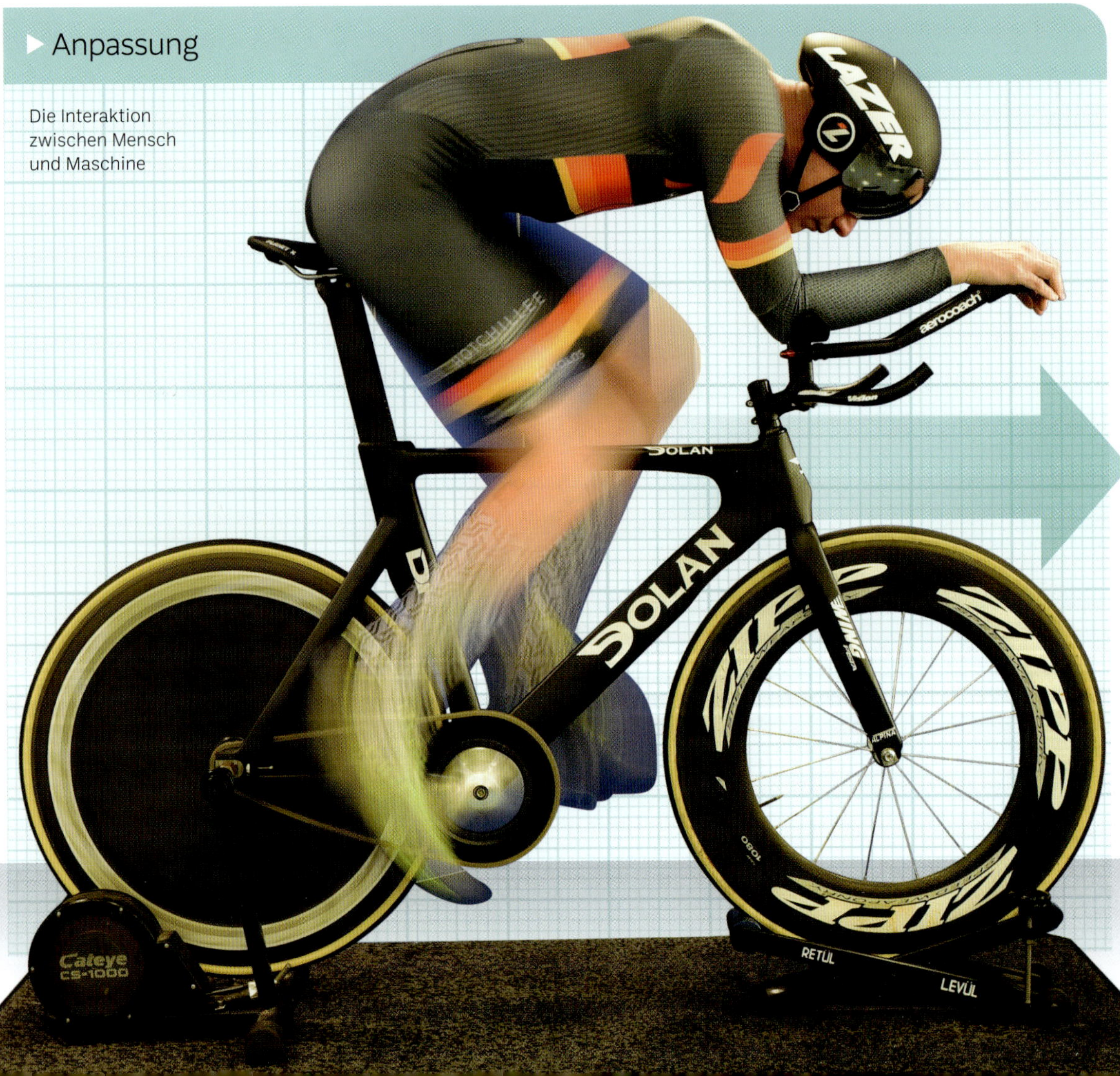

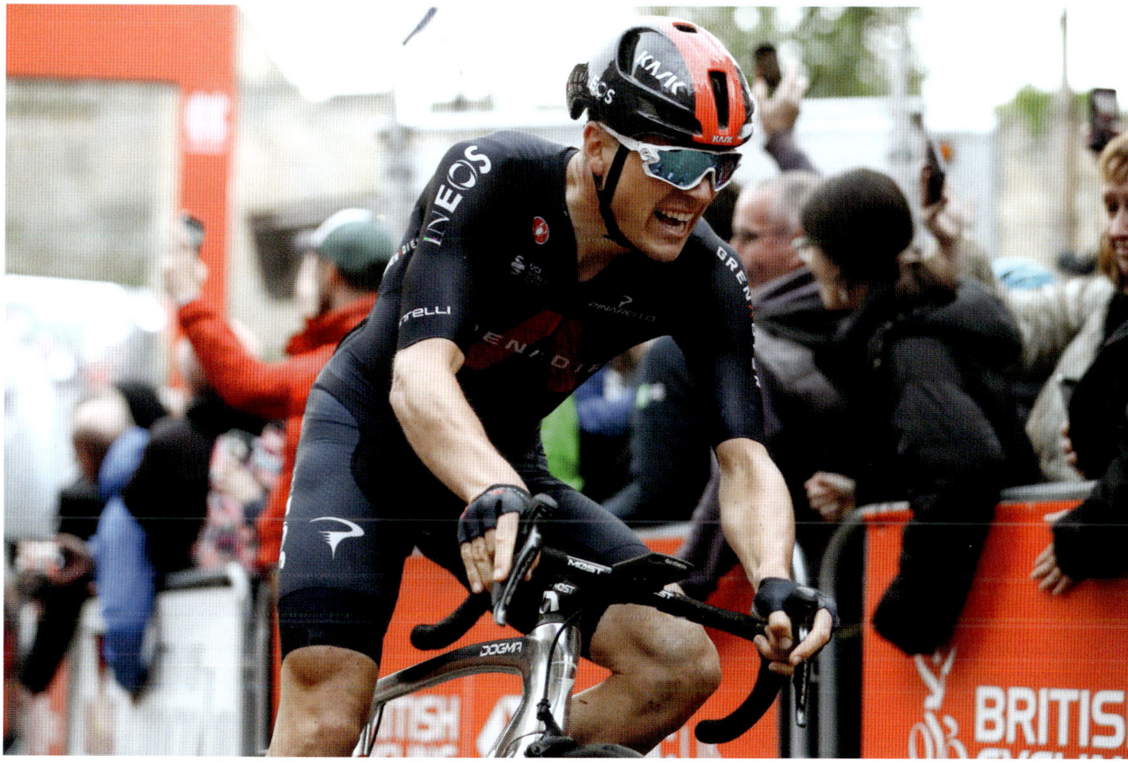

Mikro-Adjuster und Makro-Absorber

Ich werde oft gefragt, wie wichtig die Optimierung des Bikefittings ist. Meine ehrlichste Antwort lautet: »Für manche sehr. Für andere nicht so sehr.«

In meinen ersten Jahren bei Team Sky führten wir über 500 Bikefittings und Datenerfassungen durch. Dies erfolgte mit Radsportlern, die wir gut kannten und bei denen wir ständig nachfassten. Daneben sind medizinische Untersuchungen im Spitzensport üblich und liefern einen weiteren Datenstrom. Als ich all diese Daten untersuchte, bemerkte ich einen Trend. Ich benutze etwas, das ich den Ersatzfahrradindex nenne, um es zu beschreiben. Es bezieht sich darauf, wie lange eine Person eine Bikeposition, welche ihrem eigenen Set-up nicht präzise entspricht, einnehmen kann, bevor sie Schmerzen verspürt oder anhalten muss.

Anpassungsfähigkeit ist eines der wichtigsten Dinge, die uns in unserer Leistungsfähigkeit unterscheiden. Alle Sportler müssen sich an Training, Bedingungen und Taktiken anpassen. Aber warum tun das nicht alle in gleichem Maße? Mir fiel auf: Die Menschen, die ihre Position fein anpassten oder sehr empfindlich auf Änderungen reagierten, schnitten allgemein als schwache Adaptoren ab und hatten laut medizinischen Untersuchungen ein erhöhtes Verletzungsrisiko. Die Menschen, die ihre Position nie anpassten oder weniger empfindlich auf Änderungen reagierten, schnitten als starke Adaptoren ab und hatten ein geringeres Verletzungsrisiko. Ich habe diese Menschen Makro-Absorber genannt. Sie konnten große Änderungen problemlos verkraften oder sich daran anpassen. Für Mikro-Adjuster ist die Bikeposition sehr wichtig und für Makro-Absorber eher weniger.

Die Annalen des Radsports verzeichnen viele Fahrer, die an ihrer Position herumfummelten: Der berühmteste war Eddy Merckx, der ständig seinen Sattel auf und ab stellte und während seiner Rennen einen Inbusschlüssel in der Tasche hatte. Mit anderen Worten: Er nahm feine Einstellungen vor. Viele Radsportprofis tun dies, um die Oberschenkelmuskeln zu entlasten, bevor sie in die Position zurückkehren, wenn sie sich erholt haben. Aber bei anderen ist es eher ein Zucken, nach dem eigentlich unerreichbaren Optimum zu suchen. Das Fummeln wirkt wie eine psychologische Krücke: Wenn ich es perfekt hinbekomme, passt alles andere an seinen Platz.

Wenn jemand etwas an der Welt ändert, mit der er zu arbeiten versucht, sei es die Schreibtischeinstellung im Büro oder das Set-up seines Fahrrads, wird ein Mikro-Adjuster es sofort merken. Der WorldTour-Profi und Bahnweltmeister Ben Swift ist ein solcher Radfahrer. Ben wird schwören, dass seine Sattelhöhe falsch ist, wenn er einfach einen neuen Sattel hat, der sich nicht ganz so stark abflacht wie der alte. Bens Ersatzfahrradindex beträgt 6 Minuten und 32 Sekunden. Wenn Bens Kapitän also einen Sturz hätte und Ben ihm sein Fahrrad leihen würde und das Ersatzfahrrad eines anderen fahren müsste, würde er so lange durchhalten, ehe er Schmerzen und Funktionsstörungen spürt. Der Tour-de-France-Sieger Geraint Thomas schluckt Trainingsstress wie kein anderer und ist eine halbe Etappe der Tour de France auf einem fremden Fahrrad gefahren, ohne es zu merken. Sein Ersatzfahrradindex liegt bei mehr als drei Stunden.

Ich kenne Ben und Geraint sehr gut. Die Zeit, die Ben abseits des Fahrrads für Pre- und Rehabilitation verbringt, ist wirklich erstaunlich, während »G« wenig oder gar keine Zeit mit solchen Dingen verbringt. Die beiden folgenden Formen helfen zu erklären, warum das so ist. Bens Dreieck, steilwandig, hat eine sehr schmal zulaufende Spitze. Dies stellt sein absolutes Leistungsmaximum dar. Der Ball, der oben auf der Spitze balanciert, ist Bens Radfahrleistung. Die Energie, die erforderlich ist, um den Ball am Runterrollen zu hindern, ist erheblich, da eine leichte Bewegung dazu führt, dass der Ball zu einer Seite nach unten rollt, was entweder die Leistung oder die Verletzungsvermeidung beeinträchtigt.

Die Anpassungsfähigkeit von G wird durch ein Trapez mit breiter, flacher Oberseite dargestellt, und der Ball kann weit rollen, bevor sich seine Leistung oder sein Verletzungsstatus ändern. Eine suboptimale Bikeposition ist für ihn nicht so bedeutend wie für Ben.

Wenn du einige der Eigenschaften eines Mikro-Adjusters in dir erkennst, solltest du auf deine Interaktion mit dem Fahrrad achten. Es kann gut manche deiner Probleme erklären. Es ist jedoch nicht nötig, neurotisch zu sein und dem Eddy-Merckx-Syndrom zum Opfer zu fallen.

Geraint Thomas ist ein Makro-Absorber.

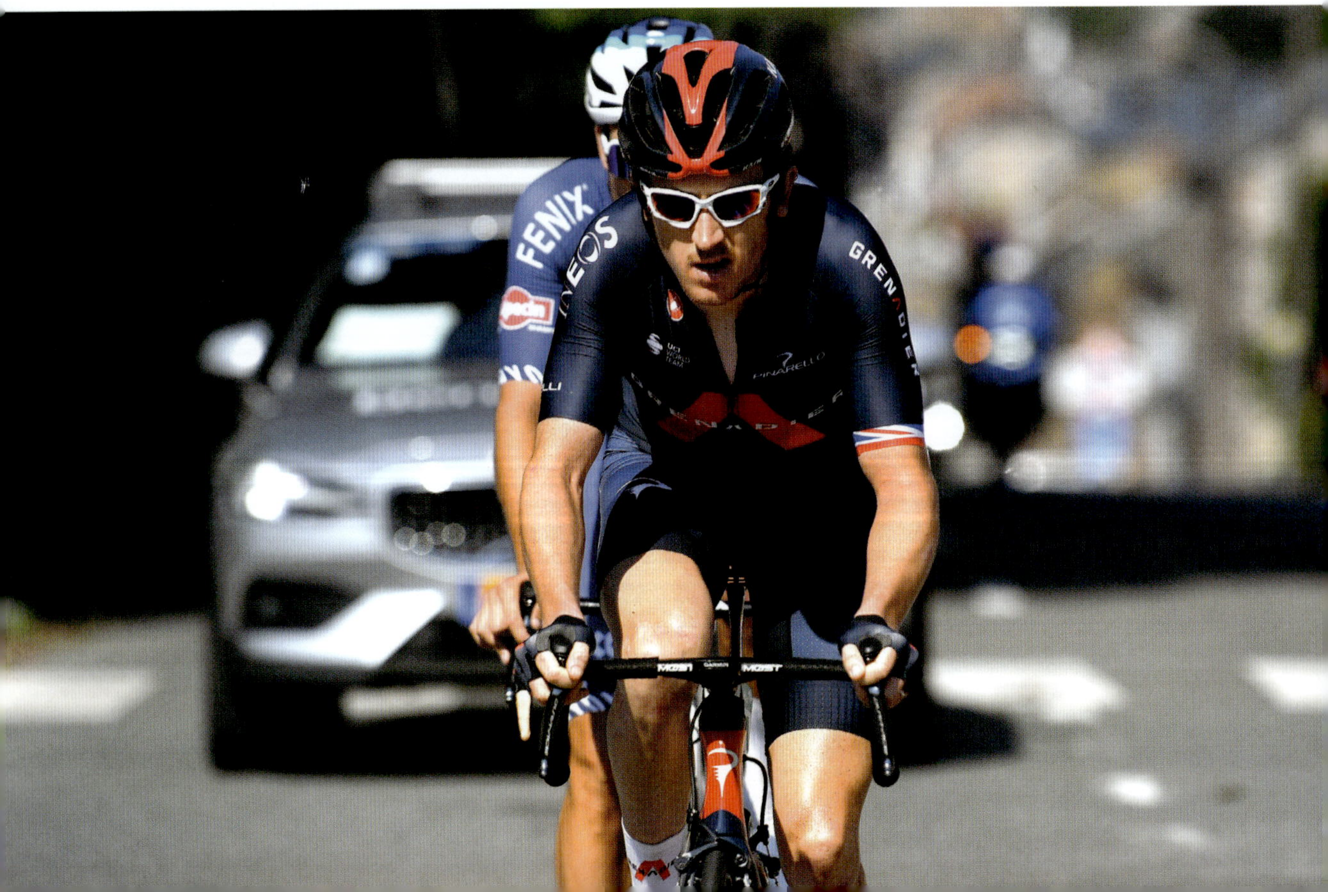

Der Unterschied zwischen Mikro-Adjustern und Makro-Absorbern

PHYSIO-SCORE ROBUSTHEIT VERSUS SCREENING DER FUNKTIONALEN BEWEGUNGSFÄHIGKEIT

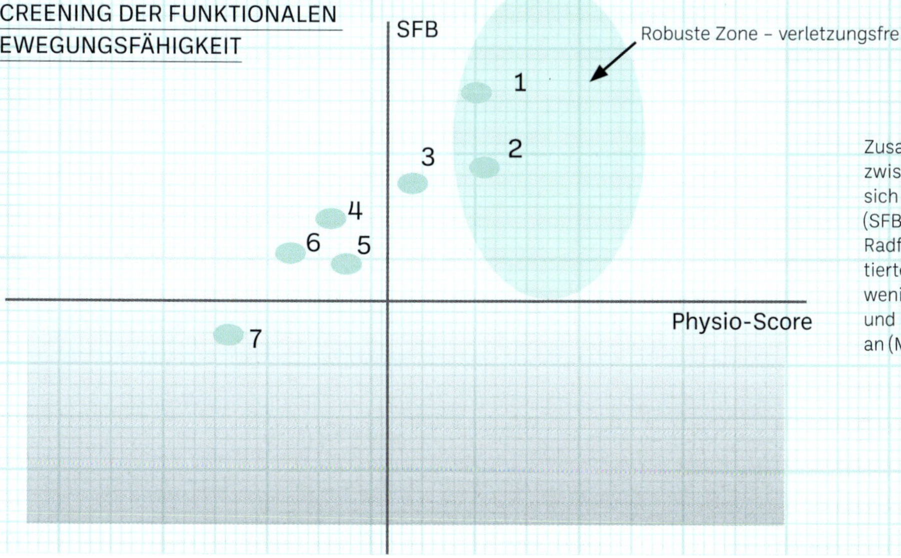

Zusammenhang zwischen der Fähigkeit, sich gut zu bewegen, (SFB) und Robusheit. Radfahrer im schattierten Bereich erleiden weniger Verletzungen und passen sich besser an (Makro-Absorber).

Formen der Anpassungsfähigkeit

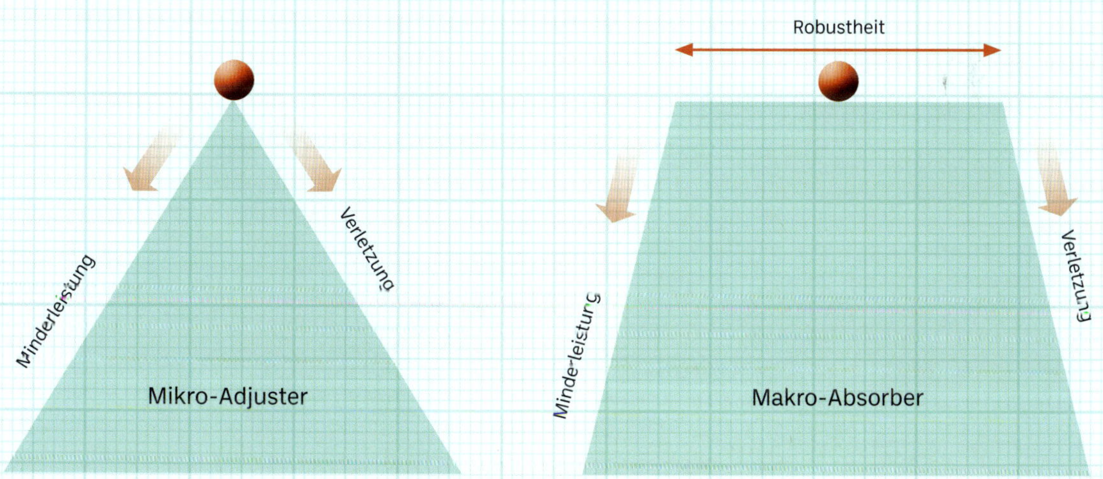

MIKRO-ADJUSTER VERSUS MAKRO-ABSORBER

Beachte die schmale Spitze bei der Höchstleistung eines Mikro-Adjusters. Es erfordert sehr wenig Energie, um den Ball von der Spitze zu bewegen – wie im wirklichen Leben sind nur kleine Änderungen erforderlich, um Verletzungen oder eine Minderleistung zu verursachen. Vergleiche das mit dem Plateau von Makro-Absorbern und ihrer Fähigkeit, mit Änderungen zurechtzukommen.

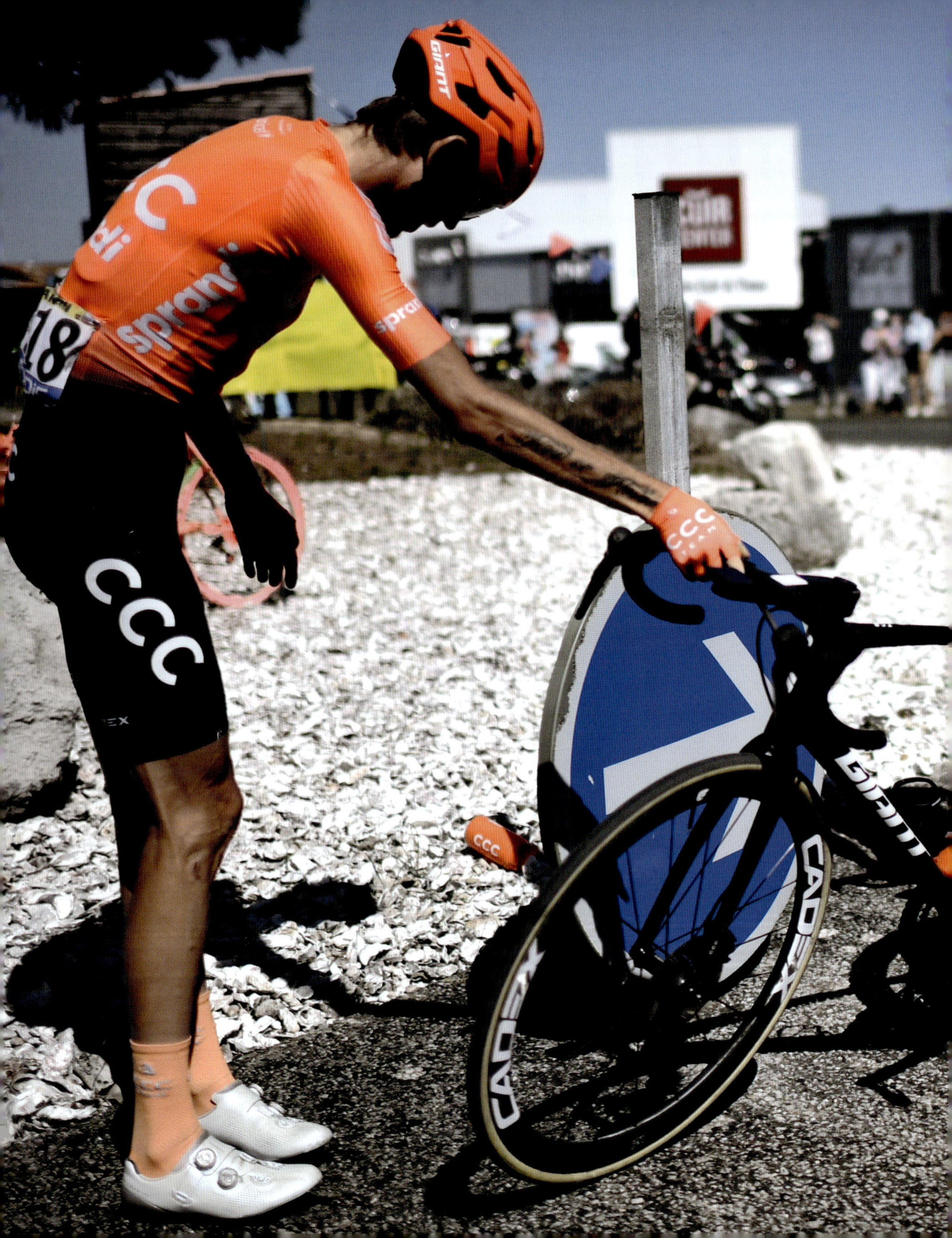
CCC
GIANT
CADEX

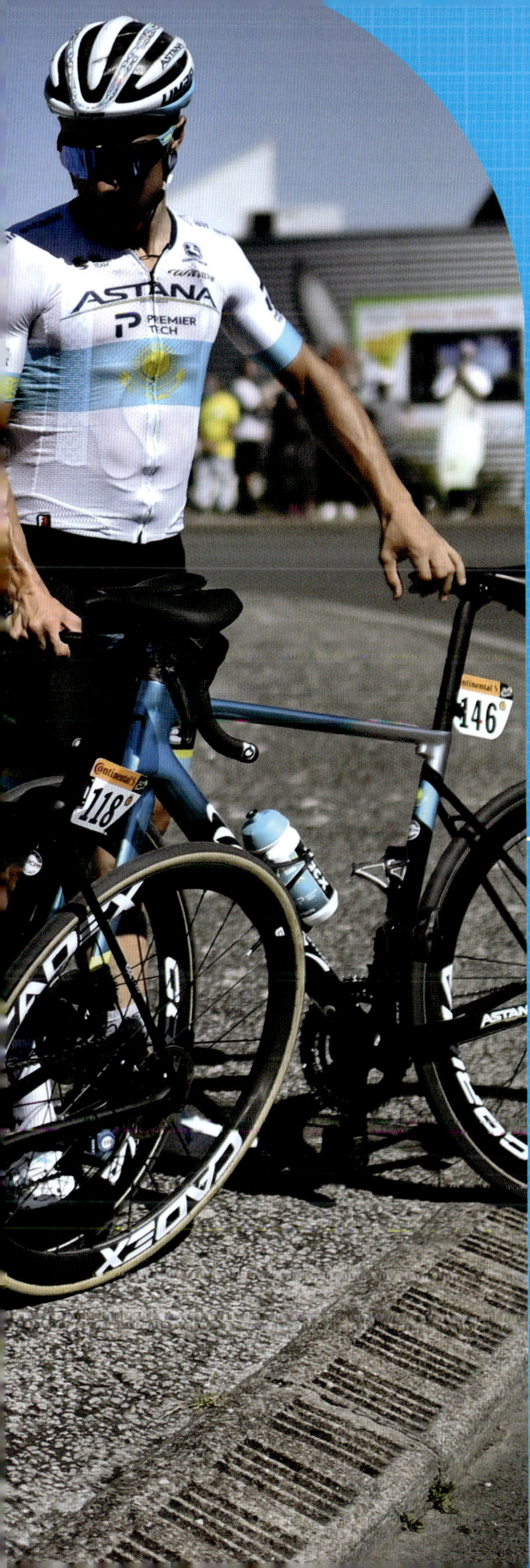

05 Wenn Probleme auftreten

Wenn Probleme auftreten

Es gibt einen deutlichen Mangel an verletzungsbezogener Forschung im Radsport aufgrund fehlender Ursache-Wirkungs-Forschung bei Verletzungen, weil es unethisch ist, jemanden bewusst zu verletzen.

Erschwerend kommt hinzu, dass Elite- und Freizeitradfahrer unter unterschiedlichen Beschwerden leiden. Eine Studie von Clareson et al. (2010), ein Fragebogen an 116 Radsportprofis, zeigte einen ähnlichen Trend wie der von mir durchgeführte Audit: Radfahrer verletzten sich hauptsächlich an den Knien, am unteren Rücken und am Nacken, in dieser Reihenfolge. In der Gruppe der Ausdauerradfahrer hielten diese Verletzungen einen Profi selten von der Teilnahme an einem Rennen oder dem Training ab. Sie erforderten jedoch viel medizinische Fürsorge, und durch deren Überwachung haben andere Studien das Ausmaß identifiziert, in dem das Ausdauerradfahren den Körper belastet.

Fuß-/Sprunggelenk

Die Bedeutung eines gut sitzenden Schuhs darf nicht unterschätzt werden. Die falschen Schuhe wirken sich negativ auf deinen Komfort, deine Kniegesundheit und deine Krafterzeugung aus. Man generiert unterhalb des Knies keine Kraft, aber man kann viel verlieren. Aus diesem Grund ist es empfehlenswert, Schuhe in einem Geschäft anzuprobieren, statt online zu kaufen. Du kannst auch Einlagen oder Unterlegscheiben benötigen, was bei der Anpassung und Auswahl der Schuhe zu beachten ist. Füße unterscheiden sich nicht nur in der Länge, sondern auch in der Form. Dein Schuh sollte zu beidem passen.

Unterschiedliche Fußformen

MAXIMALES VERSUS SUBMAXIMALES RADFAHREN: EINE WICHTIGE DEFINITION

Wenn über Radfahren gesprochen wird, beziehen sich die meisten auf submaximales Radfahren, welches sich auf einen Kraft-Output und eine Fahrgeschwindigkeit bezieht, die über einen längeren Zeitraum aufrechterhalten werden können. Maximales Radfahren bezieht sich auf eine uneingeschränkte Anstrengung ohne Pacing. Die Definition ist wichtig, da für beide nicht diesselben Bedingungen gelten. Zum Beispiel ist die relative Bedeutung und Rolle der Hüftbeuger beim submaximalen Radfahren vernachlässigbar, aber beim maximalen Radfahren ist sie entscheidend.

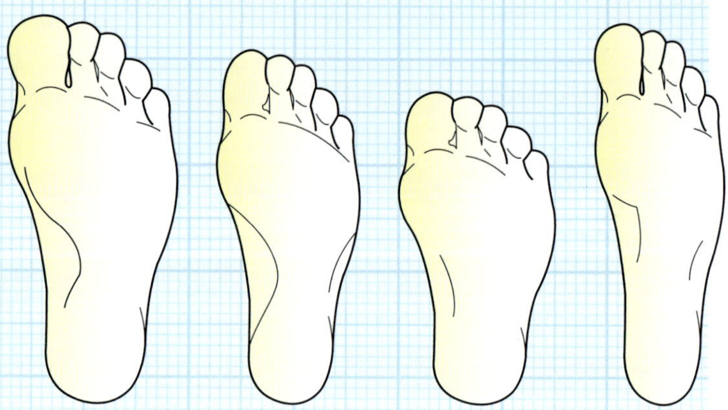

Füße unterscheiden sich nicht nur in der Länge oder »Schuhgröße«, sondern auch in der Form. Deswegen muss dein Schuh zu beidem passen.

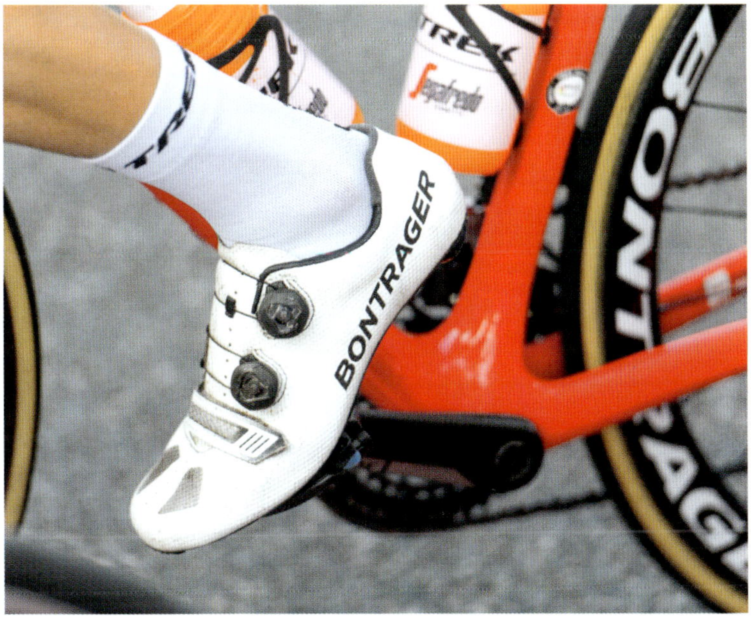

Unsere Füße und Sprunggelenke sind dafür verantwortlich, die in unseren Beinen erzeugte Kraft auf die Pedale zu übertragen. Im Gegensatz zum Laufen gibt es keinen Fersen- oder Zehenabstoß und daher auch keinen »Gangzyklus«. Radfahrer erleiden selten die Vielzahl von Schmerzen und Verletzungen, die mit Laufsportarten in Verbindung stehen, hauptsächlich weil die Kräfte fehlen, die beim wiederholten Aufsetzen den Fuß mit einem Vielfachen des Körpergewichts belasten. Es können und werden jedoch andere, weniger schwerwiegende Probleme auftreten.

Der »Hot Foot«

Taubheitsgefühl und Kribbeln sind Beschwerden, die häufig auftreten. Die Hauptursache für diese Probleme sind deine Schuhe. Während du Rad fährst, neigen deine Füße dazu, leicht anzuschwellen. Je länger du fährst, desto mehr schwellen sie an. Wenn dein Radschuh zu klein oder zu fest zugeschnürt ist, kann sich der Fuß nicht ausdehnen. Dadurch werden die Nerven und Blutgefäße gequetscht, was zu einem vorübergehenden Taubheitsgefühl und Kribbeln führt, als wäre dein Fuß »eingeschlafen«.

Wenn du unter »Hot Foot« leidest, überprüfe deine Radschuhgröße. Stehst du in den offenen Schuhen, sollte es bequem sein, ohne Druck auf die Zehen. Wenn die Schuhe geschlossen sind, sollten sie sich immer

▶ Unterschiedliche Schuhformen

Beachte bei diesen Schuhen verschiedener Hersteller die feinen Unterschiede bei der Größe des Zehenraums, der Höhe und der Passform der Fersenschale sowie dem Ferse-zu-Zehen-Abfall.

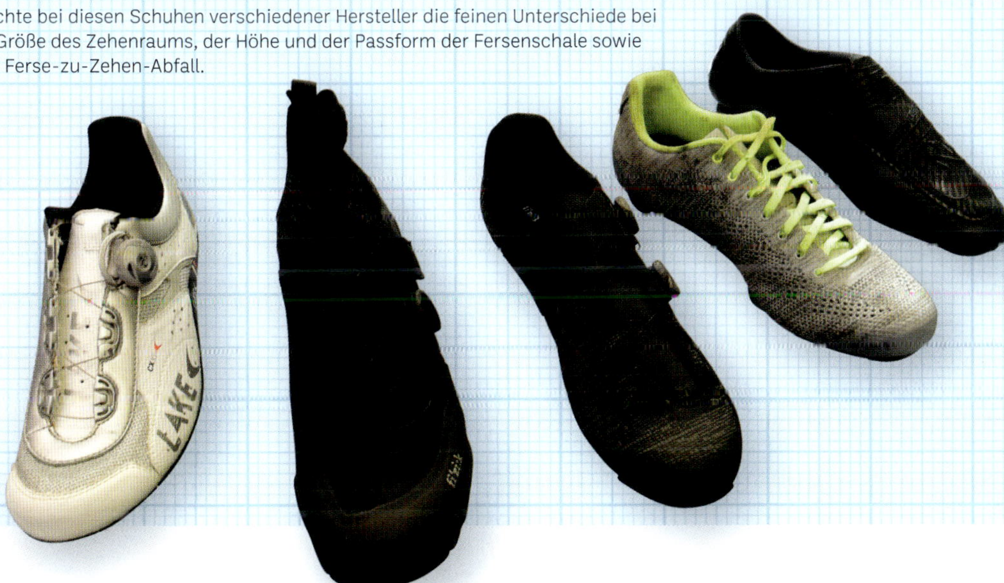

Vergleich von Zehenräumen

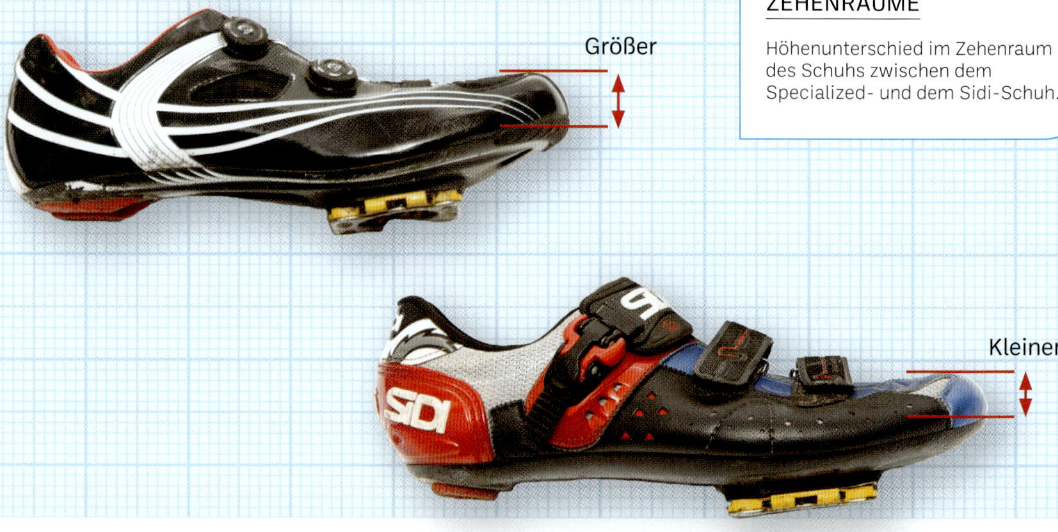

ZEHENRÄUME

Höhenunterschied im Zehenraum des Schuhs zwischen dem Specialized- und dem Sidi-Schuh.

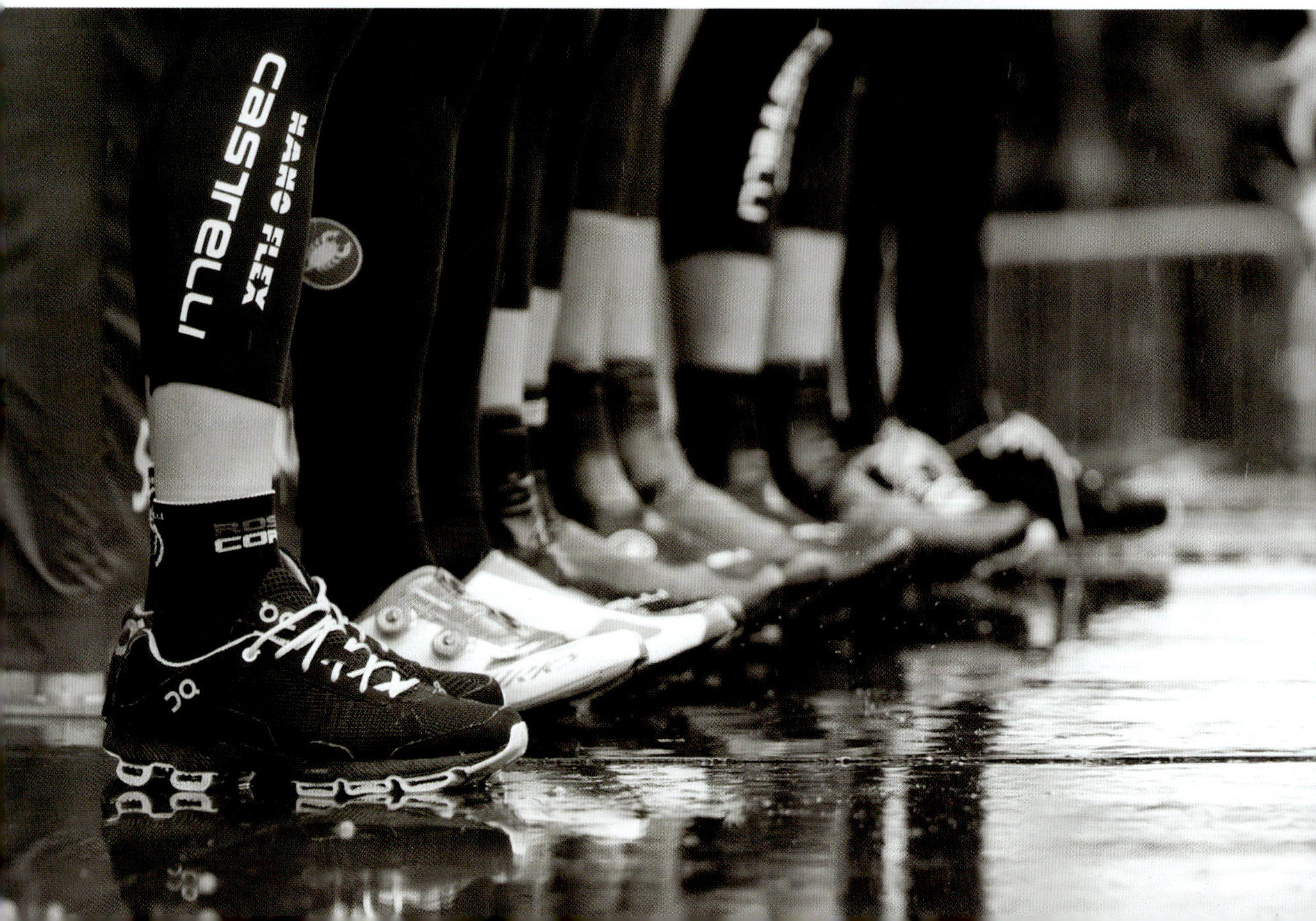

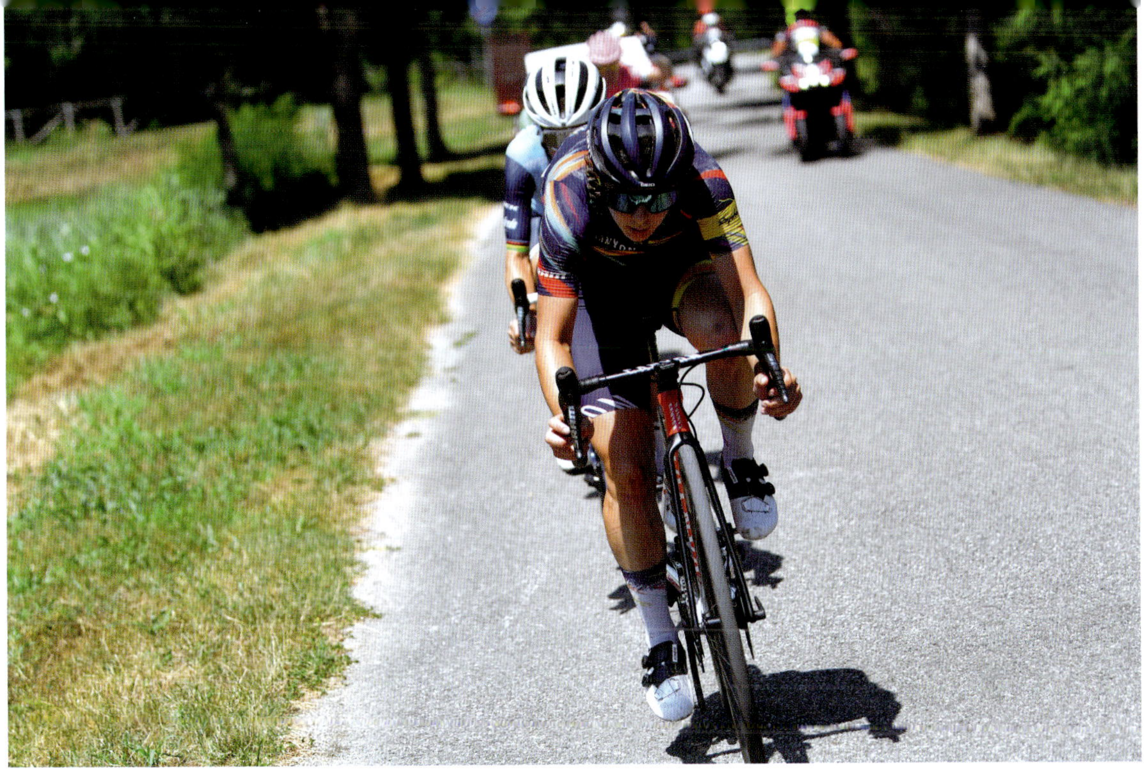

noch bequem anfühlen, aber wenn du deine Ferse anhebst, sollte die Füße fest im Schuh bleiben.

Probiere verschiedene Arten und Möglichkeiten der Befestigung aus. Jeder Fuß hat eine andere Form, auch wenn er die gleiche Größe hat. Daher benötigt ein Mensch eventuell mehr Spannung oder Befestigung um den unteren Teil des Fußes im Vergleich zum oberen Ende und umgekehrt. Experimentiere mit deiner Befestigung, auch wenn deine Schuhgröße korrekt ist. Manchmal ist nicht die Größe das Problem, sondern die Form. Logisch, dass unterschiedlich geformte Füße in unterschiedlich geformten Schuhen besser Platz finden können. Die Fotos zeigen, wie unterschiedlich Schuhe geformt sind.

Seltener können Taubheit und Kribbeln durch übermäßige Belastung oder Kompression des Nervensys-

Hohes Fußgewölbe und flaches Fußgewölbe

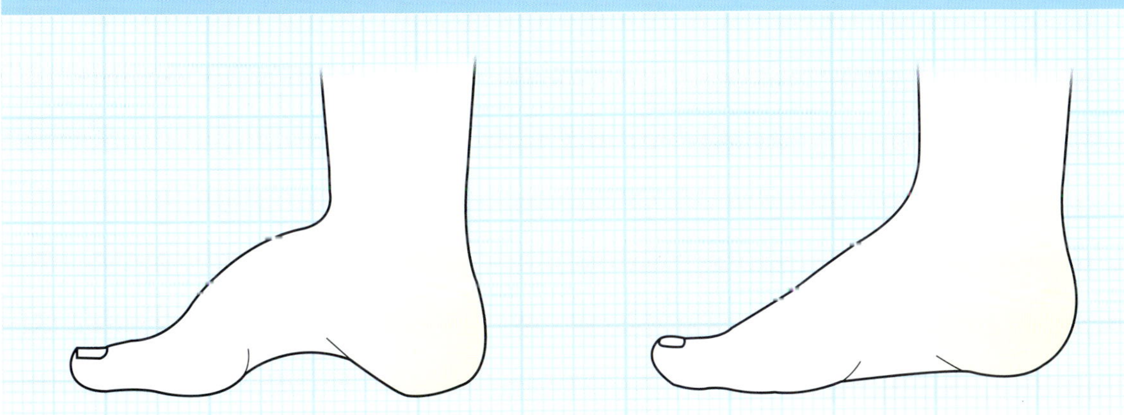

tems verursacht werden. Am häufigsten tritt dies bei Radfahrern auf, deren Sattelhöhe zu hoch ist und das Bein dazu zwingt, sich am Knie zu überstrecken – dies kann ein verspanntes Nervensystem strapazieren und die beschriebenen Symptome hervorrufen. Meist treten auch Schmerzen im hinteren Oberschenkel auf.

Krämpfe

Wenn du Krämpfe jeglicher Art verspürst, überprüfe immer deine Flüssigkeitszufuhr, da dies in den meisten Fällen die Hauptursache ist. Allerdings können fußspezifische Verkrampfungen beim Radfahren auch durch falsche Schuhgrößen verursacht werden. Sind die Schuhe zu klein, können sich die Fußmuskeln nicht verlängern. Sind sie zu groß, neigen die Zehen dazu, sich ständig einzurollen und im Schuh nach Stabilität zu suchen.

Schmerzen im Fußgewölbe hängen oft mit der individuellen Fußhaltung zusammen. Manche Menschen haben ein hohes Fußgewölbe, während andere sehr plattfüßig sind. Letztere neigen zur Überpronation (Abflachung des Fußgewölbes), und das kann Probleme verursachen, wenn der Fuß nicht durch die Form der Innenseite des Schuhs oder eine Einlegesohle unterstützt wird. Einige Radschuhe werden mit einer Reihe von Einlegesohlen oder Orthesen geliefert, die Abhilfe schaffen können. Es ist empfehlenswert, den Rat eines Podologen einzuholen, wenn das Problem nicht leicht zu lösen ist.

Schmerzen am Außenrist

Ein zu enger Schuh verursacht oft Schmerzen um das fünfte Mittelfußköpfchen herum. Ich habe eine Zunahme von Radfahrern gesehen, die dies im Zuge des Aufkommens von Carbonschuhen erlebt haben, bei denen sich die Carbonsohle um den Außenrist wickelt. Carbon als Material ist so unversöhnlich, die Passform muss genau richtig sein, um Probleme zu vermeiden.

Ein weiterer Grund für Schmerzen am Außenrist ist das, was manche als »Waterfalling« bezeichnen. Hierbei fällt der Fuß im Schuh über die Außenseite des Pedals, da der Cleat zu weit innen am Schuh positioniert ist und zu viel ungestützter Druck auf die Außenseite des Schuhs ausgeübt wird. Das tritt normalerweise bei schweren oder kraftvollen Radfahrern auf – im Laufe der Zeit geht das Schuhmaterial kaputt und wird weich, wodurch Waterfal-

▶ Schrittbreitenkorrektur bei Waterfalling

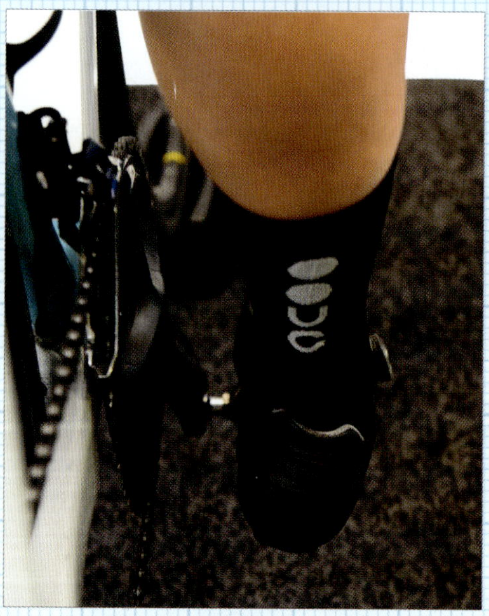

Schlecht

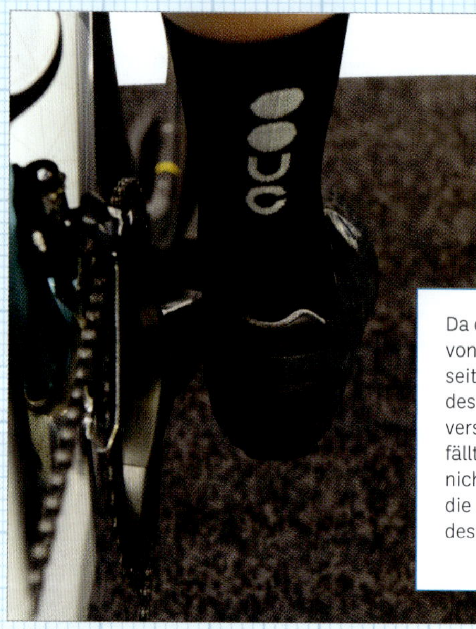

Gut

Da der Cleat von der Innenseite zur Mitte des Schuhs versetzt wurde, fällt der Fuß nicht mehr über die Außenkante des Schuhs.

▶ Carbonlippe am Außenrist

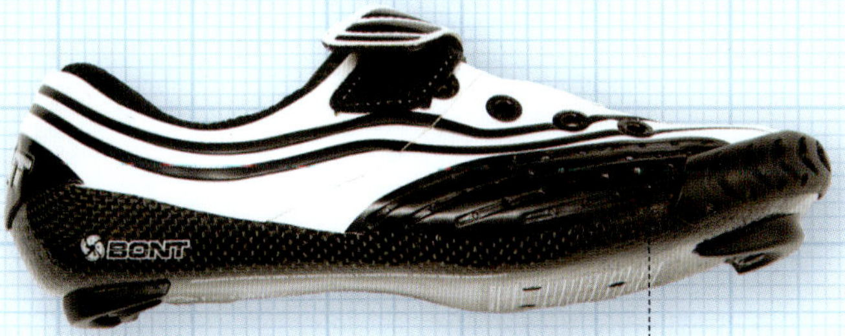

Die Carbonlippe engt das 5. Mittelfußköpfchen ein.

ling auftreten kann. Um das Problem zu lösen, muss der Grund für das Set-up mit nach innen gerichteten Cleats angegangen werden. Dies kann bei Radfahrern passieren, die versuchen, den Fuß vom Kurbelarm wegzubewegen, weil sie Probleme mit ihrer Schrittbreite haben – Radfahrer mit Entenfüßen, die die hinteren Kettenstreben treffen, wenn sich ihre Fersen einwärtsdrehen, Pedalsysteme mit kleinen Q-Faktoren, das heißt kurzen Pedalachsen, oder Radfahrer mit breiterem Becken. Waterfalling lässt sich oft leicht beheben, indem die Schrittbreite des Radfahrers (siehe Seite 74 und 75) durch die Verwendung längerer Pedalachsen oder Spacers vergrößert wird.

Ferse und Achillessehne

Schmerzen an der Ferse oder der Achillessehne können für Radfahrer sehr problematisch sein. Schuhwerk, Tritttechnik und Sattelhöhe sind die Hauptursachen.

Wie ein Schuh die Ferse umschließt, ist sehr unterschiedlich. Ist er zu hoch, kann er an der Achillessehne reiben und Schmerzen verursachen, wenn sich die Ferse aus dem Schuh hebt. Ist er zu niedrig, wird er am Fersenbein reiben. Manche Hersteller fügen der Fersenschale richtungsbeschränkendes Material hinzu, um das Abheben zu stoppen.

▶ Wie ein Schuh die Ferse umschließt

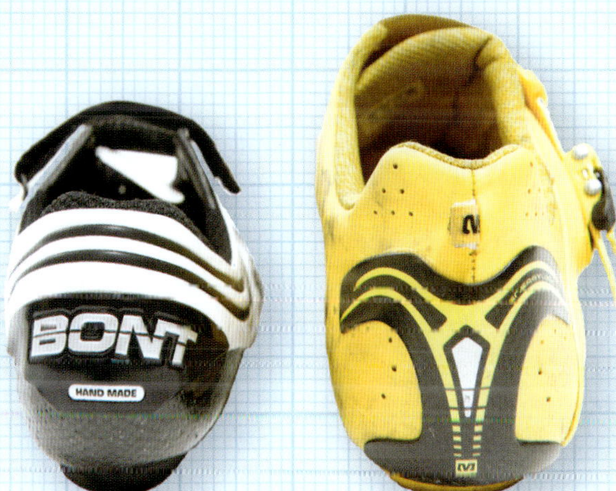

Beachte den Unterschied der Fersenschalen. Das Material des Mavic-Schuhs rechts ist deutlich höher und wird schmaler als beim Bont-Schuh links. Radfahrer mit empfindlichen Achillessehnen bevorzugen eventuell weniger Kontakt mit ihrer Ferse.

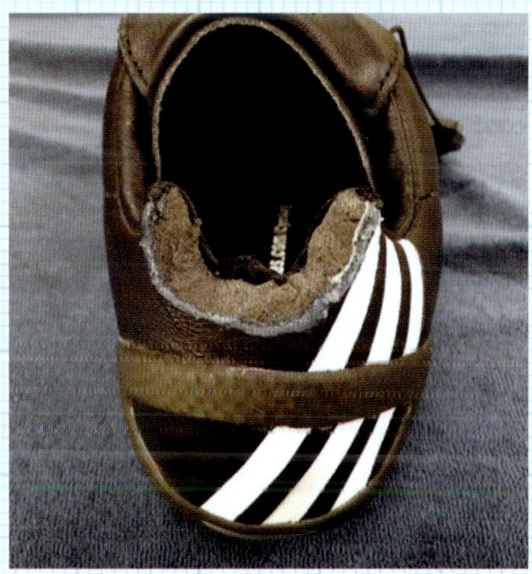

Viele Profis werden von Schuhherstellern gesponsert. Das kann ziemlich lukrativ sein, aber manchmal passen die Schuhe dem Radfahrer nicht. Hier die Lösung eines Fahrers für eine problematische Fersenschale, die er laut Vertrag tragen sollte!

Pedalieren mit Ferse nach unten

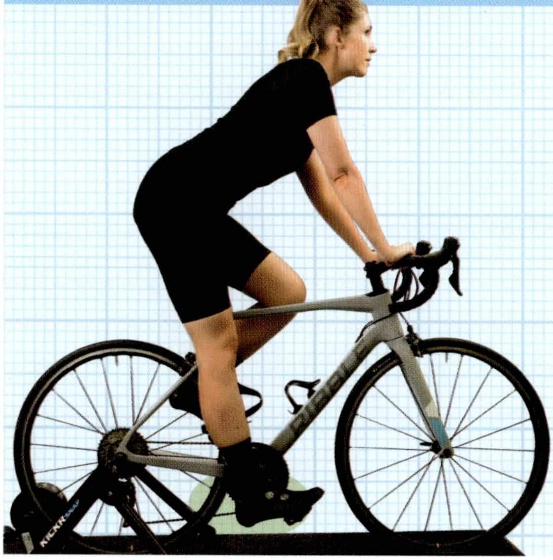

Bei einer Tritttechnik mit der Ferse nach unten ist das Knie am UT gestreckt und der Fuß dorsalflektiert (Ferse ist unten).

Ferse-zu-Zehen-Abfall

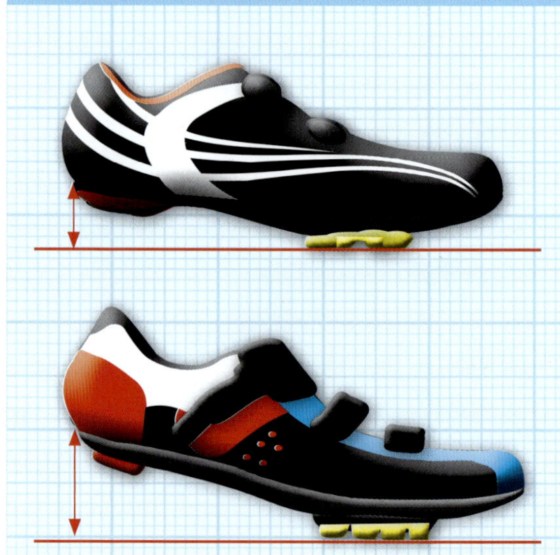

Ein Schuh mit geringerem Ferse-zu-Zehen-Abfall resultiert in einer niedrigeren Fersenposition.

Welche Effekte die Sattelhöhe hat

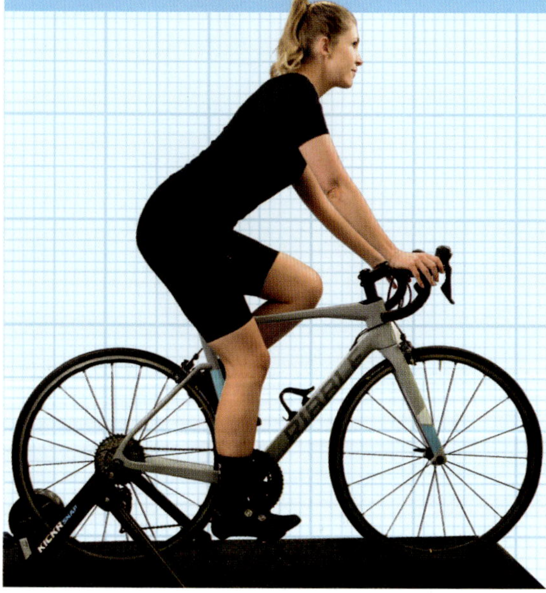

ZU NIEDRIGER SATTEL – FERSE NACH UNTEN

Die Radfahrerin kompensiert die niedrige Sattelhöhe, indem sie den Fuß stärker dorsalflektiert und so einen guten Kniewinkel bewahrt.

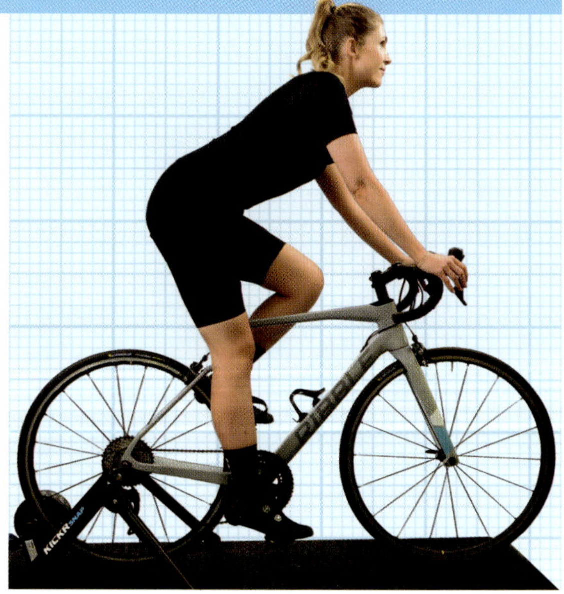

ZU HOHER SATTEL – ÜBERMÄSSIGER REACH

Der Körper versucht, den hohen Sattel am Fußgelenk statt am Knie zu kompensieren, indem er den Fuß plantarflexiert (Zehen nach unten).

Dein Schuhwerk sollte auch zu deiner Tritttechnik passen. Wenn du mit den Fersen nach unten pedalierst, führt ein Wechsel zu einem Schuh, der weniger Ferse-zu-Zehen-Abfall hat, zu einer noch niedrigeren Fersenposition am unteren Totpunkt.

Fersen- und Achillessehnenschmerzen können auch durch einen falsch eingestellten Sattel verursacht werden. Ein zu niedriger Sattel kann dem Radfahrer eine Tritttechnik mit sehr nach unten gerichteten Fersen aufzwingen, während ein hoher Sattel dazu führt, dass der Radfahrer den Fuß ständig zu weit streckt.

Länger andauerndes Bergfahren kann Beschwerden an der Achillessehne verursachen. Bei langen Anstiegen neigen wir dazu, eine Tritttechnik mit nach hinten verschobener Sitzposition, durchgestreckten Beinen und nach unten gerichteten Fersen anzuwenden, um Energie zu sparen, was die Achillessehne stärker belastet. Das britische Olympia-Radsprint-Team erlebte diese Probleme, als es sich beim jährlichen Ausdauertrainingscamp auf längere und hügeligere Fahrten als gewohnt einließ.

Beschwerden können auch nach der Behandlung der ursprünglichen Ursache bestehen bleiben. Eine einfache Lösung kann sein, die Cleats nach hinten zu bewegen. Dadurch wird die Belastung der Sehne reduziert, indem der Hebelarm des Fußes zum Pedal verkürzt wird.

Fuß/Cleat-Verkantung

Als einer der wichtigsten Kontaktpunkte zwischen Fahrrad und Mensch sind die Fuß/Pedal-Schnittstelle und ihr Set-up sehr wichtig. Die sich ständig wiederholenden Bewegungen beim Radfahren bedeuten, dass man bei

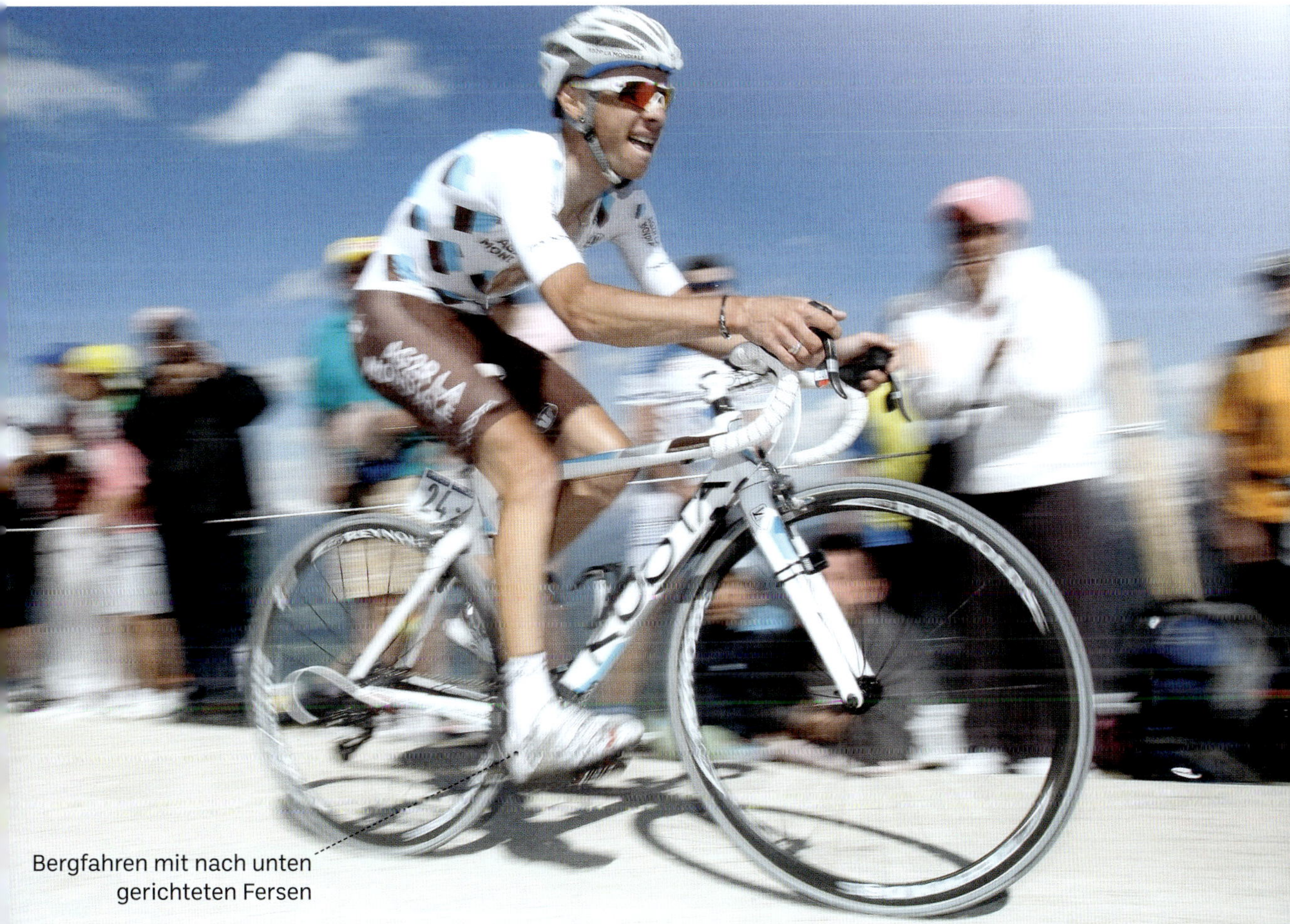

Bergfahren mit nach unten gerichteten Fersen

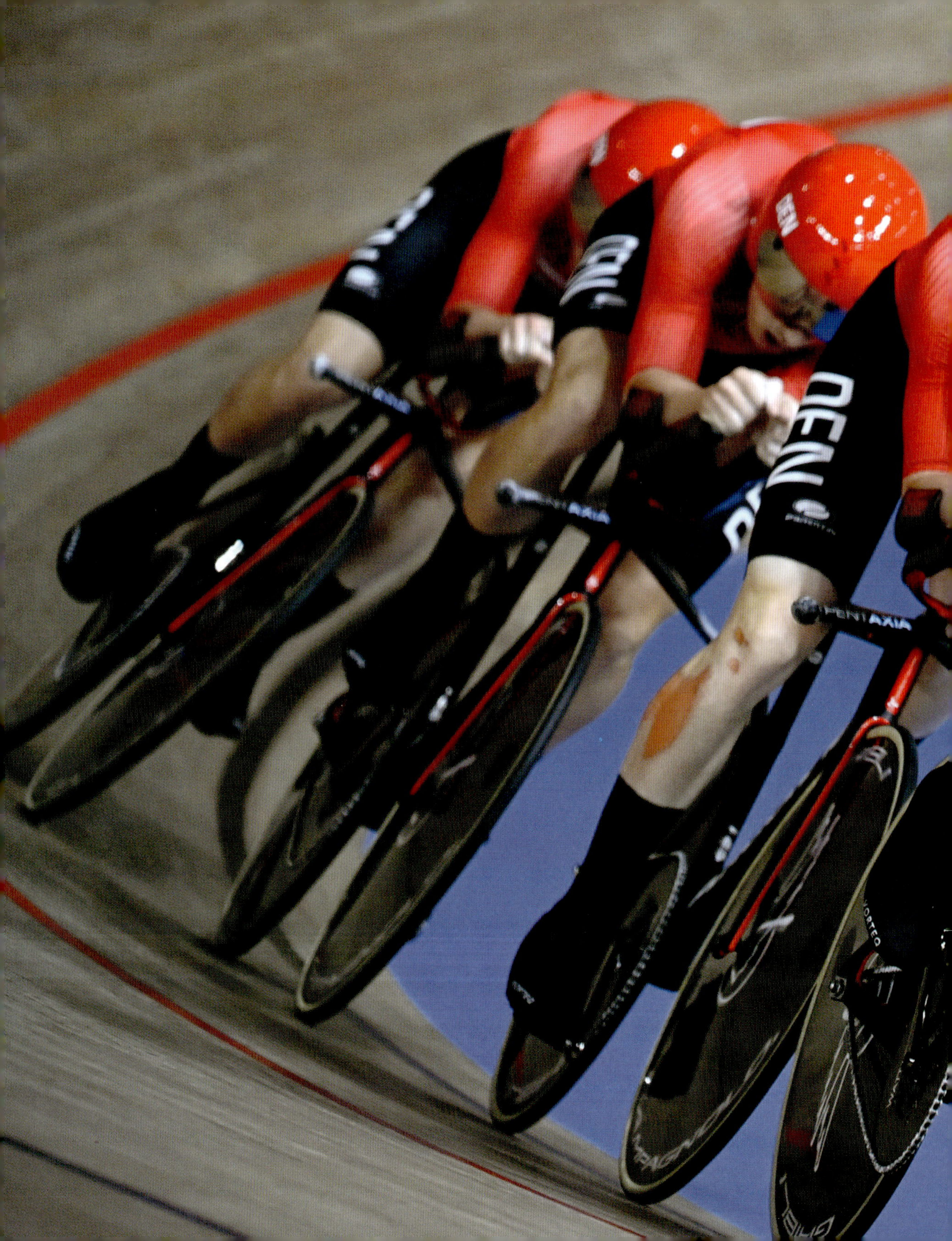
DEN
PENTAXIA

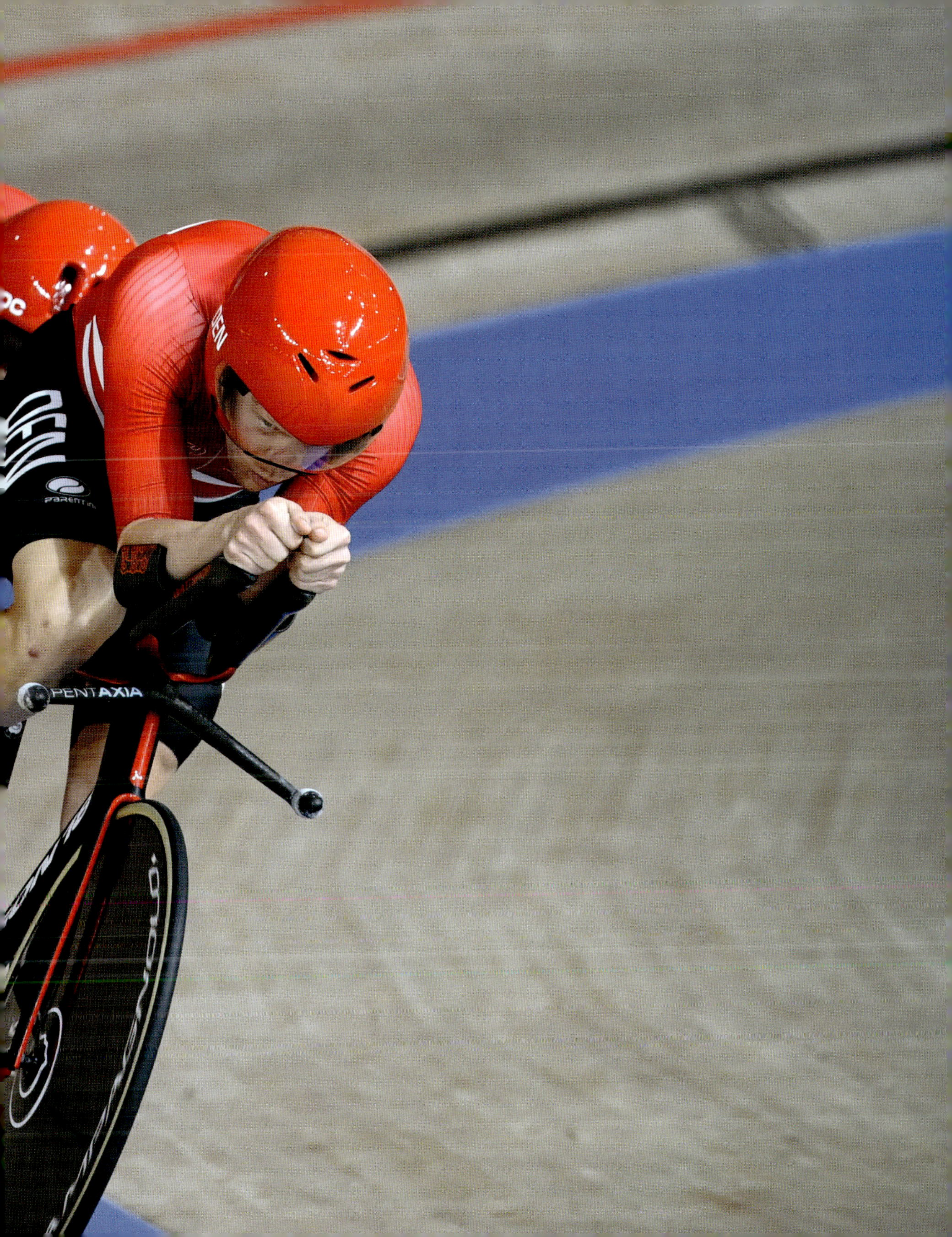
DEN
PENTAXIA

unpassendem Set-up, etwa wegen einer abnormalen Biomechanik des Fußes, für Überbeanspruchungsverletzungen an Sprunggelenk, Knie oder Hüfte – der kinetischen Kette – anfällig ist. Diese Kette wird von den am Fuß erzeugten Kräften beeinflusst. Die Bewertung und Verschreibung von korrigierenden Eingriffen in die kinetische Kette ist jedoch aufgrund ihrer medizinischen Natur umstritten und kann bei schlechter Durchführung potenziell Schaden anrichten.

BIOMECHANIK DES FUSSES

Der Fuß ist mit Abstand die erstaunlichste Struktur im Körper. Beim Gehen wechselt sie innerhalb von Millisekunden zwischen einer geschmeidigen Struktur, die sich jeder Oberfläche anpassen kann, und einem steifen Hebel, der uns vorwärtstreibt. Zwischen diesen beiden Funktionen durchläuft der Fuß einen Pronations- und Supinationsmechanismus, also eine Innen- und Außenrotation.

Der Podologe von British Cycling und ich entwickelten eine einfache Methode, um einen abnormalen Fuß zu betrachten, um zusammen Probleme lösen zu können. »Abnormal« bedeutet allgemein alles, was entweder zu steif oder zu beweglich ist. Wenn er ein Gewicht trägt, proniert der normale Fuß in bescheidenem Umfang, das heißt, er dreht sich einwärts. Ein übermäßig beweglicher Fuß proniert zu stark und macht sich mit einem flachen Fußgewölbe bemerkbar. Ein übermäßig steifer Fuß proniert bei Belastung überhaupt nicht und behält ein sichtbar hohes oder supiniertes Fußgewölbe bei. Beim Radfahren muss der Fuß allerdings nur als steifer Hebel wirken, die Ferse wird nicht aufgesetzt, sondern nur die Zehen. Dadurch lässt sich der radfahrende Fuß etwas leichter stützen, da er nicht die widersprüchlichen Anforderungen des Gehens ausbalancieren muss.

Es gibt zwei grundlegende Eingriffe, um die Füße beim Radfahren zu korrigieren – interne Orthesen oder externe Unterlegscheiben. Interne Orthesen sind geformte Einlegesohlen und können von der Stange oder nach Maß sein. Externe Unterlegscheiben funktionieren, indem sie zwischen den Cleat und den Schuh platziert werden, um den gesamten Schuh entweder nach innen (Valgus) oder nach außen (Varus) zu »kippen«. Der Unterlegscheiben-Boom ging davon aus, die Fußmechanik beim Radsport am Vorfuß zu korrigieren und somit seine

▸ Fußbeschwerden

QUELLE	URSACHE	LÖSUNG
Fußschmerzen/ Taubheit	Radschuhe zu eng	Schnallen lockern – Füße schwellen beim Radfahren an
		Schuhgröße ändern
		Einlegesohle entfernen oder Größe ändern
	Fußballenschmerzen	Cleat bewegen – Richtlinien befolgen
	Waterfalling – Schmerzen am Außenrist	Cleat nach innen bewegen, um Fuß nach außen zu bewegen – über längere Pedalachsen nachdenken
Fußkrämpfe	Schuhe zu klein	Größe ändern
	Schuhe zu groß (Zehen überlasten sich, um Stabilität zu erlangen)	Größe ändern
Achillessehnen-schmerzen	Sattel zu hoch	Höhe reduzieren – Überstreckung des Fußes stoppen
	Sattel zu niedrig	Höhe erhöhen – Tritt mit Ferse nach unten unterbinden
	Langes Bergfahren	Vermeiden oder Cleat nach hinten bewegen
	Cleat-Position zu weit vorn	Cleat nach hinten bewegen, um Last auf Achillessehne zu reduzieren

Funktion als steifer Hebel zu unterstützen. Tatsächlich verbreiteten viele die Idee, dass die traditionelle Korrektur des mittleren Hinterfußes nutzlos sei, da der Vorderfuß das Pedal berührt. Den ganzen Schuh zu kippen, hat eine viel stärkere Wirkung, als einfach das Fußgewölbe darin zu stützen. Es beeinflusst über die Extremität die gesamte kinetische Kette. Viele Experten bewarben den Effekt von Unterlegscheiben auf die kinetische Kette, damit das Knie vertikal linearer ausgerichtet wird. Es gibt wenig stützende Beweise, jedoch viele Beweise dafür, dass es mehr schaden als nützen kann (Ruby et al. 1992).

Es gibt im Radsport auch ein weitverbreitetes Zitat, wonach 80 Prozent der Bevölkerung eine Varus-Stellung des Vorfußes haben und Varus-Keile verwenden sollten, um die Verbindung zum Pedal zu verbessern sowie unerwünschte übermäßige Pronation zu beseitigen. Das stimmt jedoch nicht, womit wir beim Kern des Problems wären. Die Beurteilung von Varus- und Valgus-Stellungen des Vorfußes sowie der Biomechanik des Fußes allgemein ist sehr schwierig und kann die übermäßige Meldung von Varus-Stellungen des Vorfußes innerhalb der Radsportbevölkerung erklären.

Wir sollten also nicht versuchen, die Schuhe eines Radfahrers zu kippen oder zu unterfüttern, außer es gibt einen gut durchdachten und medizinischen Grund dafür, wie etwa eine Überbeanspruchungsverletzung, oder eine abnormale Biomechanik oder der Radfahrer verwendet bereits eine Orthese im Alltag.

Achte also darauf, die natürliche gewichtete Ausrichtung deines Fußes zu unterstützen. Versuche nicht, die Fußmechanik über deine normale mechanische Struktur hinaus zu korrigieren, außer du wirst von einer qualifizierten Person unterstützt.

Knie

Das Knie ist bei Radfahrern das am häufigsten verletzte oder schmerzende Gelenk. Dies liegt zum Teil daran, dass das Kniegelenk das ungestützte Gelenk ist, das heißt, es hat keinen Kontakt mit dem Fahrrad, was dazu beiträgt, die von Becken und Oberschenkel erzeugte Kraft auf den Fuß beziehungsweise das Sprunggelenk und schließlich auf das Pedal zu übertragen. Die Anordnung der Kon-

▶ Pronation und Supination

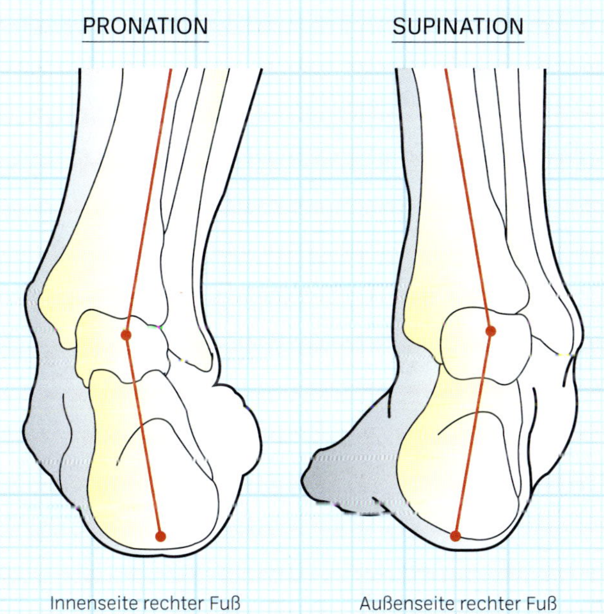

▶ Varus- und Valgus-Stellung

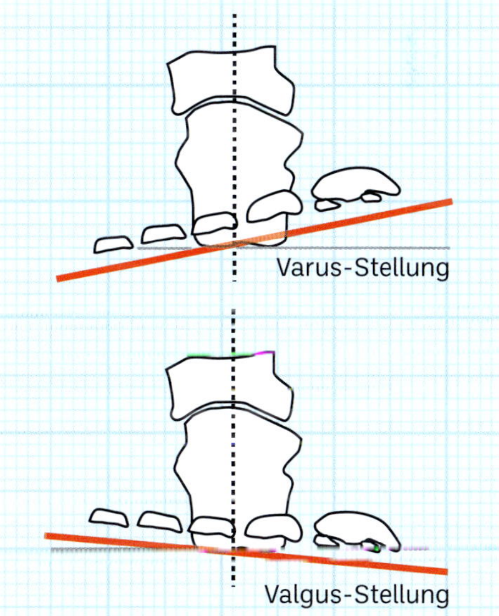

Quelle: mit Genehmigung von bikefit.com © BikeFit LLC

taktpunkte an Becken und Fuß wirkt sich auf das Knie aus. So gibt es eine sehr große Anzahl an Kombinationen von Variablen, die zu denselben Problemen führen können. Sehr viele Knieverletzungen beim Radfahren treten aufgrund einer unangemessenen wiederholten Belastung auf das Gelenk auf. Fällst du beim Joggen von einer Bordsteinkante, kann dein Sprunggelenk die Aktion kompensieren. Bereits der nächste Schritt wird einem anderen Belastungsmuster unterliegen. Wenn du deine Füße beim Radfahren falsch in die Fuß/Pedal-Schnittstelle einklickst, kann sich in der nächsten Stunde jede abnormale Belastung eines bestimmten Gewebes in deinem Knie mehrere Tausend Male wiederholen. Knieverletzungen beim Radfahren werden größtenteils durch suboptimale Ergonomie oder durch Änderungen der Trainingsbelastung verursacht.

Die bisherige Literatur hat diesen komplizierten Bereich oft entweder einer zu stark vereinfachten Tabelle von Symptomen und Ursachen oder detaillierten biomechanischen Beschreibungen überlassen, die es dem Radfahrer erlauben, selbst herauszufinden, was sein Problem verursacht hat. Außerdem gibt es eine Reihe wenig hilfreicher Mythen über die Auf-und-ab-Bewegung des Knies (siehe ab Seite 110).

Trotzdem ist Radfahren für Menschen mit Knieverletzungen eigentlich eine sehr sichere Bewegungsform für die Rehabilitation und künftig als Sport. Aufgrund der Teilbelastung und der relativ sicheren 2-D-Bewegungsebene setzen viele Rehaspezialisten das Radfahren als erste Form des Herz-Kreislauf-Trainings für einen Patienten ein, der sich von einer Knieverletzung erholt.

Ich möchte dir zeigen, wie du dein Problem erkennst und verstehst, wie es dazu kommen konnte, und wie du eine Lösung findest. Deswegen werden wir das Knie in der Seitenansicht (Sagittalebene) betrachten, um die Sattelhöhe, den Sattelversatz und die Vor-und-zurück-Position des Pedals zu erklären.

Die Knieprobleme von Radfahrern können meistens angegangen werden, indem das Belastungsmuster untersucht und das Bike-Set-up oder die Trainingsbelastung geän-

▶ Körperebenen

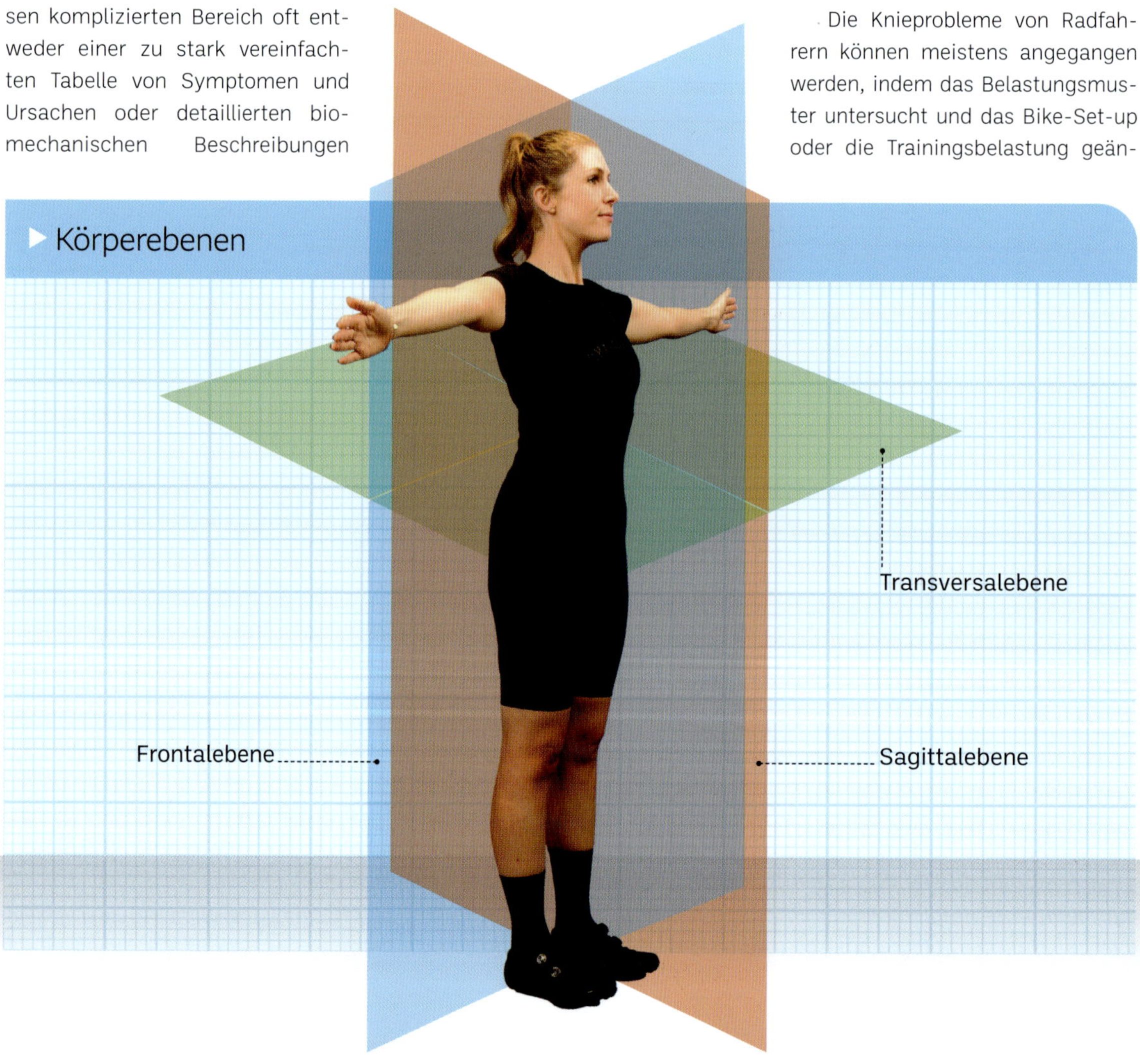

Knieprobleme und ihre Lösung

QUELLE	URSACHE	LÖSUNG
Knieschmerzen vorn (frontal)	Sattel zu niedrig	Sattel bis zum für die Tritttechnik optimalen Kniewinkel erhöhen
	Sattel zu weit vorn	Nach hinten bewegen
	Kurbeln zu lang	Kürzen
	Cleats zu weit vorn	Nach hinten bewegen
Knieschmerzen innen (medial)	Sattel zu niedrig	Sattel bis zum für die Tritttechnik optimalen Kniewinkel erhöhen
	Sattel zu hoch	Sattel bis zum für die Tritttechnik optimalen Kniewinkel senken
	Cleat-Position	Sollte den Laufstil widerspiegeln – Fersen beim Laufen innen, Fersen ermöglichen, sich auf den Pedalen einwärtszudrehen
	Übermäßiger Float	Float wegnehmen oder einen Cleat mit weniger Float einsetzen, nach verschlissenen Cleats und Pedalen suchen
	Schrittbreite zu breit (Füße zu weit auseinander)	Schrittbreite reduzieren – Cleats nach innen bewegen und/oder Pedalachsenlänge zum Pedal ändern
Knieschmerzen außen (lateral)	Sattel zu hoch	Sattel bis zum für die Tritttechnik optimalen Kniewinkel senken
	Sattel zu niedrig	Sattel bis zum für die Tritttechnik optimalen Kniewinkel erhöhen
	Cleat-Positionierung	Sollte den Laufstil widerspiegeln – Fersen beim Laufen innen, Fersen ermöglichen, sich auf den Pedalen einwärtszudrehen
	Übermäßiger Float	Float wegnehmen oder einen Cleat mit weniger Float einsetzen, nach verschlissenen Cleats und Pedalen suchen
	Schrittbreite zu breit (Füße zu weit auseinander)	Schrittbreite erhöhen – Cleats nach außen bewegen und/oder Pedalachsenlänge zum Pedal ändern
Knieschmerzen hinten (posterior)	Sattel zu hoch	Sattel bis zum für die Tritttechnik optimalen Kniewinkel senken
	Sattel zu weit hinten	Nach vorn bewegen
	Reach zu weit	Reach entspannen/kürzen, um dem Becken eine Bewegung nach hinten zu ermöglichen – Kniebeuger lockern
	Sattelform	Kann Beckenrotation blockieren – ändern, um sie zu ermöglichen

Hinweis: Kürzere Kurbeln können helfen, viele dieser Änderungen zu erleichtern und somit Probleme zu lösen.

dert werden, kombiniert mit einigen Abhilfemaßnahmen abseits des Fahrrads. Daher werden wir uns auf die Gründe für Knieverletzungen konzentrieren. Fast alle Bikefitting-Eingriffe, die sich auf die Kniegesundheit auswirken können, können durch einen Wechsel zu kürzeren Kurbeln erleichtert werden.

Oft bekommen Menschen wegen ihrer Kniebeschwerden auf dem Fahrrad ein Patellaspitzensyndrom, Maltracking der Kniescheibe, vordere Knieschmerzen und ein Plicasyndrom diagnostiziert. Du erhältst höchstwahrscheinlich eine Diagnose, die sich auf Aktivitäten abseits des Fahrrads bezieht, es sei denn, dein Arzt verfügt über brauchbare Radfahrkenntnisse. Das ist bei richtiger Diagnose in Ordnung, aber wenn die Verletzung durch das Fahren auf dem Fahrrad verursacht wird, ist es unwahrscheinlich, dass sie die Ursache richtig angehen.

Ein schönes Beispiel sind offensichtliche Probleme mit der *Plica*. *Plicae* sind kleine Falten um das Kniegelenk. Chirurgen sind sich über ihre relative Bedeutung uneinig, aber das Problem ist, dass sie auf MRT-Scans oft entzündet erscheinen und in der Regel fälschlicherweise als Ursache von Schmerzen identifiziert werden. Die meisten chirurgischen Fälle sind kompliziert und langwierig, und es ist schwer zu sagen, ob ein Eingriff funktioniert hat oder ob auch ein bloßes Rehabilitationsprogramm und eine Ruhephase das Knieproblem verbessert hätten. Ich würde alle biomechanischen Eingriffe ausschöpfen, ehe ich auf eine Plicaentfernung oder Cortisoninjektion zurückgreife.

Wenn du also eine genaue Diagnose einer Knieverletzung wünschst, die allein durch das Radfahren verursacht wurde, versuche einen Physiotherapeuten oder Arzt zu finden, der sich mit Radfahren auskennt.

Knie – Seitenansicht

Auf Seite 42 wurden die idealen Kniegelenkwinkel zur Einstellung der Sattelhöhe beschrieben. Diese Zahlen sind nicht einfach aus der Luft gegriffen. Aus gutem Grund wird ein Kniestreckwinkel von 30 bis 35 Grad und eine Kniebeugung von 110 Grad am unteren und oberen Totpunkt empfohlen, da höhere oder niedrigere Winkel zu Problemen führen können.

Sattelhöhe

Das Fahren mit einem zu hohen Sattel führt oft zu Problemen und Schmerzen im hinteren und äußeren Bereich des Knies. Die Kniebeugermuskeln müssen sich weiter strecken – besonders wenn sie bereits unbeweglich sind – und schmerzen oft an der Stelle, an der sie an der Rückseite des Knies ansetzen. Das Iliotibialband, das große gewundene Muskelband, das mit Faszien – flachen Sehnen – verwoben ist und von der Außenseite der Hüfte zur Außenseite des Knies verläuft, wird ebenfalls gezwungen, sich über seine funktionelle Länge hinaus zu strecken, was sich bei Seitwärtsbewegungen als Schmerzen an der Außenseite des Knies oder der Kniescheibe manifestiert.

Ein hoher Sattel kann auch zu Wadenschmerzen führen, wenn Fuß und Sprunggelenk nach unten zeigen, um das Pedal am unteren Ende des Pedaltritts zu erreichen.

Vermutest du eine zu hohe Sattelhöhe, versuche diese mit den auf Seite 42 bis 48 beschriebenen Methoden

Knieposition in der Seitenansicht

Das Risiko, sich am Knie zu verletzen, besteht auch abseits des Fahrrads. Jeder Fitnesstrainer wird dir von Ausfallschritten nach vorn mit dem Knie über den Fuß hinaus abraten. Probiere es aus – spüre die Belastung an der Vorderseite deines Knies.

Wenn sich das Knie vor dem Fuß befindet, wird das Knie stärker belastet.

Die Beziehung des Knies zum Fuß in Bezug auf die Position ist für die Krafterzeugung und Verletzungsprävention entscheidend. Das Knie soll hinter der Pedalachse liegen.

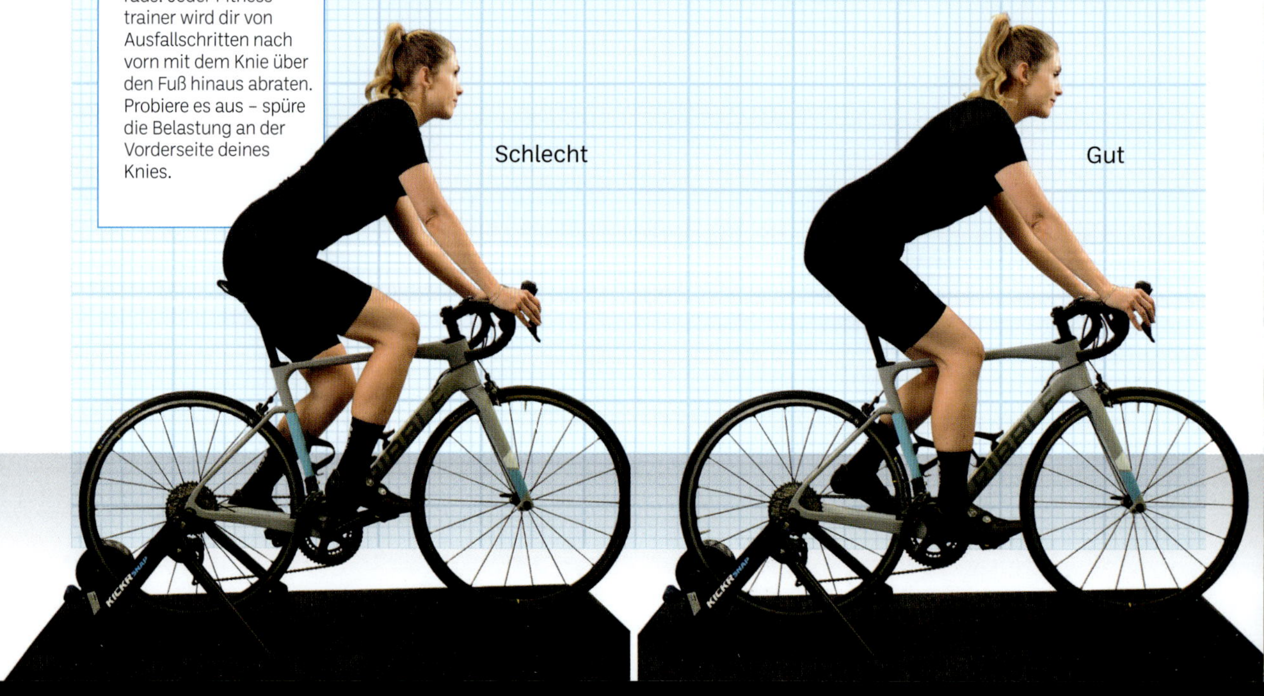

richtig einzustellen. Alternativ kannst du ihn leicht senken – 0,5 Zentimeter können bereits entscheidend sein – und warte ab, ob sich deine Symptome bessern.

Goldene Regel: Ändere immer nur eine Sache, dami du weißt, welche Änderung funktioniert!

Das Fahren mit einem zu niedrigen Sattel verursacht tendenziell Schmerzen an der Vorderseite des Knies, um die Kniescheibe herum. Dies liegt an den erhöhten Druckkräften auf die Kniescheibe, wenn das Bein über die Spitze des Pedaltritts ragt und nach unten drückt.

Die Vor-und-zurück-Position des Sattels kann als eine Komponente der Sattelhöhe betrachtet werden, und Bewegungsanalysesysteme berechnen sie als Teil einer Funktion von Höhe und Versatz, aber sie hat ihre eigene Relevanz. Ist der Sattel zu weit hinten, wird die Sattelhöhe effektiv erhöht und eine Belastung der Kniebeuger oder Schmerzen an der Rückseite des Knies sind spürbar.

Ist der Sattel zu weit vorn, werden Schmerzen an der Vorderseite des Knies zum Problem, da sich das Knie vor dem Fuß befindet. Je weiter das Kniegelenk im Trittzyklus vor den Fuß kommt, desto mehr Druckkräfte wirken auf die Kniescheibe. Einfach gesagt: Die Kniescheibe wird gegen die Vorderseite des Oberschenkelknochens gequetscht, was Schmerzen verursacht.

Das Set-up der Cleats am Schuh kann sich auf das Knie auswirken. Wenn sich der Cleat zu weit vorn befindet, wird sich das Knie auch im Verhältnis zum Fuß zu weit vorn befinden, und dies kann Schmerzen an der Vorderseite des Knies verursachen.

Zu weit hinten positionierte Cleats verringern die Wahrscheinlichkeit, dass sich das Knie vor dem Fuß befindet, vergrößern aber auch die Distanz, die der Fuß zurücklegen muss. Wenn die Sattelhöhe nicht optimal ist, können sich die Kniebeuger überdehnen, da sie sich strecken müssen, um die Pedalposition zu erreichen.

Frontansicht

Wenn du dir das nächste Mal ein Profirennen ansiehst, nimm dir eine Minute Zeit, um genau zu betrachten, wie sich die Radfahrer an der Spitze des Rennens bewegen.

Die Kniebewegung wird oft als »Knieerhebung relativ zu Hüfte und Fuß« beschrieben. Ich garantiere, dass du viele verschiedene Knieerhebungsmuster sehen wirst. Einige Radfahrer heben ihre Knie nach außen, andere

Knie-Tracking

Wenn ein Radfahrer in die Pedale tritt, bewegen sich die Knie bei verschiedenen Personen in unterschiedlichem Maße nach innen und außen, zum Oberrohr hin und von diesem weg.

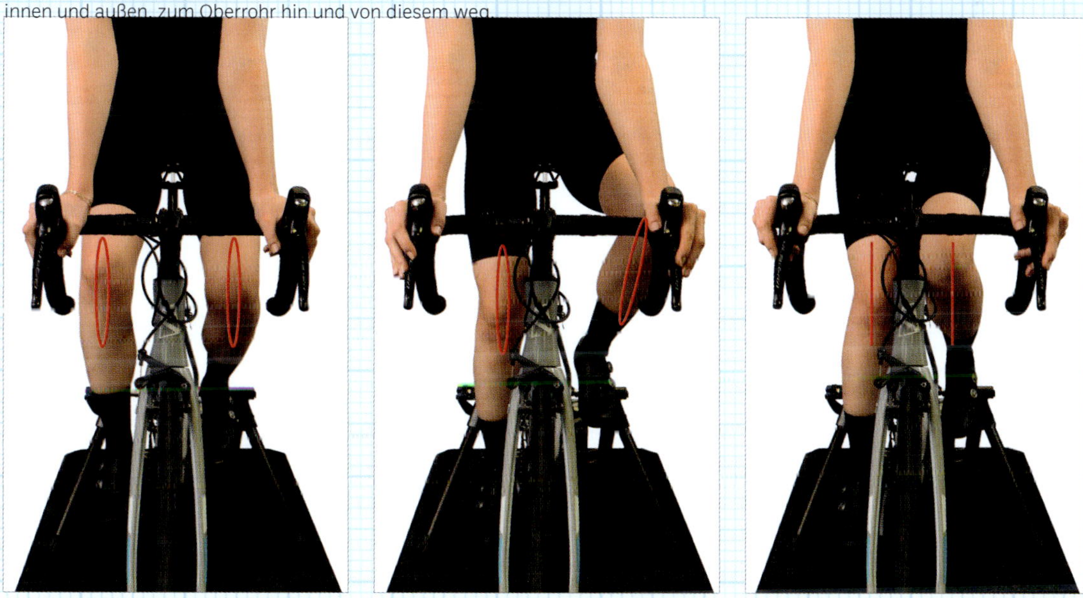

heben ihre Knie nach innen und in einigen Fällen machen die Knie unterschiedliche Dinge. Diese Radfahrer nehmen an den besten Radrennen der Welt teil, und doch würden viele Bikefitting-Experten versuchen, die Art und Weise der Knierhebung in der Frontalebene grundlegend zu verändern. Das liegt an den weitverbreiteten fehlgeleiteten Überzeugungen in Bezug auf die Kniebewegung.

Die erste dieser Fehlvorstellungen ist, dass Hüfte, Knie und Fuß beim Radfahren in einer vertikalen Ebene ausgerichtet sein sollten. So soll die Krafterzeugung sowie die Kraftübertragung auf das Pedal am effektivsten sein. Aus mechanischer Sicht ist nachvollziehbar, wie eine Bewegung des Knies weg vom direktesten Weg zwischen den Kraftquellen hin zum Ort der Kraftübertragung als Energieverschwendung betrachtet werden kann. Die Studien dazu sind jedoch begrenzt und die Ergebnisse bestenfalls unschlüssig. Es gibt keine eindeutigen Beweise dafür, dass eine Abweichung vom direktesten Weg schädlich ist. Tatsächlich kann der Versuch, sie in Einklang zu bringen, Schaden anrichten.

Ein Problemlösungsansatz

Bei der Betrachtung von Schmerzen und Funktionsstörungen im Zusammenhang mit dem Radfahren ist es wichtig, nicht nur die Ausrüstung und das Set-up auf die Ursachen zu untersuchen. Schmerzen oder Verletzungen können viele Ursachen haben. Es kann schwierig sein, herauszufinden, was vor sich geht. Es dauert nicht lange, bis man einem Problem nachjagt, das als Kleinigkeit begann, aber zu einer ernsthaften Bedrohung wird.

Es sind auch nicht nur die Amateurradfahrer. Ich habe Weltmeistern und Profisportlern geholfen, relativ einfache Probleme zu überwinden, die viel zu lange andauerten, weil die Menschen, die ihnen geholfen haben, den Wald vor lauter Bäumen nicht gesehen haben. Und nicht aus mangelndem Willen; Radfahren ist ein einzig-

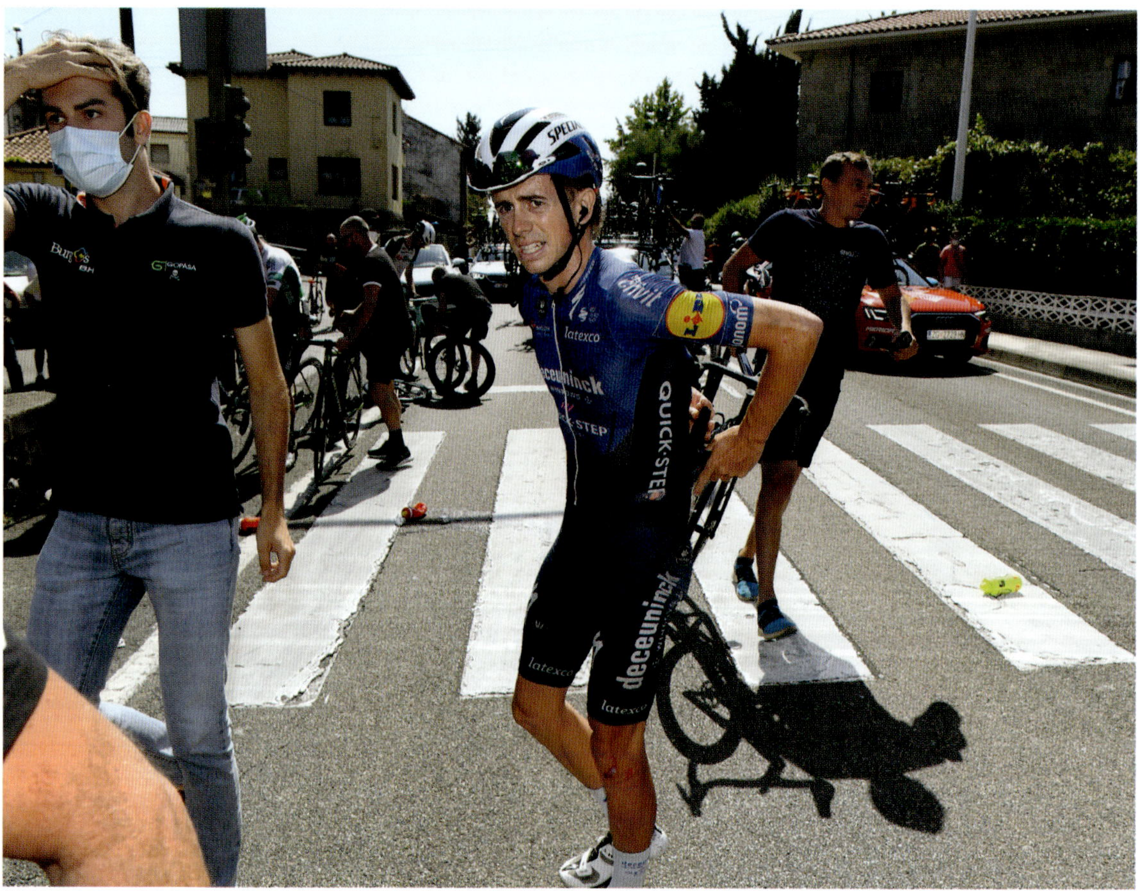

A – E – I – O – U: Alles liegt in den Vokalen

Nehmen wir ein Problem und finden heraus, was der Grund dafür sein könnte.

Ein männlicher Radfahrer hat Schmerzen im rechten Knie. Mittels »A – E – I – O – U« können wir herausfinden, warum:

- **A STEHT FÜR AKTIVITÄT**
  Frage dich, ob du in letzter Zeit etwas an der Zusammensetzung deines Trainings geändert hast – die Hauptursache könnten große oder abrupte Änderungen der Belastung, des Volumens oder des Geländes mit möglicherweise nicht genügend Zeit für Anpassung sein. Häufige Gründe für Knieschmerzen sind vermehrtes Bergfahrtraining, langes Fahren mit großen Gängen oder einfach eine enorme Zunahme des Trainingsvolumens.

  Untersuche, was du getan hast, und wenn Änderungen mit Verletzungen oder Schmerzproblemen korrelieren, forsche weiter nach.

- **E STEHT FÜR EQUIPMENT**
  Frage dich, ob sich in letzter Zeit etwas geändert hat: Schuhe, Cleats, die neu oder abgenutzt sein können, Cleat-Position, Pedaltyp, Bike-Set-up und so weiter. An anderer Stelle in diesem Buch findest du mehr Details dazu. Änderungen bei der Aktivität und Ausrüstung sind für 75 Prozent aller Radsportverletzungen bei British Cycling verantwortlich.

- **I STEHT FÜR INTRINSISCH**
  Oder für »dich«! Intrinsische Probleme beziehen sich auf dich und deinen Körper. Ein Längenunterschied zwischen rechtem und linkem Bein kann zu Knieschmerzen führen, ebenso wie ein verdrehtes Becken oder ein Muskelriss mit Narbenheilung im Oberschenkel. Verstehe sein einzigartiges Set-up.

- **O STEHT FÜR OBSKURES**
  Das ist die Kategorie, in die wir all die seltsamen und wunderbaren Gründe einordnen können, die tatsächlich sehr viel Sinn ergeben. Ein Langstreckenflug führt dazu, dass sich dein Knie acht Stunden lang nicht bewegt und anschließend steif und schmerzhaft ist. Du liegst seit einer Woche krank im Bett – kannst dich nicht strecken oder funktionieren –, alles zieht sich zusammen, und das rechte Knie trägt die Hauptlast davon, wenn du zum Training zurückkehrst, und es tut weh. Ein Insektenstich entzündet sich stark, und die anschließende Schwellung führt dazu, dass sich deine Kniescheibe unregelmäßig bewegt, was zu Schmerzen führt.

- **U STEHT FÜR UNBEKANNT**
  Manchmal haben Schmerzen oder eine Verletzung Gründe, die nicht sofort offensichtlich sind. Der menschliche Körper ist eine komplizierte Struktur und widersetzt sich ständig dem vollständigen Wissen über seine Funktionsweise. Aber keine Angst. Wenn die Ursache unbekannt ist, kannst du sie oft behandeln, indem du dich mit dem befasst, was bekannt ist. Nehmen wir an, du hast Knieschmerzen. Optimiere deine Position mit den Ratschlägen auf diesen Seiten. Deine Position war womöglich nicht die Ursache des Problems, aber indem du sie in eine kniesichere Position änderst, kannst du zur Lösung des Problems beitragen.

Ich glaube aufrichtig, dass man mit dieser Logik oft 80 Prozent der Probleme selbst lösen kann. Die vorangegangenen Kapitel helfen uns, die Feinheiten herauszuarbeiten, wann das E für Equipment und sein Set-up für das Problem verantwortlich sind.

Und der Mann mit Knieschmerzen?

Er betrachtet sein Training und stellt fest, dass er sich in einer ziemlich stabilen Phase befindet und sich nicht viel geändert hat – kein A. Intrinsisch weiß er, dass er einen Beinlängenunterschied hat, aber das wurde berücksichtigt – kein I. Allerdings hat er seine Cleats seit einiger Zeit nicht mehr ersetzt und bei der Überprüfung sitzt der rechte Cleat völlig locker. Dies könnte der Grund für seine Knieschmerzen sein, da das rechte Bein auf dem Pedal herumgekippt sein könnte und die Arbeitsbelastung auf der rechten Seite erhöht hätte, um die während des Pedalierens ausgeübten Kräfte zu kontrollieren. E ist also der Grund.

Bevorzugter Bewegungsweg

Bittest du eine zufällige Stichprobe von Personen, eine Aufgabe zu erledigen, sei es, in die Pedale zu treten oder auf eine Kiste zu springen, wird es große Unterschiede in der Ausführung geben. Das liegt an unseren bevorzugten Bewegungsmustern. Einige mögen eleganter oder effizienter aussehen als andere, aber keines ist falsch oder muss korrigiert werden, außer, es verursacht Schmerzen, Verletzungen oder einen drastischen Leistungsverlust.

Ein großartiges Beispiel dafür ist einer der besten Läufer aller Zeiten, Michael Johnson. Sein Laufstil wurde angegriffen, weil er nicht dem allgemein als richtig anerkannten Stil entsprach. Ihm wurde ständig gesagt, dass er es zu nichts bringen würde. Aber er blieb sich treu. Ich persönlich kenne einen olympischen Weitspringer aus Großbritannien, der mit einem unkonventionellen Anlauf erfolgreich war. Die Experten im Team dachten, er würde noch besser springen, wenn er seinen Anlaufsstil anpassen würde. Seine Leistung nahm jedoch stark ab. Er kehrte zu seinem alten Stil zurück und war wieder erfolgreich. Es zeigt, nur weil etwas seltsam aussieht, aber funktioniert, es nicht immer gilt, dass eine Änderung zu einer Leistungssteigerung führt. Es mag seltsam aussehen, aber es kann der einzige Weg sein, wie der Einzelne eine optimale Leistung erzielen kann.

Varus-Stellung des Vorfußes

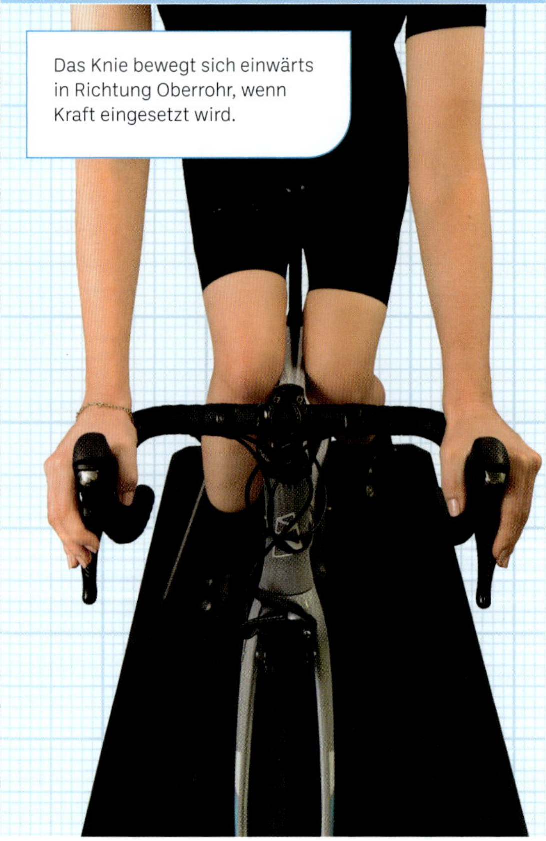

Das Knie bewegt sich einwärts in Richtung Oberrohr, wenn Kraft eingesetzt wird.

Keil und Unterlegscheibe

Ein Keil und eine Unterlegscheibe, um einer Varus-Stellung entgegenzuwirken.

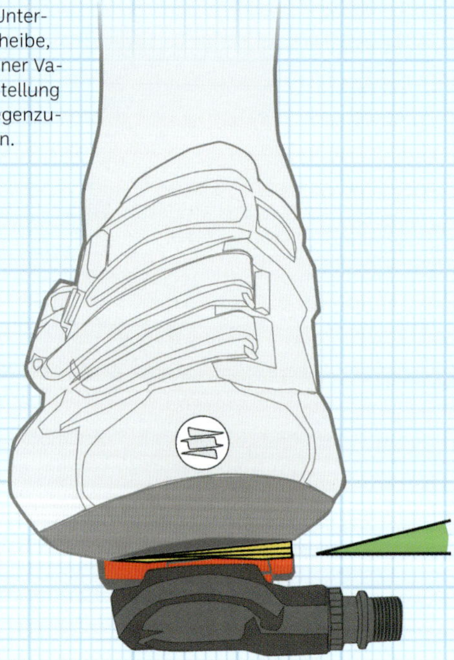

Quelle: mit freundlicher Genehmigung von bikefit.com © BikeFit LLC

artiger Sport mit einem einzigartigen Verletzungsprofil.

Hier ist mein einfacher Leitfaden für die sogenannte Differenzialdiagnose – also durch Eliminierung und Deduktion herauszufinden, was vor sich geht.

Du wirst dir deines Knieerhebungsstils bewusst, wenn du mehr und länger Rad fährst; und ich würde nicht versuchen, die frontale Knieerhebung eines Radsportlers zu ändern, außer er hätte Schmerzen oder Verletzungen. Selbst dann würde ich nach mehreren Beweisen suchen, dass eine Korrektur von Vorteil wäre. Dies liegt daran, dass die frontale Knieerhebung einer Person oftmals einfach ihre eigene einzigartige Biomechanik, Verletzungsgeschichte und Fähigkeiten auf dem Fahrrad widerspiegelt. Leider widerspricht dies einer ganzen Industrie, die rund um die Theorie der Knieausrichtung entstanden ist und verschiedene Eingriffe anbietet, von denen Keile oder Unterlegscheiben die häufigsten sind. Das sind wichtige und wirkungsvolle Eingriffe und sie müssen mit fundierter Begründung angewendet werden.

Unterschiede beim Knie-Tracking

Es gibt verschiedene Arten der Knieerhebung. Diese Unterschiede sind nicht unbedingt problematisch. Dennoch treten im Zusammenhang mit der Knieerhebung Probleme auf, die im Folgenden abgedeckt werden.

KNIE INNEN

Eine Knie-innen-Tritttechnik wird der Fußhaltung und -mechanik zugeschrieben. Wenn das Knie über den oberen Totpunkt ragt und die Kraft über den Fußballen auf das Pedal übertragen wird, bestimmt die Aktion des Fußes, wohin sich das Knie bewegt. Wenn der Radfahrer eine Varus-Stellung des Vorfußes hat (Bild Seite 103), überproniert der Fuß, das Fußgewölbe flacht ab und führt zur Bewegung des Knies in Richtung Fahrrad, wenn es sich weiter streckt. Dies liegt daran, dass sich das Schienbein auf dem Oberschenkelknochen dreht, wenn

▶ Elliptischere Tritttechnik

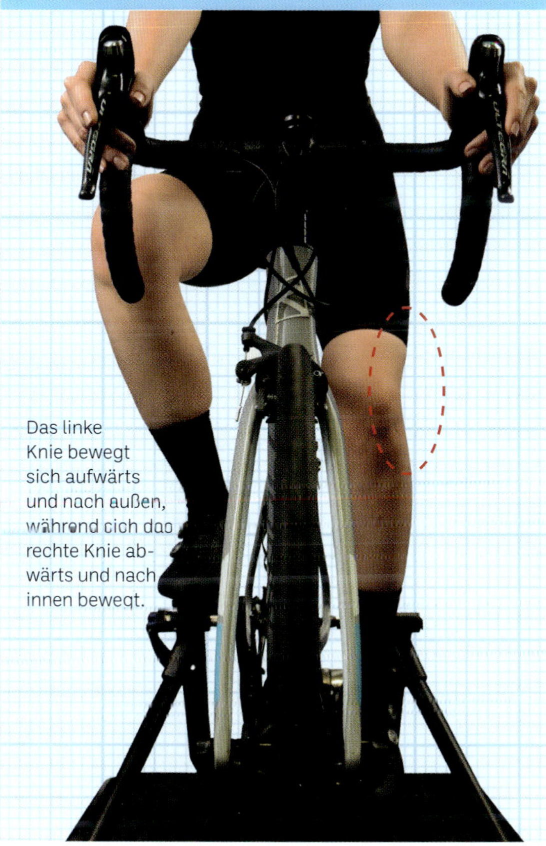

Das linke Knie bewegt sich aufwärts und nach außen, während sich das rechte Knie abwärts und nach innen bewegt.

▶ Knie-außen-Tritttechnik

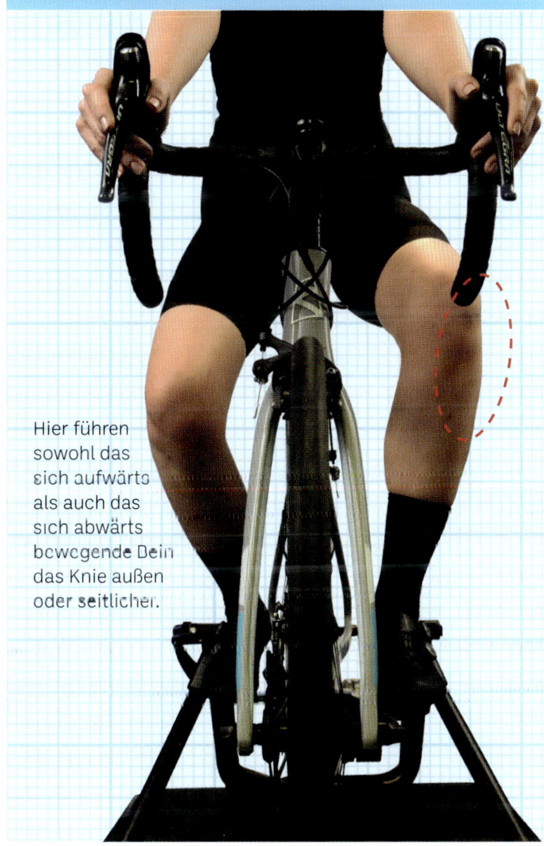

Hier führen sowohl das sich aufwärts als auch das sich abwärts bewegende Bein das Knie außen oder seitlicher.

das Bein früh gestreckt wird, um zu kompensieren, dass der Fuß das Ende seiner Einstellbarkeit erreicht hat.

Durch die Korrektur der Varus-Stellung mit einem Keil oder einer Unterlegscheibe unter dem Cleat kann diese Aktion, zusammen mit der Abweichung des Knies zur Fahrradmitte, begrenzt werden. Befürworter von Keilen zitieren, dass 80 Prozent der Bevölkerung eine Varus-Stellung des Vorfußes hätten und daher spezielle Varus-Keile verwenden sollten. Diese Zahl wird nach Ansicht vieler Fußspezialisten weit überschätzt, da eine echte Varus-Stellung des Vorfußes selten ist. Die Ungleichheit entseht durch Bikefitting-Spezialisten, die den Fuß bei Ermittlung seiner neutralen Position falsch einschätzen, um eine Varus-Stellung des Vorfußes zu messen.

Wenn du eine Knie-innen-Tritttechnik und Knieschmerzen oder -probleme hast, solltest du zuerst nach Gründen abseits des Fahrrads zu suchen. Trägst du zum Beispiel korrigierende Einlegesohlen oder Orthesen, weil du ein bereits identifiziertes Fußmechanikproblem hast? Wenn ja, hast du dieses auf deine Radschuhe übertragen? Wenn nicht, tu es und warte ab, ob es einen Unterschied macht.

Wenn du deine Fußhaltung noch nicht untersucht hast und dir Sorgen machst, suche einen Podologen auf.

KNIE INNEN UND AUSSEN

Einige Radfahrer pedalieren elliptisch, wobei sich das Knie in der Druckphase nach innen zum Fahrrad und in der Hubphase vom Fahrrad wegbewegt. Das kommt sehr häufig vor und ist darauf zurückzuführen, dass Radfahrer ihre Hüfte nach dem Druck in der Druckphase nach außen drehen, um das Gelenk zu entlasten und es zum oberen Totpunkt für den nächsten Tretzyklus zurückzubringen. Angeblich ermöglicht es den Hüftbeugern, effektiver zu arbeiten; aber nach vielen Studien – wie Martin und Bar-

▶ Eine »windgepeitschte« Knieposition

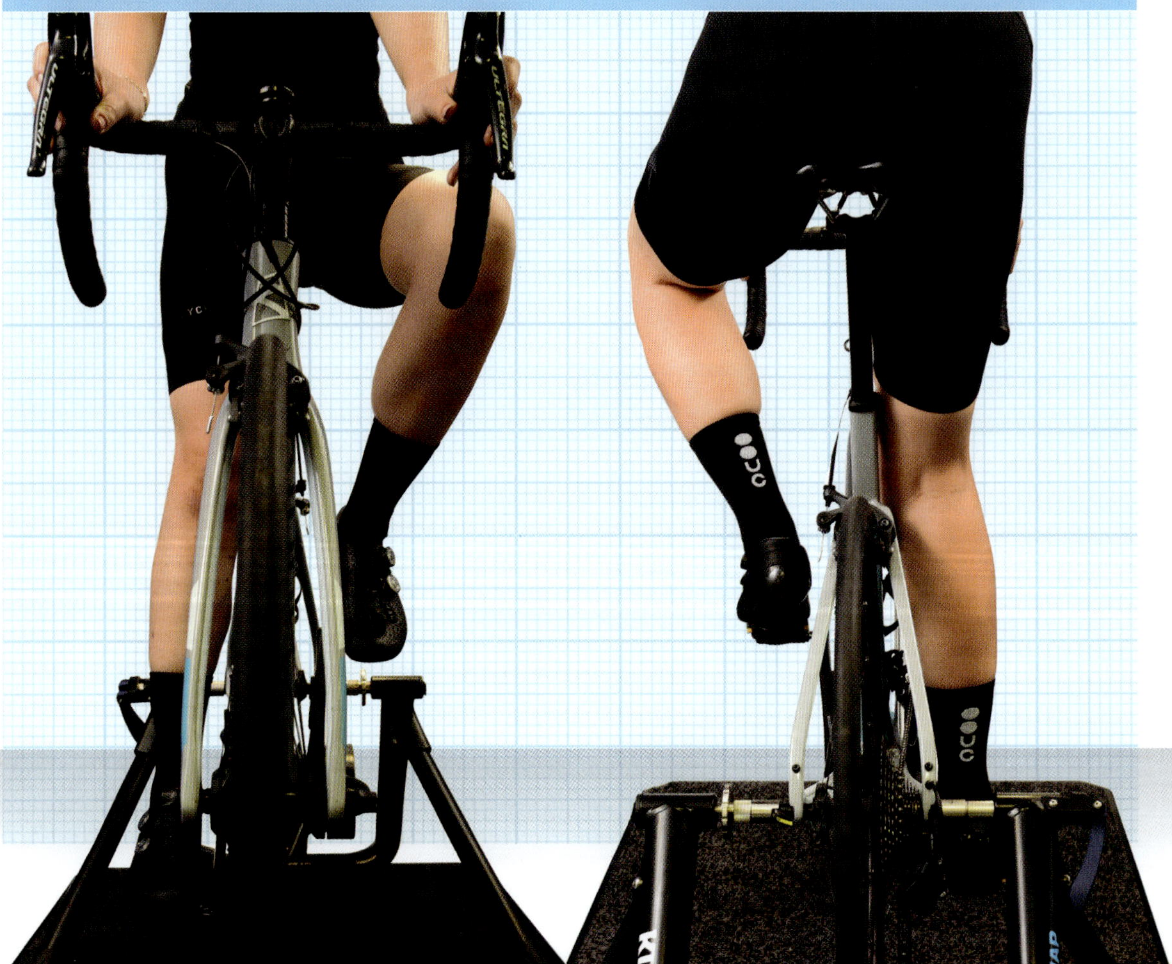

ratt (2009) anmerken (siehe Seite 115) – scheint dies weniger wichtig zu sein.

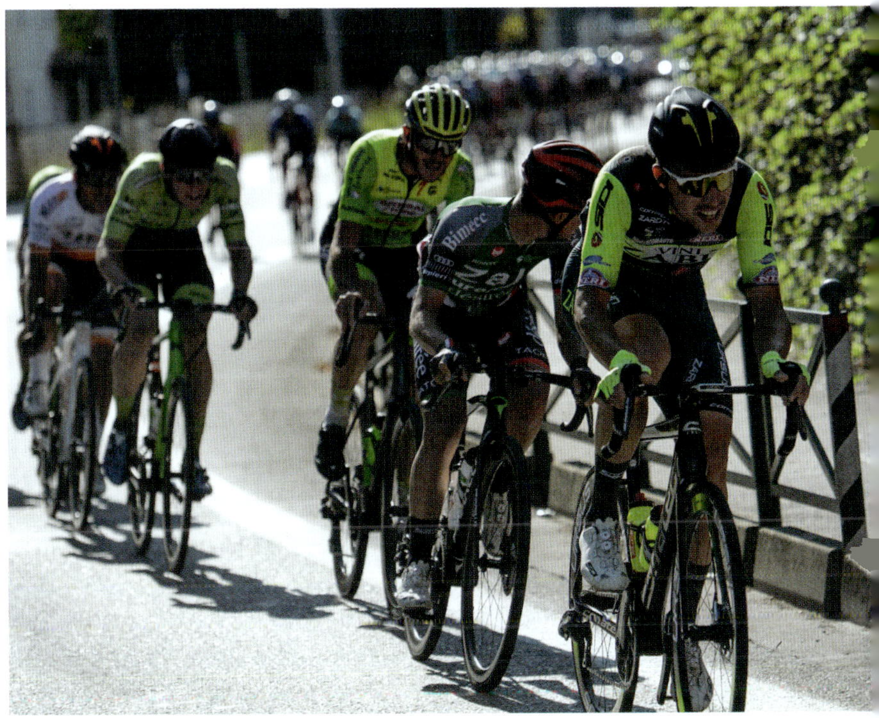

KNIE AUSSEN

Ich sehe oft eine o-beinige oder Knie-außen-Tritttechnik. Die häufigste Ursache dafür ist ein viel zu kleines Fahrrad oder eine sehr niedrige Sattelhöhe. Oftmals weil der Fahrer zum ersten Mal auf ein Fahrrad gestiegen ist oder sich ein fremdes Fahrrad geliehen hat. Diese Art der Knieerhebung ist am oberen Ende des Radsports selten, und wenn die Fahrrad- und Sattelhöhe optimal sind, spiegelt dies das Gewicht des Radfahrers sowie seine Hüft- und Knieprobleme wider. Übergewichtige Radfahrer müssen ihre Knie zur Seite bewegen, um den Kontakt ihre Oberschenkel mit ihrem Bauch zu vermeiden. Radfahrer mit Hüftschmerzen drehen ihre Hüfte so weit wie möglich, um die Belastung des Hüftgelenks zu verringern.

Radfahranfänger mit dieser Tritttechnik neigen dazu, sie zu normalisieren, wenn sie öfter pedalieren und Gewicht verlieren. Wenn sie anhält, ist eine Vergrößerung der Schrittbreite der beste Weg, um die Dinge zu verbessern. So wie Varus-Keile (siehe Seiten 129 bis 131) das Einknicken der Knie korrigieren, können Valgus-Keile einem Radfahrer helfen, der mit nach außen gedrehten Knien pedaliert. Die Valgus-Stellung des Vorfußes betrifft jedoch weniger als zehn Prozent der Menschen, und es ist Vorsicht geboten, wenn Keile aus dem falschen Grund eingesetzt werden, da sie Schmerzen verursachen können. Die beste Lösung ist, entweder abzunehmen oder ein größeres Fahrrad zu kaufen.

AUF EINER SEITE INNEN UND AUF DER ANDEREN AUSSEN – »WINDGEPEITSCHT«

Diese Art der frontalen Knieerhebung wird oft mit Asymmetrie in Verbindung gebracht – insbesondere einem Unterschied (entweder tatsächlich oder funktional, siehe Seite 129) in der Beinlänge – oder mit Wirbelsäulenproblemen, die zu einem verdrehten Becken führen. Um diese Tritttechnik anzugehen, bedarf es einer Bewertung und angemessenen Behandlung durch jemanden, der qualifiziert ist, die körperlichen Einschränkungen des Radfahrers mit dem Bikefitting zu verbinden, etwa einen Arzt oder Physiotherapeuten, der im Radsport tätig ist. Weiteres zu anatomischen Unterschieden und Asymmetrien auf den Seiten 129 bis 131.

ANDERE SCHMERZEN

Die Menge an Float in einem Pedal/Cleat-System kann zu Problemen am Knie führen. Abgenutzte Cleats können übermäßigen Float, bekannt als »Toggling«, und seitliches Schaukeln verursachen. Beim Versuch, die übermäßige Bewegung zu kontrollieren, können Knieschmerzen entstehen. Eine Änderung des Floats kann ebenfalls Probleme verursachen.

Muskuläre Disbalance

Alle oben genannten Ungleichgewichte können zu Knieschmerzen führen und die Liste anderer Knieverletzungen ist endlos. Einige treten jedoch häufiger auf.

VERSPANNUNG IM RECTUS FEMORIS

Dieser Muskel ist der einzige Quadrizepsmuskel, der sowohl das Hüft- als auch das Kniegelenk überquert –

Faszienrolle – die schlimmsten Schmerzen überhaupt?

Alle Radsportler von British Cycling und Team Sky wurden mit Faszienrollen ausgestattet, und ich empfehle allen Radfahrern, sich eine zu besorgen. Eine Faszienrolle ist ein Hartschaumzylinder mit einem Durchmesser von etwa 15 Zentimetern. Der Muskel wird über die Rolle bewegt, um Schmerzen zu lindern. Sie ist ein fantastisches Werkzeug, um verspannte myofasziale Einheiten am ganzen Körper zu lösen. Das Iliotibialband ist ein großartiges Beispiel für eine myofasziale Einheit, die zu verspannt und dysfunktional werden kann. Dies geschieht häufig aufgrund seiner Funktion bei der Kontrolle des Knies während der sich wiederholenden Bewegungen beim Radfahren. Jeder, der regelmäßig Fahrrad fährt, profitiert von einer Faszienrolle. Wenn du ein Knieproblem hast und vermutest, dass das Iliotibialband beteiligt ist, kann eine Faszienrolle helfen.

Rolle zunächst langsam und in Seitlage auf und ab, halte deine Füße vom Boden fern und versuche, dein gesamtes Körpergewicht auf die Rolle zu verlagern. Täglich drei Sätze mit zehn Wiederholungen sind eine gute Basis. Es wird anfangs sehr schmerzhaft sein und du könntest sogar blaue Flecken bekommen, aber nach zwei Wochen verschwinden die Schmerzen vollständig! Ich empfehle allen Radfahrern, die funktionale Länge des Iliotibialbands durch drei Trainingseinheiten mit der Faszienrolle pro Woche beizubehalten (siehe Seite 166 und 170).

▶ Die Faszienrolle nutzen

MASSAGE MIT DER FASZIENROLLE

Die Faszienrolle ist ein Schmerzmittel, das in der Reisetasche vieler Profis und Olympioniken Platz findet. Im Bild wird die Rolle mit Teilbelastung benutzt. Beide Füße in der Luft zu haben, während man rollt, bedeutet eine volle Gewichtsbelastung und ist die effektivste (und schmerzhafteste) Massagemethode.

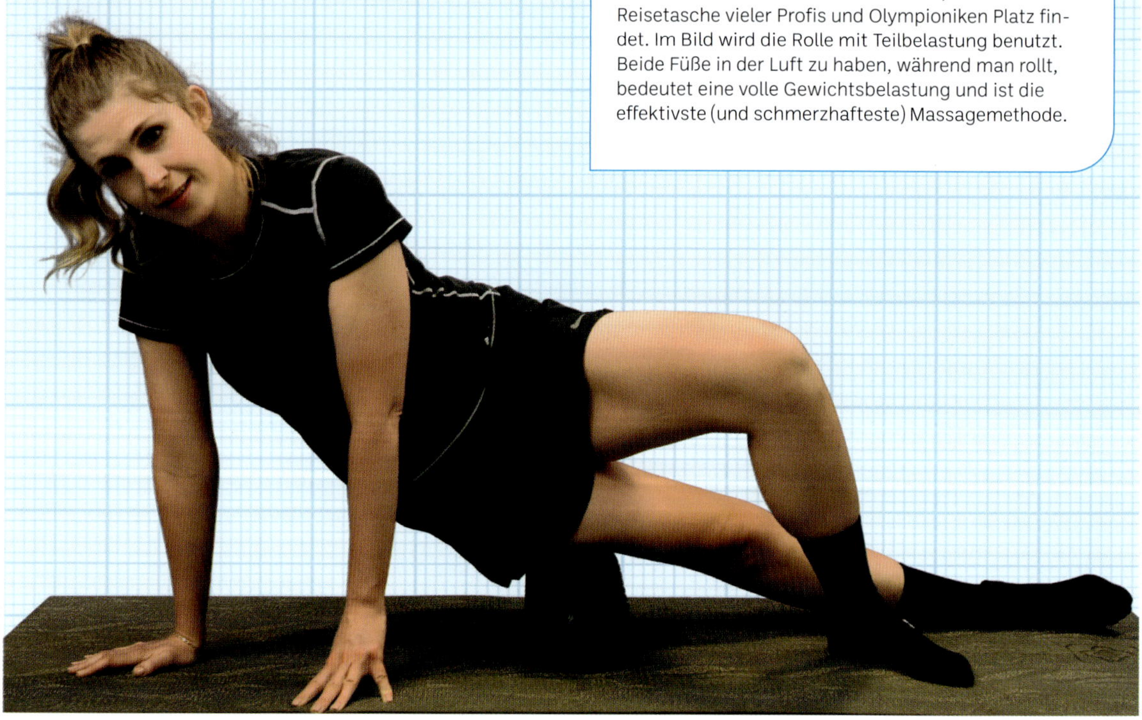

auch »bilateraler Gelenkmuskel« genannt. Dabei kann er das Knie strecken oder die Hüfte beugen. Dadurch kann er als kontrollierender oder dämpfender Muskel auf die schiere Kraft der Quadrizepsmuskeln einwirken. Leider bedeutet dies auch, dass er der wahrscheinlich erste Oberschenkelmuskel ist, der sich verspannt, was den reibungslosen Lauf der Kniescheibe einschränkt und daher Knieschmerzen verursacht. Die Behebung dieses Ungleichgewichts (siehe Seite 171) ist sehr oft der Schlüsselfaktor zur Linderung der Knieschmerzen.

VERSPANNUNG ODER DYSFUNKTION IM ILIOTIBIALBAND

Über die Rolle des Iliotibialbands wird viel diskutiert. Einige argumentieren, es sei eine passive, sehnenähnliche Struktur, andere, dass es sich um einen eigenständigen, aktiven Muskel handelt. Was ich mit Sicherheit weiß: Eine Verspannung im Iliotibialband, die durch einen unangemessenen Q-Winkel (siehe Seite 75) hervorgerufen wurde, wird Knieschmerzen verursachen, und der Weg, diese zu lindern, besteht darin, die Ursache anzugehen und die Verspannung mit einer Faszienrolle zu lösen.

Hüfte

Hüftbeuger

Die Bedeutung der Hüftbeuger im Radsport wurde lange Zeit schlecht interpretiert. Viele Autoren und Experten haben vorgeschlagen, dass diese Muskeln für das Hochziehen des Pedals in der Hubphase verantwortlich sind, und daher ist der Kraftmangel, der oft im Kraftprofil einer Hubphase zu sehen ist, auf muskuläre Ineffizienz zurückzuführen. Trainer nahmen dies zum Anlass, mit Pedalcoaching zu trainieren, zum Beispiel im Kreis pedalieren. Es wurde innovative Ausrüstung entwickelt, insbesondere Power-Kurbeln, die der Radfahrer hochziehen muss, wenn sie sich lösen und zum unteren Totpunkt fallen. Aufgrund der Arbeit von Martin und Barratt (2009) und anderen ist jetzt jedoch klar, dass dieser Kraftmangel in der Hubphase auf nichtmuskuläre Kräfte (anstelle von Ineffizienz) zurückzuführen ist und der bewusste Versuch, mehr hochzuziehen oder im Kreis zu pedalieren, einen ineffizienter macht.

Abgesehen davon, dass sie beim Start im Stand helfen, maximale Kraft zu erzeugen, tragen die Hüftbeuger

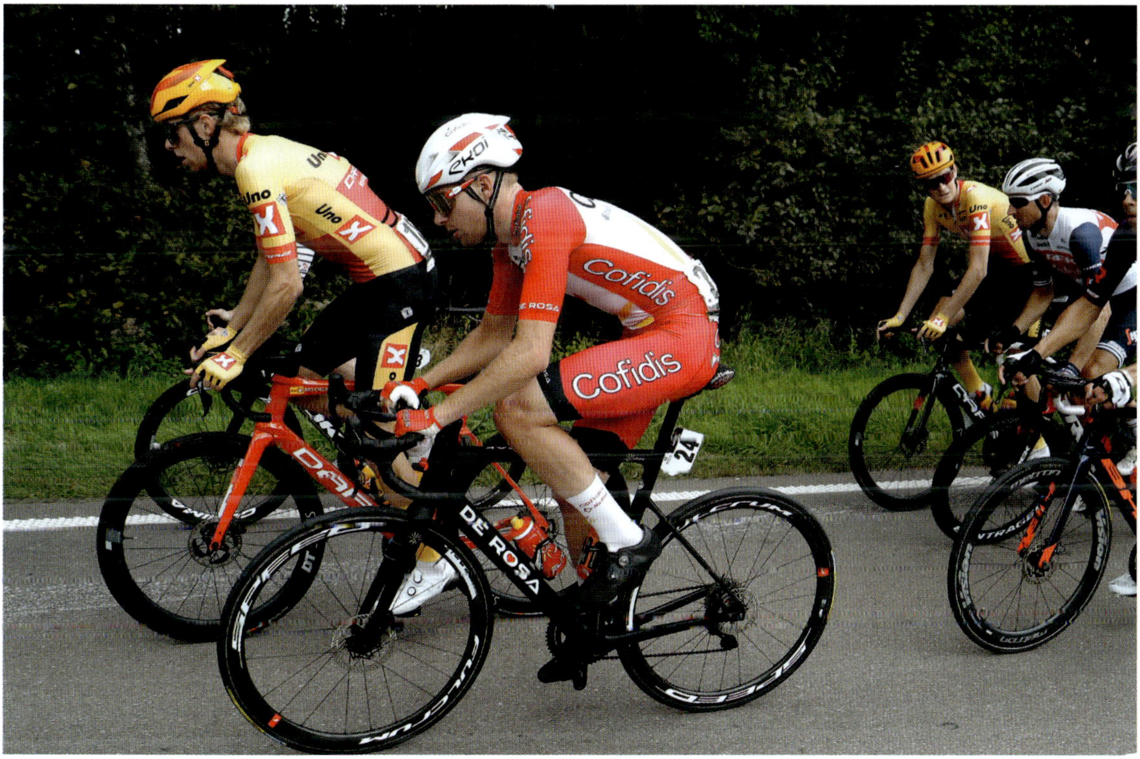

tatsächlich nur sehr wenig zur anhaltenden Pedalkraft bei. Der Beitrag des Hüftbeugers ist im Vergleich zu Quadrizeps und *Glutaeus maximus* winzig.

Das heißt nicht, dass Hüftbeuger uns keine Probleme bereiten. Eine Radfahrhaltung bringt uns in eine überwiegend gebeugte Hüft-, Becken- und Lendenwirbelsäulenposition. Die Hüftbeuger gewöhnen sich daran, über einen kurzen Bewegungsbereich zu funktionieren. Das kann dazu führen, dass sie in der verkürzten Position chronisch ruhen, was Hüftschmerzen an den Stellen verursacht, an denen sie sich kreuzen und ansetzen, oder zu Schmerzen im unteren Rückenbereich von ihrem Ursprung an den letzten drei Lendenwirbeln, insbesondere wenn versucht wird, sich von der gebeugten Position zu entfernen, das heißt sich zu strecken.

Gefäßprobleme

Radfahrer sind für bestimmte Gefäßprobleme in und um Hüfte und Becken anfällig, vor allem bei den Beckenarterien, die die unteren Gliedmaßen mit Blut versorgen. Schäden oder Krankheiten führen dazu, dass sich die Arterien dehnen, verengen und so knicken, dass während hochintensiver Aktivitäten der Blutfluss zum betroffenen Bein eingeschränkt wird. Die mangelnde Durchblutung verursacht Schmerzen, Brennen oder Kraftlosigkeit und wird oft als unerklärlicher Leistungsabfall wahrgenommen.

Viele verschiedene Faktoren wirken sich auf die Beckenaterien aus. Die Forschung ist sich heute einig, dass ein extrem hoher Blutfluss, wiederholte Hüftbeugung und ein geschlossener Hüftwinkel die Hauptfaktoren sind. Das daraus resultierende kontinuierliche, wiederholte Biegen der Arterie unter Druck beschädigt die Schichten der Arterienwand und kann sie dehnen oder knicken. Die Arterienwand kann sich als Reaktion auf diese Veränderungen verengen, auch Endofibrose genannt. Dies bedeutet, die Arterie kann sich während des Trainings nicht so stark erweitern. Das Ergebnis ist eine verringerte Durchblutung des Beins während des Radfahrens mit hoher Intensität. Wenn du die erwähnten Symptome – Schmerzen oder Brennen oder einen unerklärlichen Leistungsabfall – in einem oder beiden Beinen nur beim Fahren mit hoher Intensität verspürst, ist eine genaue Diagnose erforderlich, da häufig falsch diagnostiziert und behandelt wird.

Eingeschränkter Blutfluss in der Beckenarterie

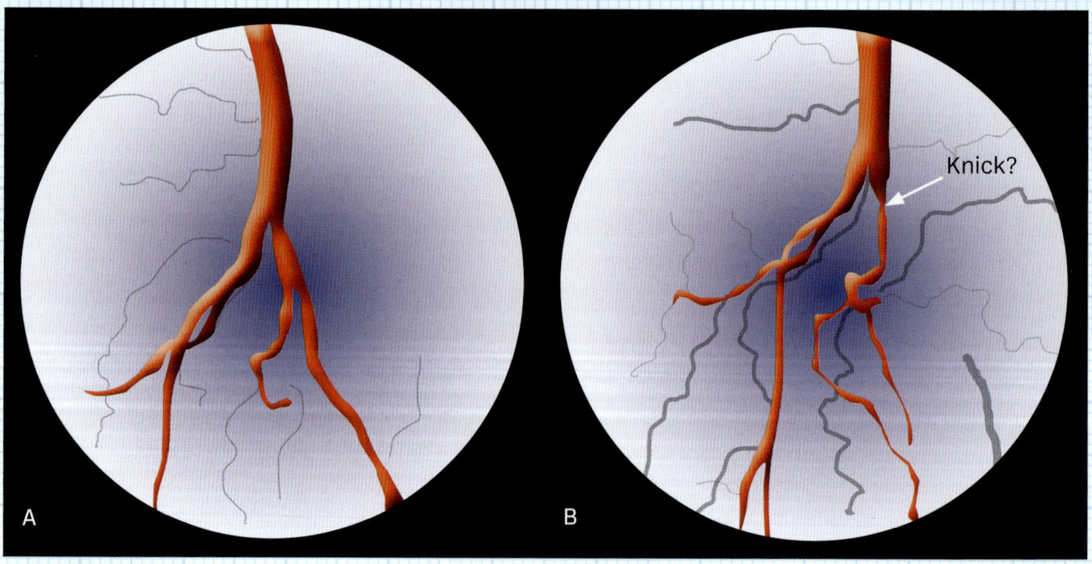

Beachte den Unterschied im Blutfluss von der Hauptschlagader in die kleineren Arterien in Bild B im Vergleich zu Bild A. Der Pfeil zeigt an, wo die Einschränkung auftritt – die Ursache ist wahrscheinlich ein Knick.

Dieses Leiden kann sich unbehandelt bis zu einem Punkt entwickeln, an dem nur das vollständige Aussetzen des Radfahrens die Symptome lindert. Es gibt mehrere invasive und nichtinvasive Untersuchungen, die bei der Diagnose helfen können. Suche einen qualifizierten Mediziner auf. Eine Operation, um die Arterienwände mit einem Kunststoffschlauch – Stent – zu unterstützen oder einen Teil der Wand zu entfernen, ist drastisch und die Ergebnisse sind gemischt. Vermeide sie daher, wenn es geht.

Eine frühzeitige Diagnose ist unerlässlich, da Veränderungen an den Arterienwänden dauerhaft sein können. Das Öffnen des Hüftwinkels durch Ändern der Fahrradposition kann das Dehnen und Abknicken der Arterien beim Schließen und Öffnen der Hüfte reduzieren. Aus diesem Grund empfehle ich bei aerodynamischen Zeitfahr- oder Triathlonpositionen einen Winkel von nicht mehr als 35 bis 40 Grad. Auch die Verkürzung der Kurbellänge kann enormen Einfluss haben. Jede Verringerung um 2,5 Millimeter kann deine Hüfte um zwei Grad öffnen, sodass ein Wechsel von 175 auf 165 Millimeter positive Auswirkungen haben kann.

Hüftprobleme

QUELLE	URSACHE	LÖSUNG
Hüfte – Schmerzen oder Gefäßprobleme	Hüftwinkel geschlossen – Rückenwinkel zu niedrig	Reach & Drop einstellen für entspannten Rückenwinkel und Hüftöffnung
	Kurbellänge zu lang*	Verkürzen, um Hüfte zu öffnen
	Cleats zu weit vorn	Schließt Hüfte in der Hubphase – einstellen
	Unterschiedliche Beinlängen	Sattelhöhe am längeren Bein senken – schließt die Hüfte
	Sattel zu niedrig	Erhöhen für Öffnung
	Sattel zu hoch	Nach vorn bewegen, um Winkel zu öffnen

*Das sollte bei jedem Hüftproblem und bei den meisten Bikefitting-Beschwerden dein Go-To sein.

Eine geschlossene Hüftposition

Der Hüftwinkel in Bild B ist viel geschlossener als in Bild A. Das ist auf den aerodynamischen Fahrstil zurückzuführen. Beachte die Nähe des Knies zur Brust. Ein zu geschlossener Hüftwinkel stellt für einige Radfahrer mit Gefäßproblemen, die sich als plötzlicher Leistungsabfall oder regelmäßig wiederkehrende Schmerzen oder Taubheitsgefühle äußern, ein Gesundheitsrisiko dar.

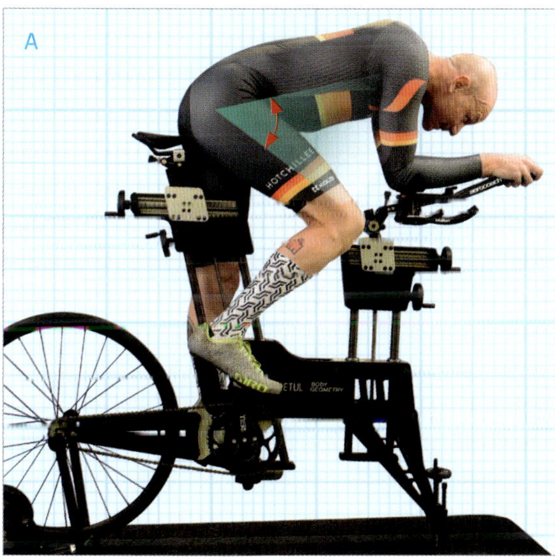

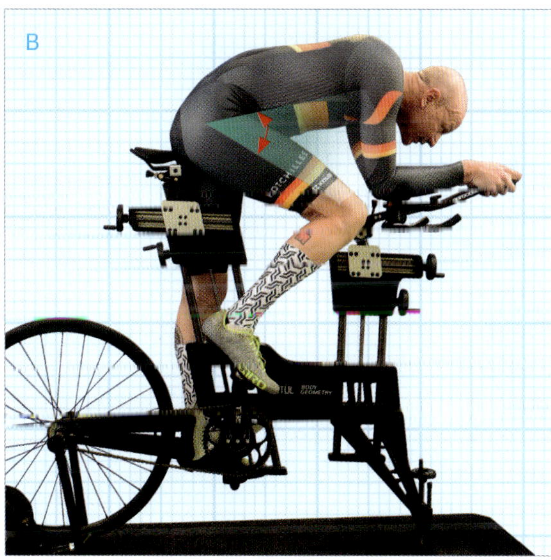

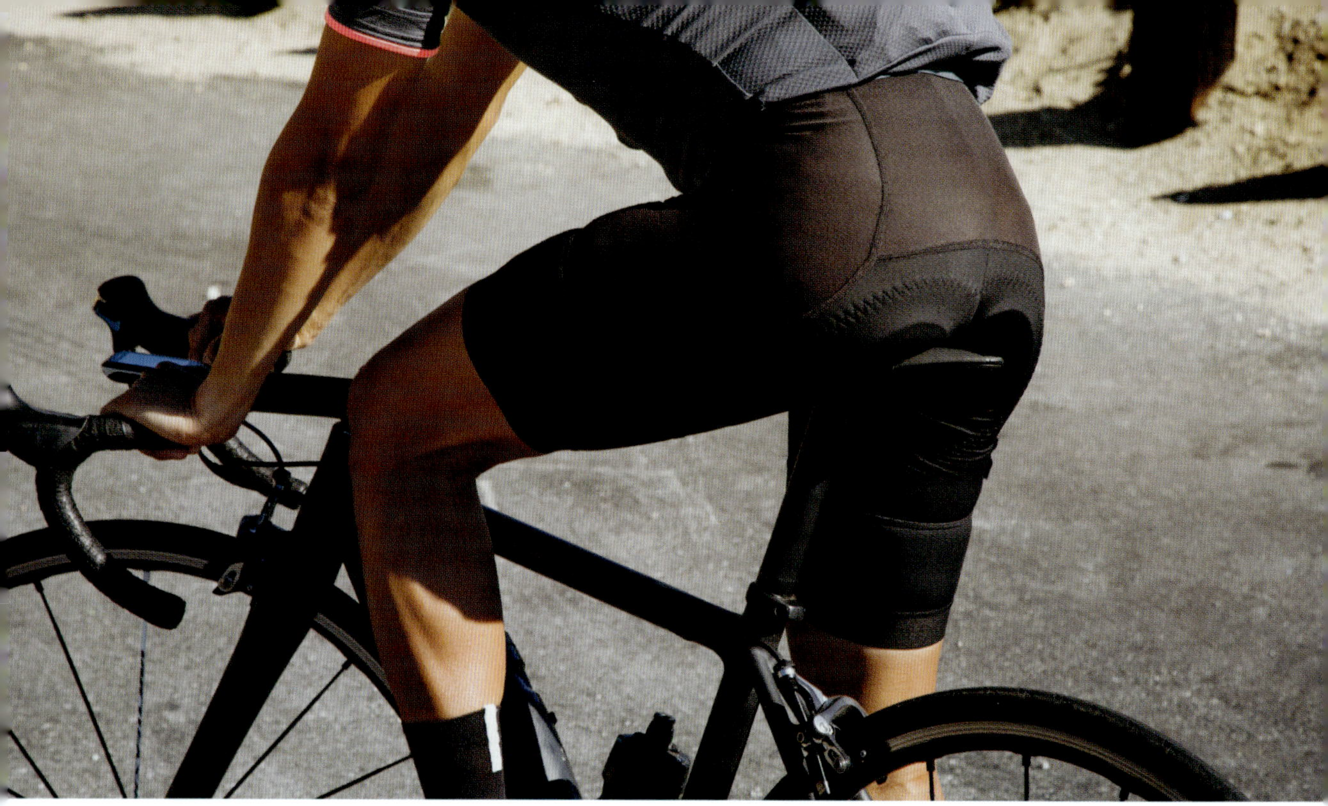

▶ Das Becken interagiert mit dem Sattel

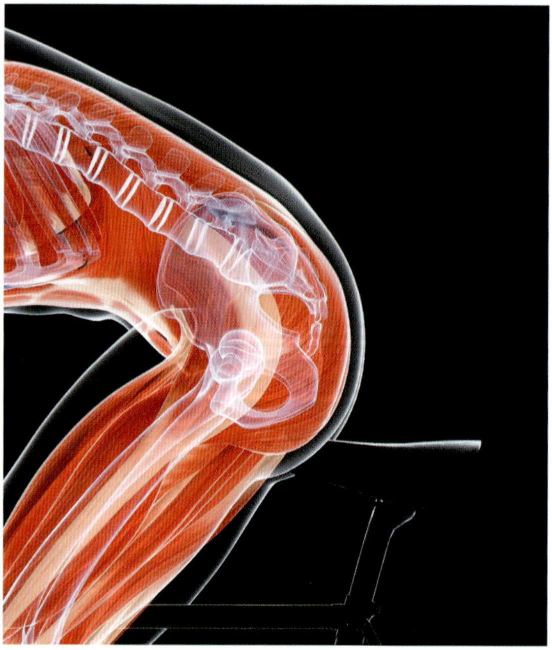

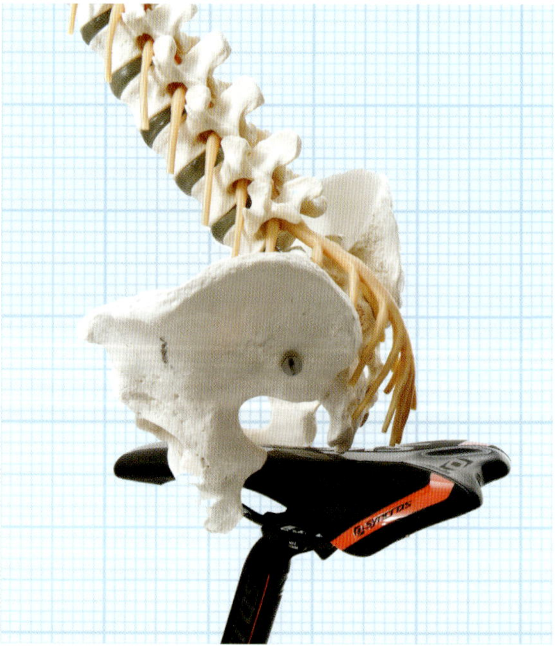

Sattelgesundheit

Viele Radfahrer, insbesondere Frauen, leiden stillschweigend unter vermeidbaren Sattelgesundheitsproblemen, weil sie annehmen, diese würden zum Radfahren dazugehören. Ich bin stolz auf die Arbeit, die ich bei British Cycling in diesem Bereich geleistet habe, und setze meinen Kampf für ein größeres Bewusstsein und die Vermeidung dieser schmerzhaften Barriere bei dem Großteil der Produktentwicklungsarbeit fort, an der ich beteiligt bin.

Sattelschmerzen und -wunden

Zunächst ist zwischen sattelbedingten Schmerzen und sattelbedingten Wunden zu unterscheiden. Sattelbedingte Schmerzen sind Schmerzen, Beschwerden und sogar Entzündungen, die in den Bereichen deines Körpers auftreten, die mit dem Sattel in Kontakt kommen. Das können deine Sitzknochen sein oder dein Damm. Dein Damm ist nicht darauf ausgelegt, darauf zu sitzen und stundenlang einen erheblichen Teil deines Körpergewichts zu tragen! Auch können deine Oberschenkelinnenseiten scheuern, wenn sie am Sattel hin und her reiben – ein Sattel mit schmalerer Nase kann hier helfen. Leichte Entzündungen und Hautrötungen können eine unvermeidliche Folge eines langen Tages im Sattel sein. Sie können sich über Nacht beruhigen und treten seltener auf, wenn sich dein Körper an das Radfahren gewöhnt hat. Stärkere Radfahrer leiden tendenziell weniger unter Beschwerden, da ein höherer Anteil ihres Gewichts durch ihre Pedale geht. Außerdem können diese Schmerzen bei Erholungsfahrten mit geringem Tempo ein größeres Problem darstellen, als wenn man richtig Gas gibt.

Sattelbedingte Wunden sind eine körperliche Entwicklung dieser Hauttraumata und -schädigungen und treten auf, wenn die Dinge weiter gehen und viel unangenehmer werden. Follikulitis ist eine Entzündung oder Infektion an der Basis eines Haarfollikels, während ein Furunkel eine gute alte Beule ist. Follikulitis ist normalerweise recht schmerzlos, aber ein Furunkel kann unbehandelt wachsen und fürchterlich schmerzhaft werden.

Eine weitere unangenehme Entwicklung können Geschwüre, Ulzerationen genannt, sein. Selbst die kleinste Verletzung kann sich zu einem Geschwür entwickeln und wuchern. Wenn die äußere Hautschicht weg ist, können

Haut

Hautschichten, Follikel – und was alles schiefgehen kann

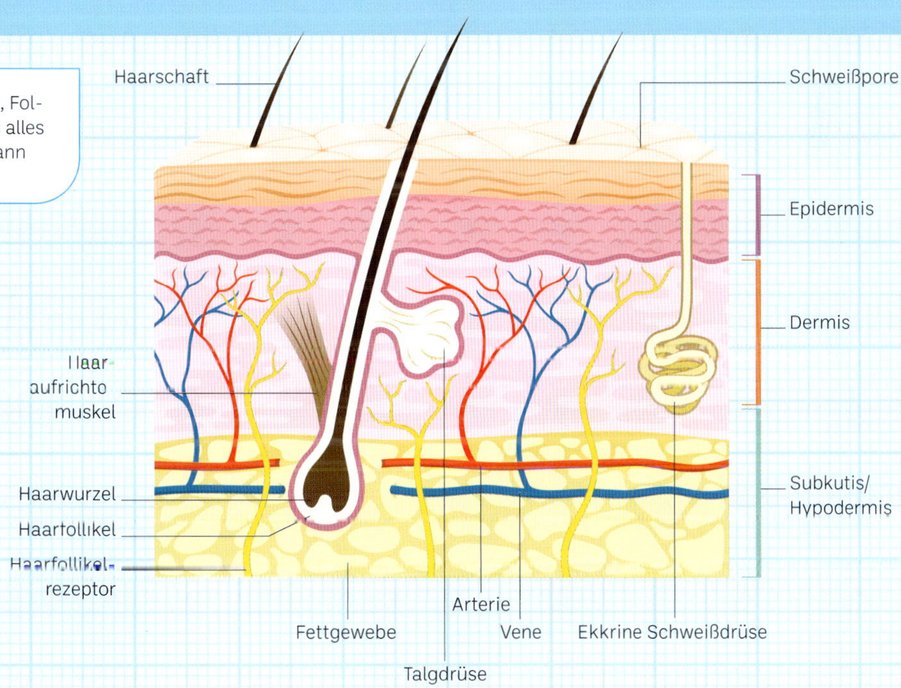

Es begann mit einem Sattel

Im Vorfeld von London 2012 entwickelte ich mit dem UK Institute of Sport einen speziellen Sattel für Victoria Pendleton. Sie hatte Sattelprobleme, die sich negativ auf ihre Trainingsfähigkeit und ihre Leistung auswirkten. Die Arbeit an diesem Sattel und die Lösung von Victorias Problemen brachten mich dazu, über die Sattelgesundheit nachzudenken, besonders für Frauen.

Nach den Spielen fragte ich mich, wie groß das Problem tatsächlich war. Ich stellte ein Team zusammen und beschloss, Radfahrerinnen und Radfahrer im Rahmen einer qualitativen Studie zu befragen. Die Ergebnisse waren umwerfend – 100 Prozent der von mir befragten Radfahrerinnen hatten Probleme, fühlten sich aber angesichts eines männlichen Arztes, männlicher Physiotherapeuten und überwiegend männlichen Trainerstäben nicht wohl dabei, dies anzusprechen.

Etwas musste sich ändern, also stellte ich ein Weltklasse-Expertenteam zusammen. Dazu gehörten Tribologen (Reibungsexperten), Fachärzte für rekonstruktive Chirurgie, die Experten im Umgang mit Druckgeschwüren waren, und ein Top-Facharzt für Vulvagesundheit.

Anschließend erstellte ich umfassende Pflegeanweisungen für alle Radfahrerinnen und Radfahrer und konzentrierte mich auf die Entwicklung von Satteltechnologie und -ausrüstung. Das verbesserte die Sattelgesundheit erheblich und reduzierte im gesamten Team sattelbedingte Schmerzen und Verletzungen.

Während dieser Zeit bemerkte ich die problematische UCI-Vorschrift, wonach die Sättel waagerecht sein müssen. Insbesondere bei aggressiven Verfolgungspositionen stellte diese Sattelposition einen entscheidenden Faktor für einige der Probleme dar, die unsere Radfahrerinnen hatten. Ich konnte keinen logischen Grund für die Regel erkennen und äußerte meine Bedenken. Als UCI bewusst wurde, dass ihre Entscheidung gesundheitsschädliche Auswirkungen auf die Radfahrerinnen haben und sie juristisch angreifbar machen könnte, konsultierten sie mich hinsichtlich meiner Empfehlungen bezüglich der Neigung, und die Regeln wurden geändert. Ich bin wirklich stolz darauf, die Regeln des Sports tatsächlich geändert zu haben, zumal dies der Gesundheit der Radfahrerinnen und Radfahrer zugutekommt.

▶ Lochsättel

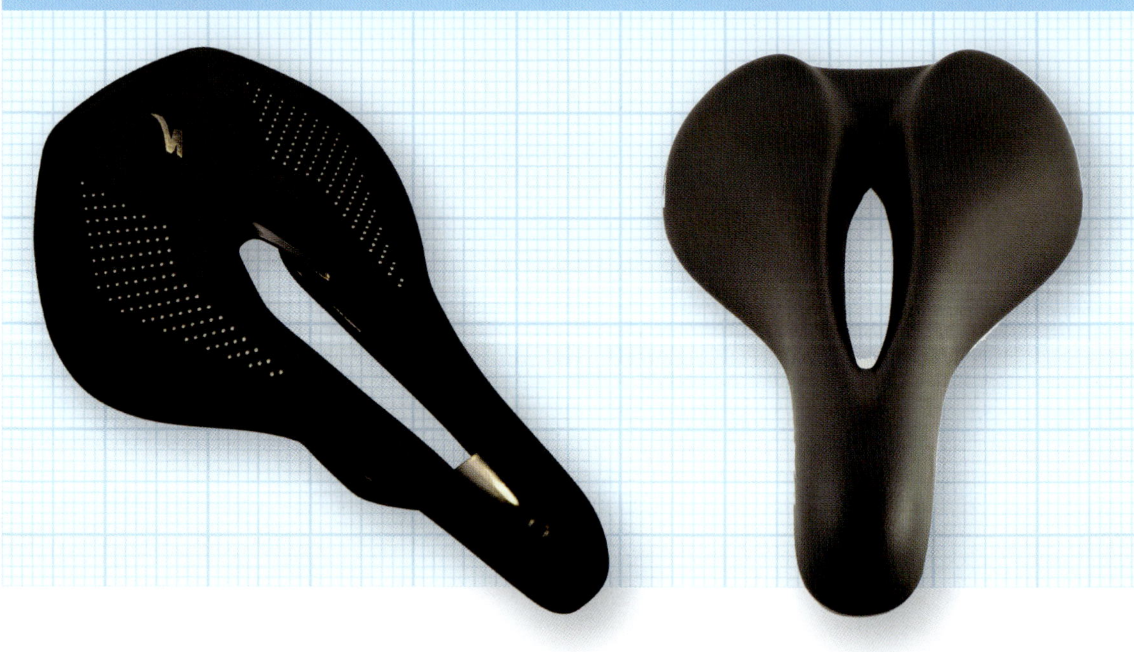

Bakterien in die tieferen Schichten gelangen, wo sie gedeihen können. Unbehandelt wächst das Geschwür und kann zu einer schweren Hautinfektion führen.

Radfahrerinnen haben mit Schwellungen und Schürfwunden an den Schamlippen zu kämpfen, die unbehandelt äußerst schmerzhaft und schwerwiegend werden können. Ein männerspezifisches Problem ist die Taubheit des Penis aufgrund des Drucks auf den Schamnerv, die zu einer erektilen Dysfunktion führen kann.

WIE ES DAZU KOMMT

Es gibt vier Hauptfaktoren, die zur Entstehung von sattelbedingten Schmerzen und Wunden beitragen.

Druck: Wenn man auf einem Sattel sitzt, konzentriert sich ein Großteil des Körpergewichts auf einen winzigen Bereich, was zu einem immensen Druck führt. Dadurch werden darunter liegende Strukturen, wie Kapillaren, komprimiert, wodurch sich der Blutfluss verringert.

Scherung/Reibung: Jeder Pedaltritt führt zu einer leichten Gewichtsverlagerung und Bewegung auf dem Sattel von einer Seite zur anderen. Dies baut Wärme durch Reibung auf und führt zu Schmerzen und Abschürfungen. Die Scherung verstärkt zudem die Wirkung des Drucks, wodurch der Blutfluss weiter reduziert wird.

Feuchtigkeit: Die durch Schwitzen entstehende Feuchtigkeit führt zu einer Erhöhung der Scherung.

Temperatur: Während man fährt, steigt die Hauttemperatur, besonders am Damm. Das erhöht den Hautstoffwechsel. Druck und Scherung reduzieren die Durchblutung, sodass die Haut nicht den benötigten Sauerstoff und die Nährstoffe erhält, um effektiv zu funktionieren.

SATTELBEDINGTEN SCHMERZEN UND WUNDEN VORBEUGEN

Wie bei allen Sportverletzungen ist Vorbeugung die beste Heilung. Warte nicht, bis du ein Problem in diesem Bereich hast, sondern ergreife Maßnahmen, um es zu verhindern, denn sobald es ein Problem wird, kostet es dich garantiert Zeit auf dem Fahrrad. Ich habe mit einem Radfahrer gearbeitet, der nach einer Schürfwunde von einem schlecht sitzenden Einteiler eine üble Infektion hatte und ein Jahr später erneut darunter litt. Das Problem war, dass die Infektion buchstäblich einen Hohlraum in seine Dermis geschnitzt hatte, der immer ein Risikobereich sein wird. Beide Vorfälle kosteten ihn jeweils vier Wochen Pause vom Fahrrad, extrem schmerzhafte Antibiotikakuren, und er muss ab jetzt supervorsichtig sein.

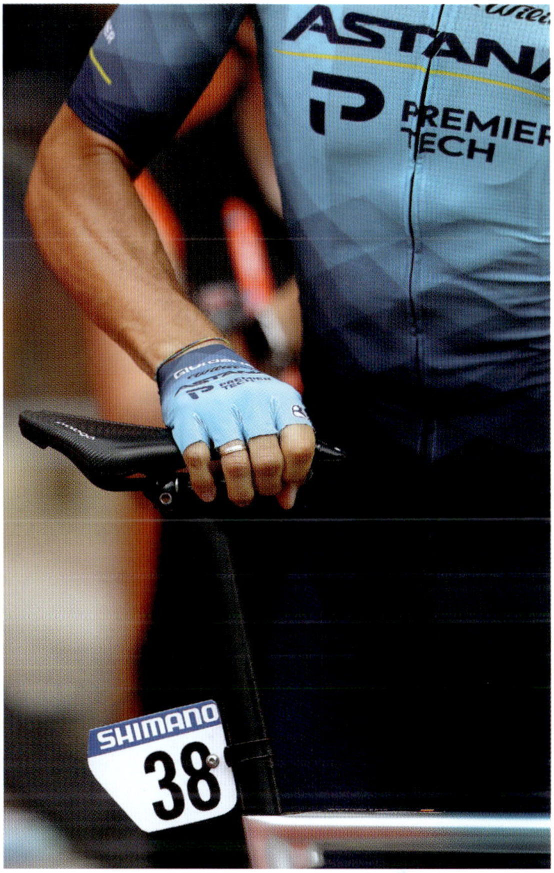

BIKEFITTING UND SATTELWAHL

Wenn du auf dem Fahrrad ungewöhnliche Sattelbeschwerden verspürst, kehre immer zu den Grundlagen Sattelhöhe, Sattelversatz und Sattelneigung zurück. Ist der Schmerz auf einer Seite tendenziell stärker als auf der anderen, kann dies ein Hinweis auf eine Beinlängendifferenz sein. Wenn du dir sicher bist, dass deine Position richtig ist, arbeite die zuvor beschriebenen Schritte durch, um den richtigen Sattel für dich zu finden.

STRUKTURIERTES TRAINING

Folge einem strukturierten Trainingsplan und erhöhe deine Zeit im Sattel schrittweise, sodass dein Körper und dein Gesäß anfangen, sich anzupassen und »abzuhärten«. Das plötzliche Erhöhen deiner Fahrleistung ist ein garantierter Weg zu Schmerzen. Wenn du stärker wirst, wirst du auch proportional mehr Gewicht auf deine Pedale verlagern als auf dein Gesäß.

AUFSTEHEN

Mach es dir auch bei flachen Fahrten zur Gewohnheit, alle fünf bis zehn Minuten im Stehen zu fahren, um den Druck zu verringern und die Durchblutung wiederherzustellen. Das ist auch bei Turbo-Sessions überaus wichtig.

FAHRRADHOSE UND CHAMOIS

Genauso wie die Wahl des Sattels sehr persönlich ist, ist es auch die Suche nach den für dich besten Fahrradhosen und Chamois. Dafür musst du auch nicht Unmengen an Geld ausgeben. Denn wenn das Chamois an der für dich falschen Stelle sitzt, die Passform nicht stimmt oder eine Naht reibt, wird selbst die teuerste Fahrradhose auf dem Markt schlechte Arbeit leisten.

Das Chamois, das Sitzpolster, muss ähnlichen Breitenrichtlinien folgen wie bei der Sattelauswahl. Suche nach einem, das deiner Sitzknochenbreite entspricht. Derzeit ist Schaumstoff das bevorzugte Material für Sitzpolster, da dieser den Schweiß hervorragend ableitet. Für die meisten Radfahrer wäre es besser, man würde Druck und Reibung priorisieren. Ich arbeite derzeit mit Endura an einem Sitzpolster, bei dem medizinisches Silikon in den Schaum eingebettet ist, um genau dies zu erreichen. Der nächste Schritt wird darin bestehen, einen Silikonschaum zu verwenden, der auch eine hervorragende Feuchtigkeitstransportleistung bietet. Ich dränge auch darauf, dass eine Reihe von Chamois-Breiten verfügbar sein wird. Es wird eine Weile dauern, bis die Sattelindustrie eine ausreichend große Auswahl an frauenspezifischen Sätteln liefert, aber wir können zumindest versuchen, eine Reihe von Sitzpolstern herzustellen.

Stelle sicher, dass deine Fahrradhose gut sitzt und das Sitzpolster lang genug ist und sich dort befindet, wo es sein sollte, besonders in deiner nach vorn gebeugten Fahrposition. Eine Fahrradhose muss auch ordentlichen Grip am Oberschenkel haben, damit sie nicht hochrutscht, und eng genug sein, um das Sitzpolster an Ort und Stelle zu halten, aber nicht so eng, dass sie dich einschränkt. Überprüfe, dass keine schlecht platzierten Nähte vorhanden sind. Bei der Zusammenarbeit mit Team Sky mussten wir Ian Stannards Sattel gegen einen mit Cut-out austauschen, da die vom Sponsor bereitgestellte Fahrradhose eine Naht am Sitzpolster hatte, die bei ihm in einem sehr empfindlichen Bereich sehr schmerzhaf-

▸ Sitzpolster

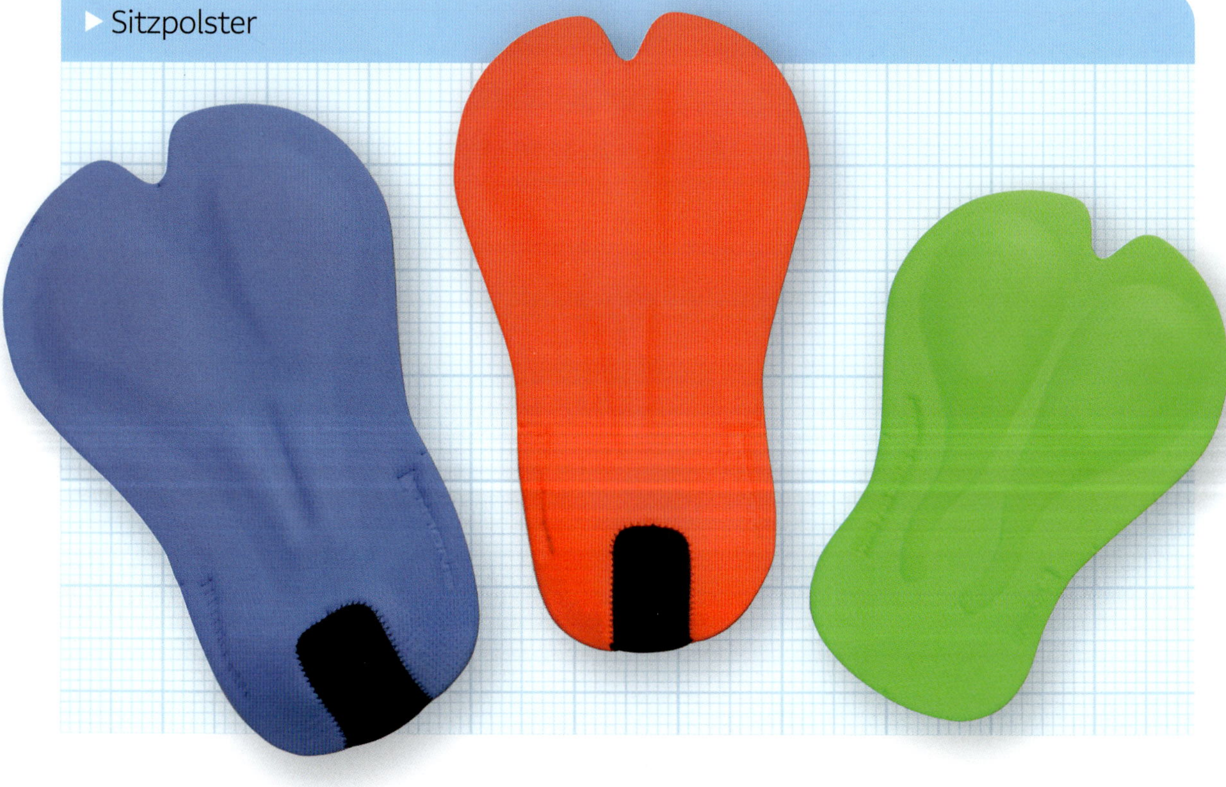

te Scheuerstellen verursachte! Ein weiteres Beispiel für einen problematischen Sitzpolsterwechsel war, als die britischen Bahnradfahrer beim UCI World Cup weiße Ledereinteiler von Leaders tragen mussten. Sie führten im gesamten Kader zu Problemen. Am Ende schnitten wir die Sitzpolster aus und nähten unsere eigenen ein.

CHAMOIS-CREME

Ich finde es unglaublich, dass es Radfahrer gibt, die keine Chamois-Creme benutzen. Prävention ist immer besser als Heilung. Selbst wenn du noch nie unter sattelbedingten Beschwerden gelitten hast, versteht sich die Nutzung eines so einfachen, kostengünstigen, aber wirksamen Vorbeugeschritts von selbst. Chamois-Creme reduziert die Reibung und wirkt als Barriere, um die Haut zu schützen und einen optimalen Feuchtigkeitsgehalt aufrechtzuerhalten. Ich habe ein Pre- und Post-Fahrt-System entwickelt, bestehend aus einer hochwirksamen Barrierecreme für das Radfahren, einer Waschcreme, die die Öle in der Chamois-Creme von der Haut entfernt, aber die natürlichen Öle hinterlässt, und schließlich einer beruhigenden Feuchtigkeitscreme.

SELBSTPFLEGE UND HYGIENE

Ein häufiger Fehler ist, Unterwäsche unter Fahrradhosen zu tragen. Mach das niemals, besonders keine Baumwollunterwäsche.Sie hält Feuchtigkeit auf deiner Haut, was die feuchtigkeitstransportierende Wirkung hochwertiger Fahrradhosen und Sitzpolster zunichtemacht und das Risiko für Schmerzen und Infektionen erhöht.

Wenn du von deiner Fahrt zurückkommst, sitze nicht in deiner feuchten, verschwitzten Fahrradhose rum, während du Kaffee trinkst oder deine Statistiken überprüfst. Ziehe sie aus, wasche dich und entspanne danach.

Achte unter der Dusche auf eine gründlich Reinigung, aber schrubbe nicht und vermeide die Verwendung von Waschlappen, Schwämmen und Peelings. Vermeide es, alle natürlichen Öle und Bakterien zu entfernen, die beide die Barrierefunktion der Epidermis verbessern. Verwende eine sanfte Waschcreme wie die von mir entwickelte oder etwas wie Dermol 500 und spüle mit viel klarem Wasser nach. Tupfe dich trocken, anstatt zu rubbeln. Trage lockere Kleidung, um die Trocknung und die Luftzirkulation zu unterstützen. Verwende eine unparfümierte Feuchtigkeitscreme, um die Barrierefunktion zu

▶ Chamois-Creme

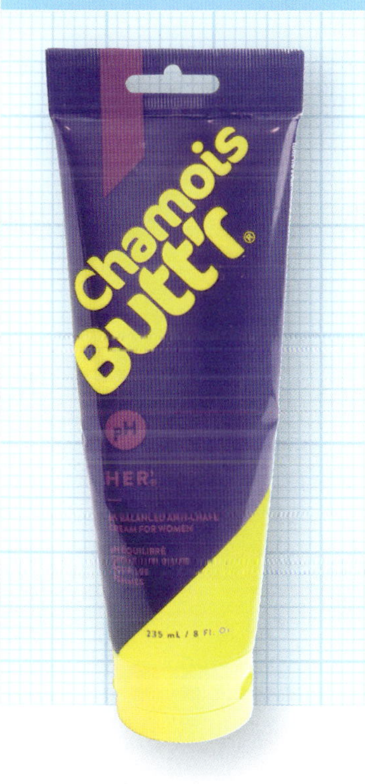

▶ Haarschneidemaschine

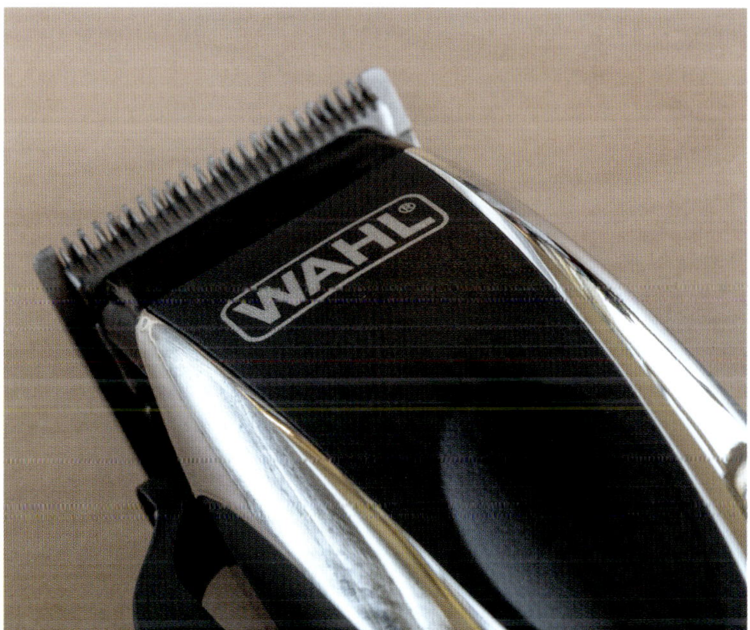

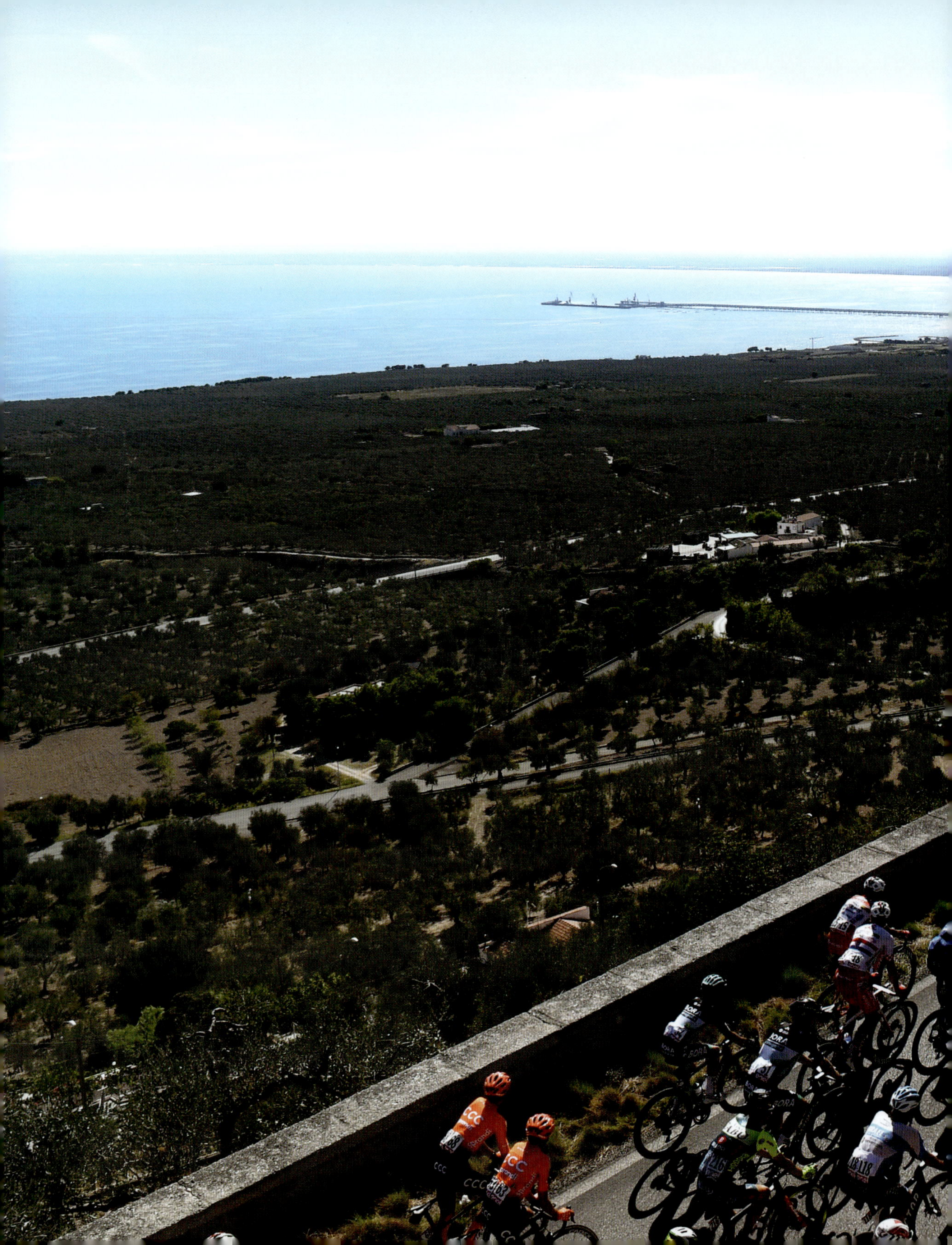

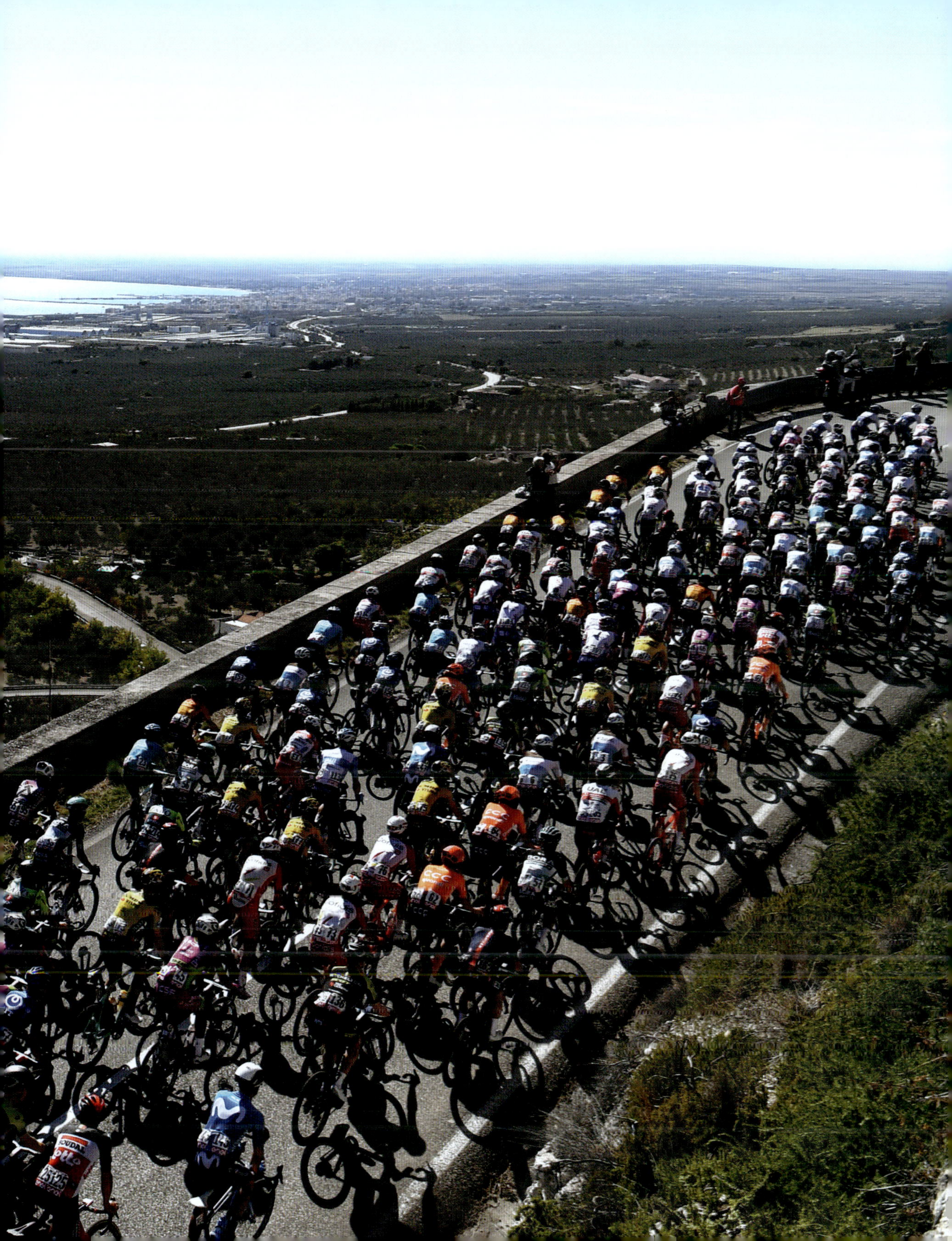

verbessern und Entzündungen zu lindern. Trimme lieber, anstatt zu rasieren. Haare bieten einen gewissen Schutz vor Reibung. Eine Rasur kann nicht nur die Haut reizen, sondern auch zu einwachsenden Haaren und Follikulitis führen.

Schmerzen im unteren Rücken

Schmerzen im unteren Rücken sind eine der häufigsten Beschwerden. Studien mit professionellen und nicht wettkampforientierten Radfahrern haben gezeigt, dass Schmerzen im unteren Rücken die höchste Rate an funktionellen Beeinträchtigungen verursachen und ärztliche Behandlung erfordern.

Zu beachten ist natürlich, dass viele Menschen bereits Rückenprobleme haben, die nicht durch das Radfahren verursacht wurden und die das Radfahren entweder lindern oder verschlimmern kann. Radfahren bleibt aufgrund seiner geringen Beanspruchung eine großartige Möglichkeit, kardiovaskuläre Übungen ohne Schmerzen oder Verletzungen durchzuführen. Wenn die Ursachen für Schmerzen im unteren Rücken beim Radfahren erkannt und behandelt oder vermieden werden können, stellt das Radfahren für Menschen mit chronischen Rückenschmerzen eine der besten Möglichkeiten dar, sich zu bewegen. Ursachen für Schmerzen im unteren Rücken können aktivitäts- oder ausrüstungsbedingt sein.

AKTIVITÄTSBEDINGTE URSACHEN

Zu aktivitätsbedingten Ursachen zählen plötzliche Zunahmen von Distanzen, Belastungen oder Intensität, zum Beispiel das erstmalige Befahren langer Hügel oder Berge. Wenn dies der Grund für deine Rückenschmerzen sein könnte, ziehe in Betracht, mit deiner Aktivität zurückzutreten und dein Training langsamer anzugehen. Wenn ihm Zeit gegeben wird, passt sich der Körper an die auferlegte Anforderung oder Belastung an – wenn er kann.

AUSRÜSTUNGSBEDINGTE URSACHEN

Ausrüstungsbedingte Ursachen sind Sattelhöhe, Sattelwinkel sowie Drop und Reach. Wenn der Sattel zu hoch ist, schaukelt der Radfahrer hin und her beim Versuch, die Pedale zu erreichen. Beidseitige sattelbedingte Schmerzen gehen oft mit Rückenschmerzen einher.

▶ Belastung versus Zeit

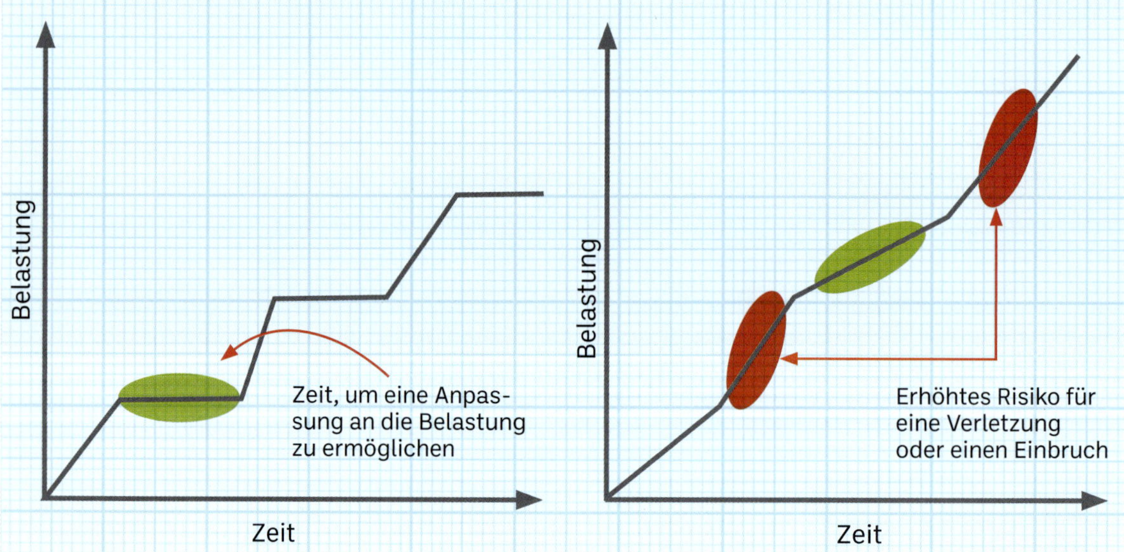

Der flache Abschnitt stellt die Zeit dar, in der die Trainingsbelastung nicht zunimmt, was eine Anpassung ermöglicht.

Hier sind die Belastungserhöhungen zu schnell und plötzlich, ohne genügend Zeit für eine Anpassung erfolgt.

Der Sattelwinkel verändert den Oberkörperwinkel und hat nachweislich eine dramatische Wirkung auf die Linderung von Schmerzen im unteren Rücken. In einer Studie mit 80 Vereinsradfahrern reduzierte das Abwinkeln des Sattels um 10 bis 15 Grad das Auftreten von Rückenschmerzen in nur sechs Monaten um 72 Prozent.

Wenn der Reach zu groß ist, zwingt er den Körper, sich im unteren Rücken weiter zu beugen, und erzeugt einen spitzen Oberkörperwinkel. Eine anhaltend übermäßig gebeugte Haltung kann mit der Zeit Schmerzen verursachen. Menschen mit verspannten Kniebeugern sind anfälliger für diese Art von Schmerzen im unteren Rücken. da das Becken durch die daran ziehenden Kniebeuger zurückgehalten wird. So wird der untere Rücken gezwungen, sich stärker zu beugen, um den Lenker zu erreichen.

Beim Bikefitting wird ein übermäßiger Drop oder Reach am Winkel des Oberkörpers beobachtet. Das ist der Winkel, den die horizontale Ebene der Hüfte, beziehungsweise des Beckens, zur Oberkörperlinie bildet. Hobbyrennradfahrer haben einen Winkel zwischen 45 und 50 Grad, während Profis bis zu 35 Grad erreichen können und eine gute Zeitfahrposition gerade einmal 20 Grad beträgt. Denke daran, dass Drop und Reach eine Funktion von Sattelhöhe und -winkel, Oberrohrlänge, Vorbaulänge und Steuerrohrhöhe sind.

Der einfachste Weg, einen übermäßigen Drop anzugehen, ist, den Lenker am Vorderteil anzuheben, was natürlich auch den Reach verkürzt. Ein übermäßiger Reach kann durch eine Änderung der Vorbaulänge oder des Sattelversatzes angepasst werden. Sei mit Letzterem vorsichtig, da das Auswirkungen auf das gesamte hintere Set-up hat. Wenn der Sattel nicht als übermäßig weit hinten identifiziert wird, würde ich immer zuerst den Vorbau kürzen, um einen übermäßigen Reach anzugehen. Generell gilt jedoch, dass ein Vorbau von weniger als 90 Millimetern anfängt, das Handling des Fahrrads zu beeinträchtigen. Wenn du das Gefühl hast, ihn so lang einstellen zu müssen, hat das Oberrohr und damit der Fahrradrahmen die falsche Größe.

Eine aggressive Haltung dieser Art, die oft als aerodynamisch empfunden wird, mit viel Drop und Reach, ist eine häufige Ursache für Rückenschmerzen. Es braucht Zeit, um sich an eine solche Position zu gewöhnen. Beginne mit der aufrechterhaltbaren Position, in der du ohne Beschwerden fahren kannst. Nimm anschließend

Rückenwinkel

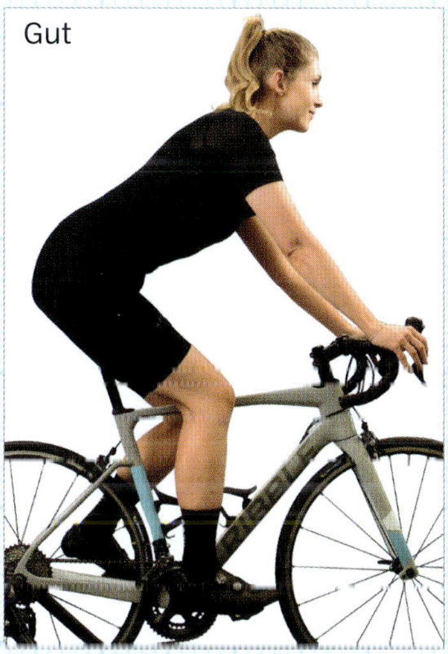

Eine ausgewogene Position mit einer gleichmäßig gebeugten Wirbelsäule mit guter Gewichtsverteilung.

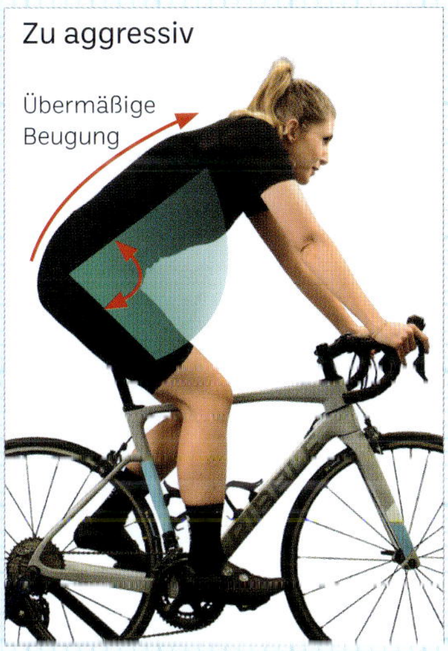

Der übermäßige Drop und Reach sowie die verspannten Kniebeuger halten das Becken zurück. Eine übermäßige Beugung der Lendenwirbelsäule entsteht.

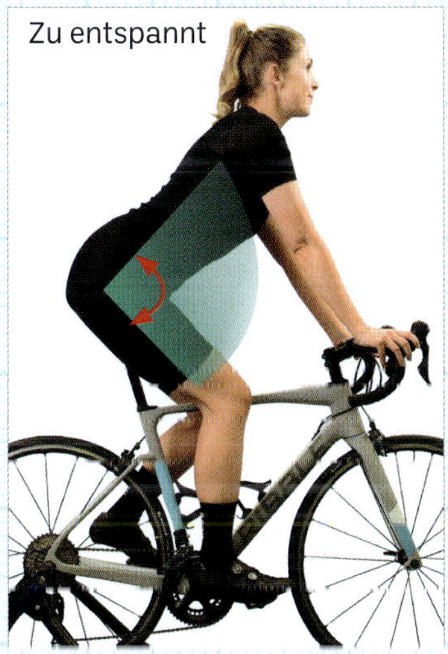

Man kann zu entspannt sein. Das hohe Vorderteil hat die Radfahrerin gezwungen, sich aufzurichten, wodurch zu viel Gewicht auf ihrem Rücken lastet.

schrittweise Anpassungen in Richtung deines Ziels vor, damit dein Körper sich anpassen kann. Oft zahlt sich eine Kombination mit einem Flexibilitätsprogramm aus, das auf deine einschränkenden Faktoren abzielt.

Eine gute Möglichkeit, Schmerzen und Funktionsstörungen zu betrachten, ist Folgendes. Wir alle altern und nutzen uns nach und nach ab. Vergleiche zwei Menschen mit identischen degenerativen Erkrankungen des unteren Rückens. Der eine hat Schmerzen und der andere keine. Warum? Sie haben doch die gleiche Pathologie? Wie sich herausgestellt hat, korrelieren Schmerzen und Funktionsstörungen nicht gut miteinander. Das liegt daran, dass sich der Körper nur dann beschwert, wenn er mit dem Grad und Ausmaß der Degeneration nicht fertigwird oder mithalten kann, das heißt, wenn sie zu schnell auftritt.

An einem Ende des Spektrums sind ein Sturz und ein gebrochenes Schlüsselbein ein unmittelbar traumatischer Angriff auf den Körper, der große Schmerzen verursacht. Am anderen Ende braucht ein degeneratives Segment der Lendenwirbelsäule - Bandscheibe und Knochen - möglicherweise nur Zeit, um sich an eine anhaltend gebeugte Position anzupassen: Bänder verlängern sich, Nerven gleiten reibungsloser, Narbengewebe verändert sich.

INTRINSISCHE FAKTOREN

Intrinsische Faktoren beziehen sich auf die Beschaffenheit deines Körpers. Dazu gehören Beinlängenunterschiede, schlechte Flexibilität, sattelbedingte Verletzungen und frühere Lendenwirbelsäulenverletzungen.

Wenn mangelnde Flexibilität und eine schlechte Bikeposition aufeinandertreffen, ist es oft der untere Rücken, der die Last des Problems trägt. Wie im Abschnitt über Reach besprochen, muss die hintere Kette – die Muskeln entlang deines Rückens – für die von dir eingenommene Position beweglich genug sein. Wenn das nicht der Fall ist, solltest du die Position entspannen, normalerweise durch Anheben des Vorderteils, bis sich die Muskeln angepasst haben. Es kann ausreichen, nach und nach in einer etwas niedrigeren Position zu fahren, um dein Ziel zu erreichen, aber du musst möglicherweise abseits des Fahrrads an deiner Flexibilität arbeiten. Eine sattelbedingte Verletzung kann zu Rückenschmerzen führen, da der Radfahrer versucht, den Druck beim

Beinlängenunterschied

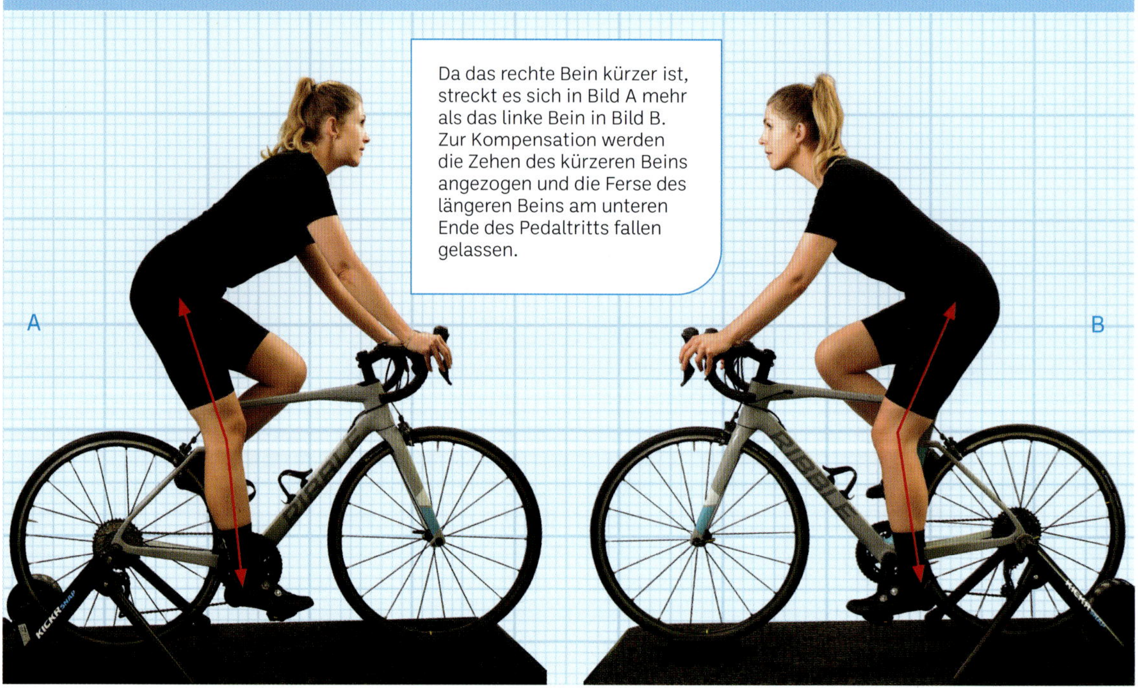

Da das rechte Bein kürzer ist, streckt es sich in Bild A mehr als das linke Bein in Bild B. Zur Kompensation werden die Zehen des kürzeren Beins angezogen und die Ferse des längeren Beins am unteren Ende des Pedaltritts fallen gelassen.

Sitzen auf der schmerzenden Stelle zu lindern, und so den unteren Rücken beeinträchtigt.

Beinlängenunterschied

Menschen sind nicht symmetrisch. Asymmetrie ist die Norm, und das kann zu Problemen führen, wenn wir mit symmetrischer, fester Ausrüstung interagieren.

Ein Unterschied in der Länge eines deiner unteren Gliedmaßen, sei es strukturell (tatsächlich längere Knochen) oder funktionell (Verdrehungen im Becken und in den umgebenden Weichteilen, die eine Extremität kürzer erscheinen lassen), stellt eine Asymmetrie dar, die der Körper verarbeiten muss, weil der Abstand zu den Pedalen gleich bleibt. Nach meiner Erfahrung sind tatsächliche Beinlängenunterschiede ziemlich selten, aber funktionelle Unterschiede sind relativ häufig. Ein signifikanter Beinlängenunterschied – mehr als drei Millimeter – muss während der Fahrt kompensiert werden.

Woher weißt du also, ob bei dir ein Beinlängenunterschied vorliegt? Der beste Weg, einen strukturellen Beinlängenunterschied zu identifizieren, ist, ein großes Röntgenbild deines gesamten Unterkörpers aufzunehmen. Radiologen können dann die Länge der Knochen messen. Diese Methode ist nur zu 75 bis 85 Prozent genau. Sie wird natürlich keinen funktionellen Beinlängenunterschied aufzeigen, der bei Bewegung auftritt.

Eine definitive Diagnose muss aus Informationsschichten aufgebaut werden. Mit jedem relevanten Symptom steigt die Wahrscheinlichkeit für einen Beinlängenunterschied, der behandelt werden muss.

Anzeichen

Einseitige sattelbedingte Schmerzen: Diese deuten darauf hin, dass ein Radfahrer überwiegend auf einer Seite des Sattels sitzt.

Ein Knie erhebt sich anders: Ein Knie bewegt sich viel breiter elliptisch als das andere, das sich gerade auf und ab bewegt. Ein Radfahrer kann seine Sattelhöhe unwissentlich zugunsten seines kürzeren Beins einstellen, das den direktesten Weg nimmt, um das Pedal zu erreichen, wodurch das andere Bein dies mit einer elliptischen Knieerhebung zu kompensieren versucht.

Einseitige Rückenschmerzen: Die Drehung oder Rotation über drei Ebenen, die das Becken ausführen muss, um einen signifikanten Beinlängenunterschied zu kom-

▶ Scannogramm

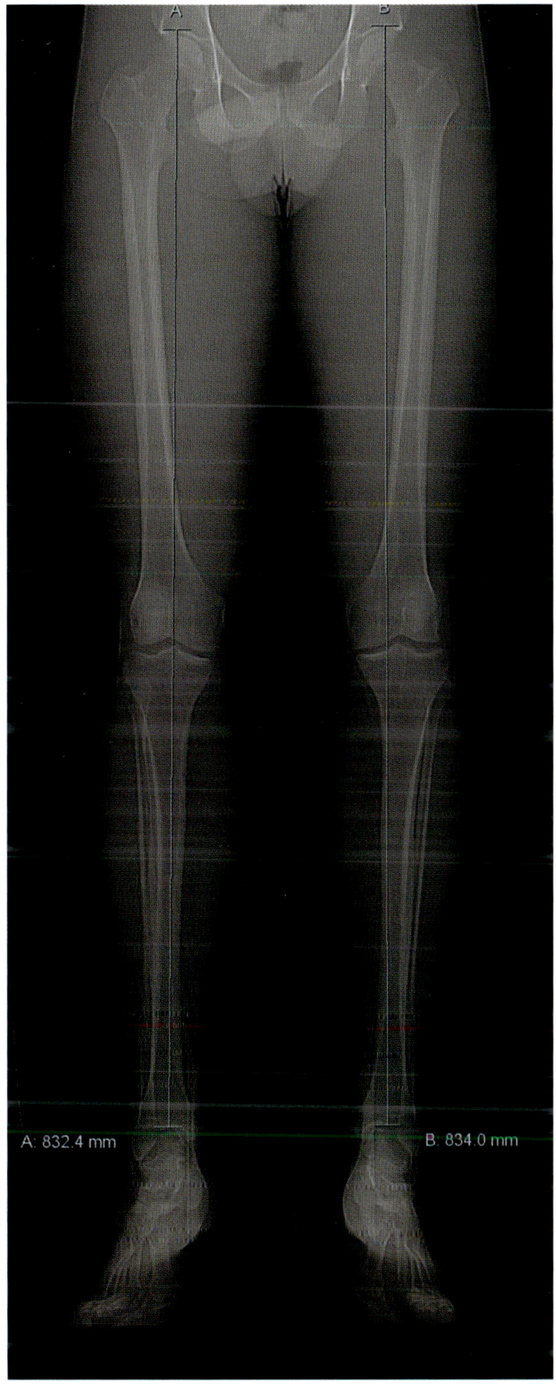

Beckenschaukeln wegen Beinlängenunterschied

Man sieht oft, wie das Becken hin und her schaukelt, wenn der Sattel zu hoch ist. Wenn jemand einen Beinlängenunterschied hat, ist der Sattel auf einer Seite zu hoch, sodass er nur in eine Richtung schaukelt.

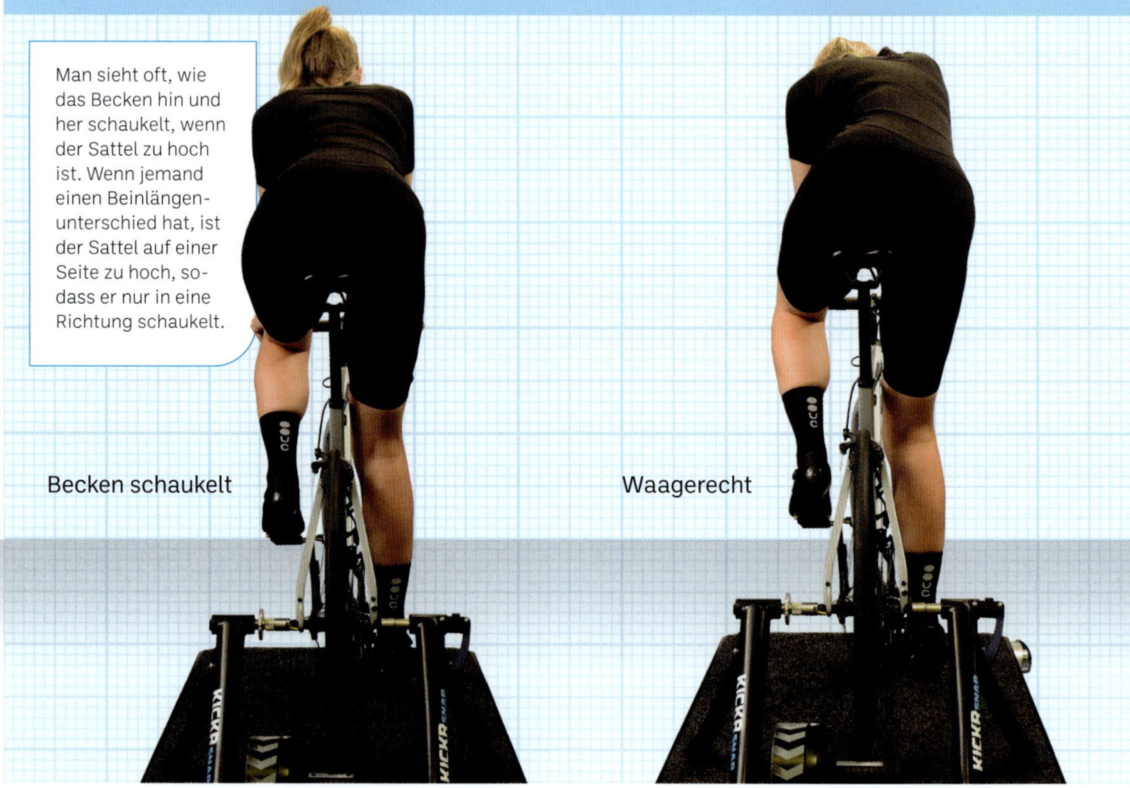

Probleme mit dem unteren Rücken

QUELLE	URSACHE	LÖSUNG
Schmerzen im unteren Rücken	Oberkörper- oder Rückenwinkel zu niedrig – zu viel Reach	Reach reduzieren – Vorbau verkürzen, Sattel nach vorn bewegen, soll das Knie nicht beeinträchtigen
	Oberkörper- oder Rückenwinkel zu niedrig – zu viel Drop	Lenker erhöhen, Sattelhöhe verringern, sofern der Kniewinkel dies erlaubt
	Beides	Vorbau verkürzen, Lenker erhöhen, Sattelhöhe verringern und nach vorn bewegen, wenn Knie das erlaubt
	Beinlängenunterschied	Sattelhöhe für längeres Bein optimal einstellen und das kürzere Bein höher platzieren
	Sattelwahl	Sattel blockiert Beckenrotation, zwingt unteren Rücken, sich zu beugen – Sattelform beachten
	Sattelnase ist nach oben geneigt	Sattel zwingt das Becken nach hinten und vergrößert Beugung und Belastung des unteren Rückens

pensieren, bedeutet oft, dass das Kreuzbein versetzt ist und unter Druck steht. Die Lendenwirbelsäule oder der untere Rücken sitzt darauf und Probleme treten auf.

Wadenzerrung oder -verspannung: Oft nimmt das kürzere Bein eine eher sprunggelenksbetonte Tritttechnik an, am unteren Totpunkt mit den Zehen weiter nach unten und am oberen Totpunkt mit der Ferse nach unten – damit das kürzere Bein das Pedal erreichen kann.

Einseitige Knieschmerzen: Das Knie kann die adaptiven Änderungen des Körpers an den Beinlängenunterschied nicht verkraften. Beispielsweise ändert die adaptive Rotation des Beckens entweder nach hinten oder nach vorn effektiv die Knievorwärtsstellung des Fußes.

Als eine Goldmedaillengewinnerin in der olympischen Mannschaftsverfolgung mit dem Radfahren anfing, zerrte sie sich wiederholt die linke Wade. Untersuchungen ergaben auf dieser Seite ein deutlich kürzeres Bein. Die Platzierung einer 6-Millimeter-Unterlegscheibe unter ihrem linken Cleat ließ es verschwinden.

Schultern

Das häufigste Schulterproblem bei Radfahrern ist ein Schlüsselbeinbruch nach einem Sturz. Auf dem Fahrrad sind Probleme in Bezug auf das Bikefitting an der Schulter oft zweitrangig, dennoch miteinander verbunden.

Jemand, der zu viel Gewicht auf den Händen trägt, bemerkt vermutlich zuerst dort ein Taubheitsgefühl (siehe Seite 134 und 135), aber auch Schmerzen in der Schulter oder in den Schulterblättern sind möglich. Drückt das Körpergewicht nach vorn, kann es die Ellenbogen dazu zwingen, sich (komplett) zu strecken, wodurch die Dämpfung und Kontrolle der oberen Gliedmaßen ausschließlich auf die Schulter verlagert wird. Bei langen Fahrten kann dies zu einem allmählichen Aufbau von pochenden, brennenden Schmerzen zwischen den Schulterblättern oder der Schulterrückseite führen. Achte auf Folgendes: Taubheitsgefühl in den Händen, komplett gestreckte Ellenbogen, von der Fahrtdauer herrührende Schmerzen in den Schulterblättern. Diese Symptome deuten auf eine Position hin, die zu viel Gewicht auf den Lenker verlagert. Das Anheben des Vorderteils des Fahrrads kann dies korrigieren.

Eine falsche Lenkerbreite kann ebenfalls zu Schulterschmerzen führen. Deine Daumen und Finger auf den Bremshauben sollten mit der Schulteraußenseite auf einer Linie sein. Das ist leicht mit einem Spiegel zu prüfen.

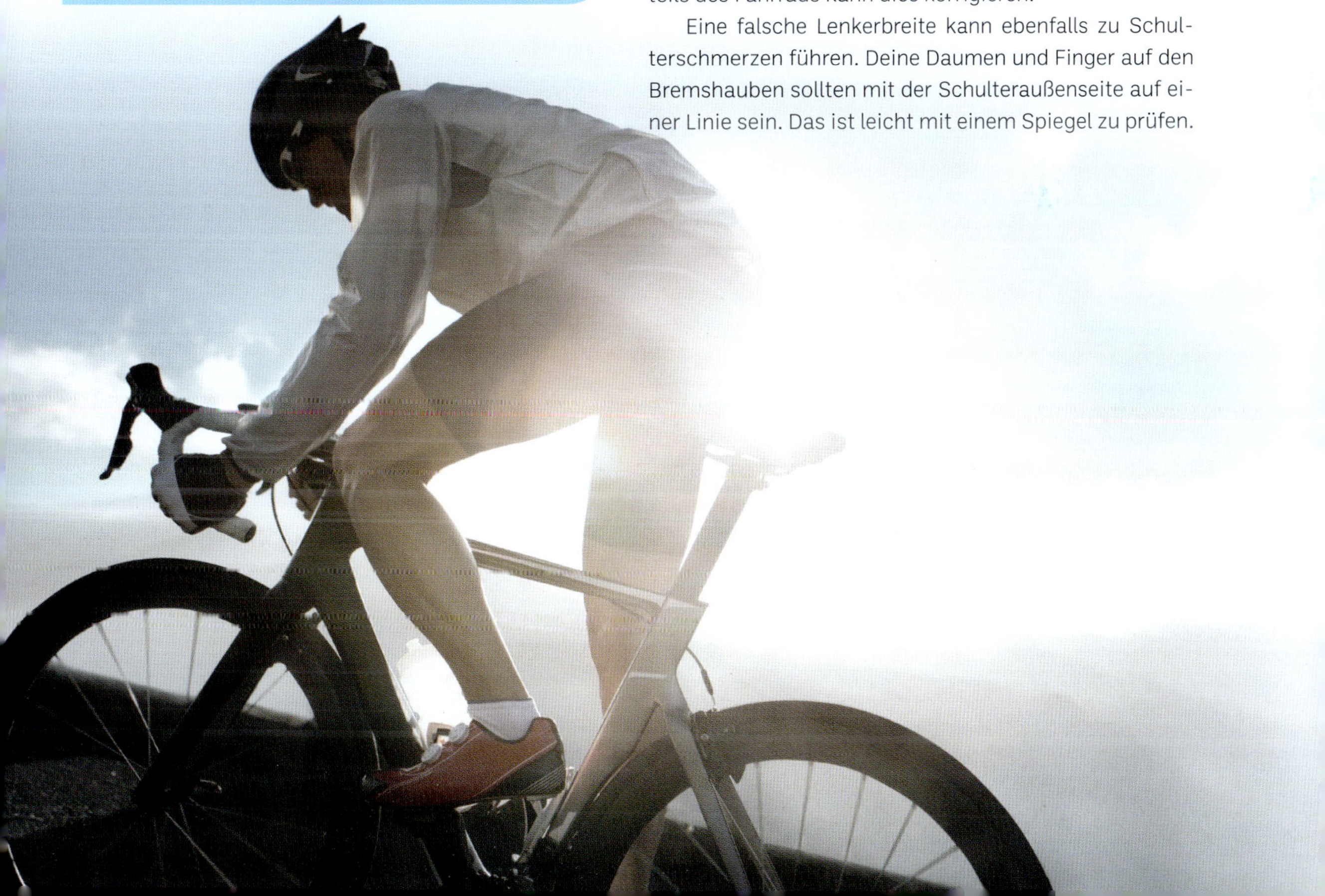

Zu breite, zu enge und korrekte Lenker

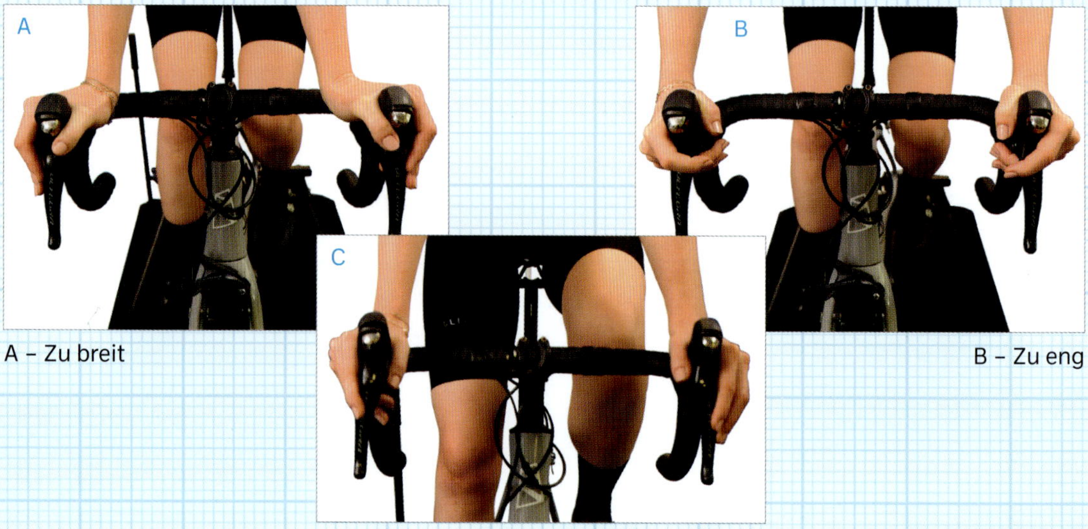

A – Zu breit

B – Zu eng

C – Korrekt

Schulterschmerzen

Die nach vorn gestreckte Schulter sowie die komplett gestreckten Ellenbogen und Handgelenke verlagern die gesamte Kraft in die Schulter.

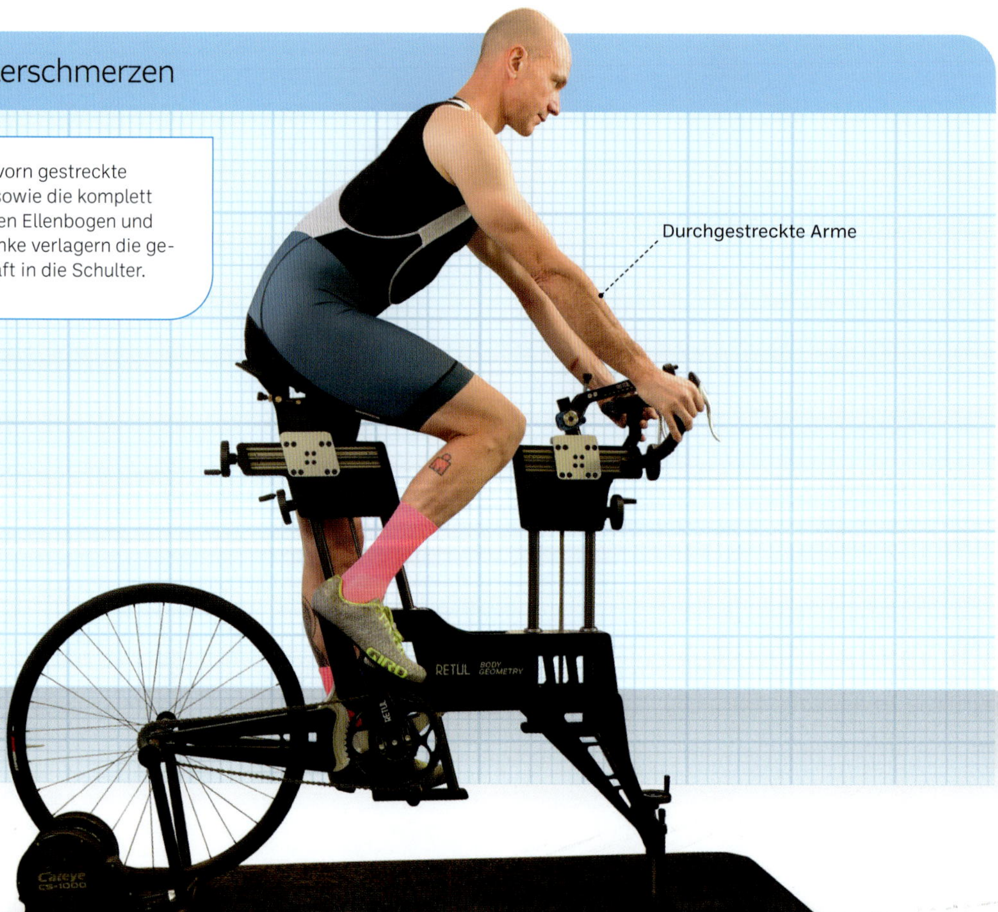

Nacken

Der Nacken und der obere Rücken spielen beim Radfahren eine entscheidende Rolle: Ohne sie könnten wir unseren Kopf nicht ausstrecken, um nach vorn zu sehen. Probleme treten auf, wenn man seinen Hals stark strecken muss, um diese Grundvoraussetzung zu erreichen. Ein übermäßiger Lenker-Drop ist die häufigste Ursache für Nackenschmerzen, da der niedrige Oberkörperwinkel durch ein ebenso starkes Verrenken des Nackens ausgeglichen werden muss.

Die Nackenmuskulatur eines Radfahrers passt sich an die Anforderungen der posturalen Ausdauer an – Stunden in der gleichen Position, um den Kopf hochzuhalten. Menschen, die ihre Fahrdauer verlängern, leiden schnell unter postural bedingten Nackenschmerzen. Die Muskeln haben Schwierigkeiten, mit den neuen an sie gestellten Anforderungen fertigzuwerden. Tatsächlich leiden Ultra-Distanz-Radfahrer beim Race Across America schrecklich unter lähmenden Nackenschmerzen – oft als Shermer's Neck bezeichnet, nach einem der berühmtesten Radfahrer bei diesem harten Wettbewerb, Michael Shermer. Man hat sogar Halskrausen entwickelt, um die Arbeit der Nackenmuskeln beim Ultra-Distanz-Radfahren zu erleichtern. Es ist ein seltsamer Gedanke, dass der Hals das Rennen eines Menschen lange vor seinen Beinen, seinem Herzen oder seiner Lunge stoppen kann.

In meine Routine abseits des Fahrrads schließe ich Arbeit im Halsbereich ein. Zusammen mit dem Schritt, das Vorderteil des Fahrrads anzuheben, kann dies sehr effektiv sein, wenn du unter Nackenschmerzen leidest.

WARUM EIN NIEDRIGER LENKER NACKENSCHMERZEN VERURSACHT

Die Augen müssen auf die Straße blicken. Um den Kopf zu heben, muss sich der Hals strecken. Sind Drop und Reach zu groß, muss sich der Hals noch weiter strecken. Dies kann bei langen Fahrten zu Schmerzen führen.

▶ Nackenschmerzen

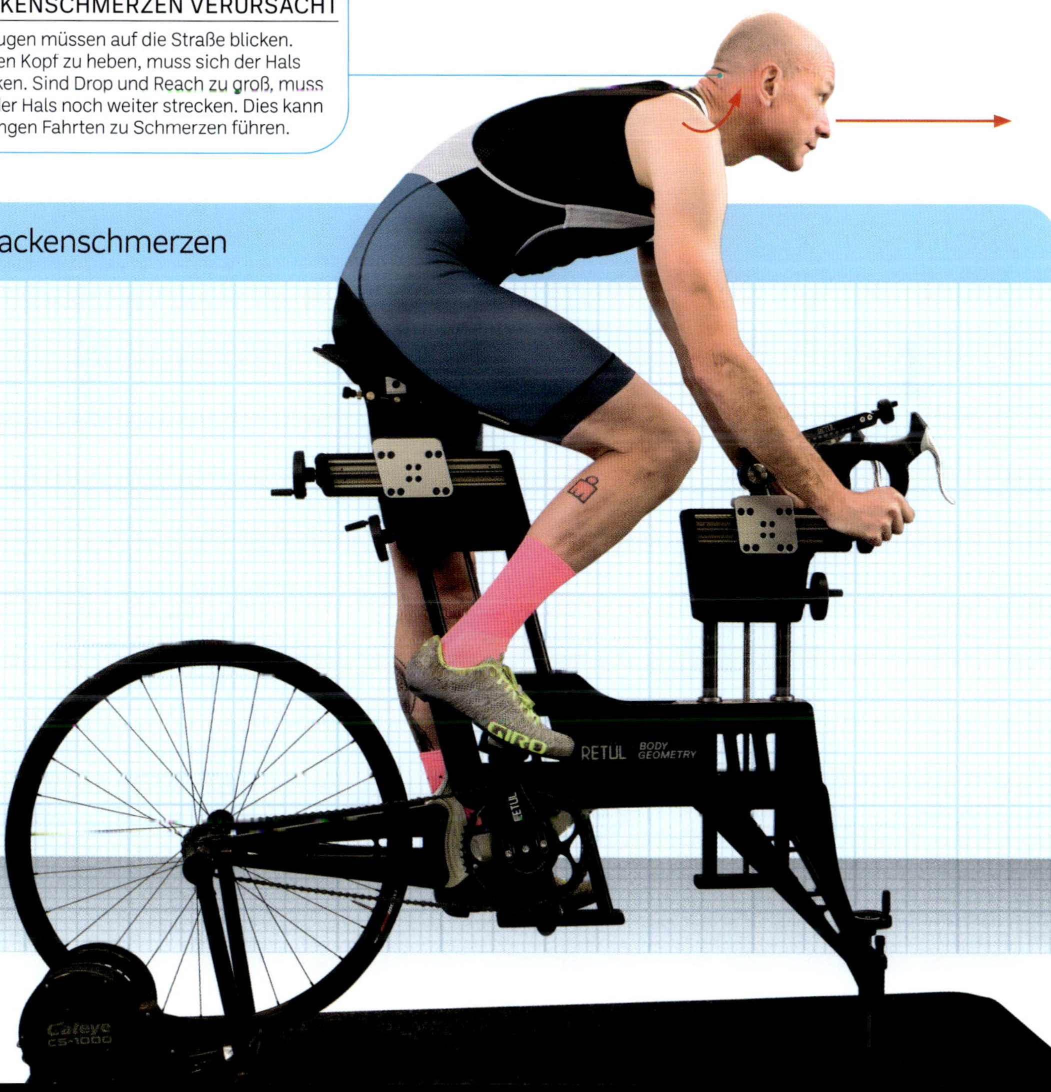

Halskrausen

HALSKRAUSEN

Die Fahrer im Race Across America leiden unter entsetzlichen Schmerzen und Müdigkeitserscheinungen. Um 3000 km intakt zu fahren, wurden viele Methoden entwickelt, um die Schmerzen zu lindern und das Gewicht des Kopfes zu tragen.

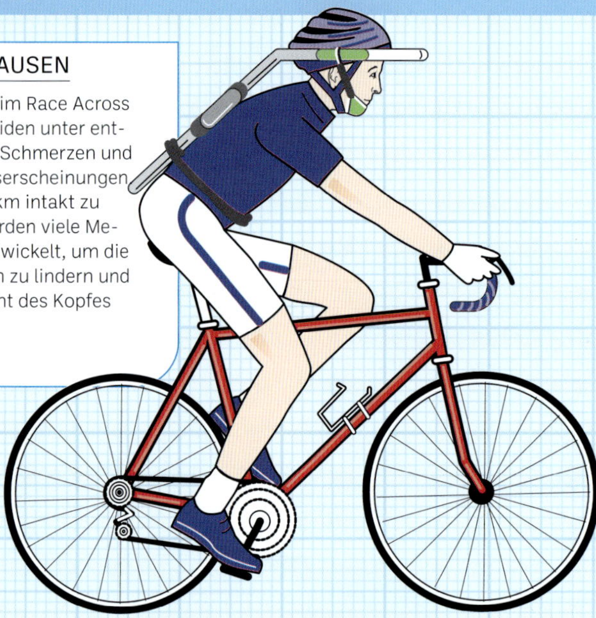

Schmerzen in den oberen Extremitäten

QUELLE	URSACHE	LÖSUNG
Überarbeitete, schmerzende Schultern, Ellenbogen oder Hände	Zu viel Reach	Reach reduzieren, durchgestreckte Ellenbogen und vorgeschobene Schultern entspannen
	Zu viel Drop	Gewicht auf Händen, Ellenbogen, Schultern reduzieren, indem der Lenker angehoben wird
	Sattel nach vorn geneigt	Sattel waagerecht, Vorkippen des Beckens und Gewichtsverlagerung auf Hände vermeiden
Hand- und Unterarmschmerzen	Handposition am Lenker zu breit/enger Lenker	An die Schulterbreite anpassen
	Bremshauben zu weit nach vorn rotiert	Lenker einstellen
	Geringer Lenkerumfang	Doppelt gewickeltes Lenkertape reduziert nicht nur Vibrationen, sondern ermöglicht einen offeneren Griff am Lenker

Trizeps

Der Trizeps fungiert als Dämpfer, der die Anforderungen einer für längere Zeit eingenommenen Haltung sowie die Vibrationen oder Stöße von der Straße absorbiert. Die meisten Menschen bemerken Schmerzen aufgrund eines ermüdeten Trizepses, wenn sie anfangen, immer länger zu fahren. Hält der Schmerz an, überprüfe die Belastung, die durch deine Position auf deine Arme ausgeübt wird. Wenn du die ganze Zeit mit gestreckten Armen fährst, ermüdet dein Trizeps und du solltest deinen Reach überprüfen.

Hände und Finger

Einige Beschwerden im Radsport sind auf Eliteradfahrer beschränkt und andere auf Hobbyradfahrer. Während meiner Zeit bei British Cycling habe ich keinen einzigen Radsportler mit tauben oder kribbelnden Händen gesehen. Ich habe jedoch ehrgeizige Hobbyradfahrer mit ziemlich belastenden Handnervenverletzungen gesehen, die von örtlichen Ärzten an mich überwiesen wurden.

Der Ellennerv ist am häufigsten verletzt, gefolgt vom Mittelarmnerv. Diese Nerven verlaufen nahe an der Oberfläche in und um das Handgelenk und die Handfläche herum und werden durch Strukturen um sie herum eingeschränkt. Bei anhaltendem Druck können sie komprimieren – zum Beispiel beim Auflegen der Handinnenfläche auf den Lenker bei langen Fahrten. Dank der Nerven können die Hand- und Fingermuskeln spüren und greifen; Kompression verändert oder blockiert sie, was zu Taubheitsgefühl, Kribbeln und Kraftlosigkeit führt.

Die häufigste Verteilung oder das häufigste Muster dieser Symptome sind die kleinen Finger oder Ringfinger, da diese vom Ellennerv versorgt werden. Symptome in Daumen und Zeigefinger weisen auf eine Kompression des Mittelarmnervs hin.

In leichteren Fällen können die Vibrationen von der Straße nach oben durch das Fahrrad ausreichen, um Symptome zu verursachen. Maßnahmen wie doppeltes Lenkerband, Gelpads und Handschuhe mit Gelpolster können hier wirklich helfen.

Wenn zu viel Gewicht auf die oberen Gliedmaßen und schließlich auf die Handflächen verlagert wird, ist deine Position der Schlüssel. Das Erhöhen des Lenkers und das Verkürzen des Reach können dazu beitragen, die Belastung deiner Hände zu verringern. Überprüfe, dass dein Sattel nicht mit der Nase nach unten zeigt. Das hat den Effekt, dass der Radfahrer aus dem Becken auf den Lenker kippt und Druck auf die Hände erzeugt, wenn sich die oberen Gliedmaßen durchstrecken und versuchen zurückzudrücken.

Vorsicht

Ich sollte eine Einschätzung zu einer kompletten Ulnarisneuropathie – irreversibel geschädigter Ellennerv – eines Geschäftsmanns abgeben. Er hatte eine lange Radtour hinter sich. Ein schlechtes Bikefitting hatte ihn dazu verleitet, dass er mit tauben Händen weitermachen könne und dass dies zum Langstreckenradfahren dazugehöre. Er war mit so viel Gewicht auf seinen Händen falsch positioniert worden, dass im Laufe der Fahrt sein Ellennerv so stark komprimierte und bleibende Schäden verursachte, was zu einem Gefühlsverlust am kleinen Finger und Ringfinger führte. Vorübergehende, gelegentliche Taubheitsgefühle oder Kribbeln aud langen Fahrten zu verspüren, ist normal. Anhaltende oder ständig auftretende Symptome wie diese erfordern weitere Untersuchungen.

Kompressionsbereiche in der Hand

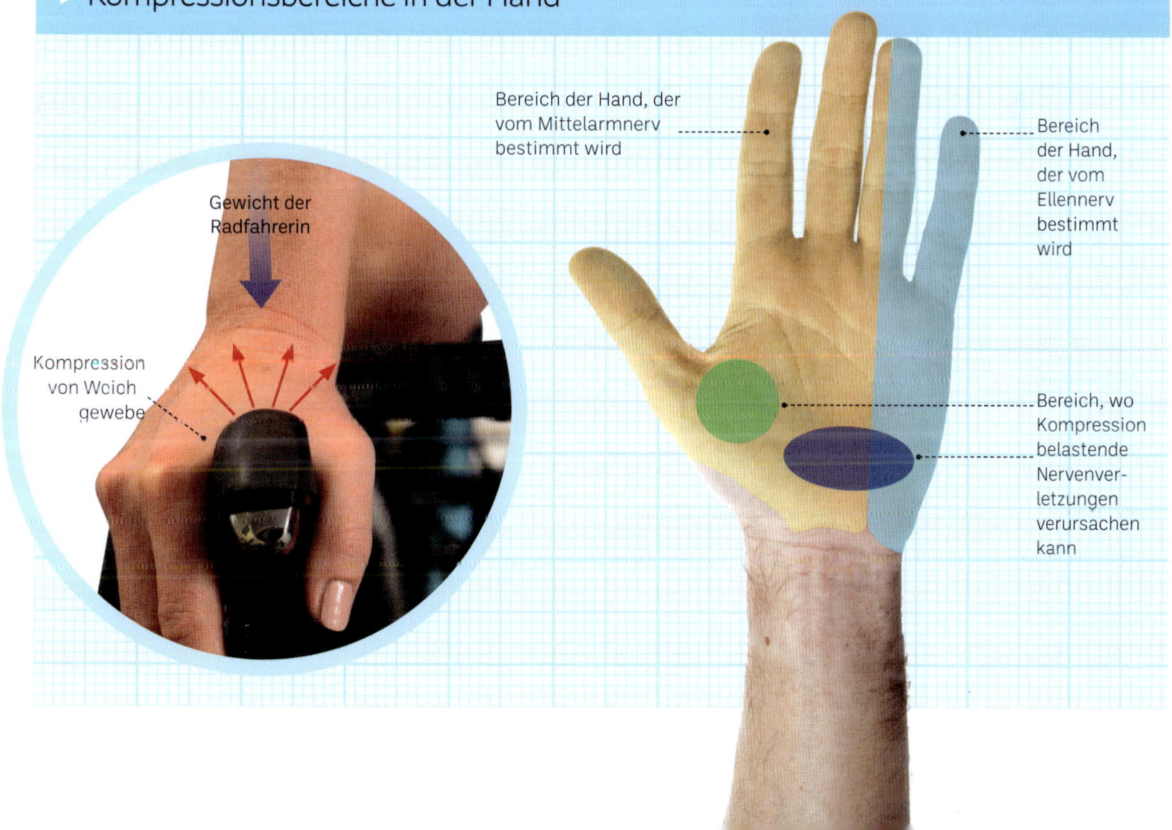

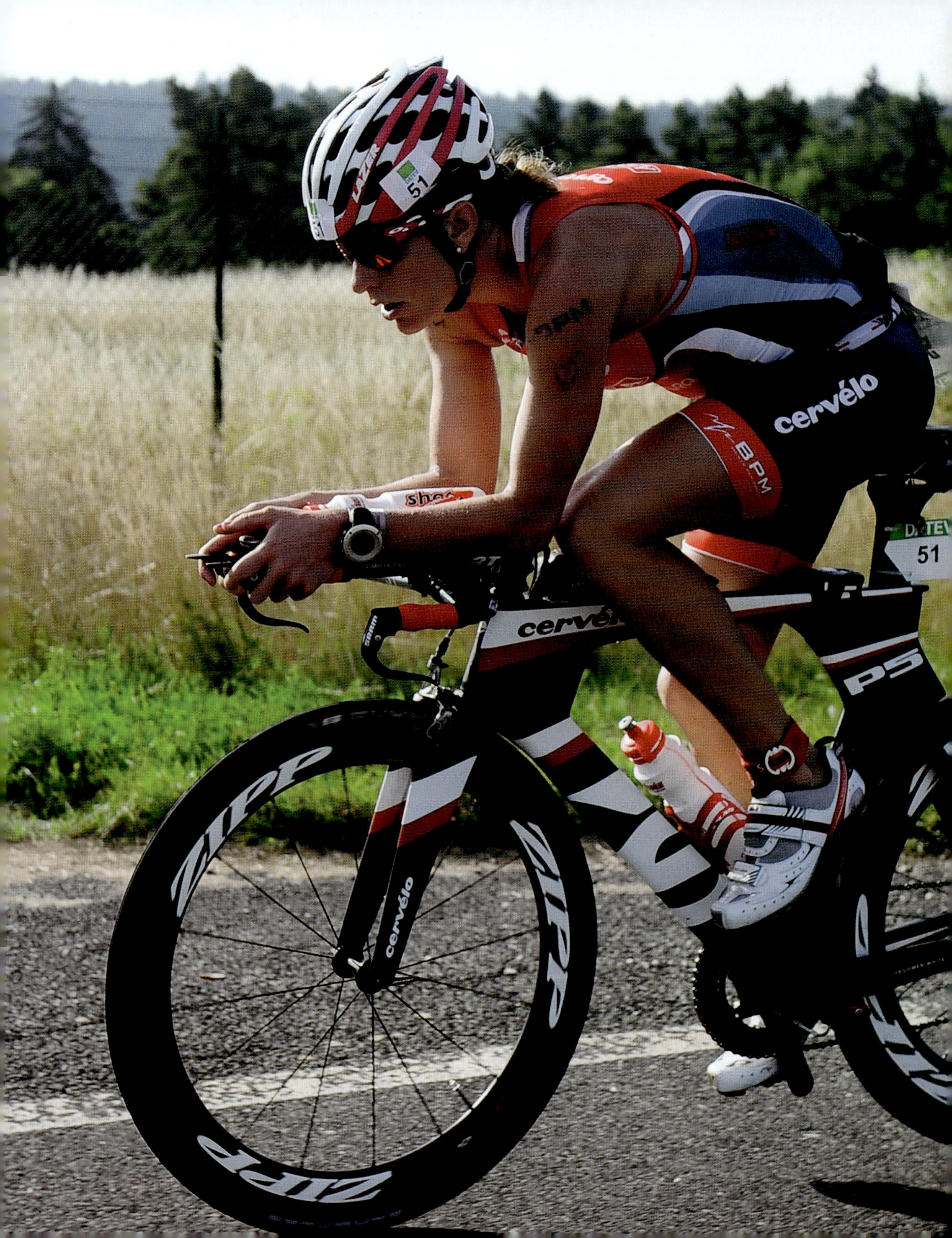
LAZER
51
3PM
BPM
cervélo
51
cervélo
P5
ZIPP
ZIPP
ZIPP
cervélo

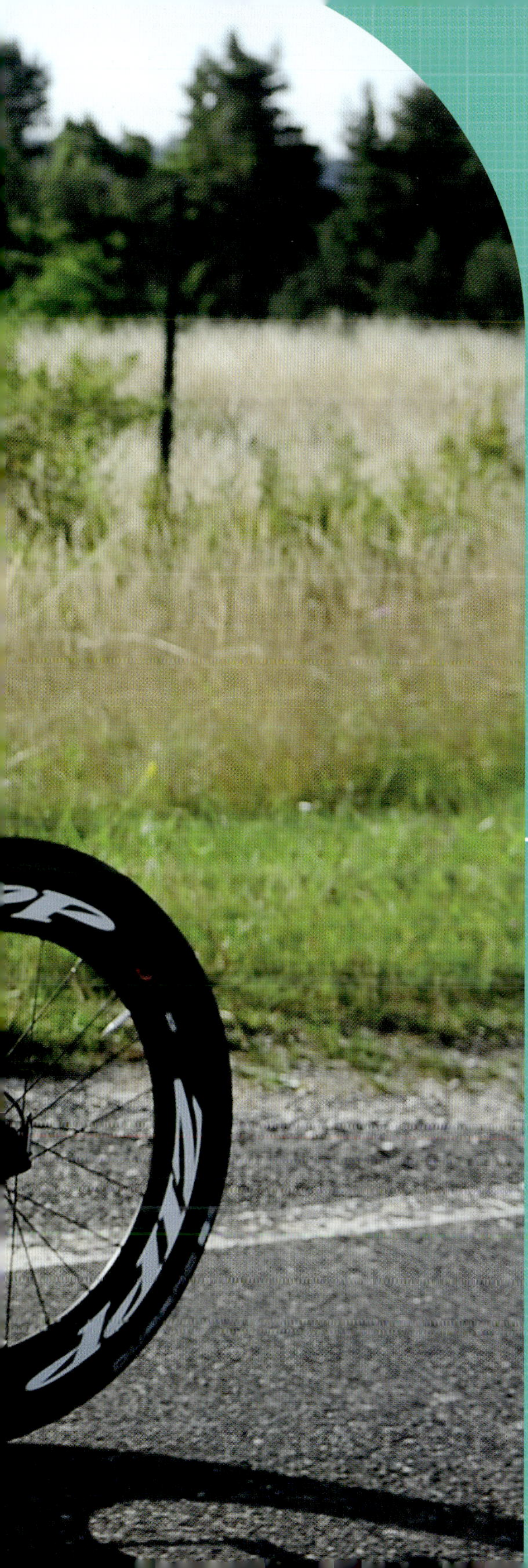

06

Zeitfahren und Triathlon

Zeitfahren und Triathlon

Seit ich British Cycling verlassen habe, habe ich mit einer großen Anzahl von Radfahrern in fast allen Disziplinen zusammengearbeitet. Viele von ihnen sind Zeitfahrer, die, weil die Aerodynamiksäule der Hauptfaktor ist und die Ausrüstung sich vom Straßenrennradfahren unterscheidet, eine detailliertere Beratung benötigen.

Ich arbeite jetzt auch mit vielen Triathleten, einschließlich GB Triathlon, und bei Wettbewerben ohne Windschatten, wie Ironman-Distanzrennen, ist die Aerodynamik ebenfalls der Schlüssel. Es ist aufregend, im Triathlon zu arbeiten, weil man ohne die von der UCI auferlegten Beschränkungen für Fahrradgestaltung und Fahrerposition wirklich an die Grenzen gehen kann.

Aerodynamik

Der größte Feind bei dem Versuch, schnell auf einem Fahrrad zu fahren, ist der zu überwindende Luftwiderstand. Obwohl Radfahrer von Rädern, Rahmenprofilen und versteckten Kabeln besessen sind, ist deren Auswirkung minimal im Vergleich zu dem Luftwiderstand, der durch den Radfahrer entsteht. In Radsportdisziplinen gegen die Uhr und erst recht auf der Straße ist die Aerodynamik entscheidend. Immer mehr Amateurradsportler versuchen, ihre Position aerodynamischer zu machen.

Mein Verständnis der Aerodynamik entstand, als ich Zeit mit Chris Boardman und Matt Parker (Head of Marginal Gains bei British Cycling) verbrachte. Meine Aufgabe bestand darin, den »Kreis zu schließen«, nachdem ein Radsportler an einer Positionseinheit im Windkanal teilgenommen hatte: eine potenzielle neue Position zu verstehen und zu beraten, ob sie erreichbar war oder wie sie zu erreichen ist. Eine gute aerodynamische Position für die Mannschaftsverfolgung oder das Zeitfahren muss erarbeitet und weiterentwickelt werden. Entweder leidet man in der Position, bis man sich daran gewöhnt, oder man dehnt und kräftigt sich, um sie aufrechtzuerhalten.

Warum ist das so wichtig? Abgesehen von steilen Anstiegen werden fast 80 Prozent der Energie eines Radfahrers darauf verwendet, die Luft vor ihm aus dem Weg zu drängen. Aus diesem Grund sind Radfahrer von Aerodynamik besessen. Wenn man die Luftmenge, die man wegdrückt, sowie die damit verbundenen Energiekosten reduzieren kann, kann man mit der gleichen Leistung weiter und schneller fahren. Aber Radfahrer suchen oft an der falschen Stelle nach den größten und einfachsten Verbesserungen hinsichtlich der Aerodynamik.

Wenn wir den Gesamtbeitrag zum Luftwiderstand herunterbrechen, macht das Fahrrad nur 20 Prozent aus und der Radfahrer 80 Prozent. Die Fahrrad-Aerodynamik ist natürlich wichtig, aber bei der Form und Position des Radfahrers können enorme Fortschritte erzielt werden. Die Bedeutung der Fahrrad-Aerodynamik wird übertrieben, darin liegt nur ein kommerzielles Interesse der Fahrradhersteller, dir aerodynamische Ausrüstung zu verkaufen.

Was ist Aerodynamik? Die folgende Gleichung aufzuschlüsseln und zu verstehen, ist sinnvoll, wenn du Zeit, Mühe und Geld in deine Aerodynamik investierst:

$$F = \tfrac{1}{2} p C_w A v^2$$

F – der gesamte Luftwiderstand
p – die Luftdichte
Cw – Luftwiderstandsbeiwert
A – die Stirnfläche oder Silhouette des Radfahrers
v – die Geschwindigkeit des Radfahrers

Die Kraft, die du benötigst, um den Luftwiderstand (F) auf einem Fahrrad zu überwinden, hängt ab von der Luftdichte (p – wie dick die Luft vor dir ist; eine größere Höhe bedeutet dünnere Luft), der Stirnfläche (A), deinem Luftwiderstandsbeiwert (Cw – wie die Luft um dich herumströmt, bestimmt durch deine Form und Oberfläche) und der Geschwindigkeit. Änderungen der Radfahrerposition im Zusammenhang mit der Aerodynamik zielen darauf ab, die Stirnfläche zu verkleinern und die Luftströmung über den Radfahrer zu optimieren, gemessen am Luftwiderstandsbeiwert. Der Widerstand ist bei Radfahrern multifaktoriell: Luft, die hinter dem Kopf oder Helm eines Radfahrers gestört wird, strömt nicht so schnell wie die Luft vor einem glatten Helm. Dies erzeugt einen Druckunterschied und damit Luftwiderstand, wobei die langsamere Luft den Radfahrer fast ansaugt oder zurückzieht.

Es ist das gleiche Prinzip wie der Venturi-Effekt beim Fliegen, der die gleichen Kräfte verwendet, um Auftrieb statt Luftwiderstand zu erzeugen. Leider sind Radfahrer komplizierte Formen – allesamt Rohre und Zylinder – mit unendlich vielen Größen. Das ist der Grund, warum Forscher sich bemüht haben, lineare Beziehungen zwischen Stirnfläche und Luftwiderstand herzustellen: Der menschliche Körper ist einfach so unterschiedlich geformt und die numerische Strömungsmechanik so kompliziert, dass ein Paket einen Radfahrer aerodynamischer machen kann, einen anderen aber nicht.

Aerodynamiktests

Aerodynamiktests sind definitiv für alle Radfahrer zugänglicher und erschwinglicher geworden, egal, ob Zeit im Windkanal, Velodromtests mit Systemen wie Alphamantis oder Green-Screen-Tests mit dem Bioracer-System, es ist nicht nur Spitzensportlern vorbehalten.

Auch wenn es jetzt einfacher sein dürfte, deine optimale aerodynamische Position zu finden, ist diese Position im Moment eher nicht für dich geeignet. Gehe zu irgendeinem Langdistanz-Triathlon und du wirst Sportler mit superaggressiven Set-ups sehen, die einen erheblichen Teil der Fahrraddisziplin aufrecht auf ihrem Bullhorn-Lenker fahren, weil sie die Position nicht halten können, die die Windkanäle für sie vorgesehen haben.

Die Grundlagen des Bikefittings und die drei Säulen Aerodynamik, Krafterzeugung und Aufrechterhaltbarkeit sind bei längeren Zeitfahrten und Triathlons für die Optimierung der Aerodynamik wichtig, aber nicht unter Vernachlässigung der Aufrechterhaltbarkeit.

Als ich bei British Cycling war, mussten sich die Radfahrer fast schon das Recht verdienen, in den Windkanal zu gehen. Sie mussten über die nötige Bewegungs-

▶ Aerodynamik

LUFTSTROM ÜBER EINEM RADFAHRER

Beachte die Turbulenzen hinter dem Kopf.

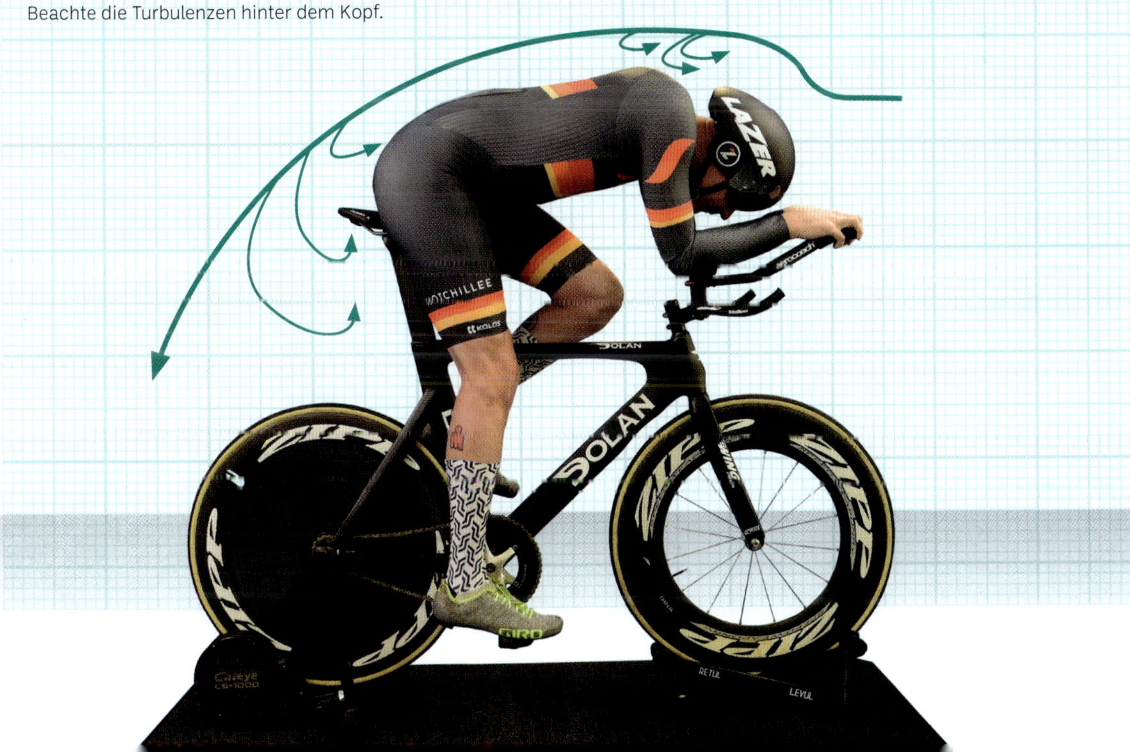

freiheit in den Kniebeugern, der Brustwirbelsäule, dem Latissimus und dem Nacken verfügen, damit ihr Körper kein einschränkender Faktor im Tunnel war.

Die Position, die dir Aerodynamiktests geben, befindet sich am äußersten Ende deines Fitting-Fensters, ein Goldstandard. Die Mehrheit der Radfahrer wird es viel Zeit und Mühe kosten, sich daran anzupassen.

Auch wenn wir uns hier auf Positionsänderungen konzentrieren, ist auch das, was diese Position umgibt, sehr wichtig, zum Beispiel Kleidung. Umgib die beste aerodynamische Position mit schlabberigen T-Shirts und Fahrradhosen, und der Typ mit einer weniger effizienten Position, aber mit einem guten Einteiler und Helm wird schneller sein. Die Interaktion zwischen den getragenen Materialien und der Luft, die über uns strömt, macht beim Luftwiderstand einen riesigen Unterschied. Ein Helm macht den großen Unterschied beim Glätten des Luftstroms hinter deinem Kopf, der einen großen Beitrag zu Turbulenzen und damit zum Luftwiderstand leistet.

Drei Dinge, die dich im Allgemeinen aerodynamischer machen

- Abgerundete Schultern
- Ellenbogen innen (es sei denn, du bist größer als 183 Zentimeter – dann etwas breiter)
- Vorn niedrig (bis zu einem Punkt!)

Chris Boardmans Philosophie sah vor, einen Ganzkörperspiegel zu verwenden, um die Stirnfläche oder Silhouette durch eine Manipulation der Position zu reduzieren. Wenn du bei null anfängst, erzielst du die ersten und größten Fortschritte – im Allgemeinen –, indem du deine Schultern rundest, deine Ellenbogen nach innen bringst und dich niedriger positionierst. Ich sage »im Allgemeinen«, da es inzwischen bekannt ist, dass es für manche Menschen einen Punkt gibt, an dem sie durch das Absenken gezwungen werden, den Kopf nach oben zu strecken. Die ganze Idee hinter der niedrigen Front besteht darin, den Kopf vor einem flacheren Oberkörper zu verstecken und die Silhouette des Radfahrers zu verkleinern. Streckt sich also der Kopf nach oben, ist das kontraproduktiv. Dies läuft meist auf die Flexibilität des

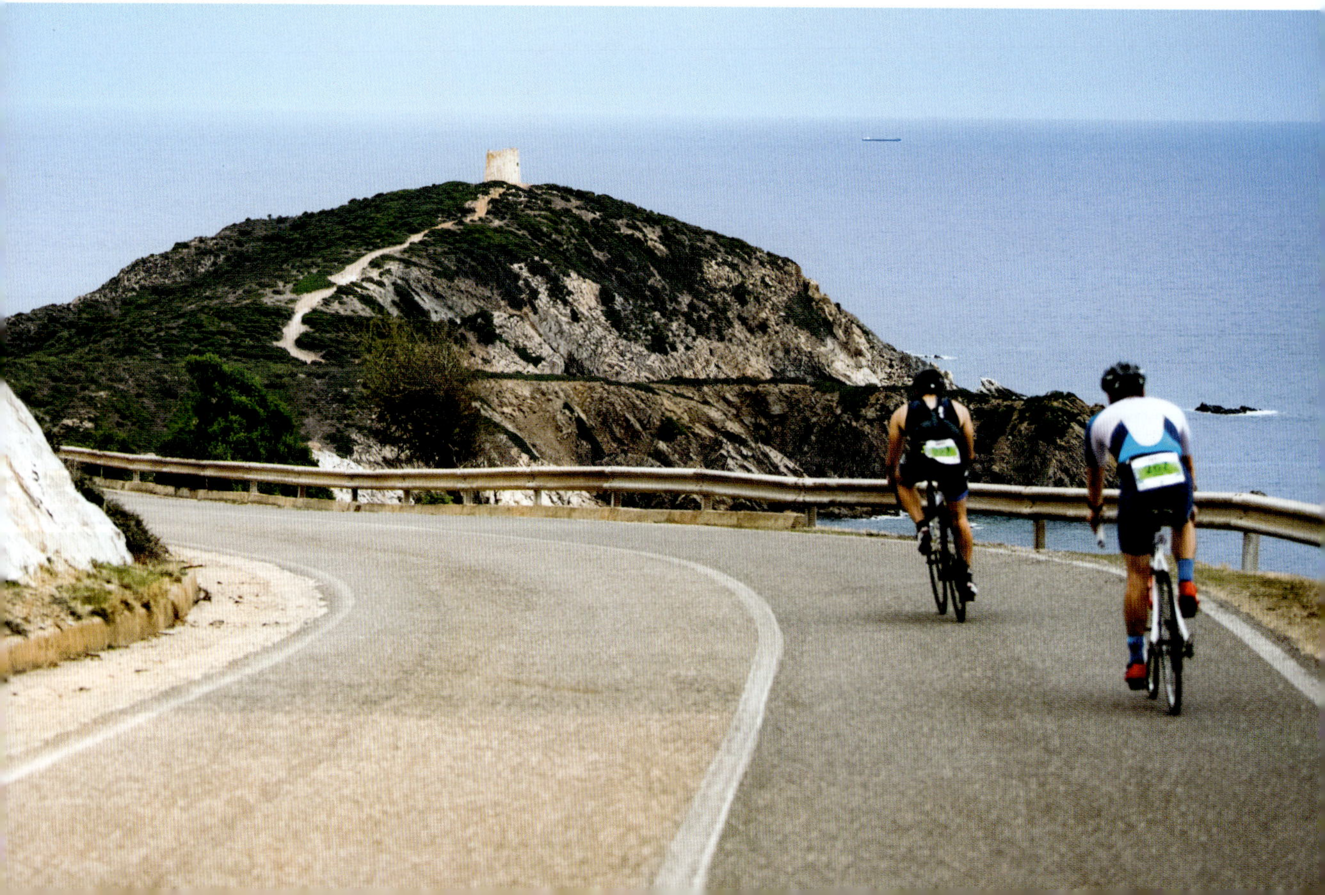

Radfahrers in der Brustwirbelsäule und den Schultern (Länge des *Musculus latissimus dorsi*) hinaus. Das Einziehen der Ellenbogen funktioniert am besten für kleinere Radfahrer, damit die Luft um den Körper strömen kann. Größere Radfahrer profitieren davon, die Ellenbogenpolster an ihrem Triathlonlenker breiter einzustellen, damit die Luft über die Brust strömen kann.

Um dies zu Hause zu erreichen, braucht man entweder viele Vorbauten und Lenkerrohre unterschiedlicher Länge oder einen verstellbaren Vorbau wie den LOOK Ergo. Dies macht die Einstellung deines Vorderteils schnell und einfach, damit du schnell zwischen zwei Positionen wechseln und den Unterschied spüren kannst. Die Haptik ist nicht zu unterschätzen. Denn dein Feedback ist wichtig bei der Bewertung, wie eine neue Position abschneiden wird. Chris Boardman bringt es auf den Punkt: »Radfahren basiert auf den drei P: Power, Puls und Perzeption«. Beim Ausprobieren einer neuen Position hat er immer den Blick darauf, ob er glaubt, sie über längere Distanzen hinweg aufrechtzuerhalten. Aufrechterhaltung ist ein weiteres Schlüsselwort. Eine aerodynamische Position ist oft nicht bequem, deswegen die Frage: Ist diese Position aufrechterhaltbar? Wenn sie du alle 20 Sekunden wechseln musst, ist sie nicht aufrechterhaltbar und sollte angepasst werden.

Bei dem Versuch, die Silhouette zu verkleinern, entscheiden sich viele dafür, die Arme auszustrecken oder zu verlängern, was aerodynamisch aussieht, aber weder die Stirnfläche verkleinert noch bequem und effizient ist. Die Ellenbogen in einem 90-Grad-Winkel zu halten, ist eine effektivere Position, um beim Zeitfahren das Gewicht des Oberkörpers zu tragen.

Testmethoden

SELBSTTEST AERODYNAMIK

Obwohl Aerodynamiktests erschwinglicher und zugänglicher geworden sind, sind sie immer noch keine praktikable Option. Du kannst deine Position jedoch definitiv zu Hause überprüfen und verbessern. Chris Boardman machte von sich Fotos von vorn, schnitt seine Umrisse aus, pauste diese auf Millimeterpapier durch und berechnete davon ausgehend seine Stirnfläche. Mit mo-

▶ Berechnung der gesamten Stirnfläche

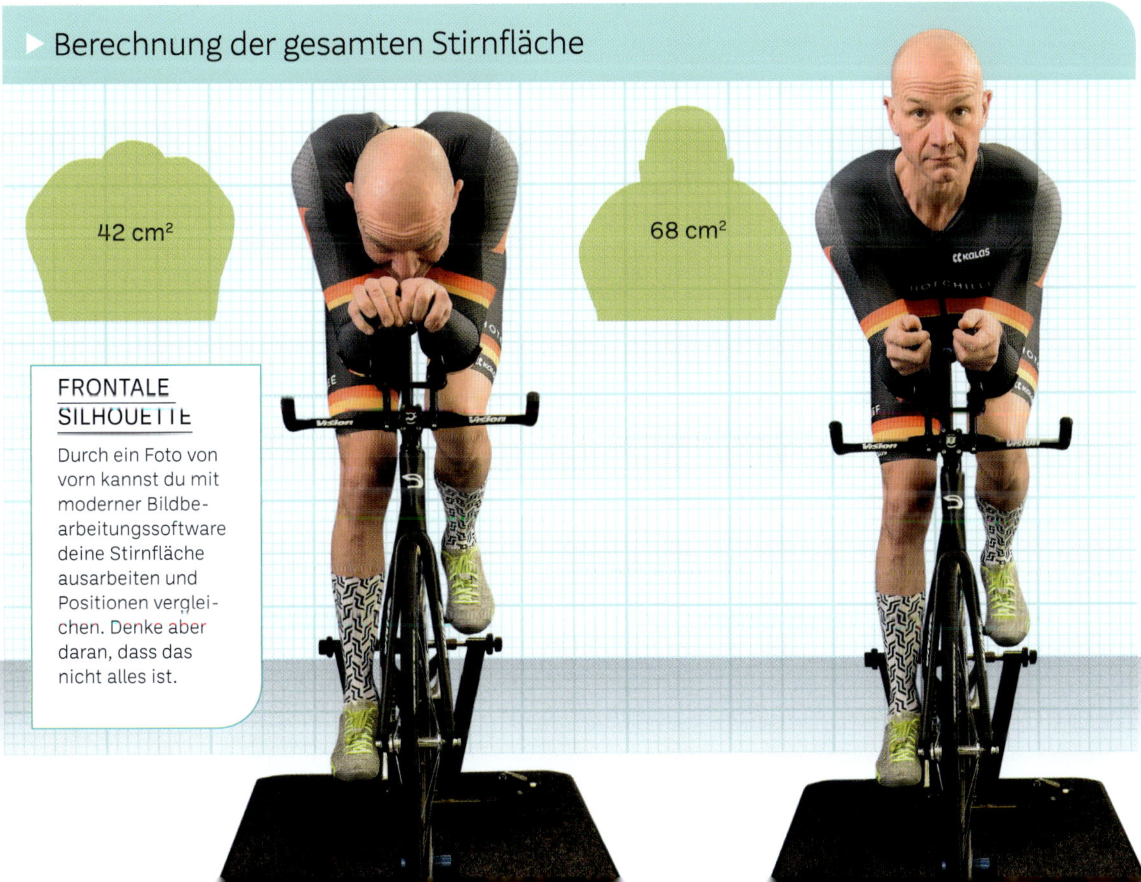

FRONTALE SILHOUETTE

Durch ein Foto von vorn kannst du mit moderner Bildbearbeitungssoftware deine Stirnfläche ausarbeiten und Positionen vergleichen. Denke aber daran, dass das nicht alles ist.

derner Bildbearbeitungssoftware kannst du leicht einen ähnlichen Ansatz verfolgen.

Indoor-Trainer eignen sich hervorragend, um an deiner aerodynamischen Position zu arbeiten. Du kannst während der Fahrt Fotos und Videos von der Seite aufnehmen, deine Position mit Spitzenradfahrern vergleichen, spüren, wie sich Optimierungen auf deine Fähigkeit auswirken, eine Position zu halten, und die Auswirkungen auf die Krafterzeugung überprüfen.

Als allgemeine Faustregel gilt: Vorn tiefer ist immer schneller, also solltest du versuchen, deinen Rücken so flach wie möglich zu bekommen. Indem du dein Becken nach vorn rotierst, was durch die Sattelwahl und -positionierung und idealerweise kürzere Kurbeln erleichtert wird, behältst du einen offenen Hüftwinkel. An einem Punkt wirst du bei einer zu tiefen Haltung anfangen, Kraft zu opfern und den Kopf zu strecken. Denke daran, dass du zwar auf dem Indoor-Trainer eine Position einnehmen kannst, diese auf der Straße zu halten und dein Fahrrad sicher zu handhaben, ist jedoch eine andere Sache.

Training zur Anpassung

Neben der Arbeit abseits des Fahrrads und dem schrittweisen Hinarbeiten auf eine aggressivere Position liegt für Zeitfahrer und Triathleten der Schlüssel zur Anpassung darin, in dieser Position zu trainieren. Viele Langstrecken-Triathleten machen den Fehler, den Großteil ihrer Trainingsfahrten auf ihrem Rennrad zu absolvieren und erst gegen Ende der Vorbereitung auf ihr Triathlonrad umzusteigen. Wenn du ein erfolgreicher Triathlet oder Zeitfahrer sein willst, musst du die Kilometer in deiner Rennposition absolvieren.

So pendelte Ed Clancy mit seinem Zeitfahrrad von Holmfirth zum National Cycling Centre, nur um sicherzustellen, dass seine Zeitfahrposition seine Standardposition wurde. Gleichermaßen ändert sich auch die Position von Sir Bradley Wiggins kaum, von der Verfolgung über den Stundenweltrekord bis hin zu längerem Zeitfahren. Aufgrund der investierten Zeit, um in dieser Position zu fahren, sei es für eine dreiminütige Mannschaftsverfolgung oder ein 50 Kilometer langes Zeitfahren, konnte er diese Position ohne übermäßigen Stress oder Beschwerden aufrechterhalten.

Hohe, vor dem Gesicht liegende »Gottesanbeterin«-Handpositionen sind momentan in Mode. Unabhängig von den aerodynamischen Vorteilen kann ein nach vorn rotiertes Becken dazu beitragen, dich an einem Ort fest zu fixieren und deine Position zu unterstützen.

Sobald du eine Position gefunden hast, musst du eine beträchtliche Zeit damit verbringen, darin zu fahren, damit sie aufrechterhaltbar wird. Wenn sich deine Zeitfahr- oder Triathlonposition seltsam oder instabil anfühlt oder du sie nicht halten kannst, ist sie nicht korrekt.

HERUNTERROLLTEST

Finde einen Hügel mit einem Anstieg am Fuß der Abfahrt. Rolle ihn hinunter, ohne zu pedalieren, und sieh, wie weit deine Position es dir ermöglicht, auf der anderen Seite hochzurollen. Ein Wetterwechsel kann die Aussagekraft und Wiederholbarkeit des Tests beeinflussen.

LUFTWIDERSTAND

Es gibt Websites und Fahrrad-Gadgets, mit denen du deinen Luftwiderstandsbeiwert berechnen kannst, sofern du mehrere Variablen aufzeichnest: Geschwindigkeit, Kraft, Luftdruck, Gewicht und Rollwiderstand. Temperatur und Windgeschwindigkeit müssen kontrolliert werden, damit er präzise ist. Wenn du ein Powermeter hast, ist die Aerolab-Funktion in der (kostenlosen) Golden-Cheetah-Software eine akkurate Möglichkeit, um verschiedene Positionen zu vergleichen.

VELODROM

Mit all den oben genannten Daten können die letzten beiden Variablen in einem Velodrom viel einfacher kontrolliert werden und Tests auf der Bahn sind viel realistischer als eine Windkanalsitzung auf einem statischen Fahrrad. Das Alphamantis-System ist relativ erschwinglich, insbesondere wenn sich zwei Radfahrer eine Sitzung teilen. Während der eine testet, passt der andere sein Set-up an und optimiert es für den nächsten Durchgang.

WINDKANAL

Trotz der unrealistischen Natur eines Windkanals ist er die ultimative Testumgebung, da so viele Variablen aufgezeichnet und kontrolliert, aber auch schnell manipuliert werden können. In den letzten Jahren sind Tests im Windkanal für Amateurradsportler verfügbarer und erschwinglicher geworden, aber immer noch relativ teuer.

Aerodynamiktraining

Deine körperliche Fähigkeit, deine Position einzunehmen und zu halten, ist ein großer Bereich, an dem du arbeiten kannst, um deine Aerodynamik zu verbessern. Einfaches »Turteln« – die Schultern nach vorn rotieren, sie zu den Ohren hochziehen und den Kopf fallen lassen, wird einen großen Einfluss auf deine frontale Silhouette haben, aber diese zu erreichen und aufrechtzuerhalten, erfordert zusätzliches Training. Die auf den Seiten 170 bis 175 beschriebene Routine hilft dir, diese Fähigkeit zu verbessern.

Bikefitting für Zeitfahren und Triathlon ohne Windschatten

Das Bikefitting für Zeitfahren und Triathlon ist ein Balanceakt zwischen dem Öffnen des Hüftwinkels (Sattel nach oben), um die Krafterzeugung zu optimieren, und der Fähigkeit, eine aerodynamische Position (flacherer Rücken) aufrechtzuerhalten und dennoch atmen zu können.

Vier Punkte solltest du berücksichtigen:

- Die beste Position ist die schnellste.
- Die schnellste Position funktioniert innerhalb der Grenzen des biomechanischen Profils des Radfahrers.
- Die schnellste Position muss für die Dauer des gewählten Wettbewerbs aufrechterhalten werden.
- Wenn Aufrechterhaltbarkeit und Aerodynamik in Konflikt geraten, wähle die Aufrechterhaltbarkeit.

Fitting-Fenster für das Zeitfahren

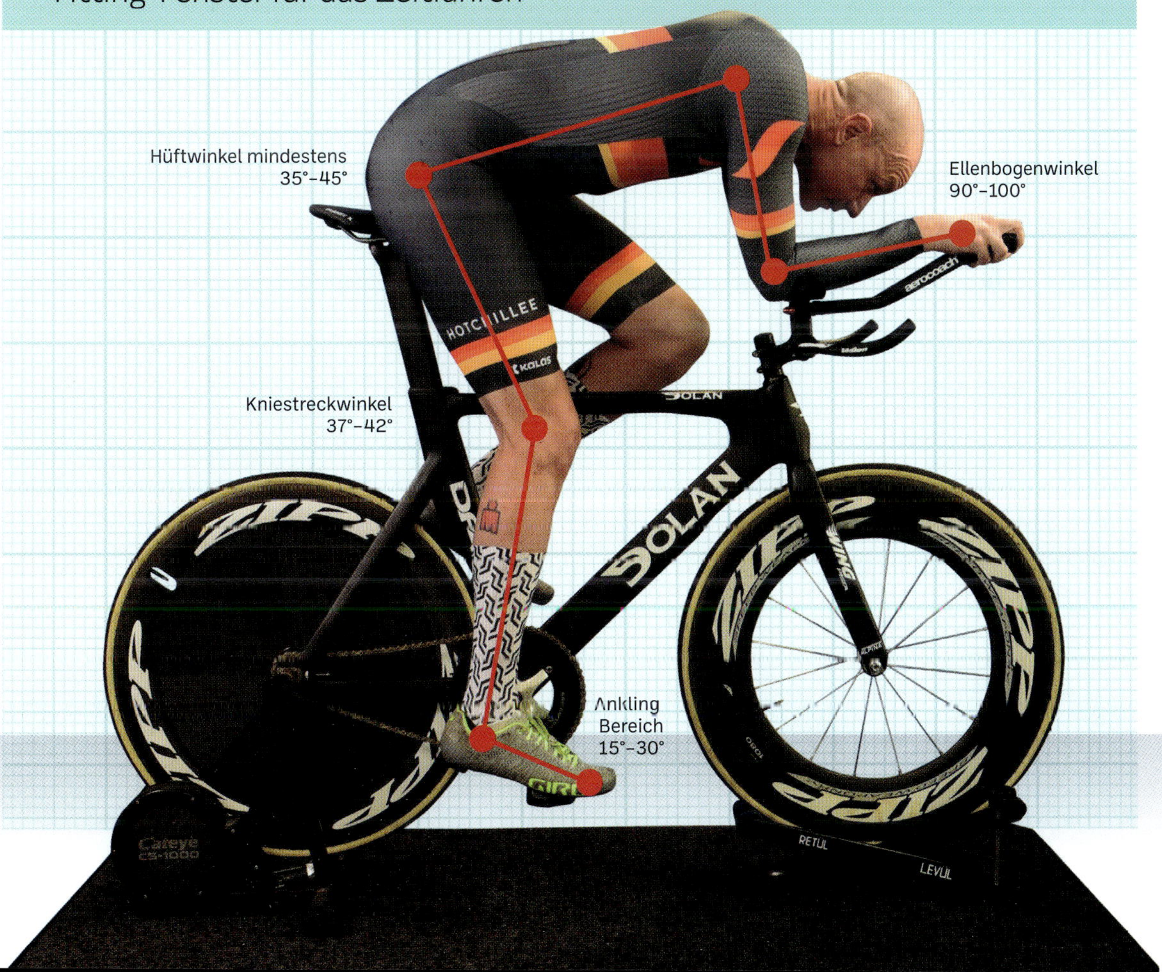

Der letzte Punkt ist der wichtigste.

Die erhöhte Sattelhöhe und der verringerte Sattelversatz rotieren das Becken nach vorn und positionieren den Radfahrer mehr über Tretlager und Pedalen – eine bessere Position, um Kraft zu erzeugen. Aus diesem Grund ändert sich die akzeptable Höhe des Knies vor dem Fuß; die KOPS-Regel (siehe Seite 48) kann nicht mehr angewendet werden. Das Vorderteil – Drop und Reach – ist länger und niedriger, damit der Radfahrer sein Gewicht auf den Ellenbogen abstützen und eine aerodynamischere Position einnehmen kann. Dies hat den Effekt, dass der Oberkörper- oder Rückenwinkel verringert wird. Für die meisten Menschen stellt das Einnehmen einer akzeptablen und aufrechterhaltbaren niedrigeren Position als ihre Straßenposition die ersten Gewinne dar, die in diesem Fall erzielt werden müssen – über Luftwiderstand und andere Faktoren kannst du dir später noch Gedanken machen.

Jetzt haben wir also mehr Krafterzeugung und eine aerodynamische Position. Doch so einfach ist das nicht.

Die Beine für den Lauf schonen

Beim Triathlon muss man vom Fahrrad absteigen und laufen. Viele Triathleten und angesehene Triathlontrainer sprechen von einer Position auf dem Fahrrad, »die ihre Beine für den Lauf schont«, aber aus Sicht der Muskelarbeit und -ermüdung ist dies einfach nicht der Fall. Jedoch kann man den Hüftwinkel auf dem Fahrrad durch kürzere Kurbeln öffnen und den Übergang vom Fahrrad zum Laufen sanfter gestalten. Eine gute Analogie ist dein Gefühl, wenn du nach einer langen Autofahrt aus einem Auto steigst. Hast du dich in einem alten Mini verkrampft, wirst du dich viel steifer und wunder fühlen, als wenn du ein geräumigeres und luxuriöseres Auto gefahren wärst. Deine Position auf dem Fahrrad wirkt sich nur darauf aus, wie du dich fühlst, wenn du mit dem Laufteil beginnst.

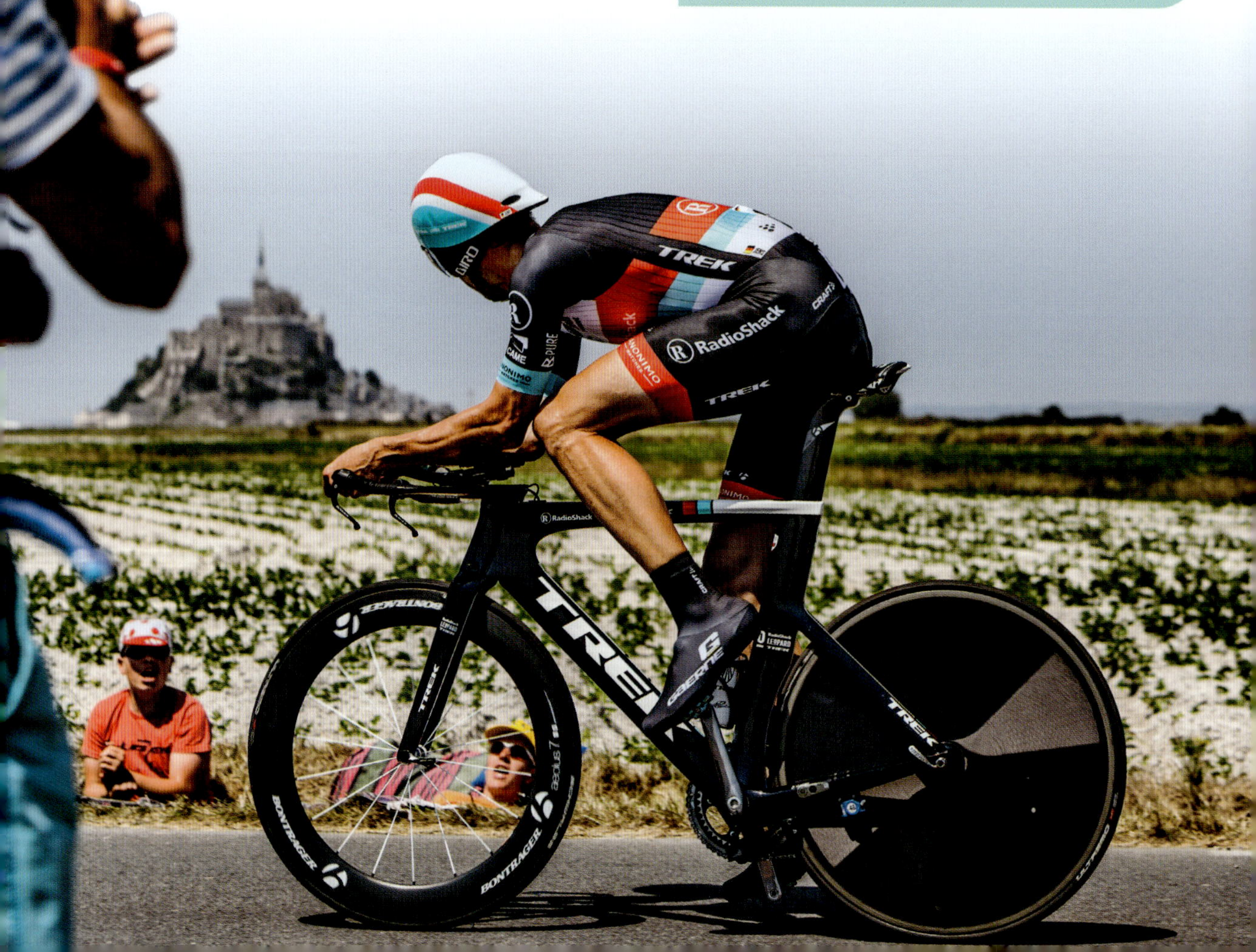

Mögliche Tücken

Aufgrund des niedrigeren Vorderteils schließt sich der Hüftwinkel am oberen Totpunkt des Pedaltritts stärker als beim Straßenrennradfahren. Brust und Zwerchfell können komprimiert werden, was das Atmen erschwert. Die Aufrechterhaltung der Position ist nicht nur für die Beibehaltung der Haltung und des Komforts wichtig, sondern auch für die langfristige Gesundheit. Die erste davon – die Schließung des Hüftwinkels – stellt ein erhebliches Gesundheitsproblem für diejenigen dar, die für einen Beckenarterienknick prädisponiert sind (siehe Seite 116 und 117). Achte beim Einnehmen eines geschlosseneren Hüftwinkels beim Fortschreiten einer aerodynamischen Position auf die Anzeichen und Symptome eines

Kurbellänge

Wie zu Beginn des Buches erklärt, ist die Kurbellänge ein massiv vernachlässigter Bereich des Bikefittings, der einen großen Einfluss auf alle Bereiche haben kann, einschließlich der Behebung einiger Probleme im Zusammenhang mit – und sogar der Verbesserung – einer aerodynamischen Position. Gemäß der Faustregel bist du umso aerodynamischer, je niedriger du dein Vorderteil positionieren kannst. Wenn du es jedoch zu niedrig positionierst, schließt sich dein Hüftwinkel, was sich negativ auf die Kraftübertragung, den Komfort und die Atemfähigkeit auswirken kann sowie bei Triathleten auf das Gefühl, wenn man vom Fahrrad steigt und versucht loszulaufen. Indem du zu kürzeren Kurbeln wechselst, schaffst du mehr Platz, was eine niedrigere Position ermöglicht, aber immer noch deine Hüfte offen hält.

Im Vorfeld der Olympischen Spiele in Rio konzentrierte sich Sir Bradley Wiggins auf seinen Stundenrekordversuch und verwendete 177,5-Millimeter-Kurbeln. Wir hatten die anderen Jungs im Team auf kürzere 165-Millimeter-Kurbeln umgestellt und er wollte dasselbe tun. Anstatt sich allmählich anzupassen, ging er am nächsten Tag auf 170 Millimeter und am Tag darauf auf 165 Millimeter runter. So konnte er sein Vorderteil um 30 Millimeter senken und seinen Luftwiderstand erheblich reduzieren.

▶ Sichere und unsichere Hüftwinkel

Beachte, wie der Hüftwinkel – die Linie des Oberschenkelknochens (*Femur*) im Vergleich zur Linie des Oberkörpers (Rücken) – auf der rechten Seite so viel spitzer und kleiner ist als die »sicheren« 45 Grad.

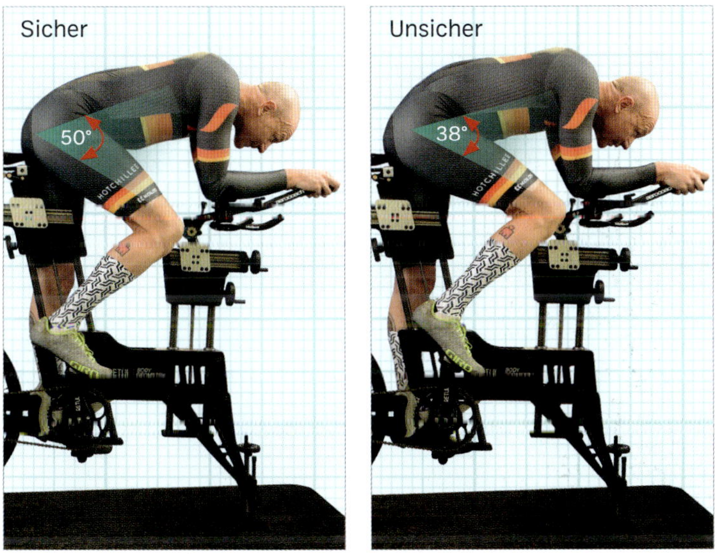

▶ Komprimierte Atmung

Der Oberschenkel stößt aufgrund des geschlossenen Hüftwinkels, verursacht durch das niedrige Vorderteil, gegen die Brust.

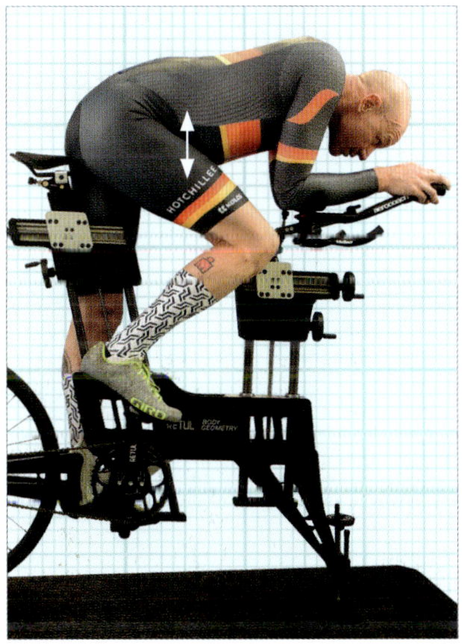

Beckenarterienknicks und suche Hilfe, wenn sie auftreten. schließe die Hüfte als Schutz dagegen nicht mehr als 45 Grad.

Für manche Menschen bedeuten posturale und biomechanische Einschränkungen eine beeinträchtigte Atmung, wenn sie eine tiefe Position einnehmen. Entweder kann sich der Brustkorb nicht genug ausdehnen oder das Zwerchfell kann aufgrund der gequetschten Position nicht in den Bauchraum absinken.

Viele dieser Probleme können vermieden werden, wenn der Oberkörper richtig gestützt wird. Bei Triathlonlenkern erfolgt dies ausschließlich durch die Ellenbogen und Unterarme. Den Ellenbogen in einem 90-Grad-Winkel unter der Schulter zu positionieren, ist ein Hauptziel bei Bikefittings für Zeitfahren und Triathlon, denn es ermöglicht dem Oberkörper, sich zu entspannen und den Energieverbrauch zu minimieren.

Die Kombination aus der richtigen Stackhöhe unter den Ellenbogenpolstern, den richtigen Polstern zur Unterstützung von Ellenbogen und Unterarmen sowie der richtigen Breite ist es wert, Zeit darauf zu verwenden, ebenso wie der richtige Lenkeraufsatz, mit dem man arbeiten kann.

Kontaktpunkte

Die Kontaktpunkte – insbesondere Sattel und Lenker – müssen so stützend sein, wie es beim Zeitfahren möglich ist, um die Position aufrechterhaltbar zu gestalten.

Wahl des Sattels

Wahrscheinlich ist der Sattel das wichtigste Element bei der Wahl der Ausrüstung, das hinsichtlich der Zeitfahr- oder Triathlonposition zum Erfolg oder zum Scheitern führen kann. Wenn du dein Becken nicht kippen kannst, kannst du auf keinen Fall ein niedriges Vorderteil und einen flachen Rücken erreichen und die Krafterzeugung beibehalten. Wenn dein Sattel oder deine Sattelposition deine Rotationsfähigkeit blockiert oder keine ausreichende Unterstützung bietet, wenn du nach vorn rotiert wirst, wirst du immer kämpfen müssen. Triathleten können leichter nach vorn rotieren, da weitaus weniger Regeln ihre Position einschränken. Wenn du jedoch nach UCI-Regeln fährst, die darauf bestehen, dass die Nase des Sattels 50 Millimeter hinter der Mitte des Tretlagers liegen muss, kann es kniffliger sein. Aber auch das Ein-

▶ Rotiertes Becken beim Zeitfahren

Der Radfahrer in Bild A wurde gezwungen, seine Lenden- und Brustwirbelsäule zu beugen, damit die Position funktioniert, sein Becken ist so nach hinten rotiert. Der Radfahrer in Bild B flacht seine Wirbelsäule schön ab, indem er sein Becken nach vorn kippt.

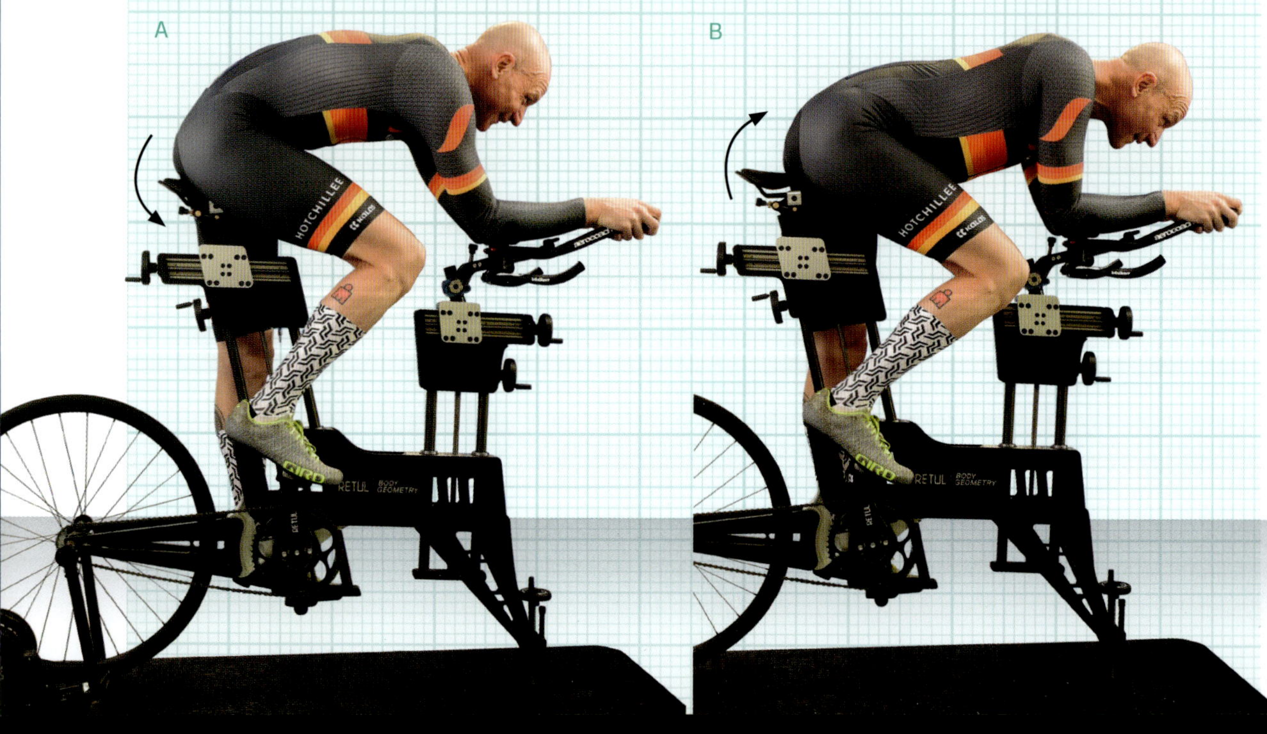

▶ Satteldruck in der Zeitfahrposition

Diese Grafik zeigt, wie wenig ein Zeitfahrer den Sattel nutzt, um Gewicht zu tragen, und wie konzentriert der Satteldruck sein kann.

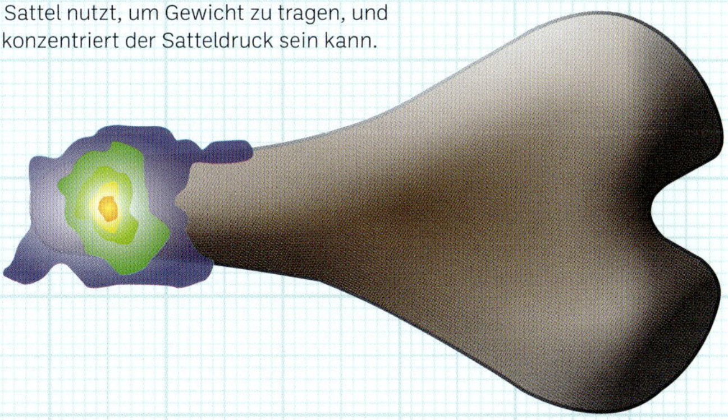

bringen einer gewissen Vorwärtsneigung kann wirklich dazu beitragen, diese Vorwärtsrotation zu erreichen.

Bei der Bahnverfolgung wird das durch den erhöhten Druck der Querneigung verstärkt, die das Velodrom in den Kurven erzeugt. Es ist kein Wunder, dass lange Trainingseinheiten in dieser Radsportdisziplin oft zu Problemen mit sattelbedingten Schmerzen führen.

Medien und Zuschauer diskutieren darüber, ob es an einer schlechten Position oder der Sattelwahl liegt, wenn ein Radfahrer beim Zeitfahren ständig auf seinem Sattel vor- und zurückrutscht. Beides kann dafür verantwortlich sein, aber manchmal rutscht ein Radfahrer einfach nur nach vorn, um seine Position über dem Tretlager zu optimieren, was effektiv in den Sattelversatz eingreift, und rutscht zurück, wenn dies unangenehm wird, um die Last auf dem Fahrgestell neu zu verteilen.

Der Sattel muss es dem Radfahrer ermöglichen, das Becken nach vorn zu rotieren. Einige können dies auf einem normalen Sattel tun, während andere Schwierigkeiten haben, die Einschränkungen der Sattelform zu überwinden. Daher wurde eine ganze Reihe neuer ana-

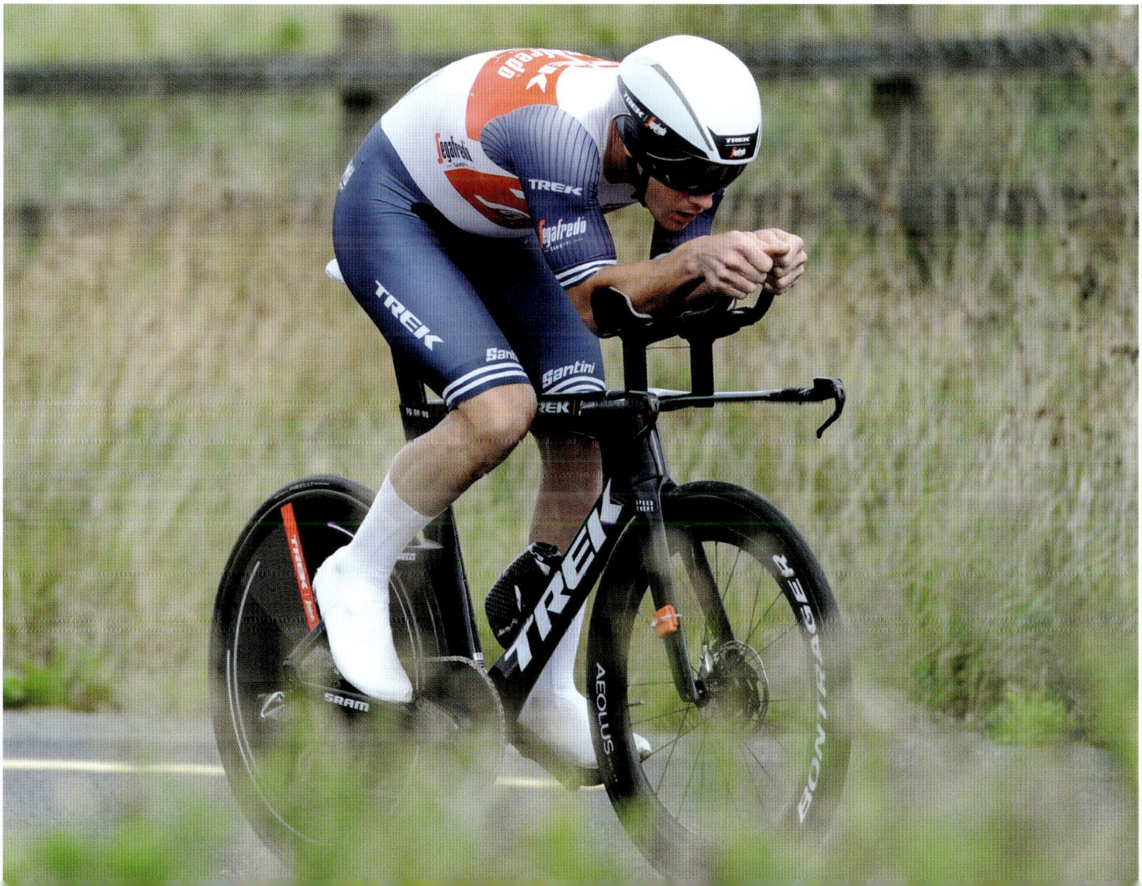

tomischer Sättel entwickelt. Diese werden von Frauen bevorzugt, die allgemein häufiger unter sattelbedingten Problemen leiden. Ich habe jedoch keine Begründung dafür gefunden, warum einige für bestimmte Radfahrer funktionieren und für andere nicht. Probiere verschiedene Modelle aus und finde heraus, was für dich funktioniert. Wenn du Sättel in einem Geschäft ausprobierst, rotiere nach vorn und wechsle auf die Nase des Sattels, da du beim Zeitfahren wahrscheinlich selbst dort landen wirst.

Lenker

Die Wahl des Lenkers und des Set-ups ist wichtig für die Stützung des Oberkörpers beim Zeitfahren, da auf den Armen wegen des für diese Position erweiterten Reachs und Drops mehr Gewicht lastet und der Radfahrer am Becken nach vorn rotiert wird.

Bei zu viel Reach muss der Radfahrer die Nacken- und Rückenmuskeln verwenden, anstatt sein Gewicht durch die Unterarme und Ellenbogenschützer zu stützen – dies führt zu Schmerzen und Beschwerden und ist nicht aufrechterhaltbar. Ein zu geringer Reach staucht den Radfahrer zusammen und kann zu Schwierigkeiten beim Dehnen des Brustkorbs beziehungsweise des Zwerchfells und damit beim Atmen führen, und es kann Rückenschmerzen verursachen, da die Krümmung des mittleren Rückens verstärkt wird, um den Oberkörper an den Lenker zu bringen.

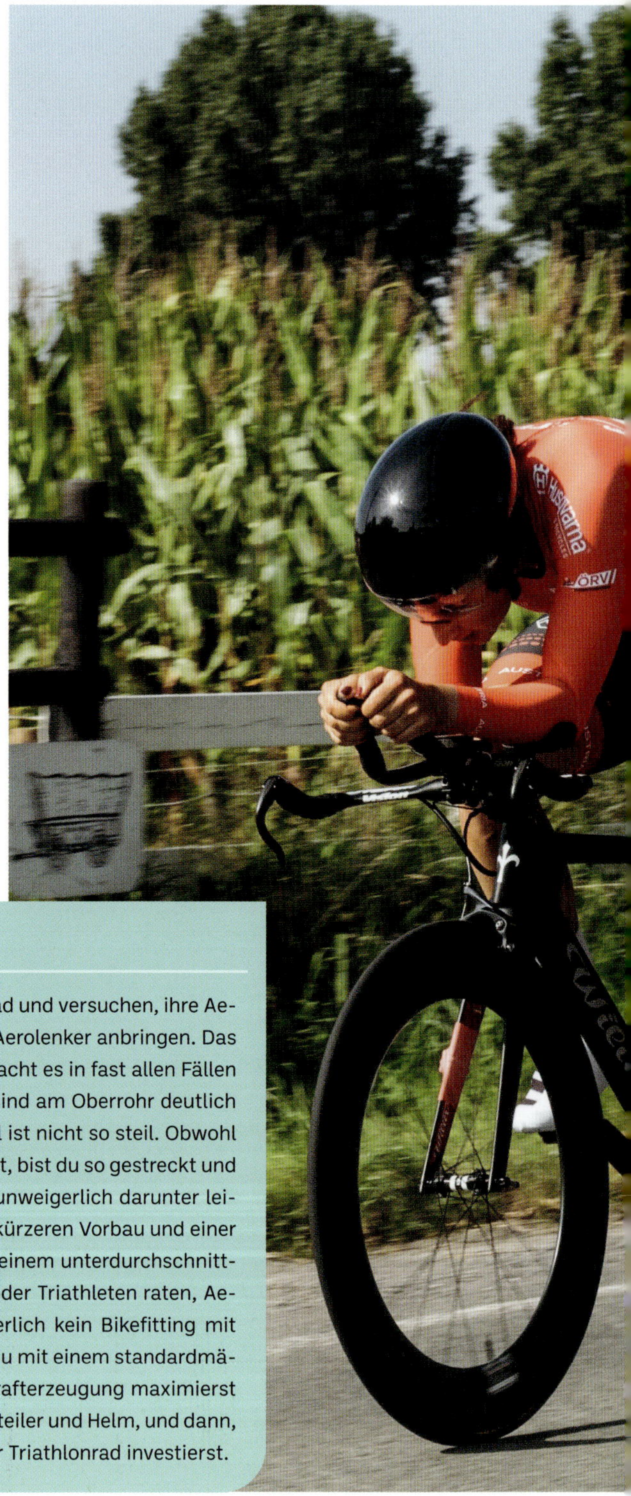

Aerolenker an einem Straßenrennrad

Fast alle Zeitfahrer und Triathleten starten auf einem Rennrad und versuchen, ihre Aerodynamik zu verbessern, indem sie ein Paar aufsteckbare Aerolenker anbringen. Das ist jedoch unsinnig, denn die Geometrie eines Rennrads macht es in fast allen Fällen unmöglich, damit eine gute Position zu finden. Rennräder sind am Oberrohr deutlich länger als ein Zeitfahr- oder Triathlonrad und der Sitzwinkel ist nicht so steil. Obwohl du möglicherweise dein Vorderteil tiefer positionieren kannst, bist du so gestreckt und dein Hüftwinkel ist so geschlossen, dass der Kraft-Output unweigerlich darunter leidet. Du kannst die Dinge mit Modifikationen wie einem viel kürzeren Vorbau und einer versetzten Sattelstütze verbessern, aber es wird immer zu einem unterdurchschnittlichen Kompromiss führen. Ich würde keinem Radsportler oder Triathleten raten, Aerolenker an einem Rennrad anzubringen, und würde sicherlich kein Bikefitting mit diesem Ziel durchführen. Du bist immer besser dran, wenn du mit einem standardmäßigen Rennrad-Set-up so schnell wie möglich fährst, die Krafterzeugung maximierst und leichte Fortschritte erzielst, wie zum Beispiel mittels Einteiler und Helm, und dann, wenn du es dir leisten kannst, in ein spezielles Zeitfahr- oder Triathlonrad investierst.

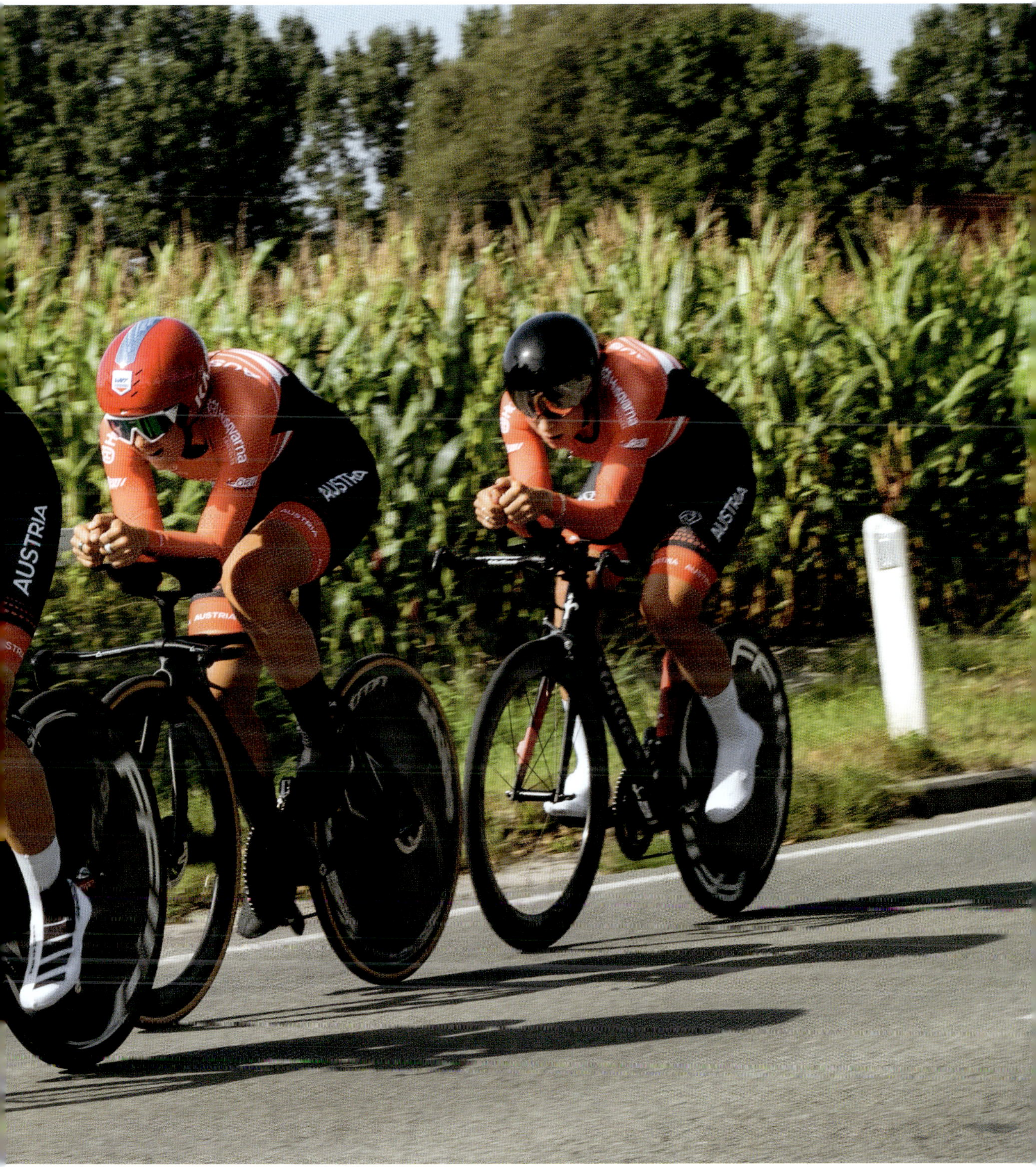
AUSTRIA

Armauflagen

Die Armauflage am Lenker sollte an oder in der Nähe der Ellenbogen positioniert werden, damit der Radfahrer sein Gewicht effektiv darauf abstützen kann. Befindet sich die Armauflage zu weit vorn, erhöht das die Muskelarbeit, die den Oberkörper stabilisiert, und führt zu Ermüdung in Armen, Schultern und Nacken.

Die Breite, in der die Armauflage platziert wird, ist durchaus entscheidend. Eine sehr schmale Armposition gilt als aerodynamisch angemessen, belastet aber die Schultern und die obere Rückenmuskulatur erheblich. Auch hier kann Kraft- und Flexibilitätstraining abseits des Fahrrads helfen, diese Position aufrechtzuerhalten.

Eine breitere Armpositionierung, bei der das Gewicht direkt unter dem Schultergelenk getragen wird, erfordert weniger Muskelanstrengung und ermöglicht dem Radfahrer, seinen Kopf in einer Linie mit dem Rest des Oberkörpers zu senken. Einige Radfahrer haben jedoch Schwierigkeiten bei der Kontrolle, da die Muskeln zwischen ihren Schulterblättern schwach sind. Oft suchen sie nach schmaleren Armauflagen oder Lenkern, um sich abzustützen und die muskuläre Arbeitsbelastung im mittleren Rücken oder in den Schultern zu reduzieren.

Wenn du den Lenker leicht nach oben anwinkelst, muss der Oberkörper weniger arbeiten, da er sich dagegen nach hinten drücken kann. Dadurch wird das Gefühl beseitigt, ständig kämpfen zu müssen, um nicht über das Vorderteil zu fallen. Von der UCI zugelassene Rad-

Regeln und Vorschriften der UCI

In der ersten Ausgabe dieses Buches bin ich ziemlich detailliert auf die aktuellen Regeln und Vorschriften der UCI eingegangen, welche für die Zeitfahrposition und die Verfolgungsposition auf der Bahn relevant waren, aber innerhalb weniger Monate wurden diese bereits geändert – inklusive der Regel in Bezug auf den Sattelwinkel, an der ich mitgewirkt hatte! Wenn du also an einem UCI-Wettbewerb teilnimmst, solltest du dich auf die aktuellen Richtlinien beziehen oder einen Trainer oder Bikefitter danach fragen.

▶ Gewichtsverteilungen bei Straßenrennrad- und Zeitfahrpositionen

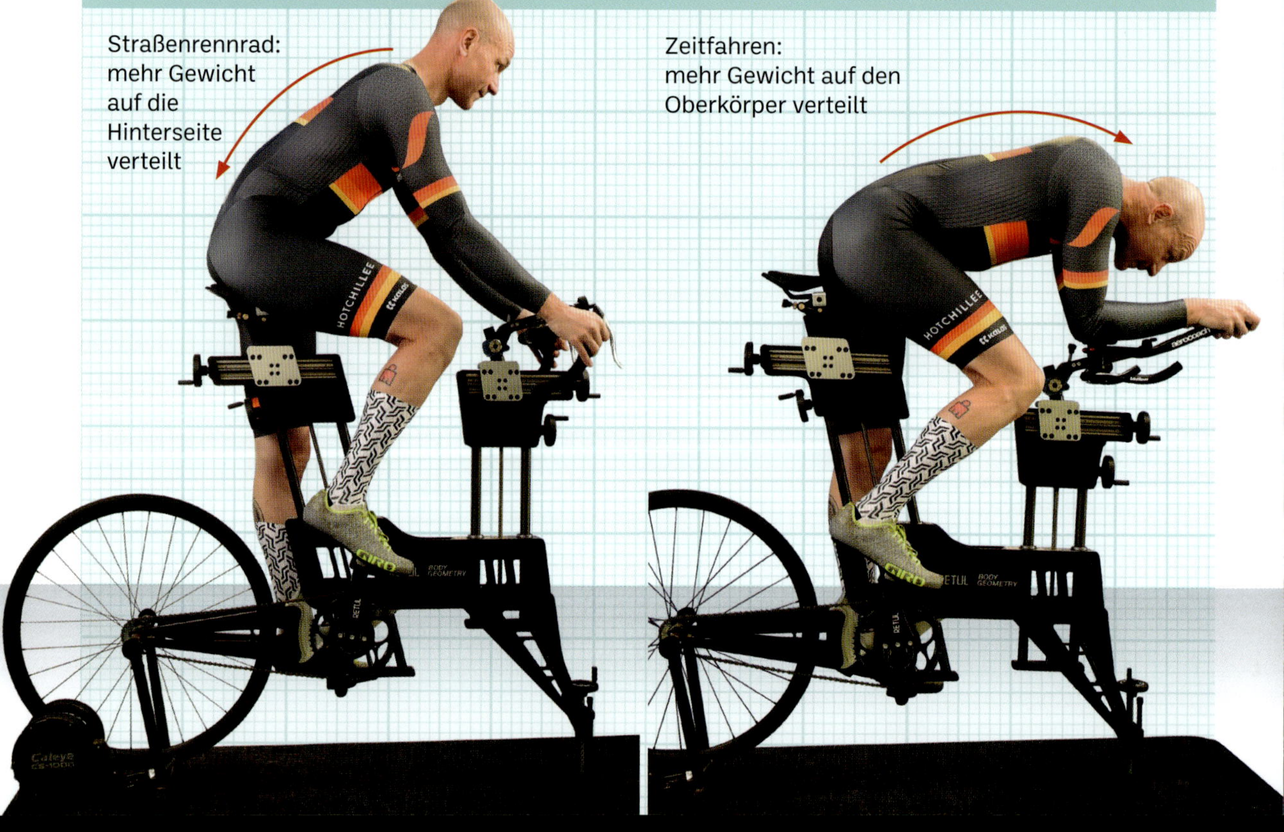

▶ Zu lange und zu kurze Reach-Positionen

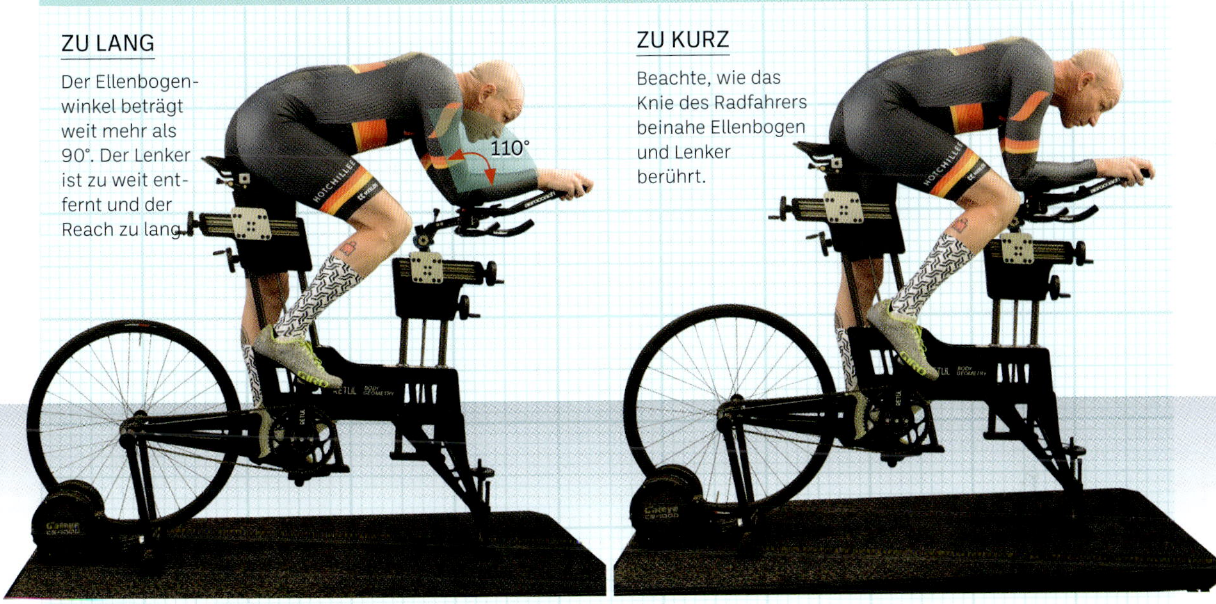

ZU LANG

Der Ellenbogenwinkel beträgt weit mehr als 90°. Der Lenker ist zu weit entfernt und der Reach zu lang.

ZU KURZ

Beachte, wie das Knie des Radfahrers beinahe Ellenbogen und Lenker berührt.

▶ Aerolenkerbreite

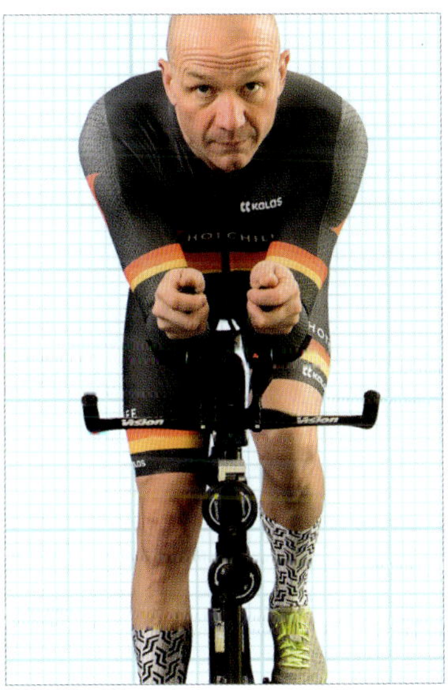

NORMAL

Eine typische Aerolenkerbreite.

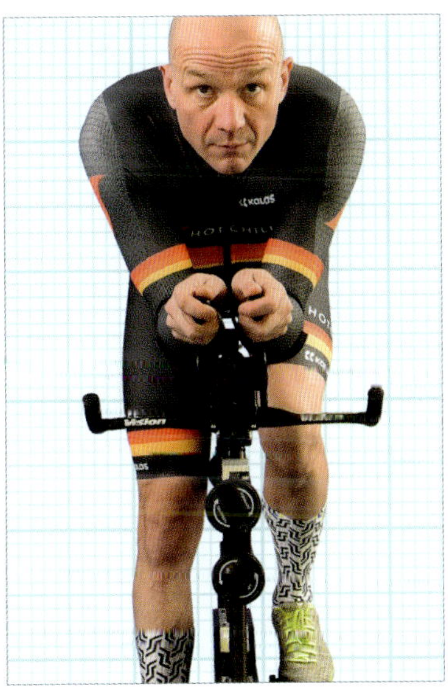

ENG

Aerodynamischer – der Kopf neigt sich. Beachte allerdings die erhöhte Spannung in den Schultern und im oberen Rücken.

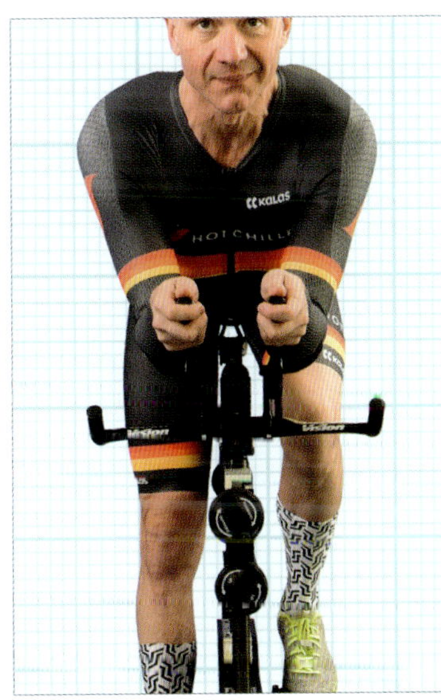

BREIT

Eine breitere Position kann einigen eine entspanntere Kopfhaltung ermöglichen.

sportler sollten jedoch die sich ständig ändernden Regeln in Bezug auf die Winkel überprüfen.

Am Ende der Kette der oberen Extremitäten sollten die Hände und Handgelenke entspannt sein und sich leicht bewegen können. Wenn sie stramm und angespannt sind, bedeutet das, dass sie proximale Ungenauigkeiten beim Set-up ausgleichen.

Die aerodynamische Position eines Radfahrers spiegelt seine Fahrgeschichte, Flexibilität und Oberkörperkraft wider: Um in einer aggressiven Position mit nach vorne geneigtem Sattel und niedrigem Vorderteil zu fahren, brauchst du ausreichend Oberkörperkraft, um dein Gewicht zu stützen, und Flexibilität, um dich an die Position anzupassen, welche den Nacken, den Rücken, das Becken und die Kniebeuger auf die Probe stellen wird.

Fehlt dir die nötige Kraft, leidest du schnell an Nackenschmerzen, einem ermüdeten Oberkörper und einer verspannten Hüfte. Du musst mit einer weniger aggressiven Zeitfahrposition beginnen – Sattel hinten, Lenker oben – und anfangen, abseits des Fahrrads an deinen Einschränkungen zu arbeiten und beispielsweise ein Flexibilitäts- und Kraftprogramm zusätzlich integrieren.

Armauflage zu weit vorn

In Bild A wird das Gewicht näher am Ellenbogen gestützt und reduziert die Muskelarbeit, die Haltung B erfordert.

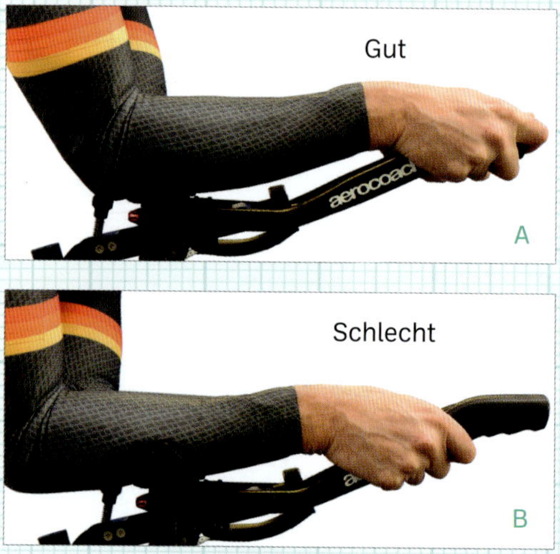

Nach oben angewinkelter Lenker für mehr Stabilität

In Bild A gibt die leicht nach oben gerichtete Ausrichtung des Aero-Lenkeraufsatzes dem Radfahrer etwas, dem er entgegenwirken kann, und stoppt das Gefühl, über die Vorderseite des Fahrrads zu fallen, und die damit verbundene zusätzliche Muskelarbeit. In Bild B sieht der Radfahrer aus – und wird sich so fühlen –, als würde er gleich über das Vorderteil fallen.

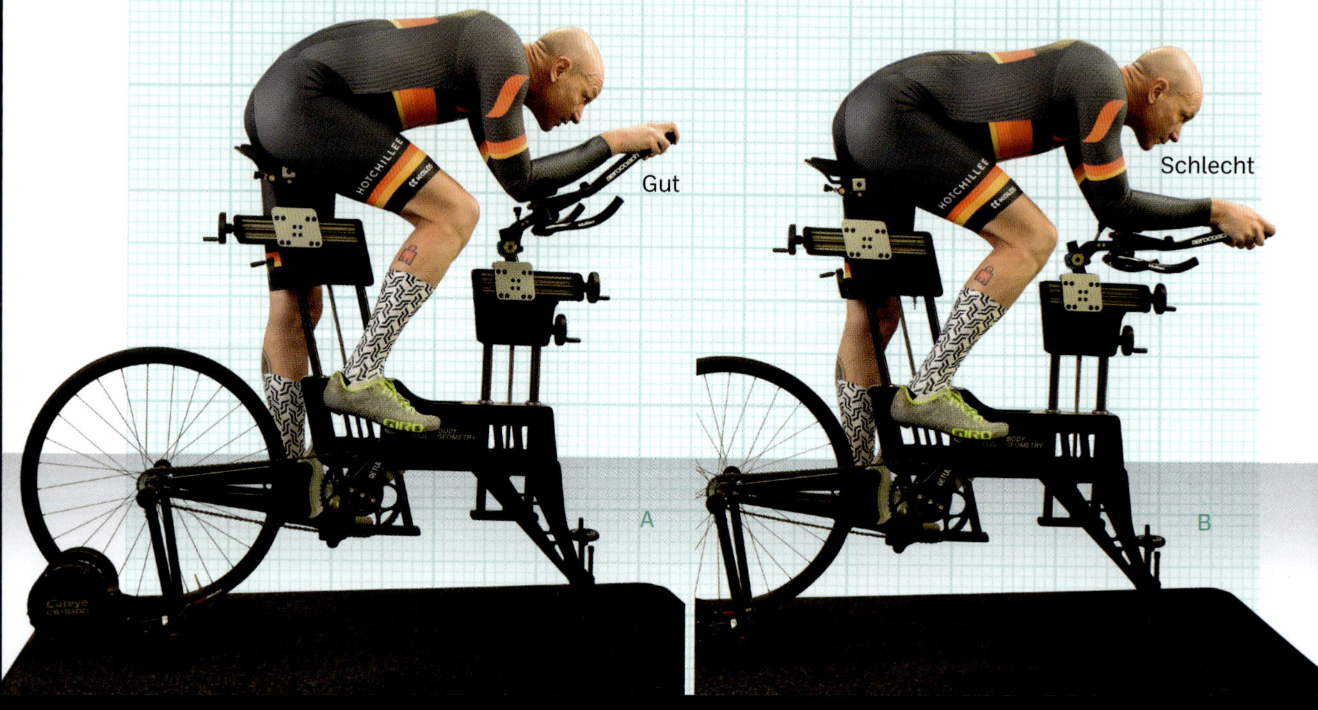

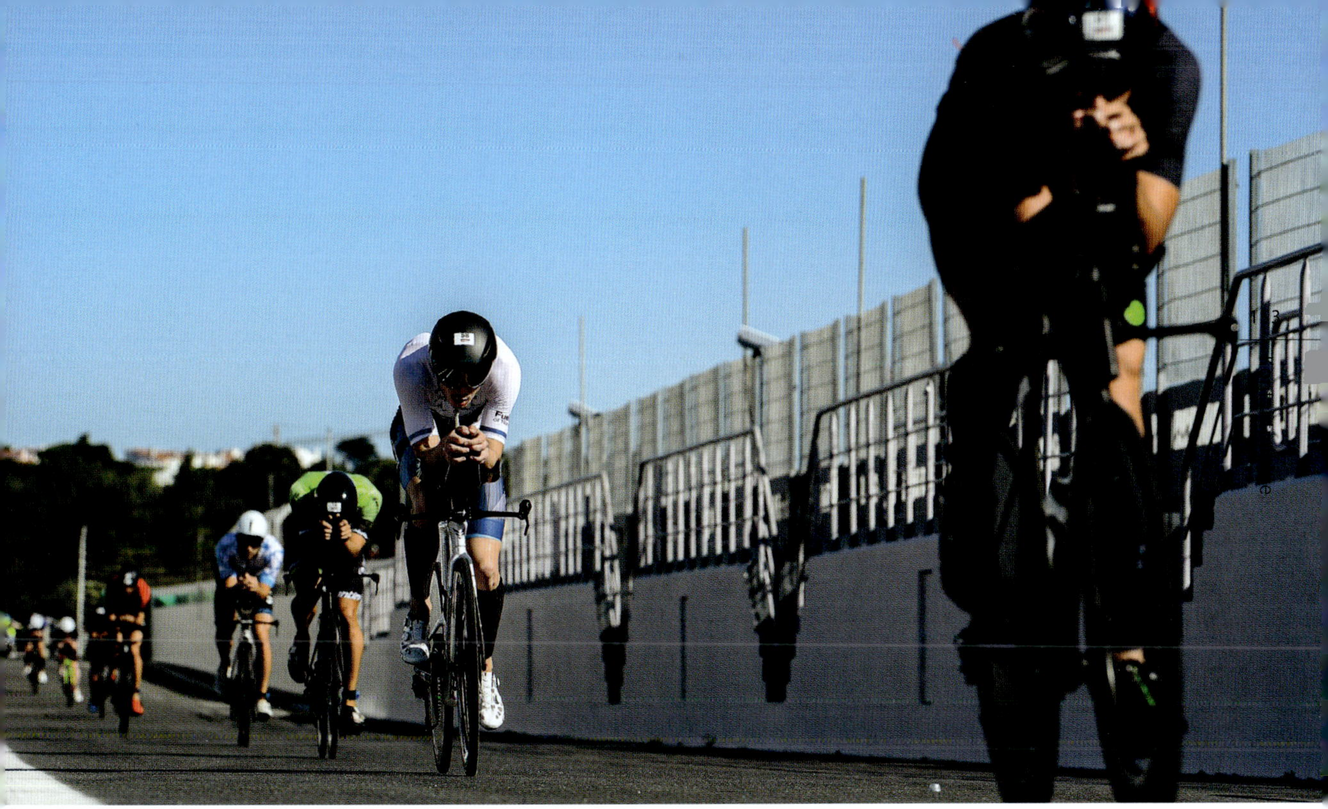

▶ Entspannte Hände und Handgelenke

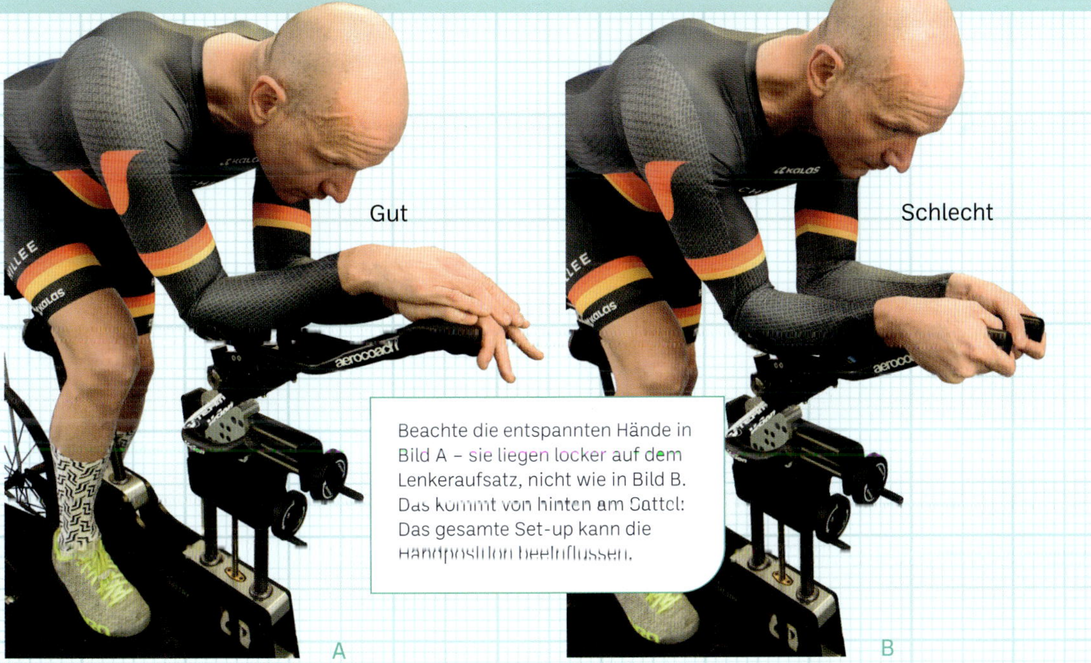

Beachte die entspannten Hände in Bild A – sie liegen locker auf dem Lenkeraufsatz, nicht wie in Bild B. Das kommt von hinten am Sattel: Das gesamte Set-up kann die Handposition beeinflussen.

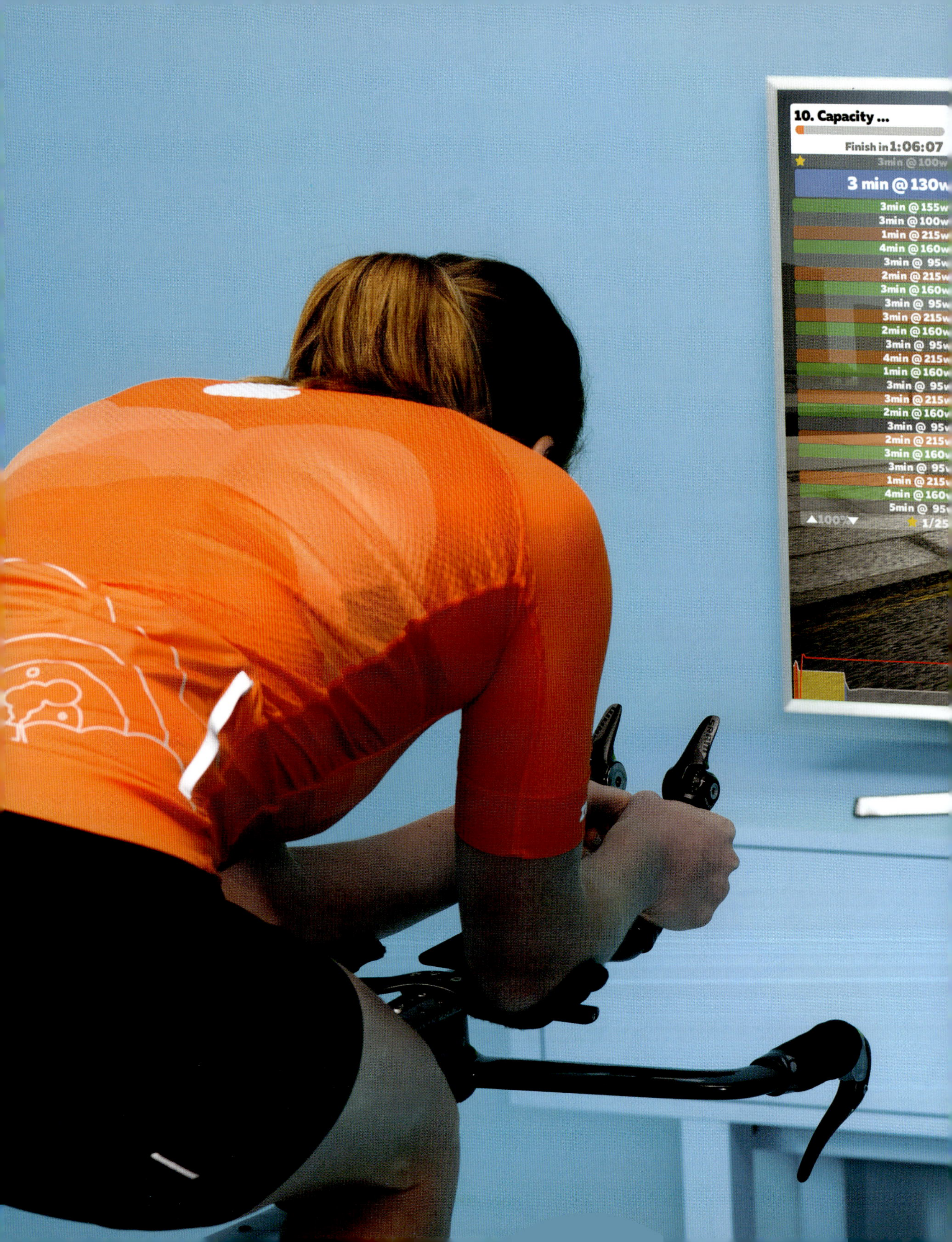
10. Capacity ...
Finish in 1:06:07
3min @ 100w
3 min @ 130w
3min @ 155w
3min @ 100w
1min @ 215w
4min @ 160w
3min @ 95w
2min @ 215w
3min @ 160w
3min @ 95w
3min @ 215w
2min @ 160w
3min @ 95w
4min @ 215w
1min @ 160w
3min @ 95w
3min @ 215w
2min @ 160w
3min @ 95w
2min @ 215w
3min @ 160w
3min @ 95w
1min @ 215w
4min @ 160w
5min @ 95w
100%
1/25

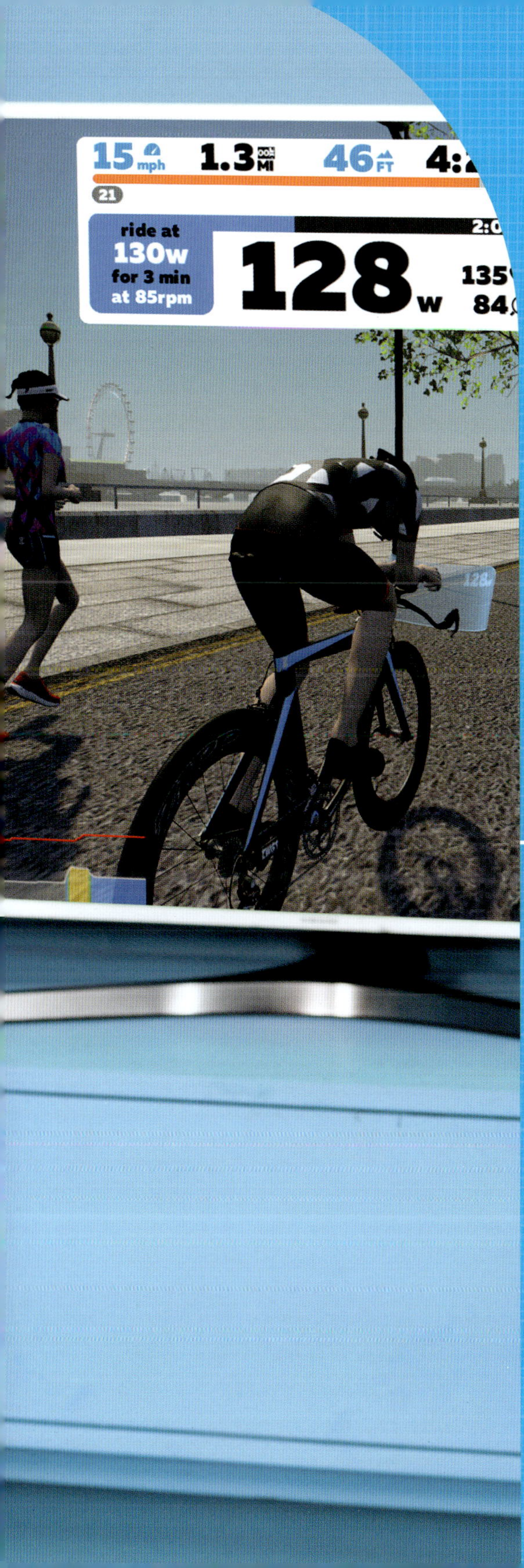

07

Indoor-Cycling

Indoor-Cycling

Angesichts moderner smarter Trainer, interaktiver Plattformen wie Zwift sowie E-Racing-Weltmeisterschaften, die von nationalen Dachverbänden und der UCI genehmigt werden, hat sich das Indoor-Cycling von einem notwendigen Wintertrainingsübel zu einer ganzjährigen Radsportdisziplin entwickelt.

Die Covid-19-Pandemie hat auch zu einem massiven Aufschwung der Teilnahme am Indoor-Cycling beigetragen, und es gibt eine überraschend große Gruppe von Radfahrern, die mit dem Indoor-Cycling begonnen haben, ohne die Absicht oder den Wunsch, draußen auf Straßen oder Trails zu fahren. Es gibt sogar eine Reihe von Spitzenfahrern, die sich jetzt auf E-Racing spezialisiert haben und einige große Preisgelder mit nach Hause nehmen.

Während der Pandemie wurde ich mir, während ich Remote-Bikefittings und Remote-Physiotherapiedienste anbot, zunehmend einer Reihe besonderer Probleme bewusst, zu denen Indoor-Cycling führen kann.

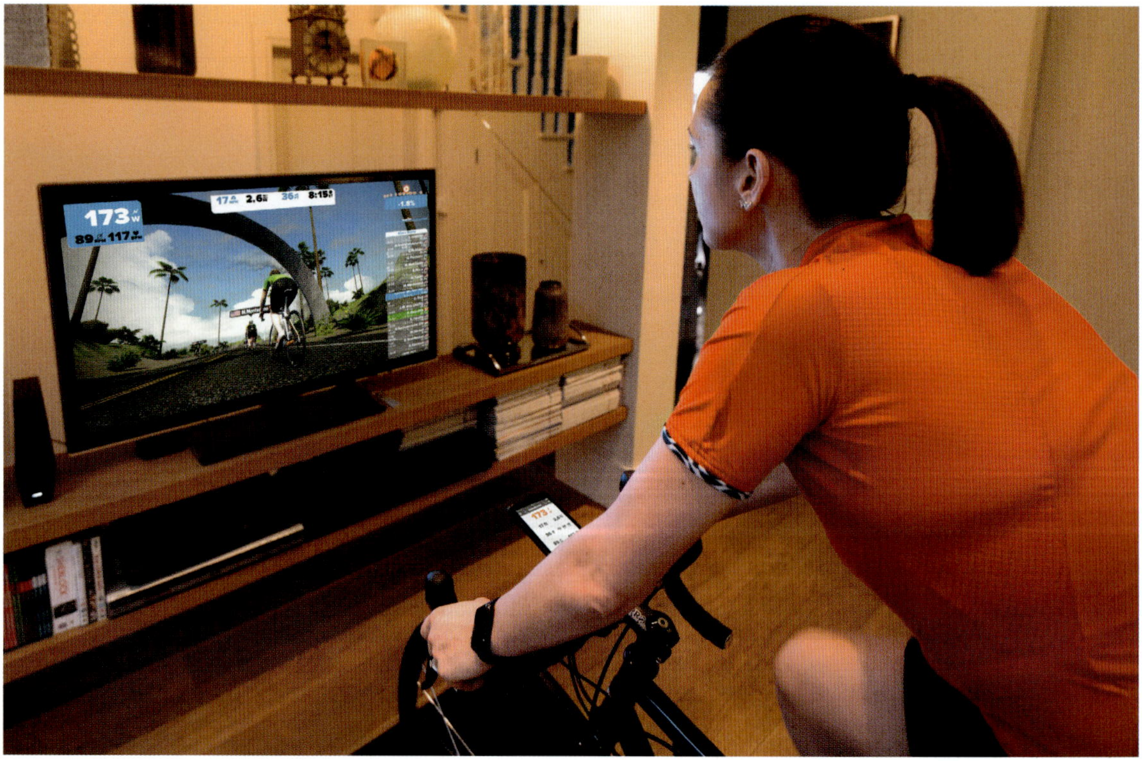

Hervorhebung etwaiger Probleme

Wenn du irgendwelche Probleme mit deiner Position hast, insbesondere in Bezug auf die Kontaktpunkte Sattel, Pedale und Lenker, wird Indoor-Cycling diese hervorheben und, wenn ignoriert, verschlimmern. Der einfache Grund dafür ist, dass du im Gegensatz zum Radfahren im Freien ständig Mikropausen und Positionsverschiebungen hast, auf einem Indoor-Trainer viel statischer bist. Selbst bei perfekter Position kann dieser unerbittliche Aspekt des Indoor-Cyclings dazu führen, dass du vor allem im Sattelbereich Beschwerden verspürst, die du beim Radfahren im Freien vielleicht nie erlebt hast.

▶ Eine Auswahl an Indoor-Trainern

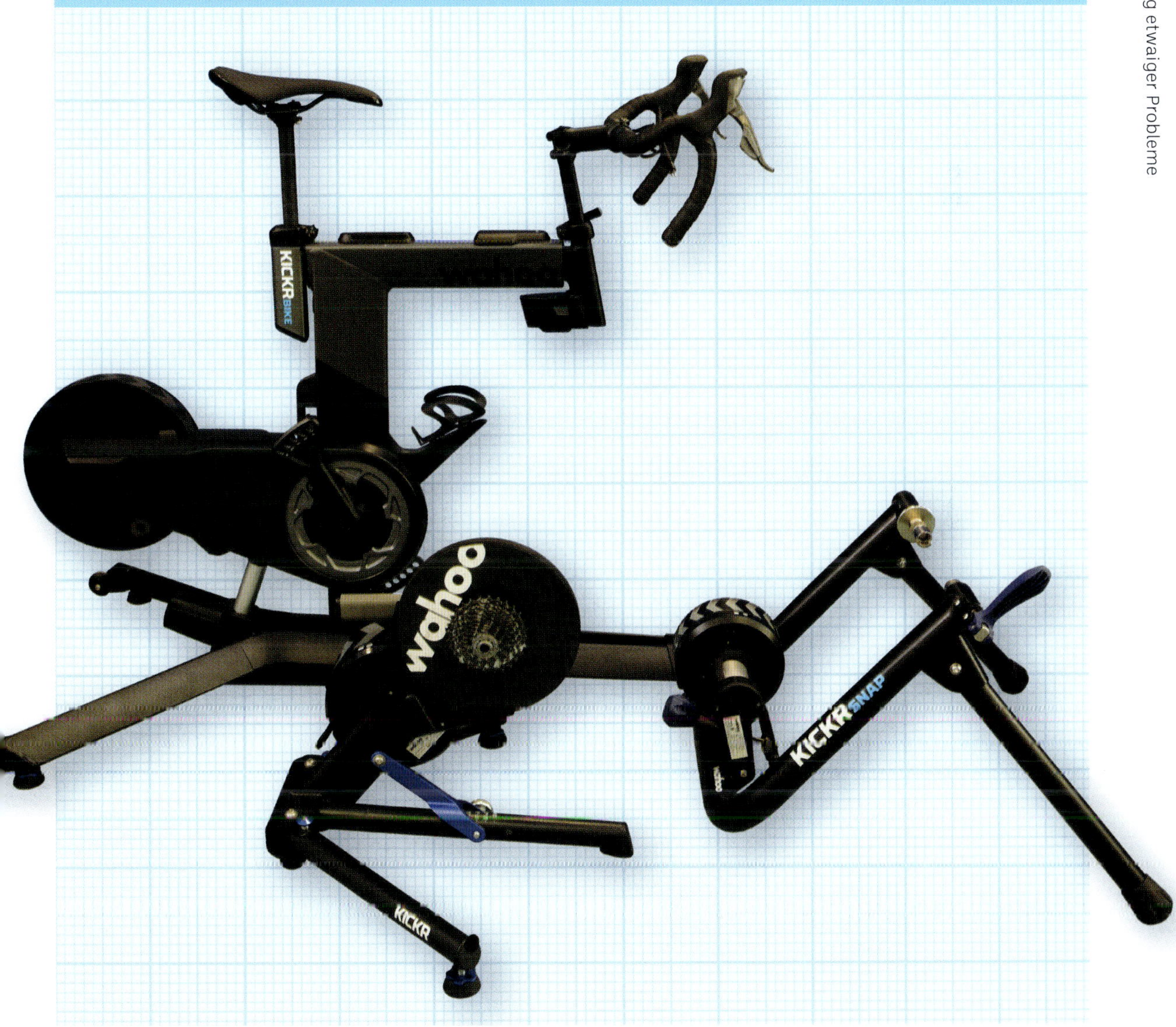

Anpassung an deine Outdoor-Fahrposition

Wenn du dein Outdoor-Fahrrad einfach auf einen Rollentrainer montierst, musst du keine Positionsänderungen berücksichtigen, aber viele Radfahrer haben ein spezielles Fahrrad auf dem Rollentrainer aufgebaut oder sie haben ein statisches Fahrrad wie ein Wattbike, Wahoo Kickr oder Ähnliches. Wie exakt du deine Outdoor-Fahrposition replizierst, hängt sehr von deinen Zielen ab.

Vorausgesetzt, du bist mit deiner Outdoor-Position zufrieden, ist die oberste Priorität, das Sattel-Set-up zu replizieren. Dazu gehört auch der Sattel, den du verwendest, da viele statische Fahrräder mit schrecklichen Sätteln ausgestattet sind. Versuche, Sattelhöhe, Sattelversatz und Sattelneigung so nah wie möglich an deiner Straßenposition einzustellen. Vergiss nicht, die Kurbellänge deines Indoor-Fahrrads zu überprüfen, da sich dies auf dein Sattel-Set-up auswirkt.

Wenn du dieselben Schuhe und Pedale wie draußen verwendest, sollte es hier keine Probleme geben, aber wenn du ein Paar spezielle Indoor-Schuhe verwendest, überprüfe, ob die Cleat-Positionierung dieselbe ist.

Wenn du diese beiden Kästchen angekreuzt hast und dein Hauptziel beim Indoor-Cycling die allgemeine Fitness ist, solltest du deinen Lenker so bequem wie möglich einstellen, wahrscheinlich etwas höher als draußen.

Wenn du deine Indoor-Cycling-Leistung für E-Racing maximieren möchtest, sind ein weniger aggressives Lenker-Set-up und eine aufrechtere Position als auf der Straße der richtige Weg. So bleibt deine Hüfte offen, um maximale Kraft zu erzeugen, und erleichtert das Atmen, indem es deine Brust hochhält. Es hat keinen Vorteil, sich in eine aerodynamische Position zu verrenken – es geht nur darum, maximale Wattleistung zu liefern!

Wenn es beim Indoor-Cycling jedoch nur darum geht, deine Outdoor-Leistung zu verbessern, insbesondere bei Zeitfahrern und Triathleten, dann versteht es sich von selbst, dass du die Indoor-Sessions nutzt, um dich an deine Position anzupassen und sie sogar zu entwickeln. In dieser Situation solltest du alle Anstrengungen unternehmen, um dein reales Cockpit-Set-up so genau wie möglich zu replizieren.

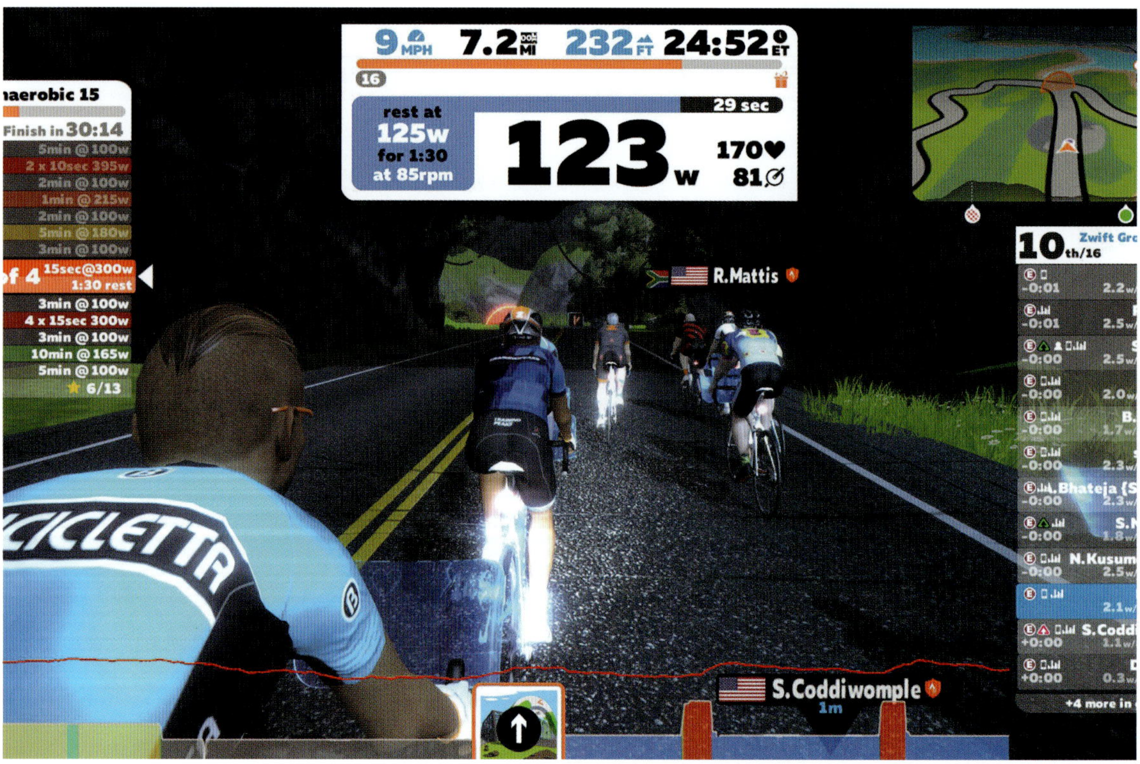

Knieschmerzen

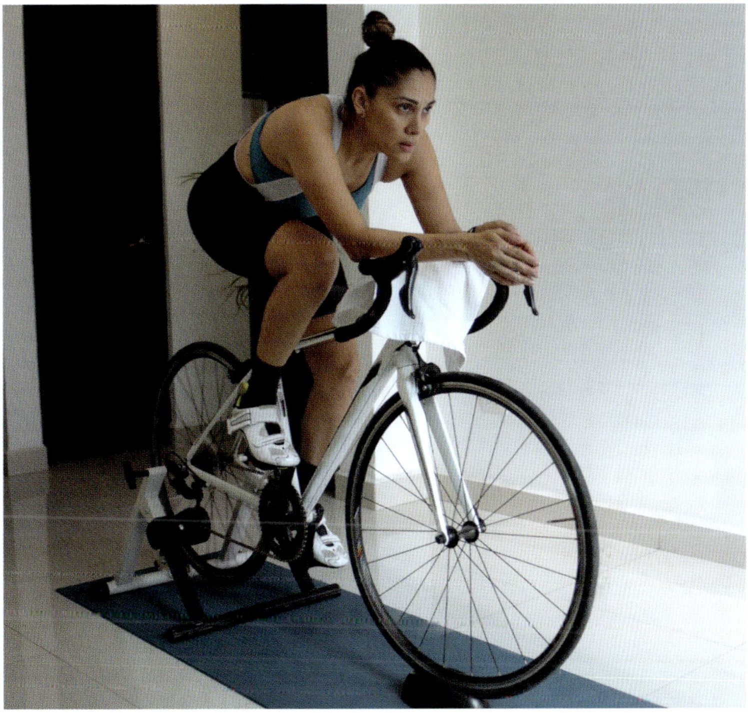

Während des Lockdowns bemerkte ich eine Zunahme von Radfahrern mit Knieschmerzen, nachdem sie vermehrt auf Indoor-Cycling umgestellt hatten. Knieschmerzen auf dem Fahrrad sollten niemals ignoriert werden, zumal Radfahren im Allgemeinen hervorragend für die Knie ist und oft eine Schlüsselrolle bei der Rehabilitation nach Knieverletzungen oder Operationen spielt.

Nachdem ich alle Positionsprobleme bei diesen Kunden aufgeschlüsselt und beseitigt hatte und feststellte, dass es etwas Einfaches wie die Sattelpositionierung oder das Cleat-Set-up war, das nicht ganz mit ihrem Outdoor-Set-up übereinstimmte, fiel mir auf, dass es ein leichtes Ungleichgewicht oder eine Schwäche gab. Beim Radfahren im Freien, ständigen Verschiebungen hinsichtlich Gewichtsverteilung und Position, waren diese kein Problem, aber durch die starren und unnachgiebigen Bewegungsmuster beim Indoor-Cycling wurden sie verstärkt und führten zu Beschwerden. In den meisten Fällen wurde das Problem durch gezielte Release- und Mobilitätsarbeit gelöst.

Einige Radfahrer haben mir erzählt, dass ihre Trittfrequenz beim Indoor-Cycling, insbesondere bei dem Versuch, einen hohen Output aufrechtzuerhalten, erheblich niedriger ist als beim Radfahren im Freien. Dieses Pedalieren mit höherem Drehmoment könnte ebenfalls zu einer stärkeren Belastung deiner Knie führen.

Fußschmerzen

Indoor-Cycling bedeutet konstanten Druck auf die Pedale. Wenn du also beim Radfahren im Freien unter Hitzestau oder Fußschmerzen leidest, ist es drinnen umso schlimmer. Die höheren Temperaturen und der geringere Luftstrom können deine Füße anschwellen lassen und zu weiteren Beschwerden führen. Leichtere Schuhe im Mesh-Stil können helfen, die Belüftung und Kühlung zu verbessern, und trage wirklich leichte, dünne Socken, um deinen Füßen etwas mehr Platz zu geben. Indoor-Cycling-Schuhe werden mit Schweiß durchnässt, also sei beim Reinigen und Trocknen nach dem Training penibel, sonst schaffst du einen idealen Nährboden für Bakterien.

Sattelbedingte Schmerzen

Das wahrscheinlich größte Problem vieler Indoor-Radler. Du kannst vier oder fünf Stunden im Freien fahren, ohne die geringste Spur von sattelbedingten Schmerzen, aber verbringe 30 Minuten auf einem Indoor-Trainer, und es ist, als würdest du auf Stacheldraht sitzen.

Der erste Übeltäter ist, wieder einmal, der Mangel an Bewegung, und das einfachste Heilmittel dafür ist, etwa alle fünf Minuten aufzustehen. Selbst wenn es nur für ein paar Sekunden ist, hilft es, den Druck zu verringern und die Durchblutung wiederherzustellen. Stelle einen Alarm auf deinem Handy ein, um es nicht zu vergessen. Eine weitere Option sind Rocker Plates, die es einem statischen Fahrrad oder einem Fahrrad auf einem Rollentrainer ermöglichen, sich etwas natürlicher unter dir zu bewegen, wenn du pedalierst. Einige Radfahrer schwören, dass diese ihr Fahrerlebnis beim Indoor-Cycling revolutioniert haben. Wenn Schmerzen ein echtes Problem sind und du viel Zeit auf deinem Indoor-Trainer verbringst, sind sie einen Versuch wert.

Kann man einen perfekten Pedaltritt erlernen?

Manche Indoor-Cycling-Plattformen bieten eine Echtzeit-Pedaltrittanalyse an, und obwohl dies nützlich sein kann, um Ungleichgewichte zu erkennen, bin ich skeptisch, ob du damit einen gleichmäßigeren und effizienteren Pedaltritt entwickeln kannst. Viele Radfahrer schwärmen von Souplesse, und obwohl einige Profis ohne Zweifel wunderbar seidige, gleichmäßige Pedaltritte haben, hätten sie diese nicht entwickelt, wenn sie auf einem Indoor-Trainer gestartet wären. Ebenso gibt es Spitzenradfahrer, deren Pedaltritt alles andere als gleichmäßig ist, die aber ungehindert stundenlang fahren können.

Besonders wenn du ein Amateurradfahrer mit wenig Freizeit bist, ist die investierte Zeit, um eine dauerhafte Veränderung der Tritttechnik zu erzielen, verschwendet. Ich kenne einen Radfahrer, der Monate mit Trainingseinheiten verbrachte, sich auf eine Tritttechnik mit niedriger Intensität zu konzentrieren, und stolz verkündete, einen perfekt gleichmäßigen Pedaltritt zu haben. Allerdings hatte er etwa 60 Watt von seiner funktionellen Schwellenleistung, der Functional Threshold Power (kurz FTP), verloren. Als er sich wieder stärker pushte, zerbrach seine schwer erworbene Souplesse und er kehrte zu seiner alten Tritttechnik zurück.

Wenn deine Position korrekt ist und du einen gut durchdachten, strukturierten Trainingsplan befolgst, wird dein Pedaltritt mit der Zeit auf dem Fahrrad effizienter. Es gibt einige Hinweise darauf, dass Mountainbiken, bei dem du die Kraft gleichmäßig abgeben musst, um die Traktion aufrechtzuerhalten, und Bahnradfahren, bei dem die hohen Trittfrequenzen bei einem festen Gang dich durch einen gleichmäßigen Pedaltritt treiben, bei der Entwicklung eines gleichmäßigeren Pedaltritts helfen können, und für die allgemeine Fitness, Geschicklichkeit und Freude beim Radfahren möchte ich alle Radfahrer, insbesondere junge, dazu ermutigen, eine Reihe von Radsportdisziplinen auszuprobieren.

▶ Luftstrom erhöhen mit Ventilator

Denke daran: Du kannst nie genug Ventilatoren haben

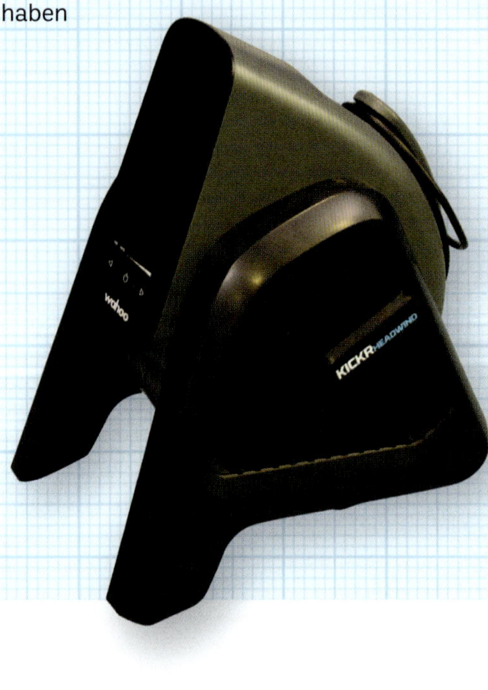

Der nächste Übeltäter ist die gleiche Dreieinigkeit aus Hitze, Feuchtigkeit und Druck, die auch beim Radfahren im Freien zu sattelbedingten Schmerzen führt. Wenn du jedoch drinnen fährst, werden alle diese Faktoren um ein Vielfaches erhöht. Es ist daher wichtig, die Schritte und Ratschläge zur Vermeidung von sattelbedingten Schmerzen auf den Seiten 119 bis 123 genau zu befolgen.

Viele Radfahrer machen den Fehler, beim Indoor-Cycling alte und am Ende ihrer Lebensdauer liegende Fahrradhosen zu verwenden, aber mit Blick auf all die Fahrten, die du unternimmst, ist die Zeit, in der du wirklich gut sitzende Fahrradhosen und Sitzpolster willst, diejenige, in der du auf dem Rollentrainer sitzt.

MANAGE DEINE UMGEBUNG

Nachdem wir bereits die Rolle von Hitze und Feuchtigkeit bei der Entstehung von sattelbedingten Schmerzen festgestellt haben, wird es einen großen Einfluss haben, die Temperatur zu senken, die Luftzirkulation zu erhöhen und das Schwitzen zu minimieren. Man kann wirklich nicht zu viele Ventilatoren oder zu viel Belüftung haben, wenn man drinnen fährt. Wenn man am Ende von einer Schweißlache umgeben ist, hat man nicht genug. Platziere am besten einen Ventilator vor und einen hinter dir. Das erhöht den Luftstrom um deinen Sattelkontaktbereich herum und kann einen echten Einfluss auf Schmerzen haben.

Denke auch darüber nach, wie du jeden Bildschirm positionierst, auf den du blickst, um deinen Nacken nicht unnötig zu belasten. Idealerweise solltest du geradeaus schauen, wie du es auf der Straße tun würdest. Ein wenig Berücksichtigung der Ergonomie kann beim Indoor-Cycling-Komfort einen großen Unterschied ausmachen.

WÄHLE DEINE EINHEITEN

Die idealen Indoor-Einheiten sind Workouts oder Rennen mit hoher Intensität und geringer Dauer. Es bleibt weniger Zeit, um Probleme zu verursachen, und da du bei harten Anstrengungen eine relativ hohe Last auf deine Pedale überträgst, lastet weniger Gewicht auf deinem Sattel und du hast daher weniger Schmerzen. Versuche deshalb, Erholungsfahrten und jegliches Ausdauertraining möglichst im Freien zu absolvieren.

ROUTINE NACH DER FAHRT

Direkt nach der Einheit raus aus den verschwitzten Klamotten, duschen und abtrocknen. In Anbetracht dessen, was ich bereits über das Indoor-Cycling gesagt habe, das möglicherweise Ungleichgewichte oder Verspannungen verschlimmert, kann es eine gute Idee sein, etwas Zeit für Flexibilitäts-, Mobilitäts- und Releasearbeit aufzuwenden.

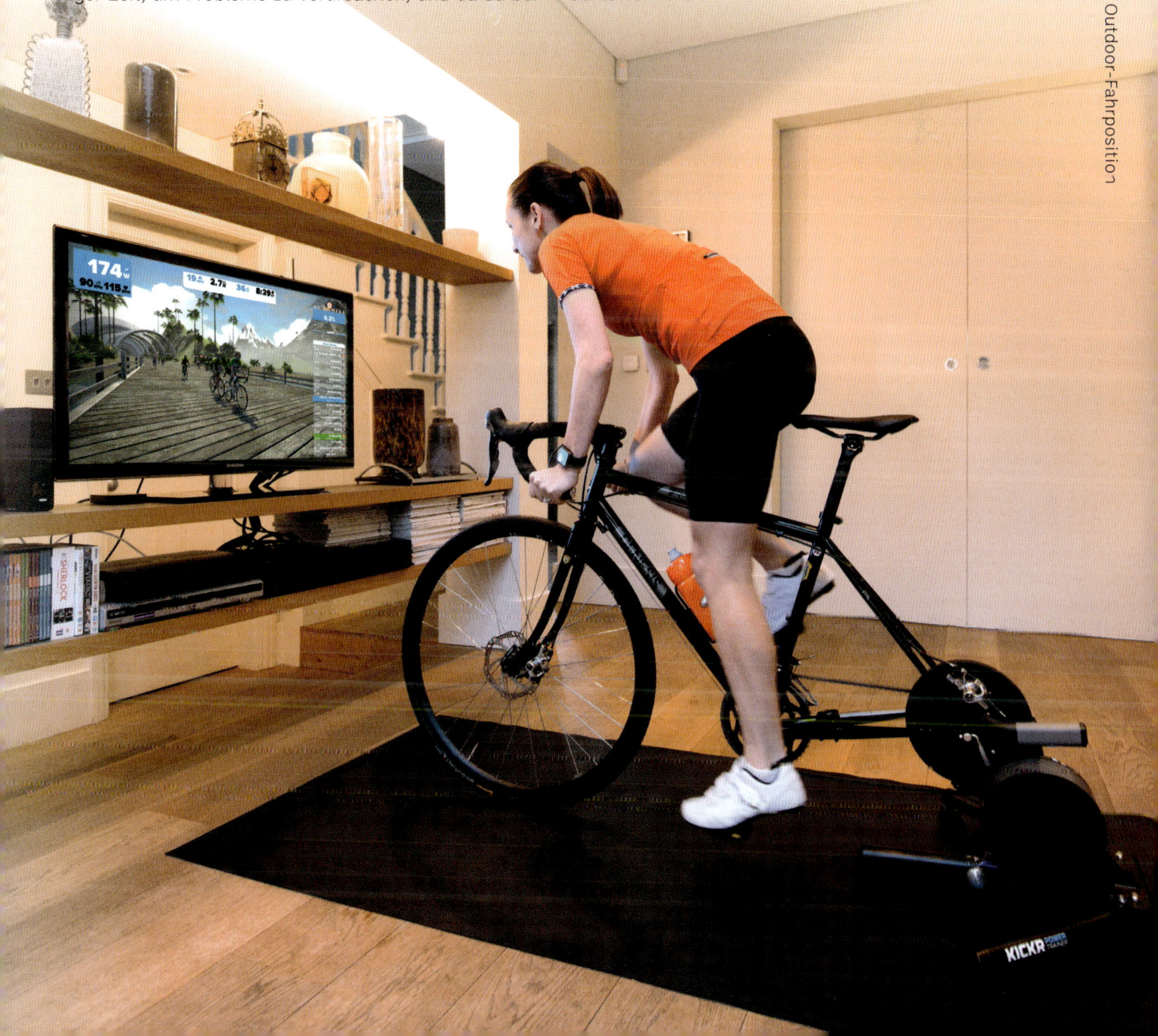

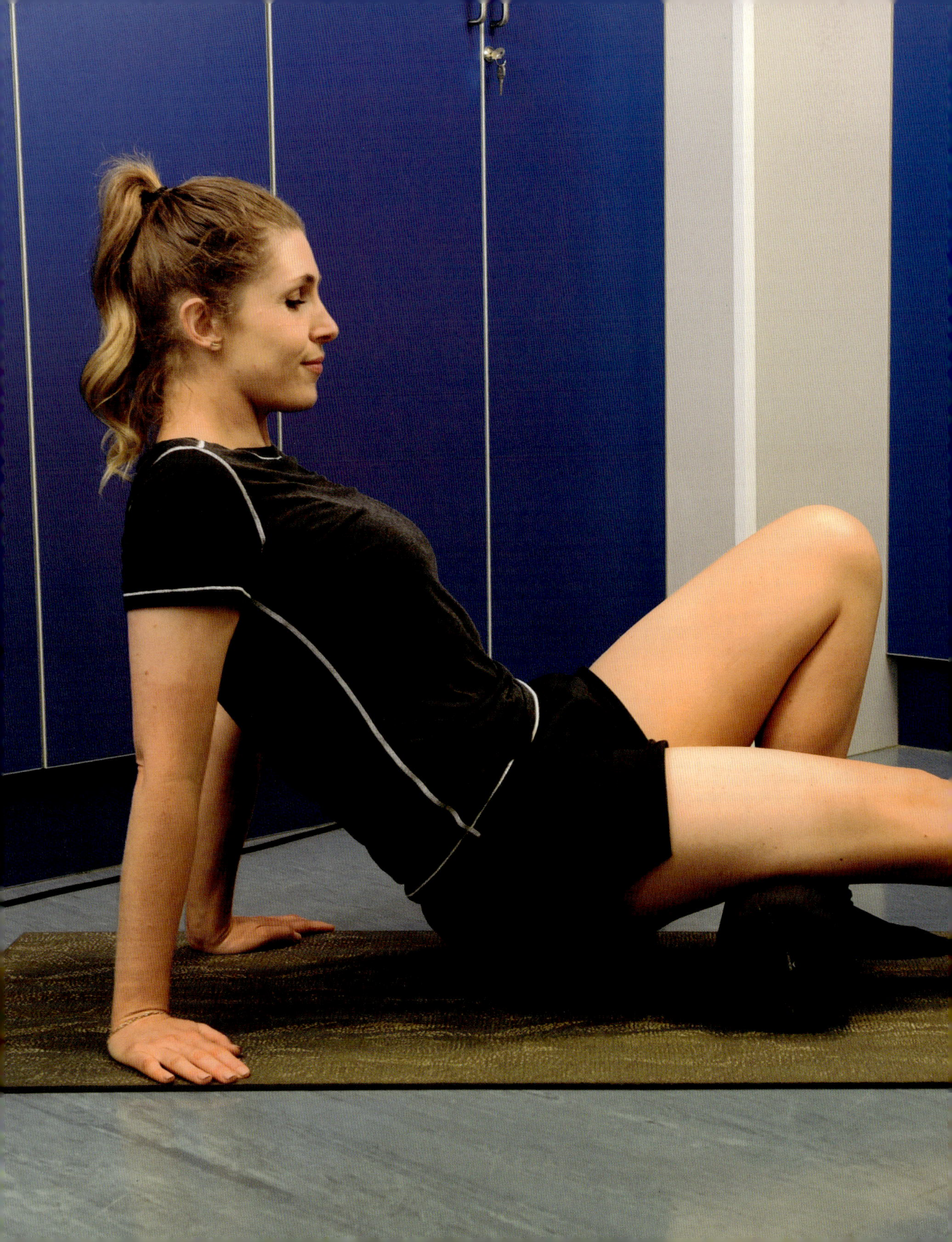

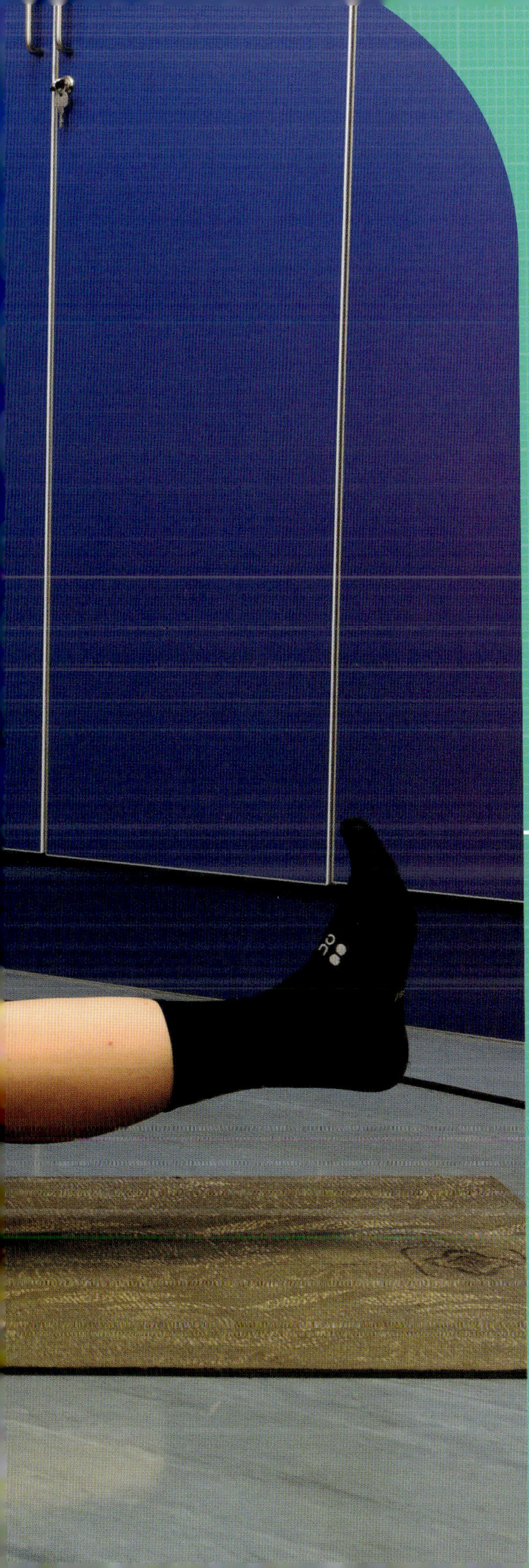

08

Zusätzliches Training für Radfahren und Bikeposition

Zusätzliches Training für Radfahren und Bikeposition

Das Fahrrad ist also einstellbar und der Mensch anpassungsfähig. Wir wissen, wie man das Fahrrad einstellt und dass einige einfach nicht sehr anpassungsfähig sind. Aber es gibt Möglichkeiten, unseren Körper anpassungsfähiger zu machen und ihm zu helfen, diese neue aerodynamischere Position zu akzeptieren.

So wie jedoch die Position jedes Radfahrers, sein Trainingsplan und das, was er gerne auf dem Fahrrad isst, unterschiedlich sind, so ist auch die Arbeit, die er abseits des Fahrrads verrichten sollte, unterschiedlich. Eine einheitliche Routine ist nicht zielgerichtet, ineffektiv und potenziell gefährlich.

Dies gilt insbesondere für Übungen im Fitnessstudio mit Gewicht. Radfahren ist in vielerlei Hinsicht hervorragend für Gesundheit und Fitness, aber die damit verbundenen Bewegungsmuster sind sehr begrenzt und linear, was dazu führt, dass Radfahrer oft einen begrenzten Bewegungsradius und eine schlechte Kontrolle darüber haben. Wenn du beispielsweise versuchst, mit diesen Einschränkungen Kniebeugen mit der Langhantel auszuführen, ist eine gute, sichere und effektive Form praktisch unmöglich. Das gilt nicht nur für Hobbyradfahrer. Als ich mit British Cycling zusammenarbeitete, gab es viele Radsportler in den Ausdauermannschaften, die ich nicht einmal in die Nähe eines Kniebeugenständers ließ!

Nach der erste Ausgabe dieses Buches habe ich vermehrt über dieses Thema nachgedacht, und mir wurde klar, dass das Thema Konditionstraining abseits des Fahrrads ein ganzes Buch brauchte. Weshalb ich zusammen mit Martin Evans, ehemaliger Kraft- und Konditionstrainer am English Institute of Sport (EIS) sowie Kraft- und Konditionstrainer für British Cycling, ein Buch schrieb: *Strength and Conditioning for Cyclists: Off the Bike Conditioning for Performance and Life*.

Ich betrachte das Buch wirklich als Begleitbuch zu diesem und empfehle es jedem, der Konditionstraining abseits des Fahrrads in sein Trainingsprogramm integrieren möchte, was alle Radsportler tun sollten. Es basiert auf einem einfachen und leicht durchzuführenden Do-it-yourself-Screening für funktionelle Bewegungen. Diese Bewertung wird deine Grenzen aufzeigen und es dir ermöglichen, ein gezieltes, personalisiertes und progressives Konditionsprogramm abseits des Fahrrads zu erstellen. Es beginnt damit, dich durch Ausgleichsübungen zu führen, um deine Mobilität zu verbessern, geht weiter zur Entwicklung von Kontrolle und Kraft durch diesen verbesserten Radius und schreitet schließlich fort, um die Bewegungen mit Gewicht zu absolvieren.

Warum abseits trainieren?

Eines der Grundprinzipien des Trainings ist die Spezifität. Diese besagt einfach, dass das beste Training für eine bestimmte Aktivität darin besteht, diese Aktivität durchzuführen. Das beste Training für das Radfahren ist also, wenig überraschend, rauszugehen und in die Pedale zu treten. Insbesondere wenn die Zeit, die du dem Training widmen kannst, begrenzt ist, mag der Vorschlag, dass du einen Teil davon dem Training abseits des Fahrrads widmest, widersprüchlich erscheinen.

Bis vor Kurzem herrschte innerhalb des Sports die Denkweise vor, dass das einzig lohnende Training für den Radsport der Radsport ist. Auch heute noch wird der Nutzen des Trainings abseits des Fahrrads in weniger fortschrittlichen Profiteams mit Skepsis betrachtet. Vor nicht allzu langer Zeit war das einzige »Crosstraining«, das die Radfahrer absolvieren würden, etwas Langlaufen im Trainingslager. Der Wandel in Bezug auf das Training abseits des Fahrrads war eine echte richtungsweisende Veränderung im Sport, an der ich teilhaben durfte.

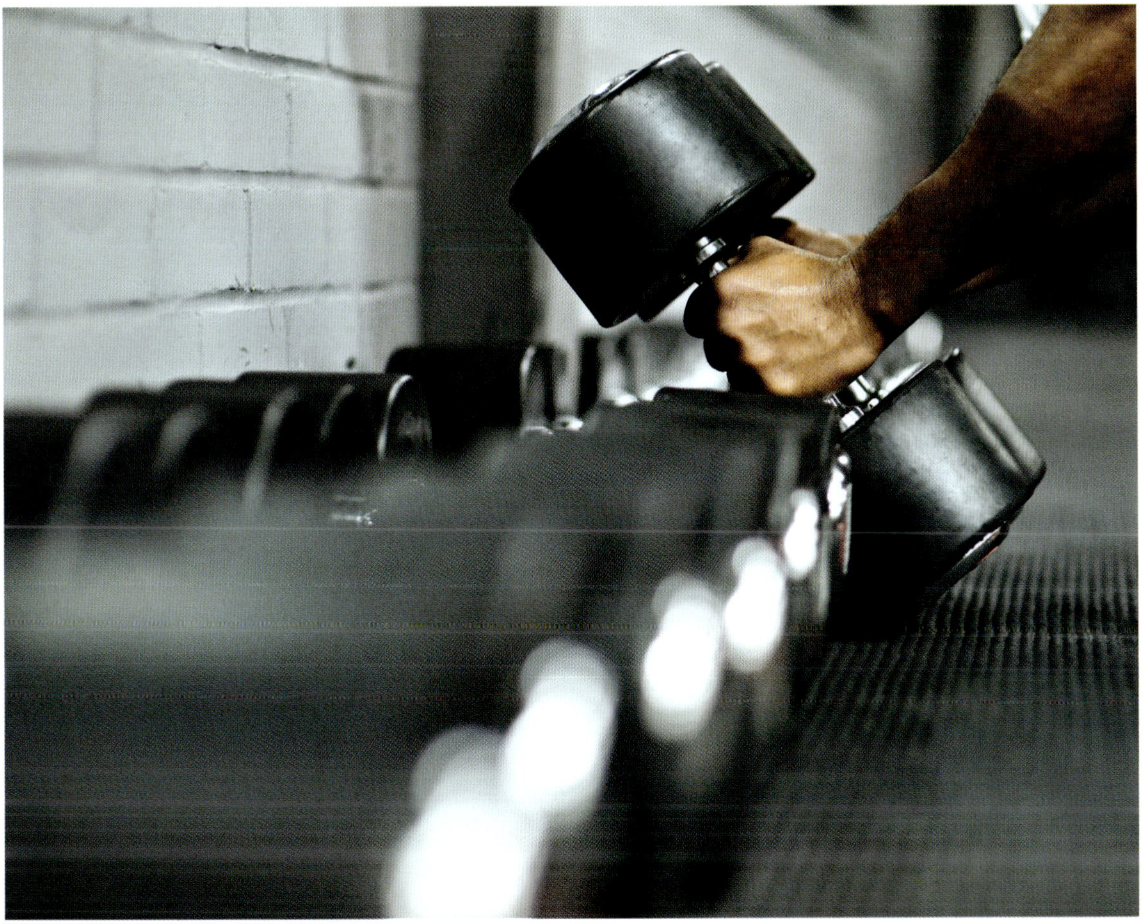

Krafttraining war seit Jahren ein akzeptierter Bestandteil des Trainings von Bahnsprintern. Da sich bestimmte Bahnausdauerdisziplinen, insbesondere die Mannschaftsverfolgung, dahingehend entwickelten, mehr sprintartige Leistungen zu fordern, begannen die Trainer, den Ausdauerfahrern mehr Krafttraining vorzuschreiben. Die Ergebnisse waren gut und die Radsportler bemerkten auch in anderen Bereichen des Radfahrens Verbesserungen. Die Radfahrer und Trainer brachten dieses Wissen in ihre Sessions für Profistraßenrennradteams mit und langsam wurde es für die meisten Straßenrennradfahrer zu einem Bestandteil ihres Trainings. Training abseits des Fahrrads kann, richtig durchgeführt, deiner Leistung auf dem Fahrrad direkt zugutekommen. Es kann deine maximale Krafterzeugung verbessern und dich beim Pedalieren stabiler und effizienter machen. Es kann dir helfen, eine aerodynamischere Position einzunehmen und dich wohler zu fühlen.

Fast noch wichtiger sind jedoch die indirekten Vorteile. Radfahren bearbeitet deinen Körper in sehr begrenzten und festen Mustern. Das bedeutet, dass du, obwohl du auf dem Fahrrad unglaublich stark sein kannst, dich einem Verletzungsrisiko aussetzt, wenn du außerhalb dieser Grenzen herausgefordert wirst. Ein Belastungsmuster, an das du nicht gewöhnt bist, kann leicht zu Verletzungen und einer Radfahrpause führen. Darüber hinaus werden die biomechanischen Probleme, die sich durch langes Sitzen im modernen Leben ergeben, durch die buckelige, übermäßig gebeugte Position verschlimmert, die das Radfahren mit sich bringt. Die daraus resultierenden verspannten Hüftbeuger, der steife untere Rücken sowie schlecht funktionierende Gesäßmuskeln können sich in einer Reihe von Problemen äußern, sowohl auf als auch abseits des Fahrrads.

Was jetzt zu tun ist

Auch wenn ich dir eindringlich empfehle, dir das Buch, das ich mit Martin geschrieben habe, zu besorgen, gibt es eine Reihe von Übungen, die für alle Radfahrer von Vorteil sind. Mobilitätsarbeit kann eingesetzt werden, um die Verspannungen und Ungleichgewichte zu korrigieren, die sowohl mit dem Radfahren als auch mit einem weitgehend sitzenden Lebensstil verbunden sind. Diese Übungen sind auch insofern von Vorteil, als sie dir ermöglichen, eine bessere Position auf dem Fahrrad aufrechtzuerhalten. Dieser Aspekt ist besonders relevant für Zeitfahrer, die eine aggressivere oder aerodynamischere Position anstreben.

Diese Abfolge von Übungen ist zielgerichtet, fokussiert und wird in Bezug auf die investierte Zeit gute Ergebnisse liefern. Konsistenz ist der Schlüssel zum Konditionstraining abseits des Fahrrads. Wenn du mit einer Unmenge an Übungen konfrontiert wirst, wirst du nicht dranbleiben. Wir alle stehen unter Zeitdruck, und selbst bei Vollzeitradsportlern ist es sinnlos, lange Routinen mit mehreren Übungen vorzuschreiben. Bradley Wiggins kam einmal mit einer Liste von 27 Übungen zu mir, die ihm sein damaliges Team gegeben hatte – er fragte sich, wann er Zeit haben würde, sein Fahrrad zu fahren! Eine kurze Routine effektiver und zielgerichteter Übungen, die gut und regelmäßig ausgeführt werden, ist besser als eine epische Routine, die nur gelegentlich ausgeführt wird.

Das weitverbreitete Missverständnis über das Dehnen ist, dass es die Muskeln verlängert. Dies ist einfach falsch, da die Muskellänge bei festen Ursprungs- und Ansatzpunkten im Wesentlichen festgelegt ist. Keine akute oder kurzfristige Dehnung verlängert die Muskeln, und die Muskeln verlängern sich nur, wenn du wächst, oder unter Jahre anhaltender Dehnungsbelastung. Beim Dehnen wird die erhöhte Empfindlichkeit der Muskeln gegenüber Bewegungsradien angesprochen, welche über diejenigen hinausgehen, die du beim Sitzen auf deinem Fahrrad oder an deinem Schreibtisch erfährst. Diese wahrgenommene Verspannung kann unbehandelt leicht zu Ungleichgewichten, schlechter Muskelfunktion und möglicherweise Schmerzen oder Verletzungen führen.

Faszienrolle und Triggerpunkt-Ball

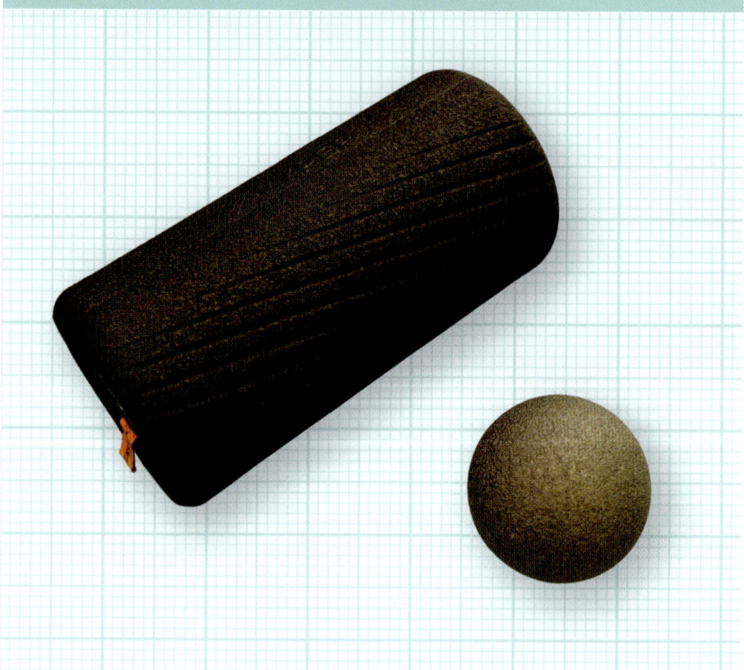

Mobilität

Mobilitätsarbeit stützt sich auf die Selbstbehandlung mit Geräten – einer Faszienrolle oder einem Triggerpunkt-Ball, um einen verspannten Bereich zu lockern und zu dehnen, um ihn über einen erweiterten Bewegungsradius hinweg zu bearbeiten. Fast alle Radfahrer würden das ganze Jahr über von gezielter Mobilitätsarbeit profitieren, da sie Ungleichgewichte und Verspannungen angeht, sowohl durch das Radfahren bedingt als auch durch das tägliche Leben. Es kann auch deine Position und deinen Komfort auf dem Fahrrad verbessern und deine Widerstandsfähigkeit gegenüber Verletzungen durch Bewegungen und Aktivitäten außerhalb des Radfahrens erhöhen.

WIE OFT?

Die ab Seite 170 empfohlene Routine dauert etwas mehr als 30 Minuten und deckt die meisten klassischen Bereiche ab, in denen sowohl Radfahren als auch Zeit am Schreibtisch Probleme verursachen können.

Je mehr du von dieser Art von Arbeit erledigen kannst, desto besser, aber du solltest mindestens darauf abzielen, zwei bis drei fokussierte Einheiten pro Woche zu absolvieren. Du wirst feststellen, dass sich bestimmte Übungspaare härter anfühlen. Das kann auf einen Bereich hinweisen, an dem gearbeitet werden muss. Es gibt keinen Grund, warum du nicht täglich oder sogar mehrmals täglich an bestimmten Bewegungen arbeiten kannst.

WANN?

Der Rat, der früher gegeben wurde, lautete, sie direkt nach dem Training durchzuführen. Aber das Letzte, was du tun möchtest, wenn du von einer langen harten Fahrt heimkehrst oder nach einer anstrengenden Einheit auf dem Rollentrainer vor Schweiß triefst, ist, dich auf einer Matte herumzuwälzen. Es ist unangenehm, und es ist unwahrscheinlich, dass du einen anständigen Job machst. Es ist besser, wenn du sauber, warm und satt bist und erst danach etwas Zeit für die Mobilitätsarbeit aufwendest. Tatsächlich kannst du jederzeit an dieser Routine arbeiten, sogar abends vor dem Fernseher.

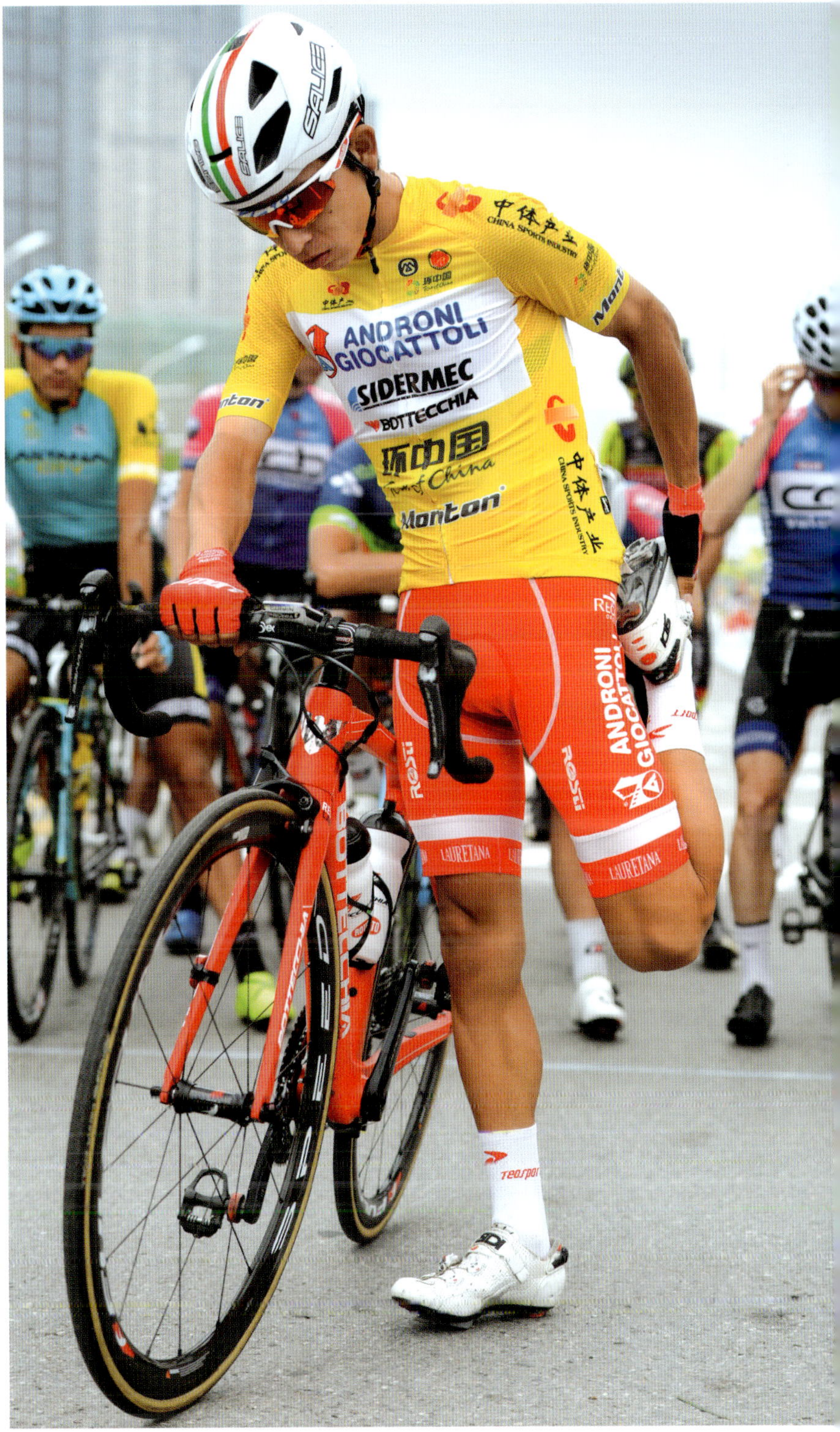

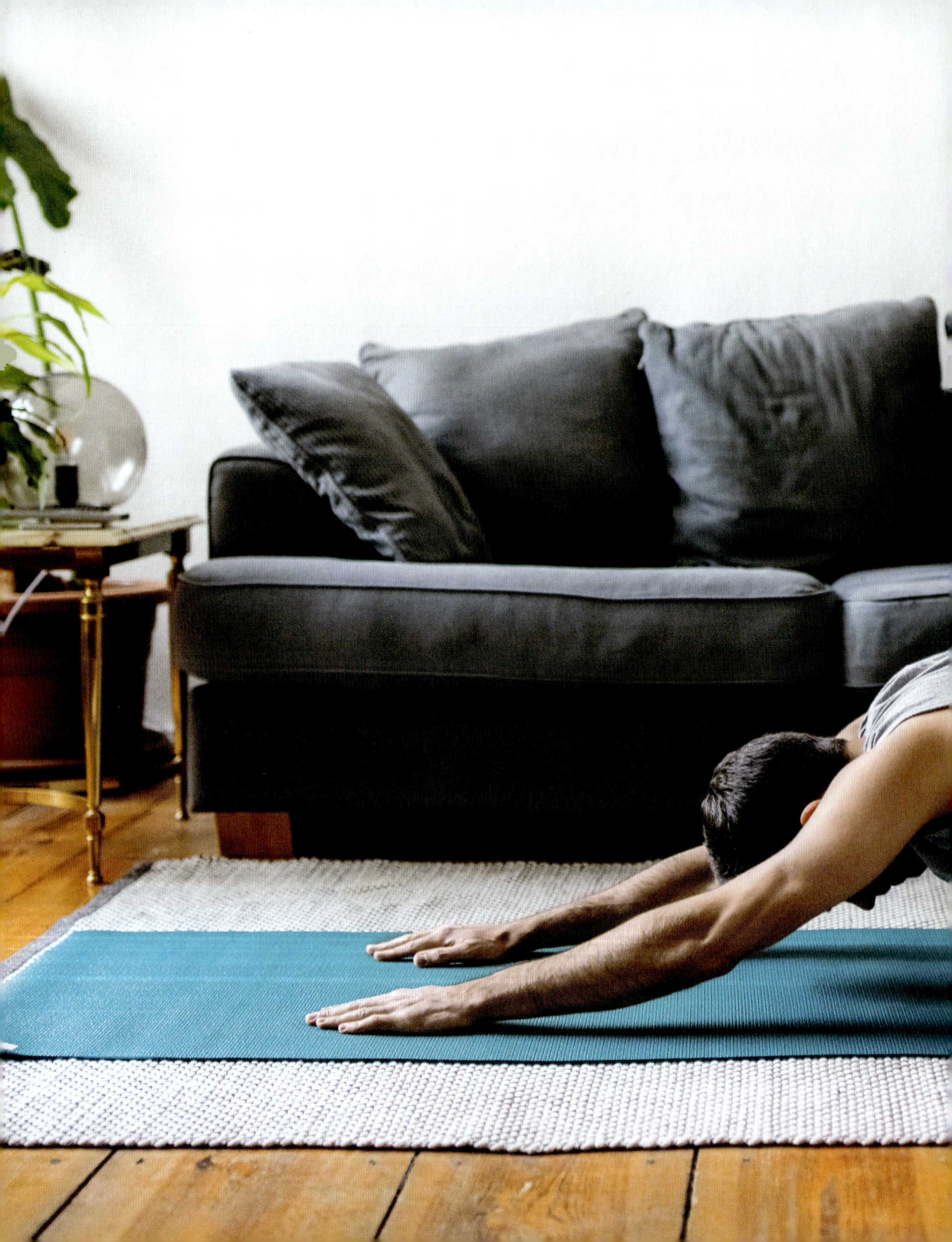

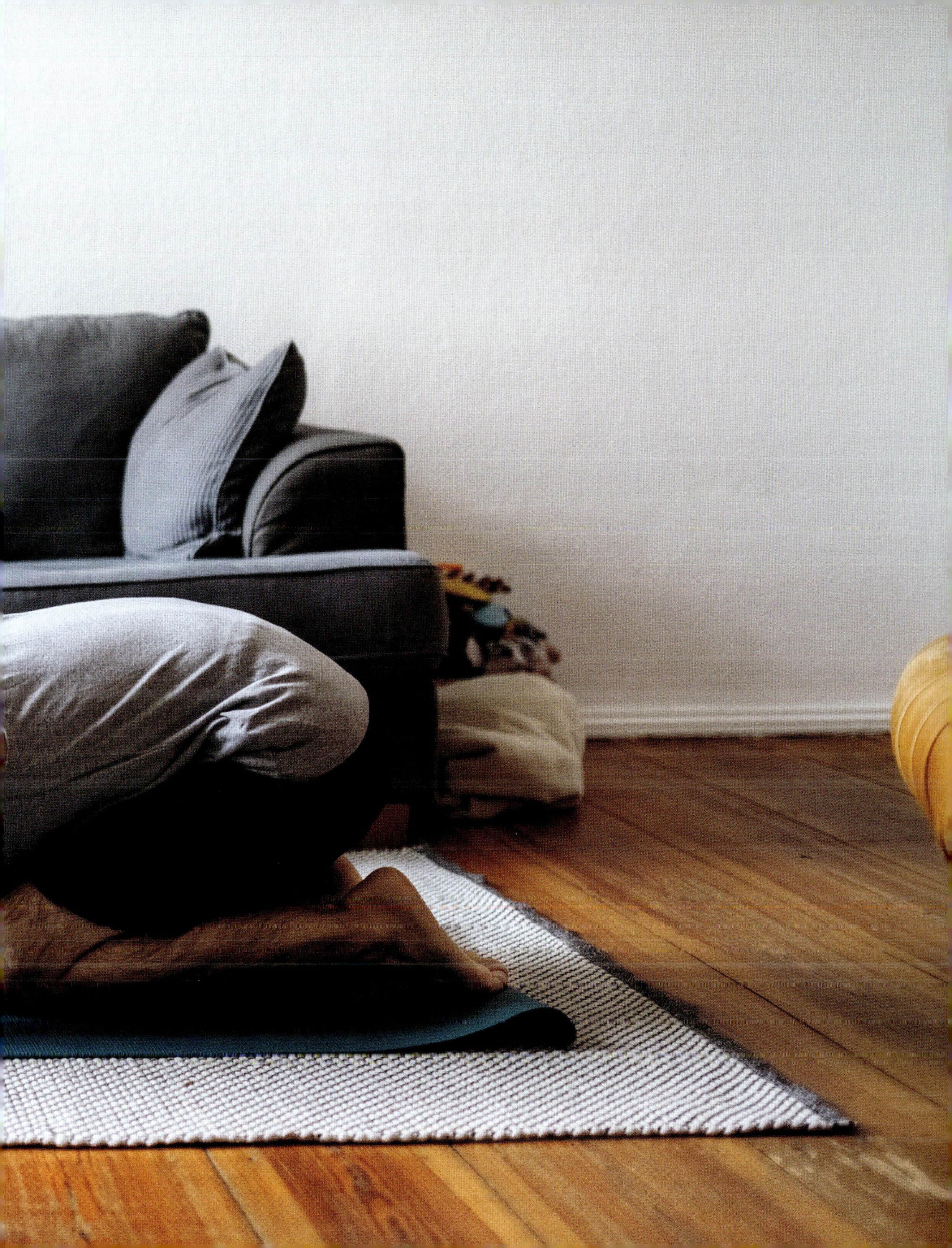

Mobilitätsroutine

Übung A ist immer eine Selbstbehandlung mit Geräten.

- Egal, ob du eine Faszienrolle oder einen Triggerpunkt-Ball nutzt, rolle nicht einfach nur vor und zurück. Erkunde den Bereich, an dem du arbeitest, verlagere dein Körpergewicht und wippe, wenn du verspannte Stellen findest, bis sie sich lösen.
- Verbringe mindestens 2 Minuten in jedem Bereich oder auf jeder Seite, bevor du fortfährst.
- Rolle niemals über Knochen.
- Viele Menschen, insbesondere Frauen, erleiden Blutergüsse, wenn sie das erste Mal mit einer Faszienrolle arbeiten. Das ist normal, aber suche Rat, wenn du dir darüber Sorgen machst.
- Wenn du ungewöhnliche Schmerzen oder Empfindungen verspürst, konsultiere eine medizinische Fachkraft.

Übung B ist immer eine Dehnübung.

- Bewege und entwickle die Dehnung, halte sie nicht nur passiv.
- Sobald du die Grenze deiner Bewegung oder einen verspannten Bereich gefunden hast, versuche dich durchzuarbeiten.
- Vermeide, zu wippen oder die Dehnung zu erzwingen.
- Halte jede Dehnung für 30 bis 90 Sekunden.

1a Quadrizeps-Smash mit Faszienrolle

Radfahren fordert viel Arbeit von deinen Quadrizepsen, aber auch die Zeit, die wir sitzend an unseren Schreibtischen und beim Autofahren verbringen, trägt am stärksten zu Problemen mit diesen Muskelgruppen bei.

- Nimm über der Faszienrolle eine Plank-Position ein, sodass dein Körpergewicht von den Ellenbogen, Unterarmen und Zehen gestützt wird.
- Wenn die Rolle in der Mitte der Oberschenkel positioniert ist, senke dich ab, sodass sich die Mehrheit deines Gewichts auf der Rolle befindet.
- Drehe dich auf eine Seite, um dein Gewicht auf das Bein zu verlagern, das du bearbeiten willst.

▶ Quadrizeps-Smash mit Faszienrolle

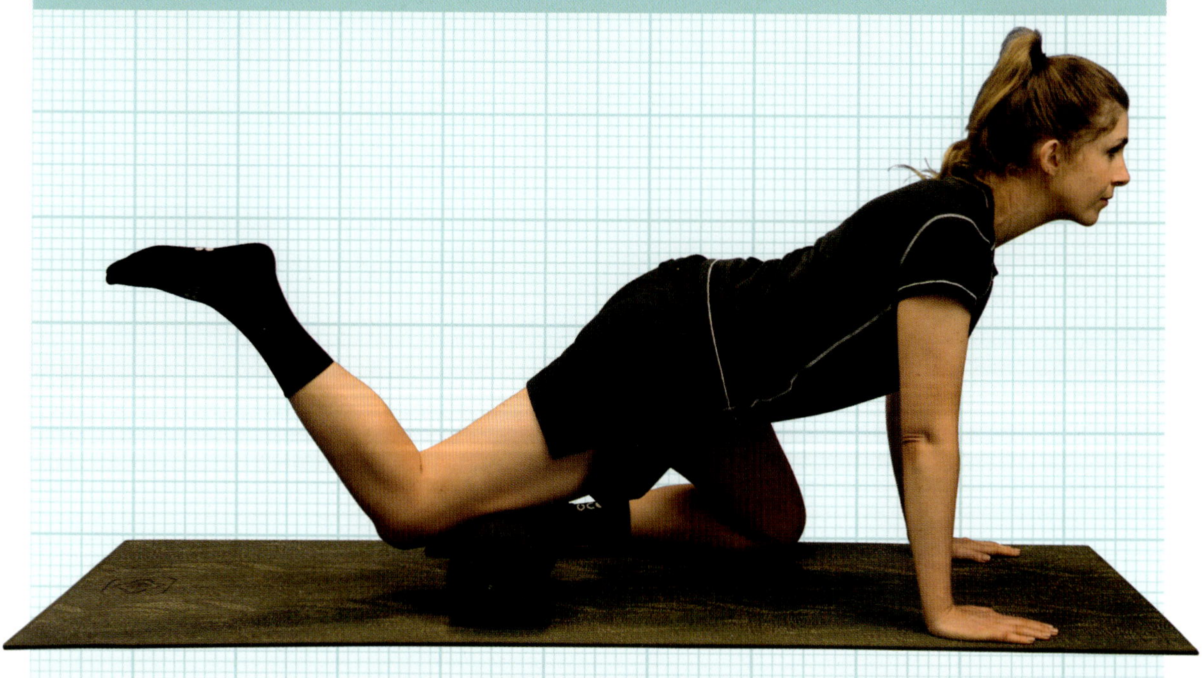

- Beuge das Knie des arbeitenden Beins und suche durch langsames Vor-und-zurück-Rollen und weiteres Drehen deines Körpers, um die Außenseiten deines Oberschenkels abzudecken, nach verspannten Stellen.
- Wenn du eine Stelle findest, wippe für 30 bis 45 Sekunden oder bis du das Gefühl hast, dass sie sich löst.
- Finde eine weitere verspannte Stelle und wiederhole diesen Prozess, decke den gesamten Oberschenkel ab, ehe du mit dem anderen Bein fortfährst.
- Du wirst normalerweise feststellen, dass du dich mehr auf die Außenseite des Muskels konzentrieren musst.

1b Bulgarische Kniebeuge

Du verbringst wahrscheinlich einen großen Teil deiner Zeit am Schreibtisch oder im Auto, was durch die zusätzlichen Stunden auf deinem Fahrrad verstärkt wird.

All diese Zeit in einer nach vorn gebeugten Sitzposition führt zu verspannten Hüftbeugern, die sowohl auf dem als auch abseits des Fahrrads für Beschwerden verantwortlich sein können. Diese dynamische Kniebeuge ist eine hervorragende Methode, um verspannten Hüftbeugern entgegenzuwirken.

- Lege deinen hinteren Fuß auf einem Stuhl ab.
- Spanne deine Gesäßmuskeln an – dies kann ausreichen, um die Dehnung einzuleiten.
- Beuge das Knie des Standbeins mit weiterhin angespannten Gesäßmuskeln, bis du eine tiefe Dehnung in deinen Hüftbeugern spürst.
- Halte die Position für 30 bis 90 Sekunden, dreimal auf jeder Seite.

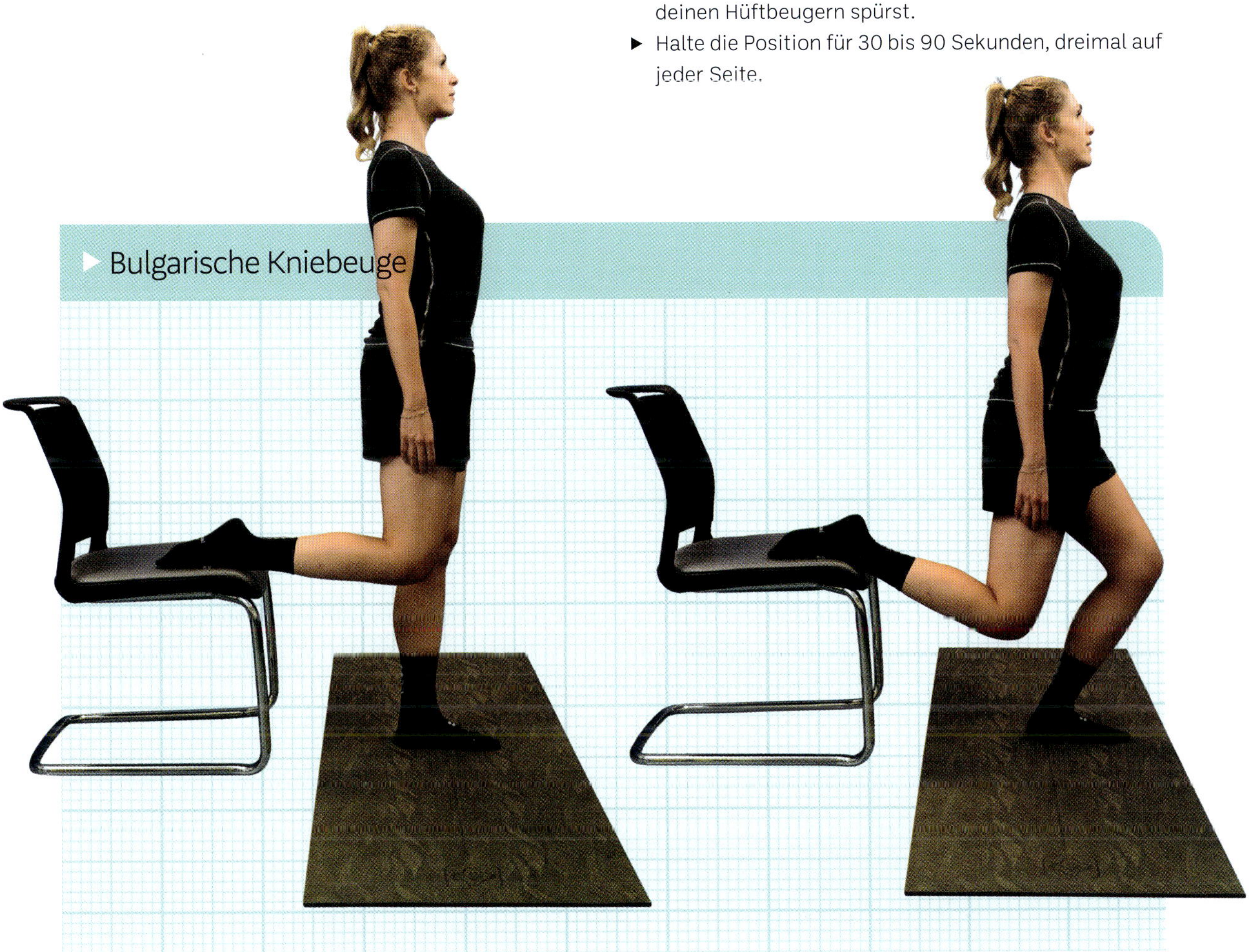

2a Gesäßmuskel-Smash mit Rolle

Die Gesäßmuskelgruppe bildet dein gesamtes Gesäß und ist eine der stärksten im Körper. Sie erzeugen Kraft und Schub bei den meisten Bewegungen, einschließlich Laufen und Radfahren, indem sie die Hüfte strecken. Wenn sie in ihrem Radius eingeschränkt sind, wird dir ein Teil dieser Kraft entgehen, und deine Fähigkeit, dein Becken auf der Hüfte zu rotieren, wird eingeschränkt sein. Das könnte eine aerodynamische Fahrposition verhindern.

- Setze dich mit gebeugten Beinen auf die Faszienrolle, platziere die Hände direkt unter den Schultern.
- Drehe dich auf die Pobacke, die du bearbeiten willst, und überkreuze das gegenüberliegende Bein vor dem Oberschenkel, um die Bewegung zu intensivieren.
- Rolle vor und zurück und variiere deine Körperdrehung, um das gesamte Gesäß nach verspannten oder blockierten Bereichen abzusuchen.
- Wenn du eine Stelle findest, wippe darauf für 30 bis 45 Sekunden, bis du das Gefühl hast, dass sie sich löst.
- Wiederhole das Ganze auf der anderen Pobacke.
- Für eine intensivere Version dieser Übung kannst du einen Triggerpunkt-Ball nutzen.

2b Gesäßmuskeldehnung

Eine großartige Dehnübung für die Gesäßmuskeln und perfekt geeignet, um sie vor dem Fernseher auszuführen.

- Knie auf allen vieren und ziehe dein linkes Bein an, positioniere es flach und parallel zum Becken auf dem Boden, das Knie ist im 90-Grad-Winkel gebeugt.
- Strecke dein rechtes Bein hinter dir aus, drehe dein Knie, sodass sich dein Knie und deine Zehen auf dem Boden befinden.
- Setze dich nach hinten in die Dehnung, ziele auf ein gerades und waagerechtes Becken ab. Dein Bauchnabel sollte sich auf einer Linie mit deinem linken Oberschenkel befinden.
- Hebe deine Brust an und atme während der Dehnung.
- Experimentiere damit, deine Brust in Richtung Boden abzusenken und dich stärker zu drehen. Arbeite dich behutsam durch jegliche Einschränkungen vor und zurück.
- Wiederhole das Ganze auf der anderen Seite
- Wenn du Schwierigkeiten hast, deine Hüfte gerade auszurichten, platziere einen Block unter deiner Hüfte, wie in der Abbildung gezeigt.

▶ Gesäßmuskel-Smash mit Faszienrolle

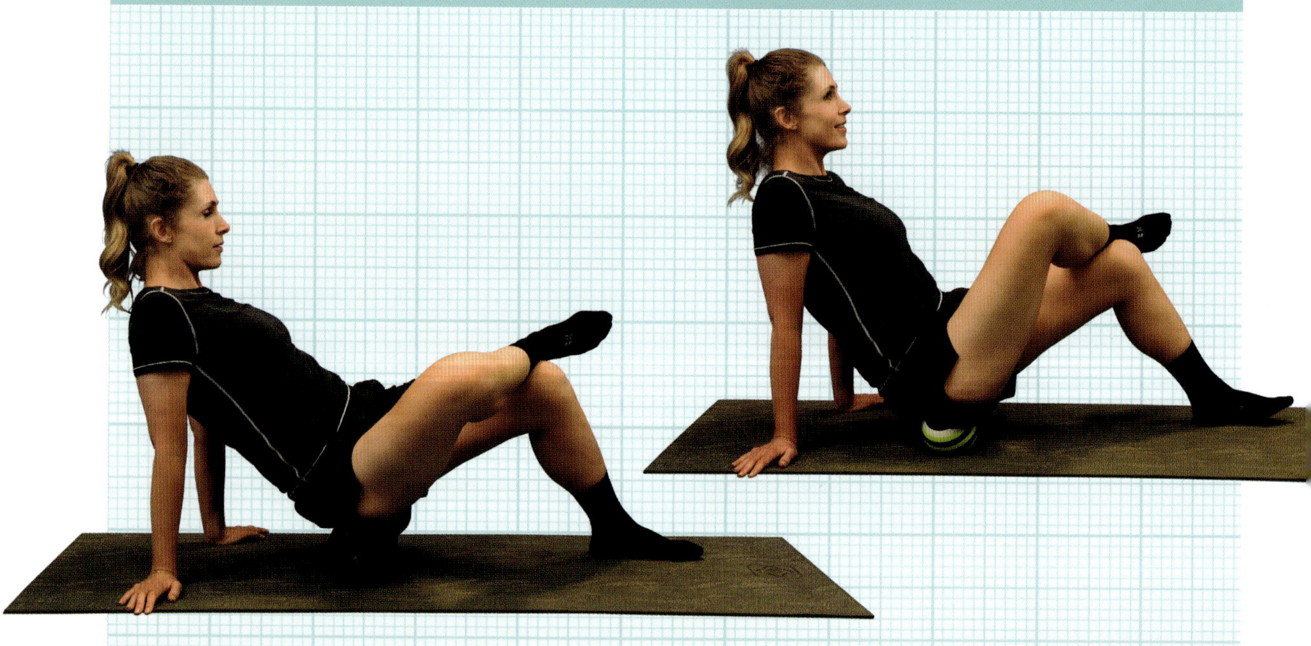

3a Kniebeuger-Smash mit Faszienrolle

Radfahrer haben oft verspannte oder eingeschränkte Kniebeuger, da Radfahren eine geschlossene Aktivität ist, bei der du in einem festen Bewegungsmuster gefangen bist und das Knie sich am unteren Ende des Pedaltritts normalerweise nicht mehr als 35 Grad streckt. Ein Muskel wird eingeschränkt, wenn er nicht regelmäßig über seinen vollen Bewegungsradius beansprucht wird; im Fall der Kniebeuger wäre das ein vollständig gestrecktes Bein. Neben möglichen Problemen außerhalb des Fahrrads, wenn eine vollständige Streckung des Beins erforderlich ist, können dich verspannte Kniebeuger auch beim Radfahren negativ beeinflussen. Verspannte Kniebeuger können zu Schmerzen im unteren Rücken beitragen und, da sie deine Fähigkeit einschränken, dein Becken nach vorn zu kippen, dich dazu zwingen, dich vollständig aus deinem unteren Rücken und deiner Wirbelsäule zu beugen. Das kann deine Fähigkeit beeinträchtigen, eine aerodynamische Position einzunehmen und aufrechtzuerhalten, was für Zeitfahrer und Triathleten von besonderer Bedeutung ist.

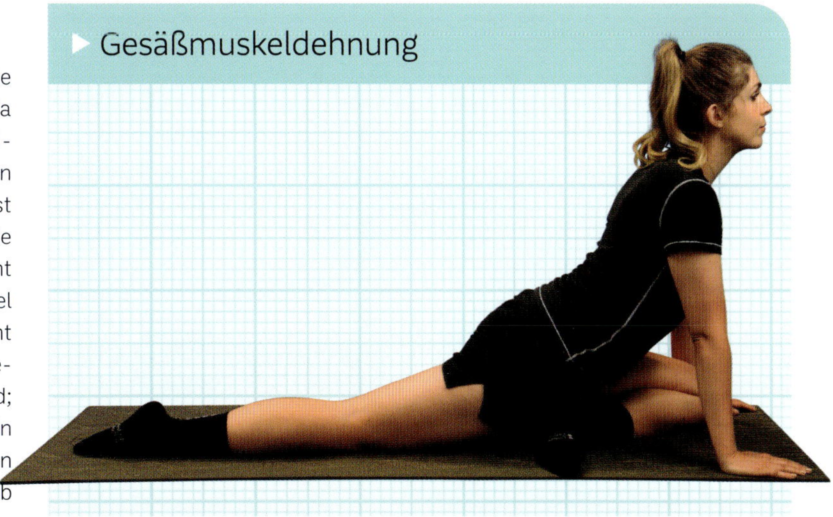

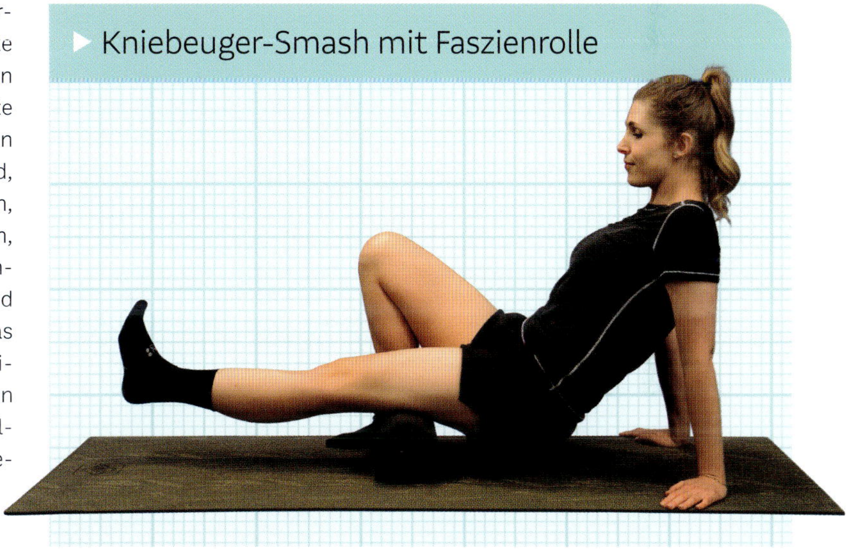

- Beginne in einer sitzenden Position, die Hände sind direkt unter deinen Schultern und die Rolle ist unter deinen Kniekehlen positioniert.
- Beuge das Knie des Beins, das du nicht bearbeitest, und verlagere die Mehrheit deines Körpergewichts auf die Rolle.
- Rolle bis zur Mitte des Oberschenkels vor und zurück und suche nach verspannten Stellen. Drehe deinen Fuß nach außen, um dich auf die Oberschenkelaußenseite zu konzentrieren, und nach innen, um dich auf die Oberschenkelinnenseite zu konzentrieren.
- Wenn du eine verspannte Stelle findest, wippe darauf für 30 bis 45 Sekunden oder bis du das Gefühl hast, dass sie sich löst.
- Ändere deine Ausgangsposition, sodass die Rolle nun in der Mitte des Oberschenkels positioniert ist. Wiederhole den beschriebenen Prozess, arbeite nun von der oberen Hälfte deiner Kniebeuger bis zum Gesäß.
- Du wirst wahrscheinlich wie die meisten feststellen, dass du dich mehr auf die Außenseite des Muskels konzentrieren musst.

3b Dehnen der Oberschenkelrückseite

Es gibt eine große Auswahl an Dehnübungen für die Kniebeuger, aber diese ist eine der effektivsten. Nochmals, halte nicht nur eine statische Dehnung, dies ist eine aktive Übung. Beuge und strecke dein Bein, um Belastung hinzuzufügen und wegzunehmen.

- Lege dich auf den Rücken und schlinge ein Widerstandsband um deinen linken Fuß.
- Führe dein Knie zur Brust.
- Setze deinen Kniebeuger unter Spannung, indem du das Knie streckst. Erhöhe die Intensität, indem du dein Bein beugst und streckst.
- Wiederhole das Ganze mit dem anderen Bein.

▶ Brustwirbelsäulen-Smash

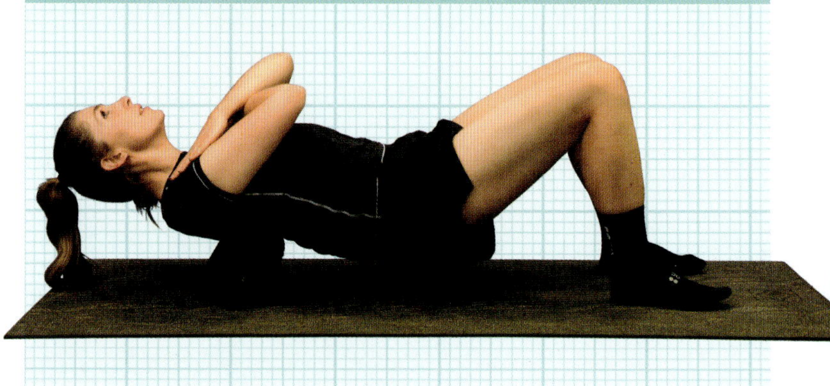

4a Brustwirbelsäulen-Smash

Diese Übung schafft eine optimalere Brustwirbelsäulenstreckung, die für das Halten einer aerodynamischen Position unerlässlich ist. Die Streckung über eine Faszienrolle oder eine Faszien-Peanut verleiht außerdem nach einem langen Tag auf dem Fahrrad ein großartiges befreiendes Gefühl.

▶ Dehnen der Oberschenkelrückseite

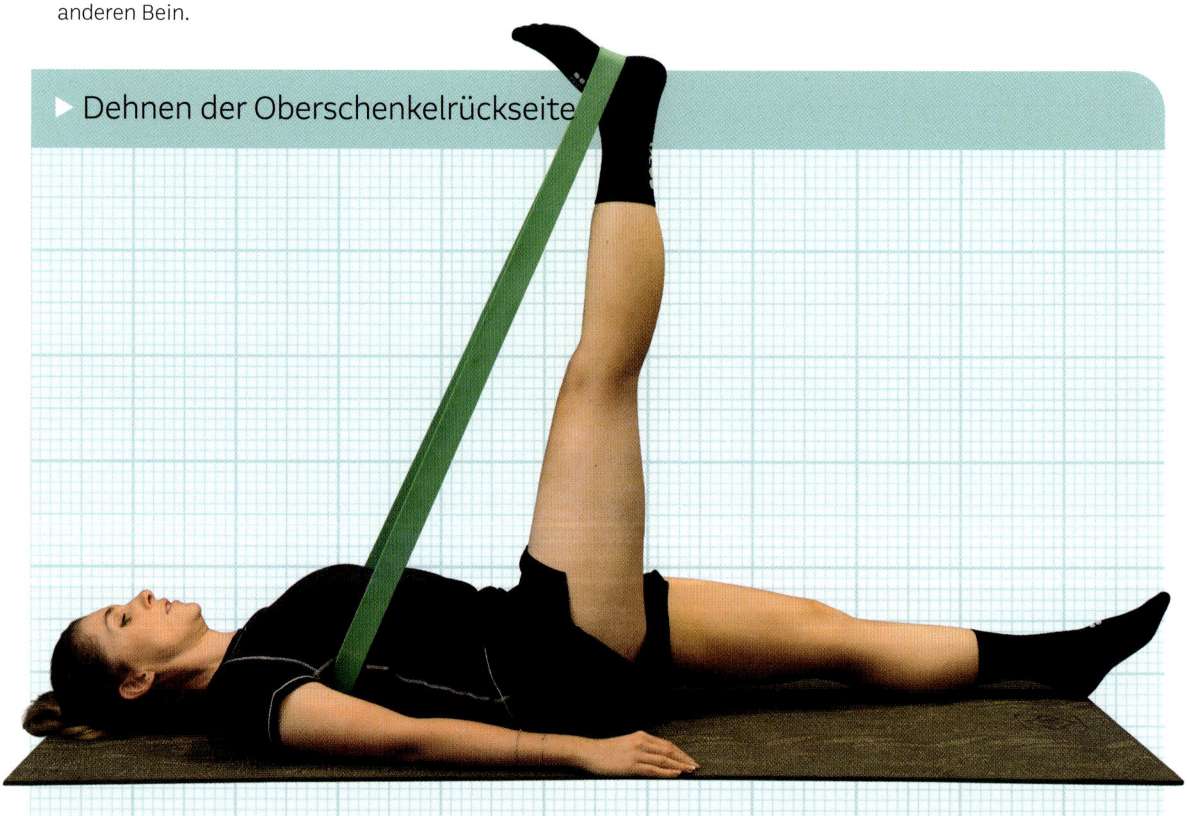

- Nimm eine Position ein, als würdest du Sit-ups ausführen, und positioniere die Faszienrolle oder die Faszien-Peanut so, dass sie sich an der Basis deines Brustkorbs befindet.
- Umarme dich selbst und ziehe deine Schultern aktiv nach vorn.
- Strecke dich über die Rolle, indem du deinen Rücken wölbst.
- Verbringe Zeit in dieser Position, bis du sie ändern willst.
- Begib dich aus der Streckung, lasse die Arme weiter um dich geschlungen, als würdest du einen Sit-up ausführen. Erlaube es deiner Rückseite, sich in Richtung deiner Füße zu bewegen, und verlagere die Position der Rolle ein Stück weiter nach oben.
- Strecke dich wieder über die Rolle und arbeite dich auf diese Weise bis zu deinem Nacken vor.
- Vergrößere die Streckung und Intensität, indem du deine Gesäßmuskeln anspannst und deine Hüften nach oben drückst.

4b Latissimus-Dehnung im Knien

Da die *Latissimi* so große Muskeln sind, können Einschränkungen in ihnen negative Auswirkungen sowohl auf dem Rad als auch abseits davon haben. Sie beeinflussen sowohl die Schultermobilität als auch die Wirbelsäule und sind bei einer Vielzahl gängiger Fitnessübungen für eine gute Form sowie auf dem Fahrrad für eine aerodynamische Position von großer Bedeutung.

- Knie dich auf eine Matte und greife mit deinen Händen nach vorn, positioniere sie etwa schulterbreit vor dir.
- Lasse eine Hand dort, wo sie ist, und platziere die andere Hand darüber.
- Setze dich behutsam auf deine Fersen zurück. Die Hände bleiben in derselben Position.
- Spüre, wie sich eine Dehnung entwickelt, während du dich zurückbewegst. Aufgrund der Handposition solltest du dies auf einer Seite mehr spüren.
- Mit umgekehrter Handposition wiederholen.
- Intensiviere die Dehnung, indem du dich seitlich von der unteren Hand wegdrehst oder deine Hände auf einer Bank erhöht abstützt.

▶ Latissimus-Dehnung im Knien

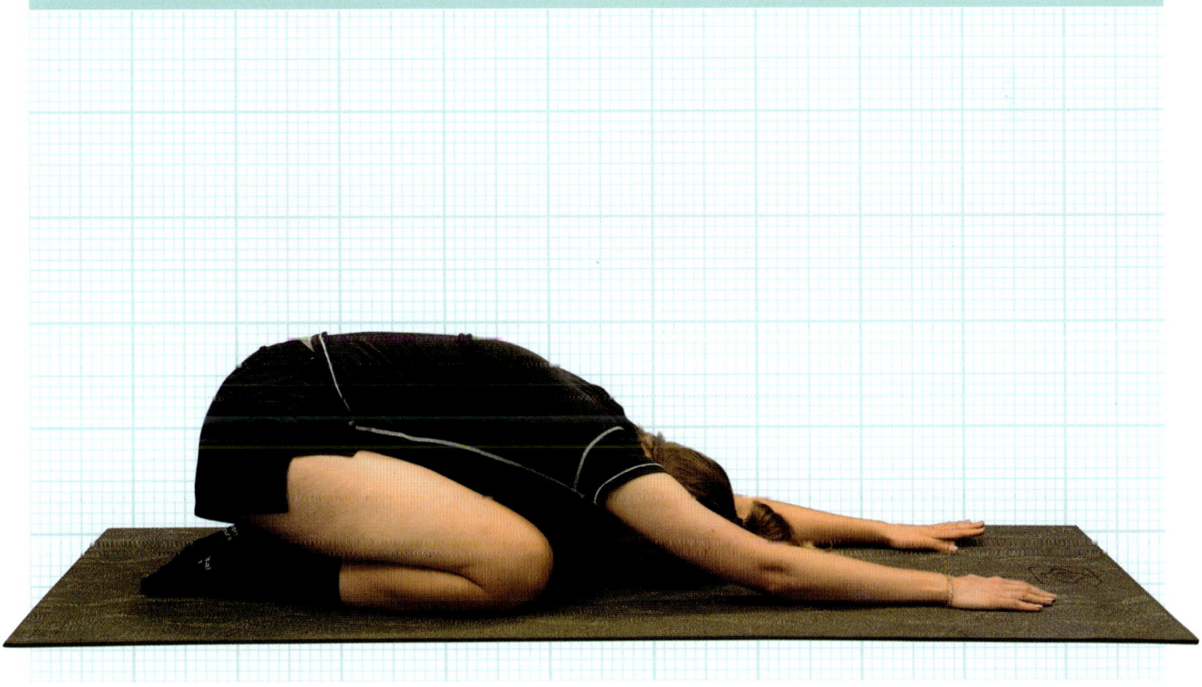

Den Core-Mythos bekämpfen

Viele Jahre lang konnte man kein Fitnessmagazin lesen, ohne auf einen Artikel zu stoßen, in dem die Bedeutung von Core-Stärke und Core-Stabilität gepriesen wurde. Sogar in radsportspezifischen Publikationen wurden die Arbeit mit dem Gymnastikball und andere auf den Core ausgerichtete Übungen als vorteilhaft zur Vorbeugung von Rückenschmerzen und zur Verbesserung der Radfahrleistung angepriesen. Jedoch muss endlich mit dem Hype um den Core aufgeräumt werden.

Womit alles begann

In den 1990er-Jahren deuteten Untersuchungen in Australien darauf hin, dass Schwäche in einem kleinen Muskel im Rumpf, dem *Musculus transversus abdominis*, für die meisten Schmerzen im unteren Rücken verantwortlich ist. Da Rückenschmerzen eine so weitverbreitete Beschwerde sind, stürzte sich die Welt der Physiotherapie auf dieses universelle Allheilmittel, die Fitnessindustrie folgte und der Core-Wahnsinn begann. Die präzisen Bewegungen wurden nicht nur Menschen mit Rückenverletzungen verschrieben, sondern auch Fitnessbegeisterten und Sportlern, die nach Leistungssteigerung und Verletzungsprävention suchten.

Das Problem

Eines der größten Probleme bei der Isolierung des *Musculus transversus abdominis* ist, dass dieser nicht isoliert arbeitet. Er arbeitet mit jedem anderen Muskel der Bauchdecke zusammen, von denen die Wirbelsäulenstabilisierung nur eine ist. Folgeuntersuchungen konnten keinen Zusammenhang zwischen Rückenschmerzen und einem schwachen isolierten *Musculus transversus abdominis* nachweisen. Selbst wenn sich Patienten nach einer *Musculus-transversus-abdominis*-fokussierten Rehabilitation von ihren Rückenbeschwerden erholten, ist nicht klar, ob die Übungen dafür verantwortlich waren. Sie könnten sich auch gebessert haben, weil sie sich ausgeruht haben. Auch ein Placeboeffekt ist möglich.

Noch weniger deutlich ist der Nutzen dieser extrem eng fokussierten und oft liegenden Übungen für die sportliche Leistungsfähigkeit. Sie haben ihren Platz in einem Rehabilitationsszenario, wurden aber in anderen sportlichen Kontexten falsch verkauft. Zu wissen, wie man sie verschreibt und weiterentwickelt, erfordert fun-

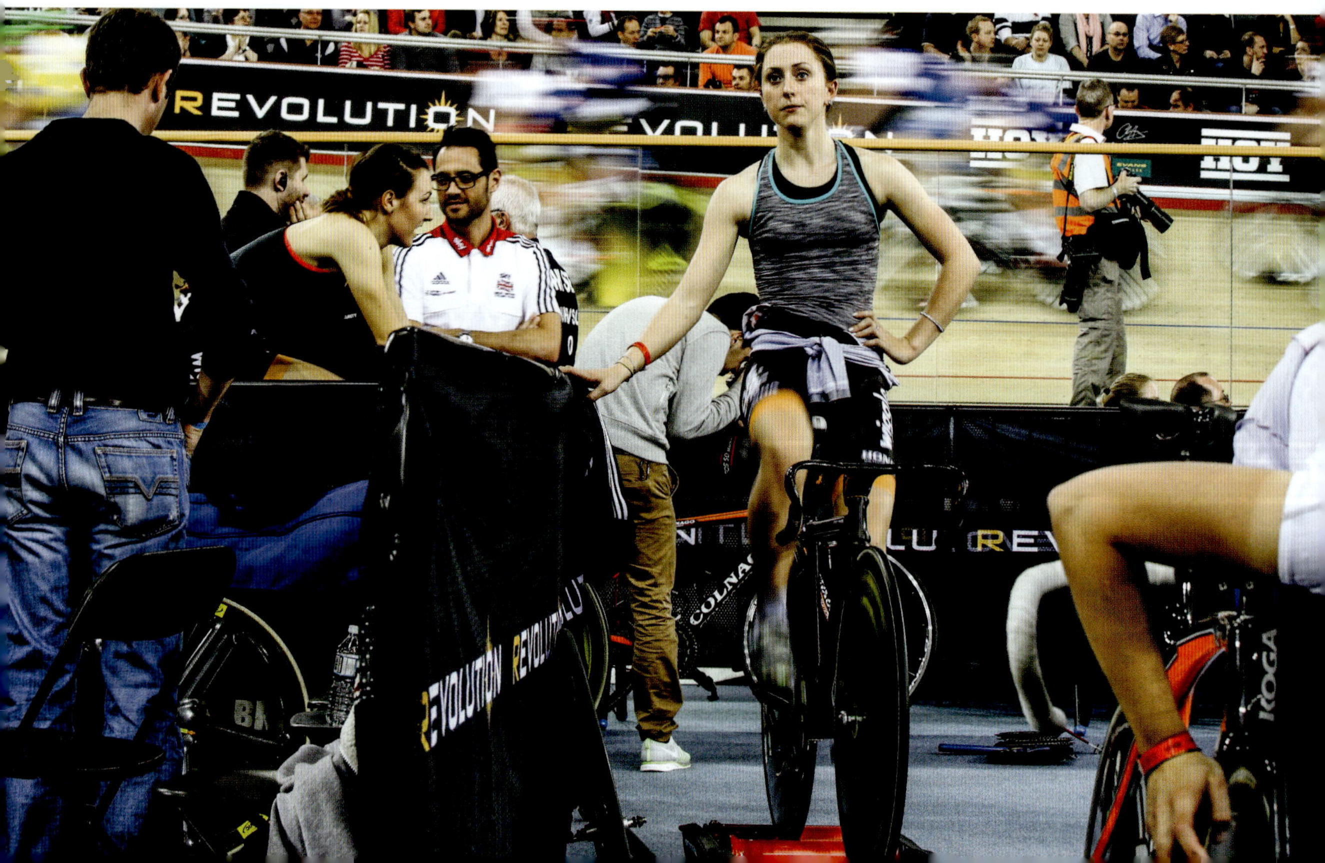

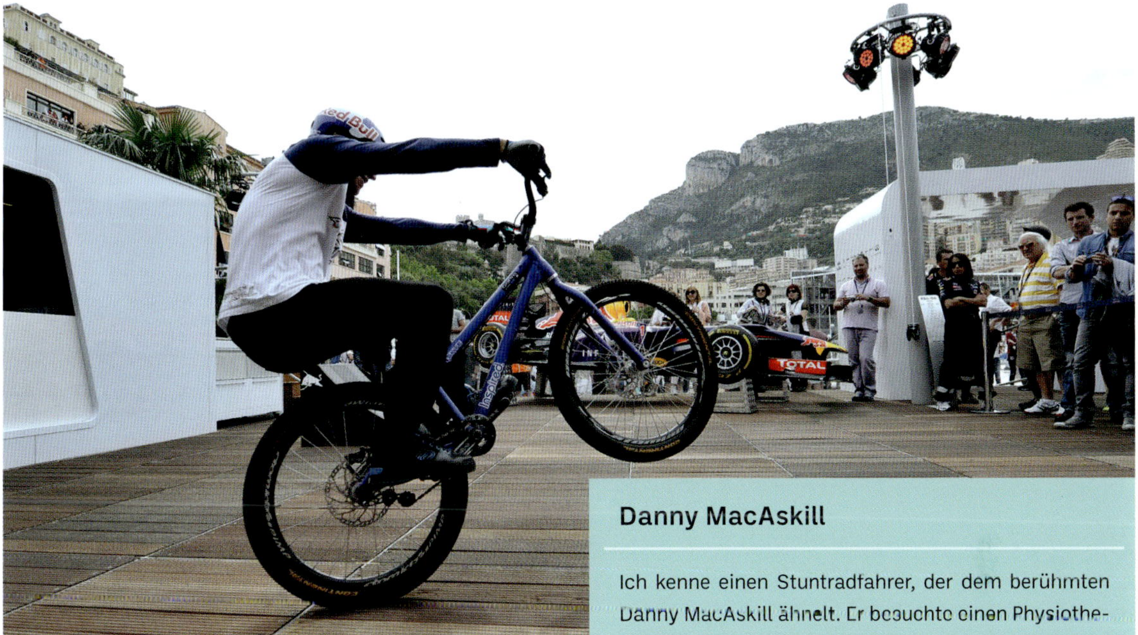

Danny MacAskill

Ich kenne einen Stuntradfahrer, der dem berühmten Danny MacAskill ähnelt. Er besuchte einen Physiotherapeuten und klagte über Rückenschmerzen. Ihm wurde erzählt, er habe einen schwachen Core und ein paar einfache Übungen könnten das beheben. Hier versagte mein Berufsstand. So blind ist er geworden, dass wir die relevanten Punkte zu oft übersehen. Ich bezweifle, dass jemand es wagen würde, Danny MacAskill zu sagen, ihm mangle es an Core-Kontrolle. Der Stuntradfahrer hatte im Grunde einen wunden Rücken, weil er ständig darauf landete, während er seine Fähigkeiten im Radspringen perfektionierte – das hatte nichts mit unzureichender Core-Kraft zu tun!

diertes Wissen und eine äußerst intensive Herangehensweise. Für die Mehrheit der Radfahrer mit wenig Zeit ist die Zeit, die sie ohne detaillierte Anweisungen für die Übungen aufbringen, oft verschwendet.

Radfahrer haben keinen Core

Während meiner Zeit bei British Cycling wurde der Ausdruck »Core-Stabilität« abgeschafft und stattdessen waren »funktionelle Rumpfkraft« und »Robustheit« die Schlagworte. Funktionale Rumpfkraft und -koordination sind erforderlich, um stark zu pedalieren sowie Aufgaben auf dem Fahrrad ausführen zu können, wie zum Beispiel das Anziehen eines Regencapes. Robustheit ist die Fähigkeit, das Training zu absorbieren und Verletzungen auf dem und abseits des Fahrrads zu vermeiden.

Stellt man sich Leistung als Pyramide vor, so ist die radsportspezifische Fitness die Spitze ganz oben. Relevantes Krafttraining kommt deiner Leistung auf dem Fahrrad vielleicht nicht direkt zugute, aber indirekt – indem du für deine Pyramide eine breitere Basis an Robustheit und Kondition aufbaust. Dies wiederum wird es deiner Spitze ermöglichen, weiter nach oben zu kommen – durch eine verbesserte Fähigkeit, mit konstantem Training fertigzuwerden und verletzungsbedingte Pausen zu vermeiden.

Was das für mich bedeutet

Als Freizeitfahrer, aufstrebender Rennfahrer oder erfahrener Vereinsfahrer bist du wahrscheinlich bereits in der Lage, dein Fahrrad mehrere Stunden lang zu fahren und die alltäglichen Aufgaben und Bewegungen auszuführen, die dein Leben mit sich bringt. Wenn das der Fall ist, haben die Übungen, die zur »Core-Kräftigung« verschrieben werden, wenig Nutzen für dich. Auch wenn du manchmal auf dem Fahrrad unter Rückenschmerzen leidest, ist dies nach einigen Stunden im Sattel unvermeidlich und kann an deiner Position auf dem Fahrrad oder an Faktoren liegen, die nichts mit dem Radfahren zu tun haben. Wenn Rückenschmerzen dich einschränken, wende dich an einen qualifizierten Fachmann.

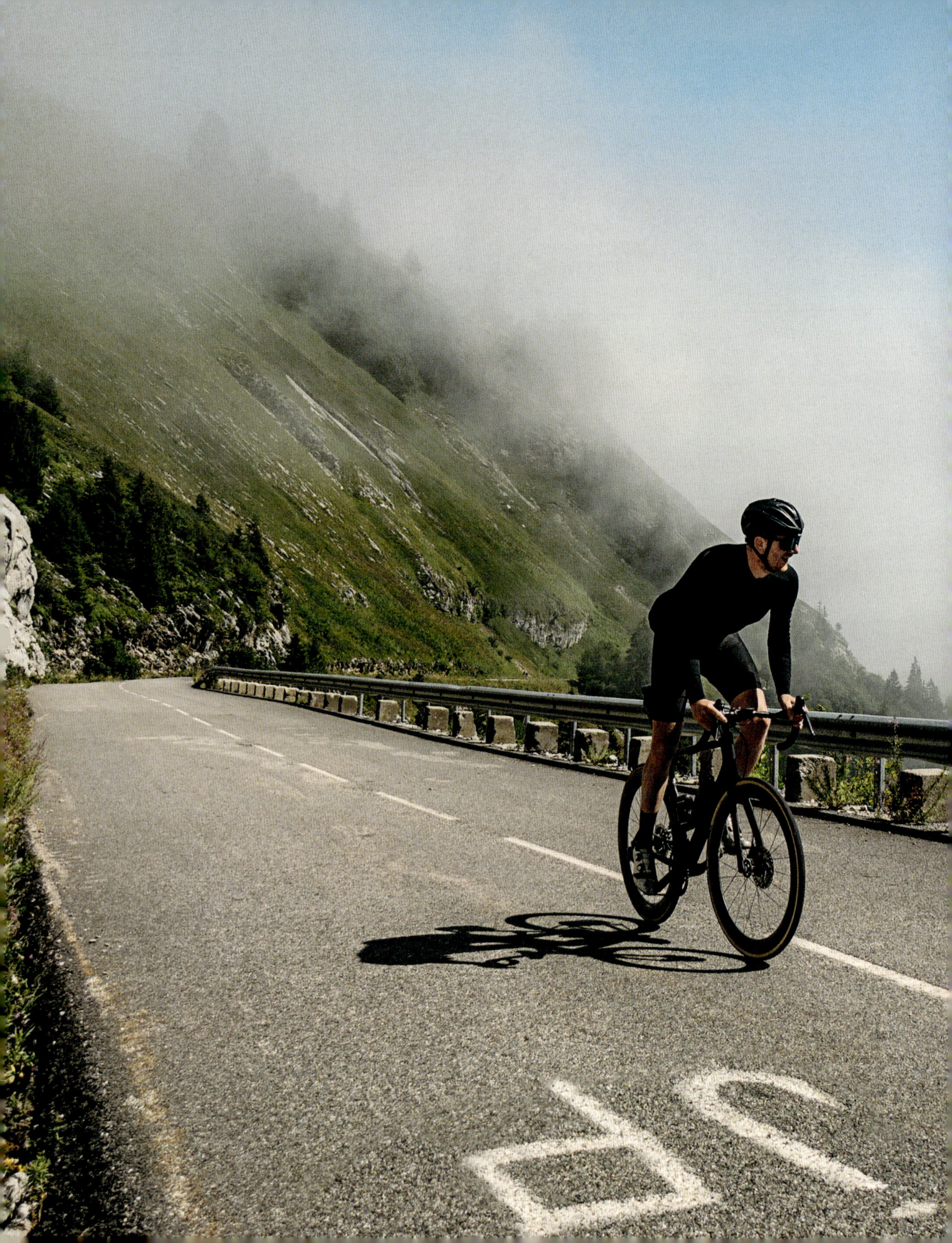

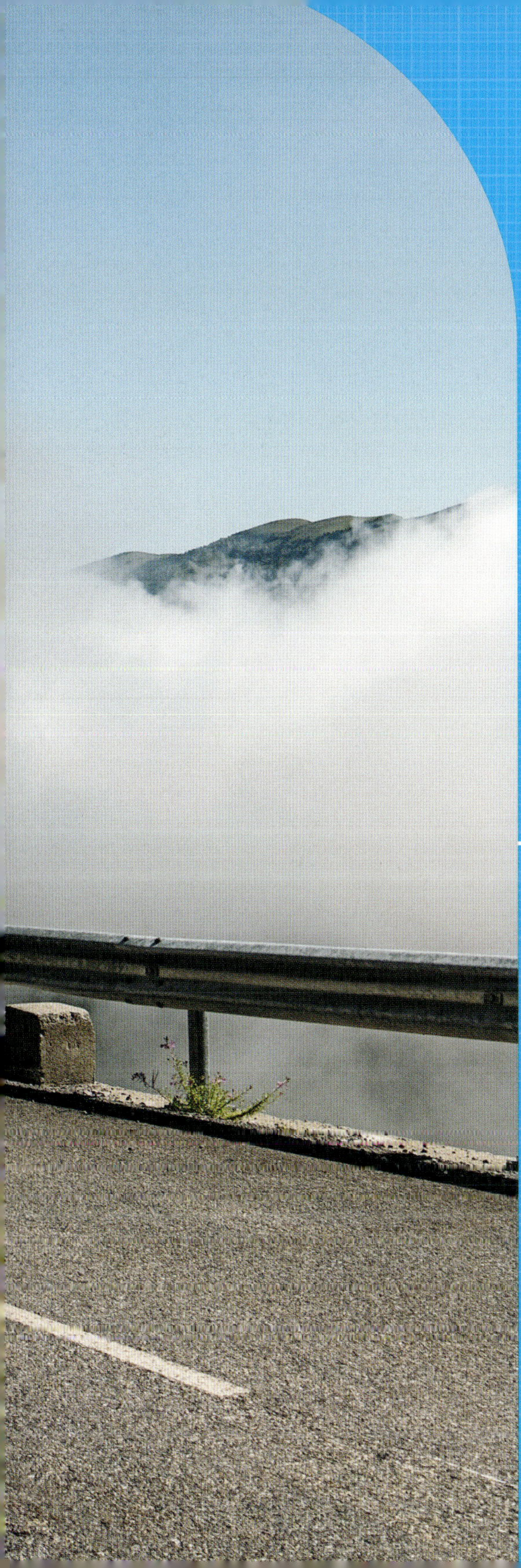

09

Fallstudien

Fallstudien

Es kann manchmal schwierig sein, die Teile deines eigenen speziellen Puzzles zusammenzusetzen – sei es ein Problem mit der Bikeposition oder ein medizinisches Problem. Storytelling ist eine nützliche Methode, um Informationen zu vermitteln. Diese Fallstudien sollen als praktische Gelegenheit dienen, eine bestimmte Situation auseinanderzunehmen und uns selbst in einer Fallstudie wiederzuerkennen.

Fallstudie 1

Ein 41-jähriger Büroangestellter hat kürzlich mit dem Radfahren angefangen. Doch je länger er fährt, desto tauber werden seine Hände. Er bemerkt, dass sein Trizeps müde wird, da es für ihn schwer zu vermeiden ist, dass seine Ellenbogen die ganze Zeit durchgestreckt sind. Schließlich schmerzt sein Nacken gegen Ende einer längeren Fahrt.

Er hat mit ziemlicher Sicherheit eine Position mit zu viel Drop und somit zu viel Gewicht auf seine Hände verlagert, die daraufhin taub werden, während die Nerven komprimiert werden. Die Ermüdung der Trizepse und die durchgestreckten Ellenbogen bestätigen das, da dies die einzige Armposition ist, die das gesamte zusätzliche Gewicht am Vorderteil bewältigen kann. Das niedrige Vorderteil bedeutet auch, dass er seinen Hals mehr strecken muss, um auf die Straße zu blicken, was die Muskulatur um den Hals herum belastet.

Lösung: Den übermäßigen Drop am Lenker in Angriff nehmen und das Gewicht vom Vorderteil weg verteilen.

Fallstudie 1

Der Radfahrer hat an seinem Lenker einen zu großen Drop, was eine übermäßige Belastung seiner Hände verursacht.

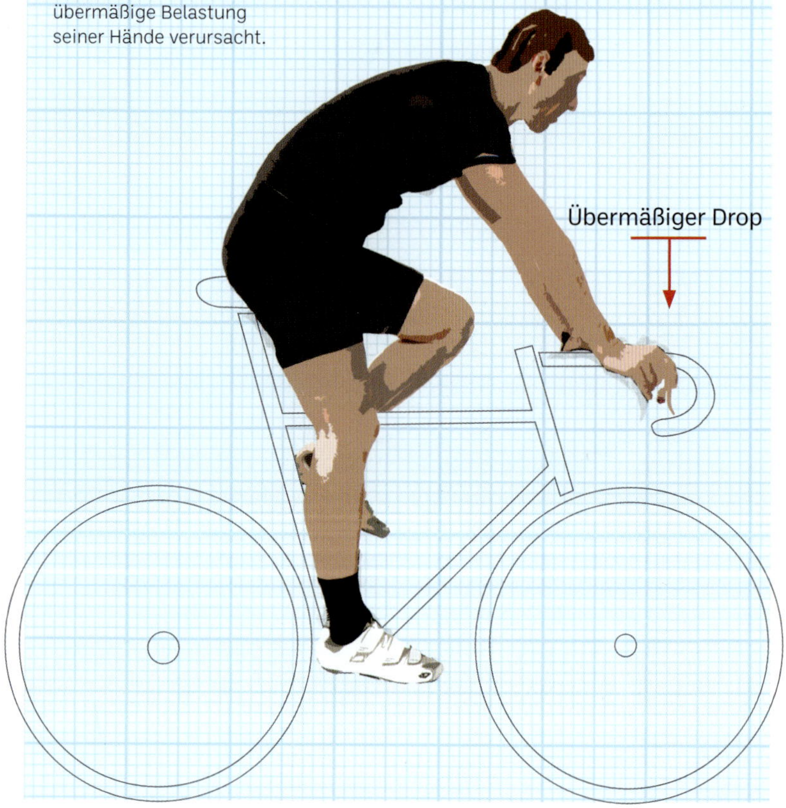

Fallstudie 2

Ein 25-Jähriger fährt seit einiger Zeit Rad. Er musste kürzlich den Sattel wechseln. Seitdem hat er ein Taubheitsgefühl im Unterleib, ständige Schmerzen im unteren Rücken und plötzlich das Gefühl, dass er jetzt die meiste Zeit zu weit vorn nach dem Lenker greift. Das Auf-und-ab-Bewegen des Sattels schafft keine Abhilfe.

Die wahrscheinlichste Ursache ist, dass der neue Sattel nicht waagerecht ausgerichtet wurde und an der Nase nach oben geneigt ist. Das erhöht den Druck auf den Unterleib und verursacht Taubheit. Die Neigung des Sattels nach hinten zwingt das Becken dazu, nach hinten zu schaukeln, was den unteren Rücken in eine viel stärkere Beugung zwingt, als er tolerieren kann – daher die Schmerzen im unteren Rücken. Er hat das Gefühl, als würde er nach dem Lenker greifen, weil sein ganzer Körper trotz keiner Positionsänderung von einer viel weiter hinten liegenden Stützbasis ausgeht – dem Becken.

Lösung: Den Sattel waagerecht ausrichten oder die Nase leicht nach unten zeigen lassen (bis zu minus 9 Grad wird von der UCI erlaubt).

Fallstudie 3

Eine 24-jährige Radfahrerin fährt seit Jahren und leidet unter ständigen sattelbedingten Schmerzen auf einer Seite. Sie hat bemerkt, dass sich ein Knie wie ein Kolben auf und ab bewegt, das andere jedoch nach innen und außen. Der Fuß auf dieser Seite scheint auch am unteren Totpunkt mehr nach unten zu zeigen (Plantarflexion).

Diese Symptome lassen einen tatsächlichen oder funktionellen Beinlängenunterschied vermuten. Der Körper hat sich an die Asymmetrie angepasst, indem er das Becken seitlich zum kurzen Bein hin verschoben hat, was jedoch die sattelbedingten Schmerzen auf dieser Seite verursachte. Die Fußspitze zeigt nach unten, damit das Pedal leichter erreicht werden kann. Das kürzere Bein bewegt sich gerade auf und ab, da dies der direkteste Weg ist. Das längere Bein bewegt sich kreisförmig, denn es muss durch den gleichen Raum mehr Extremitätenlänge bewegen.

Lösung: Das kürzere Bein mit einer Unterlegscheibe oder Einlegesohle erhöhen, um den Beinlängenunterschied zu korrigieren.

Fallstudie 2

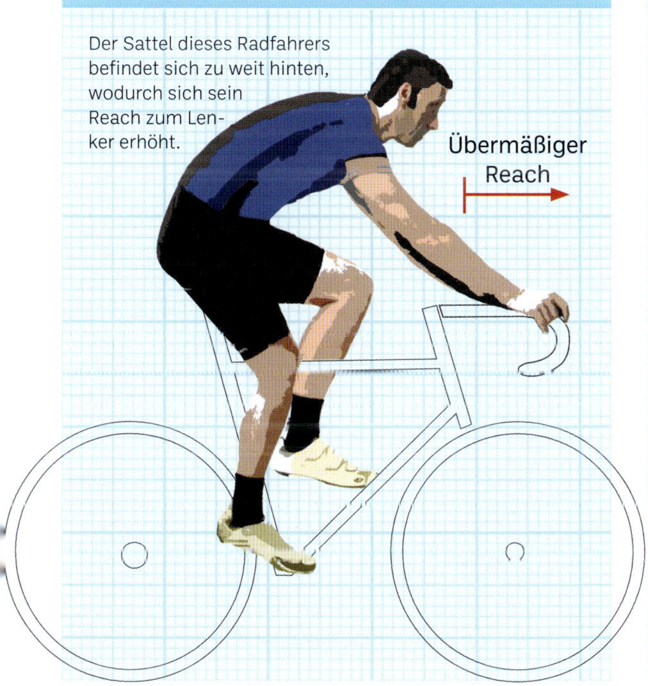

Der Sattel dieses Radfahrers befindet sich zu weit hinten, wodurch sich sein Reach zum Lenker erhöht.

Fallstudie 3

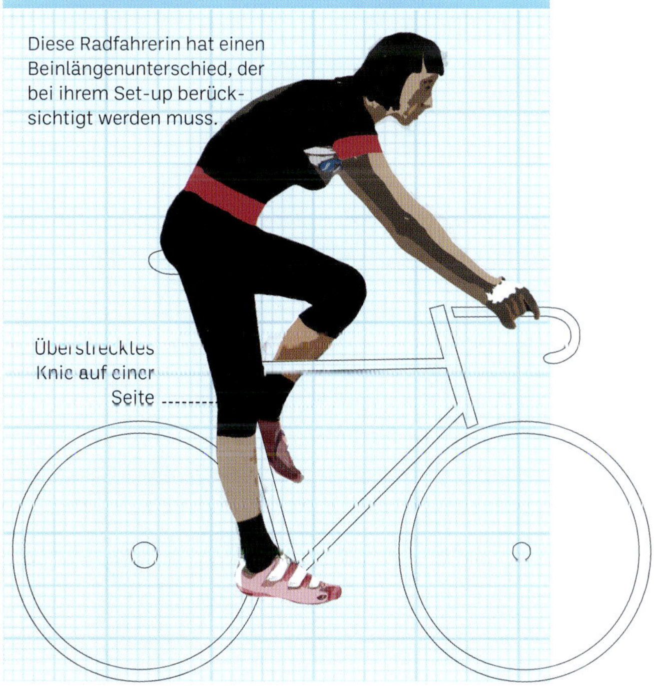

Diese Radfahrerin hat einen Beinlängenunterschied, der bei ihrem Set-up berücksichtigt werden muss.

Fallstudie 4

Ein 30-jähriger Mann hat das Fahrrad gewechselt. Er verwendet genau das gleiche Set-up wie zuvor, muss aber ständig verhindern, dass seine Fersen die Kettenstreben des Fahrrads treffen. Infolgedessen hat er Verspannungen im Iliotibialband und Knieschmerzen entwickelt.

Höchstwahrscheinlich hat er einen Laufstil mit den Fersen nach innen und den Zehen nach außen. Der Austausch des Fahrrads hat dies verstärkt, da die Kettenstreben bei seinem neuen Modell weiter abstehen und daher seine Ferse das Pedal in der Hubphase abfängt. Um dies zu stoppen, werden die seitlichen Strukturen des Oberschenkels überaktiviert und verspannen, wodurch indirekt das patellofemorale Gelenk belastet wird, was Schmerzen verursacht.

Lösung: Ein Wechsel zu einem Fahrrad mit weniger abstehenden Kettenstreben oder Spacers und längere Pedalachsen beim neuen Fahrrad benutzen.

Fallstudie 5

Ein 28-jähriger Mann hat ernsthaft mit dem Zeitfahren begonnen und ist vom Straßenrennrad gewechselt. Er bemerkt einen tauben Unterleib, eine zur Seite schaukelnde Hüfte und Verspannungen im Iliotibialband und im *Vastus lateralis* sowie Triggerpunkte, die sich trotz Faszienrolle nicht lösen.

Die Zeitfahrposition erfordert eine viel höhere Sattelhöhe. Dieser Radsportler hat vielleicht mit einem zu hohen Sattel begonnen – das Becken schaukelt beim Zeitfahren idealerweise nach vorn, aber bei einem zu hohen Sattel wird seine Bewegung blockiert, was zu einem Taubheitsgefühl führt. Das Schaukeln der Hüfte liegt an den Beinen, die versuchen, die Pedale effektiv zu erreichen. Das Überstrecken des Kniegelenks reizt das Iliotibialband.

Lösung: Die Sattelhöhe auf ein praktikables Niveau senken und an der Flexibilität der Kniebeuger arbeiten, um zu einer höheren Sattelhöhe fortzuschreiten.

Fallstudie 4

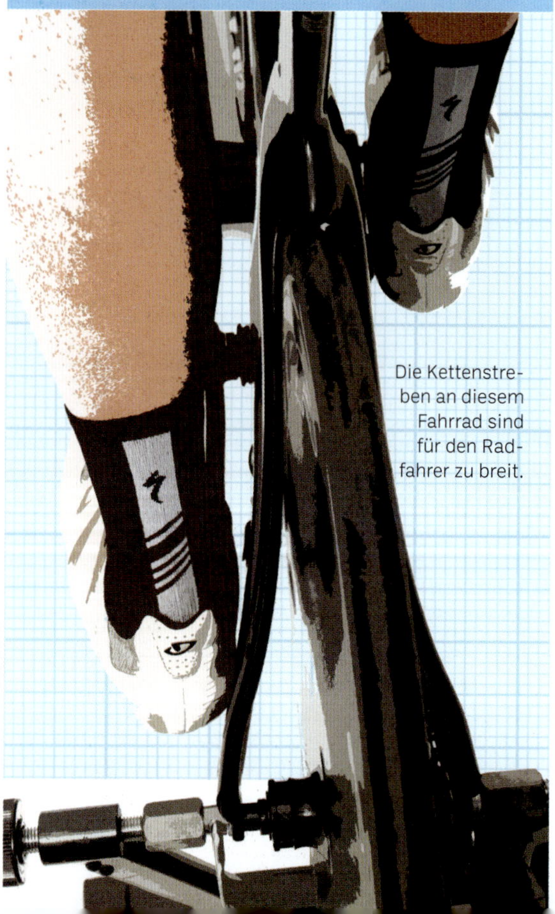

Die Kettenstreben an diesem Fahrrad sind für den Radfahrer zu breit.

Fallstudie 5

Dieser Radfahrer hat beim Versuch, ein Set-up für das Zeitfahren einzurichten, seinen Sattel zu hoch eingestellt. Beachte das gestreckte Knie am unteren Totpunkt.

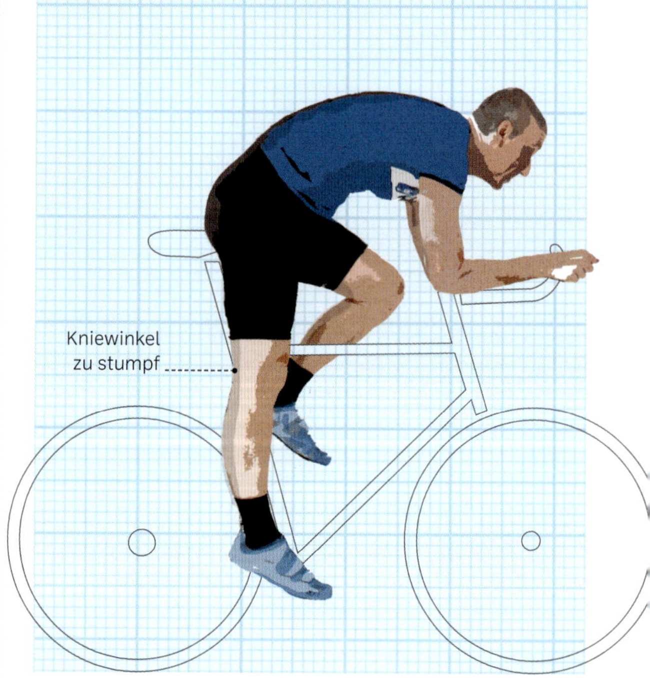

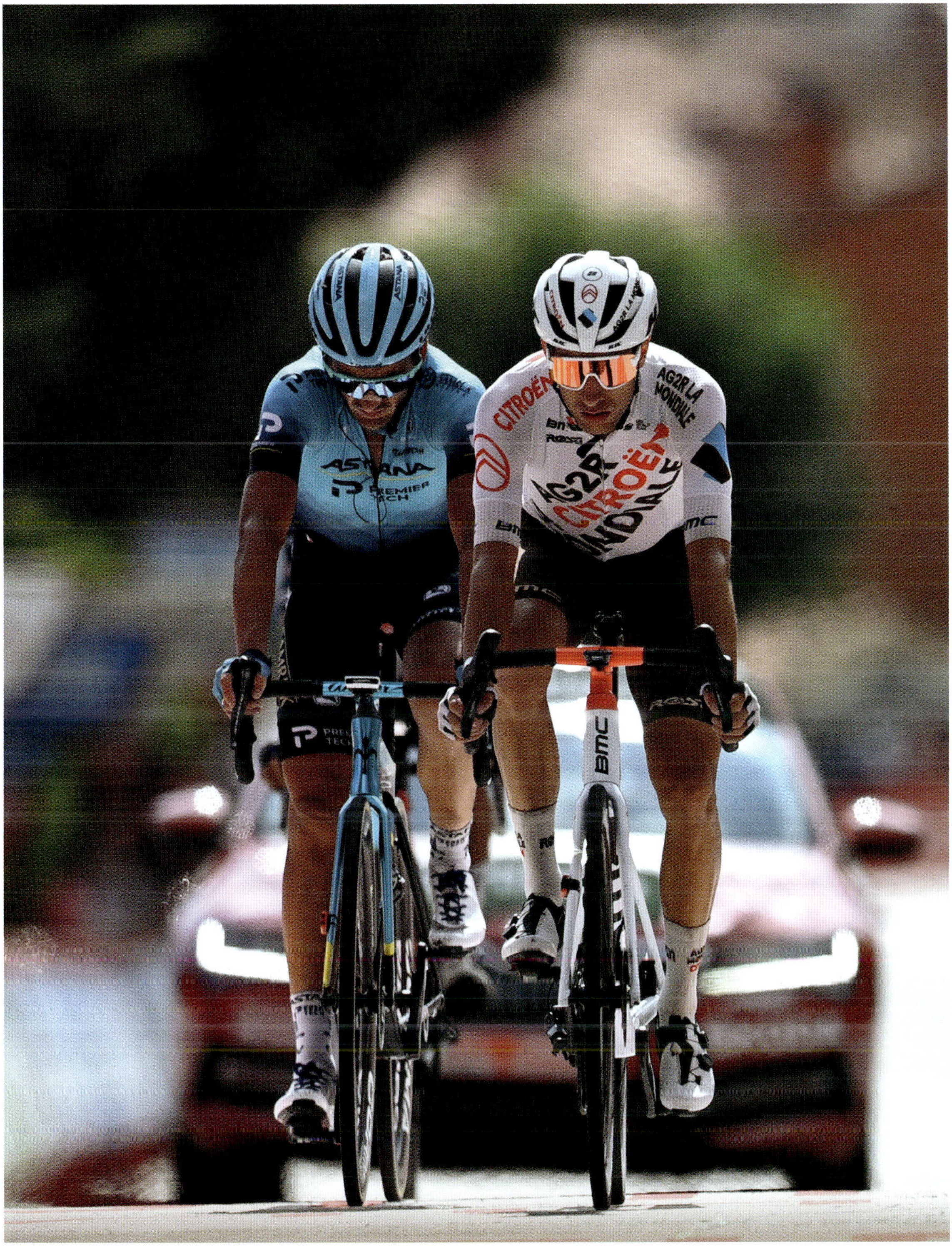
ASTANA
PREMIER TECH
CITROËN
AG2R LA MONDIALE
BMC

Fallstudie 6

Einer 45-jährigen Einsteigerin wurde ein Fahrrad geschenkt. Sie hat sich Zeit genommen, um ihre Position einzurichten, und die Vorbauhöhe auf 90 Millimeter eingestellt. Alles scheint in Ordnung zu sein, außer dass sie ihre ganze Zeit auf dem Oberlenker verbringt und das Gefühl hat, dass das Handling in Kurven wackelig ist.

Eine wichtige Frage, die ich den Menschen in Vorgesprächen vor einem Bikefitting stelle: Wo verbringst du die meiste Zeit – bei Bremshauben, Drops oder Oberlenker? Wenn es der Oberlenker ist, ist es fast sicher, dass dein Reach-Set-up zu lang ist und du deine Hände an den Oberlenker bringst, um den Reach effektiv zu verkürzen.

Lösung: Wenn der Sattelversatz optimal ist und sich der Vorbau bereits auf seiner kürzesten sicheren Höhe befindet, dann ist das Oberrohr höchstwahrscheinlich zu lang und es wird ein Rahmen mit einem kürzeren Oberrohr benötigt.

Fallstudie 7

Ein Radfahrer Mitte 20 hatte kürzlich einen Unfall und stürzte schwer auf seine rechte Seite und Pobacke. Er fing wieder mit dem Radfahren an, nachdem sich die Blutergüsse und Schmerzen gelegt hatten, fühlte sich aber seitdem auf dem Fahrrad verdreht. In der Folgezeit verspürte er Knieschmerzen auf der rechten Seite. Es ist wahrscheinlich, dass der Sturz die Funktionsfähigkeit der Gesäßmuskeln auf seiner rechten Seite beeinträchtigt hat, was zunächst zu einer asymmetrischen Beckenausrichtung führte. Das verdrehte Becken hat bei ihm zu einem funktionellen Beinlängenunterschied geführt, der Knieschmerzen auslöst, da sein Set-up dies nicht berücksichtigt.

Lösung: Sich an einen Arzt wenden, der das Becken neu ausrichten und den Gesäßmuskel auf der rechten Seite »wiedererwecken« kann. In der Zwischenzeit die Weichteilgewebeveränderungen im rechten Knie durch Faszienrolle, Massagen und Dehnübungen behandeln.

▶ Fallstudie 6

Diese Radfahrerin verbringt ihre gesamte Zeit auf dem Oberlenker, weil das Fahrrad zu groß für sie ist.

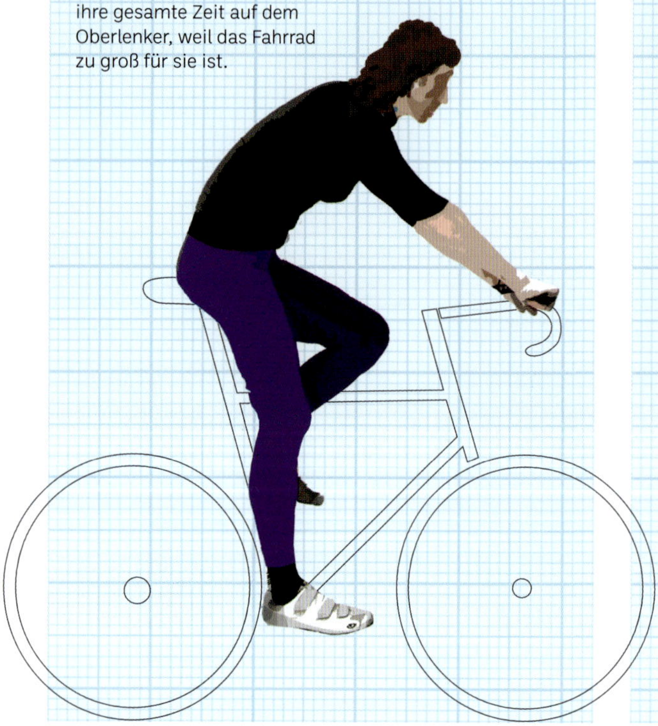

▶ Fallstudie 7

Dieser Radfahrer leidet seit einem Unfall an einem funktionellen Beinlängenunterschied, den er jetzt berücksichtigen muss.

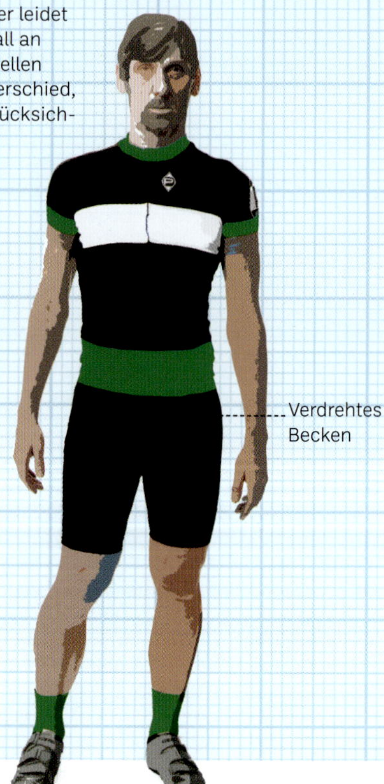

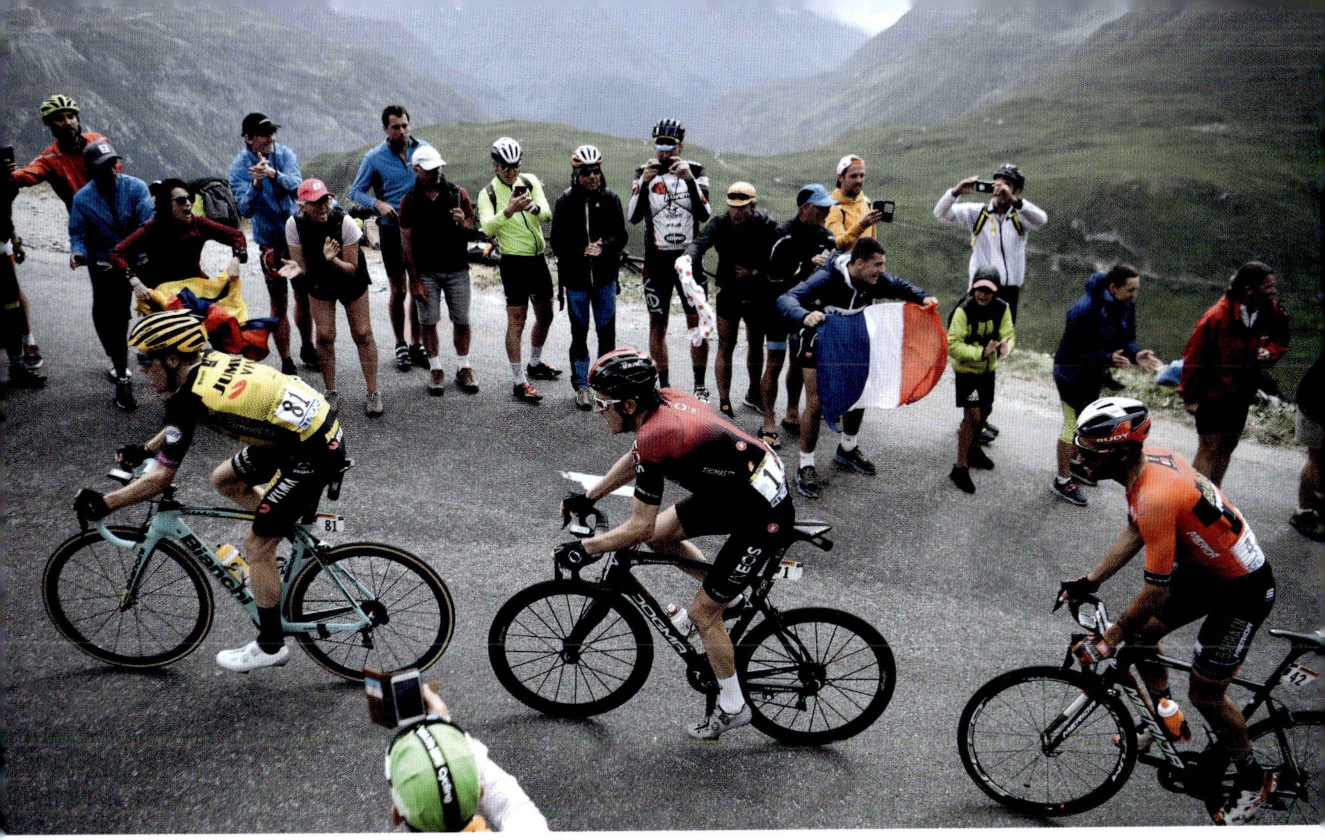

Fallstudie 8

Eine Radfahrerin hat kürzlich ihre Pedale und Schuhe gewechselt. Sie entwickelt schnell Knieschmerzen auf beiden Seiten, aber auf der einen mehr als auf der anderen. Eine weitere Anpassung hat dazu geführt, dass der Schmerz wandert, anstatt zu verschwinden.

Lösung: Das gleichzeitige Ändern von zwei Kontaktpunkten ist riskant. Um das Problem zu lösen, sollte sie zu ihrem ursprünglichen Set-up zurückzukehren. Sie sollte dann ihr Pedal oder den Schuh wechseln (aber nicht beides gleichzeitig). Dies kann der Radfahrerin den Übergang ermöglichen oder ein Aspekt des neuen Set-ups muss geändert werden.

Fallstudie 9

Ein Radfahrer fuhr in Frankreich einige der legendären Berganstiege. Zuvor verbrachte er nie mehr als 30 Minuten mit Bergfahren. Er bekam leichte Rückenschmerzen und eine wunde Achillessehne auf seiner rechten Seite (sein rechtes Bein ist länger als sein linkes).

Bergaufstiege können bei Radfahrern auf diesem Niveau über zwei Stunden dauern. Beim länger andauernden Bergfahren rutschen wir in den Sattel zurück und erhöhen die Beugung der Lendenwirbelsäule, was Schmerzen verursachen kann. Wir neigen auch dazu, unsere Fersen am unteren Ende des Pedaltritts fallen zu lassen, was zum Achillessehnenproblem im längeren Bein geführt hat.

Lösung: Eine geeignete Behandlung für Achillessehnen- und Rückenschmerzen suchen. Den rechten Cleat vorübergehend nach hinten bewegen, um das Problem mit der Achillessehne zu lösen. Beim nächsten Mal für eine solche Belastungszunahme länger vorbereiten.

Fallstudie 10

Ein 45-jähriger Radfahrer, der an einem siebentägigen Gravel-Etappenrennen teilgenommen hatte, entwickelte nach seiner Rückkehr eine Infektion am Damm, die in seinem örtlichen Krankenhaus mit einer Drainage und mit Antibiotika behandelt werden musste. Einige Monate später, nach einem Bahnradrennen, trat die Infektion erneut auf, was einen weiteren Aus-

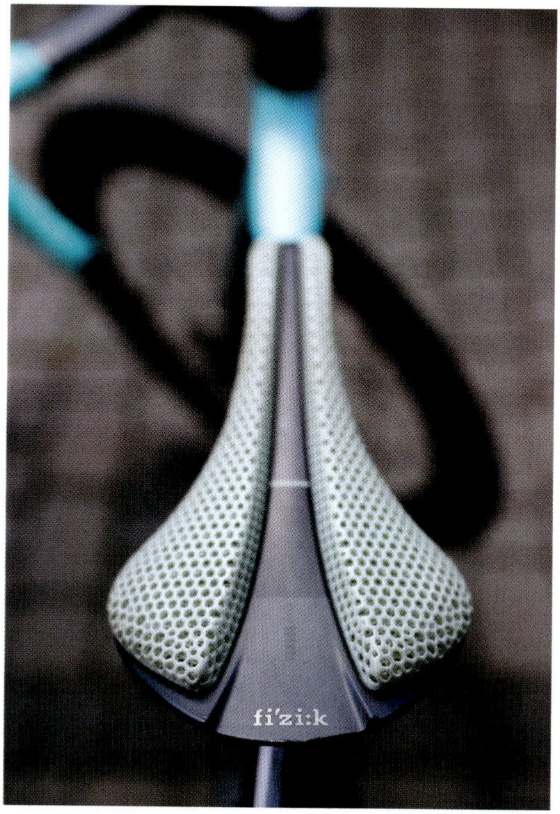

flug ins Krankenhaus sowie eine neue Antibiotikakur erforderte.

Er wollte herausfinden, ob es Fitting-Probleme gab, die zu den Infektionen beigetragen haben könnten. Ich bemerkte Abnutzungen auf einer Seite des Chamois seines Einteilers, den er beim Bahnradrennen getragen hatte, sowie auf einer Seite seines Sattels. Bei einem Satteldruck-Scan war ein Ungleichgewicht feststellbar. Eine Untersuchung seines Sattels ergab, dass eine der Schienen beschädigt war, und dies hatte seine Gewichtsverteilung gestört. Nachdem wir einen neuen Sattel montiert hatten, war der Scan gleichmäßig. Er sagte auch, dass er am Abend Schmerzen auf einer Seite bemerkt hatte und, ohne zu duschen, heimfuhr. Dank seinem Trainingsprotokoll stellten wir fest, dass beiden Infektionen hohe Trainingsbelastungen gefolgt waren.

Der beschädigte Sattel verursachte eine Abschürfung, die Bakterien eindringen ließ. Die Kombination aus einer langen Fahrt in einem verschwitzten Einteiler und einer geringeren Immunantwort aufgrund der Trainingsbelastung führte zur zweiten Infektion.

Lösung: Ein neuer Sattel, ein neuer Einteiler und ein gründlicherer Ansatz zur Überprüfung der Ausrüstung! Sobald man eine schwere Infektion hatte, wird der zurückbleibende Hohlraum immer anfälliger für nachfolgende sein. Wir führten eine akribische Sattelhygiene ein. Abschließend untersuchten wir mit seinem Trainer, wie man eine so hohe chronische Trainingsbelastung vermeiden und mehr Erholungsphasen einbauen kann.

Der Radfahrer im Wachstum

Der angehende Kinderradsportler stellt beim Bikefitting eine ständige Herausforderung dar, was zu vielen Fragen führt: Wann muss ich das Fahrrad meines Kindes wechseln? Wie nimmt mein Kind eine richtige Position ein?

Kinder wachsen zu unterschiedlichen Zeiten und mit unterschiedlichen Geschwindigkeiten, daher gibt es keine allgemeine Regel. Es ist wichtig, ihren Körper so auf dem Fahrrad zu positionieren, dass sie das Erlebnis genießen und sicher sind. Für manche ist es wichtig, dass sie auch ihr Bestes geben können. Wie erreichen wir das?

In jungen Jahren sind wir allgemein geschmeidiger und verhalten uns eher wie Makro-Absorber. Das bedeutet, dass sich ein Kind besser und schneller an größere Änderungen anpassen kann. Natürlich gibt es auch unter den Kindern mehr und weniger anpassungsfähige Individuen. Viele Kinderfahrräder sind so gebaut, dass sie auf große Größenänderungen reagieren können. Zum Beispiel gibt es am Vorderteil nicht viel Stack oder Reach, sodass der Lenker von mehreren Sattelpositionen aus erreicht werden kann.

Bei einem angehenden Kinderradsportler sind zwei Dinge entscheidend – das Kind und sein Fahrrad ständig zu messen. Auf diese Weise kannst du Wachstumsschübe erkennen und wissen, wann das Fahrrad angepasst oder ausgetauscht werden muss. Bei Kindern sind die wichtigsten Bikefitting-Parameter auf dem Fahrrad Kniewinkel, Hüftwinkel und Oberkörperwinkel. Ein großes Goniometer hilft dir, diese Winkel (siehe Seite 44 und 45) zu ermitteln. Das Fahrrad selbst sollte mit einem Maßband auf Sattelhöhe, Vorbaulänge, Steuerrohr-Stack und Reach überwacht werden.

Eine optimale Ausgangslage vorausgesetzt, verändern sich die Knie- und Hüftgelenkwinkel mit dem Wachstum des Kindes. Passe die Sattelhöhe entsprechend an, um die Knie- und Hüftgelenkwinkel wiederherzustellen, und den Reach (Vorbaulänge, Stackhöhe), um den Oberkörperwinkel konstant zu halten. Sobald die Sattelstütze übermäßig sichtbar ist oder der Vorbau 140 Millimeter beträgt oder die Stackhöhe 60 Millimeter oder mehr beträgt, sollte der Rahmen gegen einen größeren getauscht werden. Die Kurbellänge ist weniger anfällig für Änderungen, muss sich aber irgendwann ändern – im Allgemeinen alle zwei Fahrradgrößen.

Gib deshalb für Kinder nicht viel Geld für Fahrradrahmen aus. In einem jüngeren Alter sind sie mehr an Aussehen interessiert. Sehr billige Kinderfahrräder können jedoch schwer sein und durch schlechtes Handling den Spaßfaktor beeinträchtigen.

Wenn du das Konzept des Fitting-Fensters auf Kinder anwendest, erhältst du den bestmöglichen Wert aus den Rahmen und Fahrrädern, die du kaufst. Lege die oben genannten Maße fest und versuche, in ein Fahrrad zu investieren, bei dem sich dein Kind in Bezug auf Sattelhöhe, Vorbaulänge und Stackhöhe am unteren Ende des Fitting-Fensters befindet. Auf diese Weise können Kinder durch das Fitting-Fenster wachsen und du kannst die relevanten Teile im Zuge des Wachstums anpassen.

Natürlich wachsen die verschiedenen Körperteile unterschiedlich schnell. Die meisten von uns wachsen proportional, aber bei denjenigen, die dies nicht tun, ist die Herausforderung beim Bikefitting noch einmal größer – das Fenster genau zu bestimmen und mit dem größtmöglichen Bewegungsspielraum zu beginnen.

Ich weiß, dass mit dem wachsenden Interesse am Radsport heutzutage ein erhöhter Druck für die ersten Talent-ID-Punkte besteht, zum Beispiel auf Talent- und Olympia-Entwicklungsprogrammebene. Ich würde jedoch Vorsicht walten lassen, wenn ich den Fokus eines Kindes zu früh auf eine Sportart lenke. Die Überbeanspruchungsverletzungen, die in Fußballakademien beobachtet werden, hängen eng damit zusammen, dass man in einem zu jungen Alter zu häufig wettbewerbsorientiert spielt. Ein breites Sportangebot im Leben eines Kindes bis in ein späteres Alter – sagen wir 13 oder 14 Jahre – beizubehalten, bringt es in Kontakt mit einer Vielzahl von Bewegungsmustern und körperlichen Herausforderungen. Dies mag ihnen in ihrem Training die Spezifität nehmen, belohnt sie aber später, indem es ihnen eine breitere Basis für die Anwendung von Fähigkeiten gibt, auf die sie später im Leben zurückgreifen können. Kinder sind neuromuskuläre Schwämme, und die Geschwindigkeit, mit der sie Fähigkeiten erlernen, ist erstaunlich.

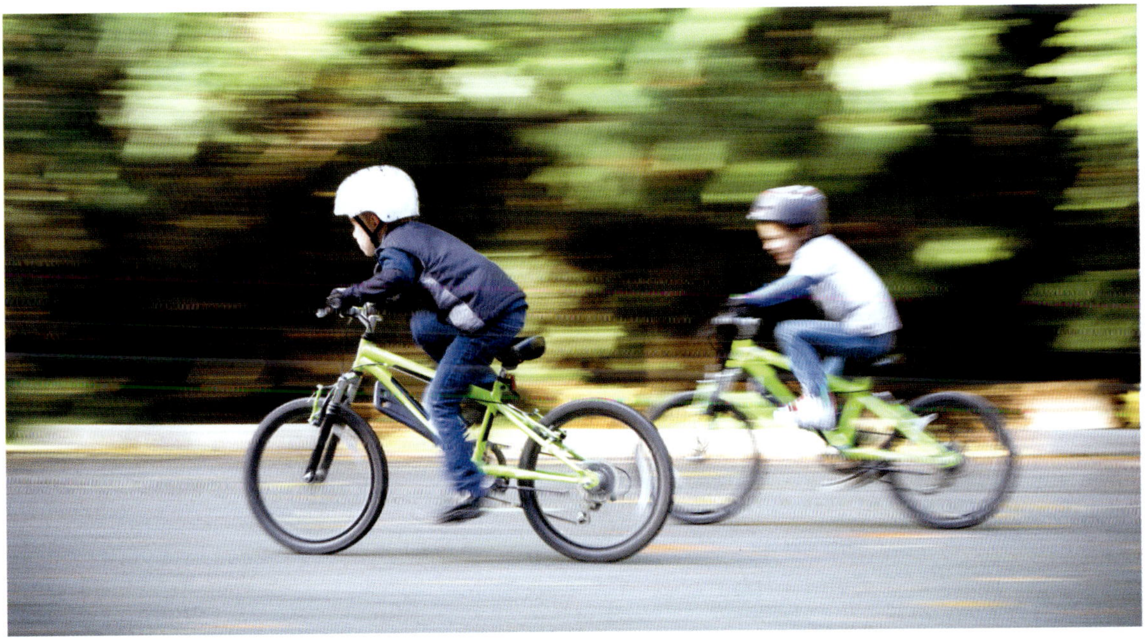

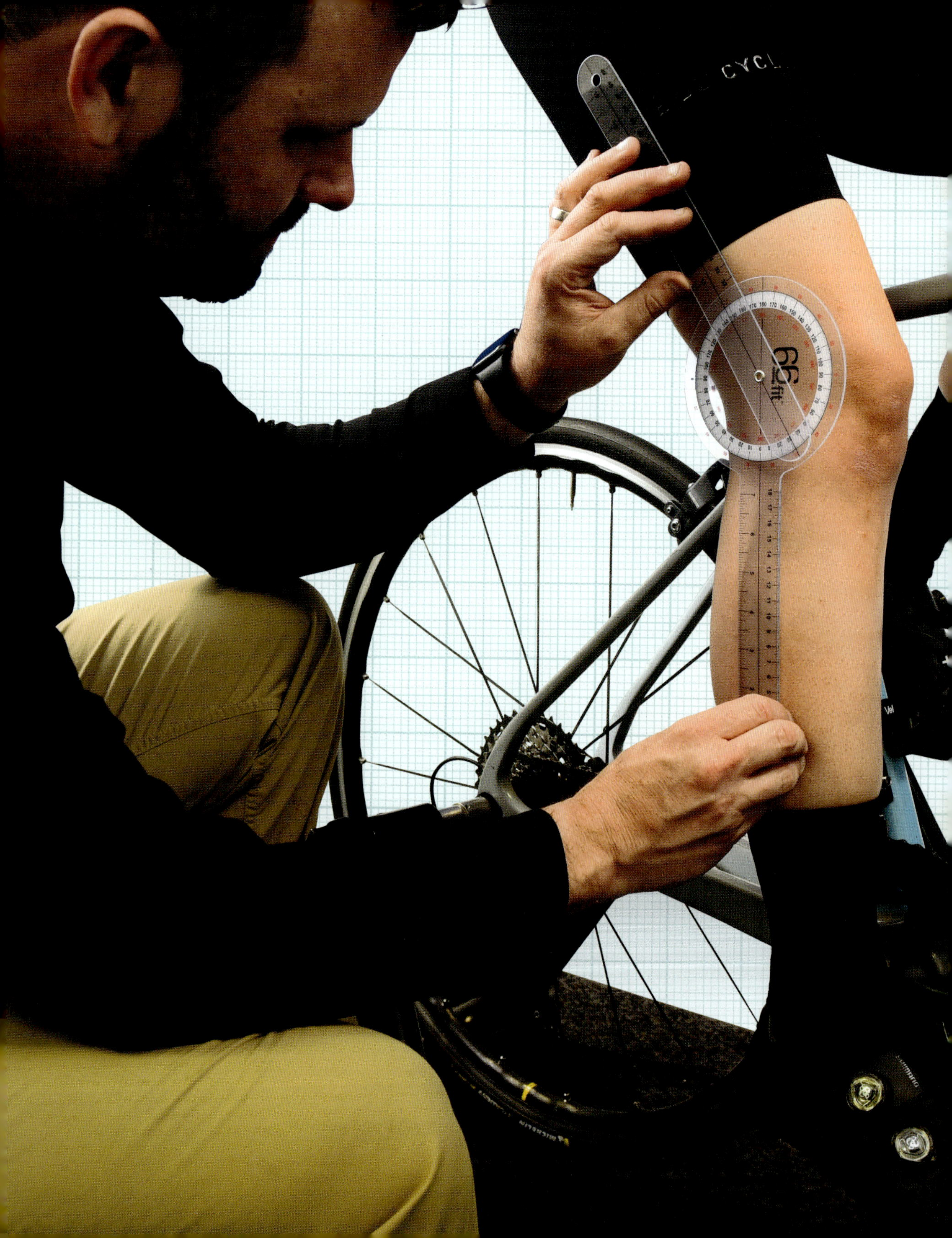

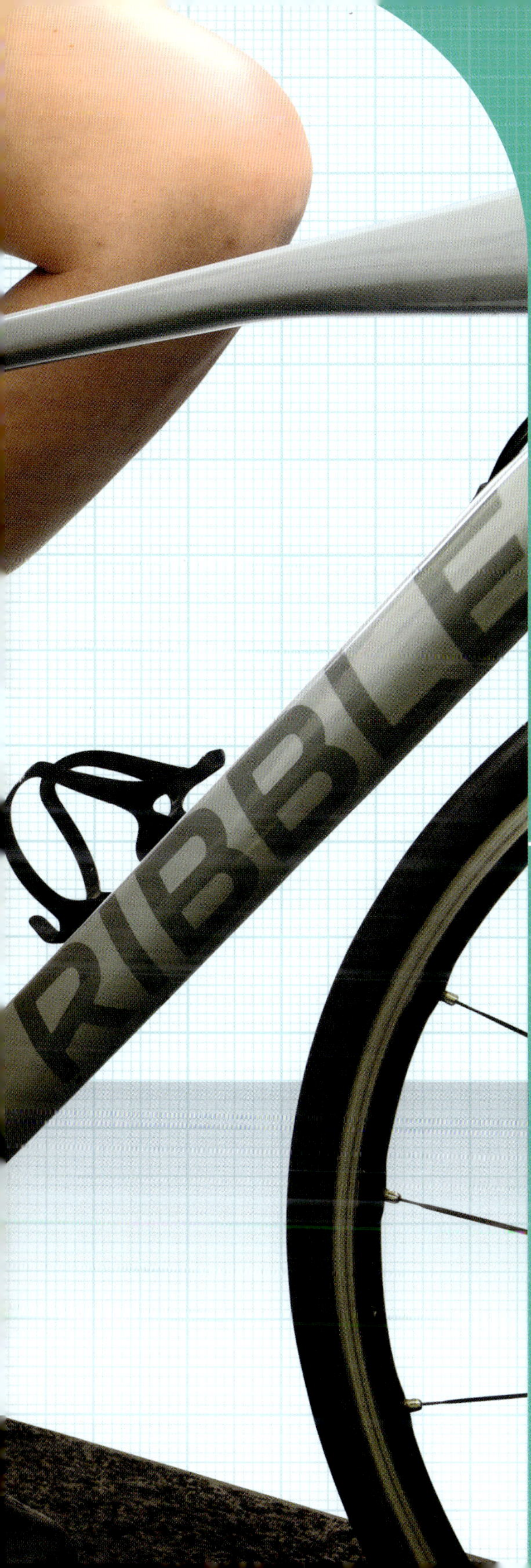

10

Aufzeichnen der Position

Aufzeichnen der Position

Sobald du deine optimale Bikeposition festgelegt hast und damit zufrieden bist, zeichne diese auf! Das Bikefitting ist eine Sache, aber deine Position von Fahrrad zu Fahrrad zu replizieren, ist eine weitere Herausforderung, und es wird immer ein Kampf sein, es sei denn, du hast einige Messwerte aufgezeichnet.

Ich habe das Glück, dass ich in meinem Studio das Retül-Zin-Tool habe, das eine digitale Karte des Setups eines Radfahrers erstellt, die ich dann schnell und einfach auf seine verschiedenen Fahrräder anwenden kann. Mit einigen einfachen und erschwinglichen Werkzeugen kannst du das jedoch leicht selbst tun, indem du die folgenden Tipps befolgst und deine Messungen in der Tabelle am Ende dieses Abschnitts aufzeichnest.

Hier habe ich einige einfach zu replizierende Methoden zur Aufzeichnung der Schlüsselparameter beschrieben, die Komfort und verletzungsfreies Radfahren gewährleisten. Denke daran: Solange du jedes Mal von denselben Referenzpunkten aus auf die gleiche Weise misst, spielt es keine Rolle, ob deine Methode davon abweicht. Solange deine Methode wiederholbar und konsistent ist, wird sie funktionieren.

Ausstattung für die Aufzeichnung

- Maßband
- Filzstift
- Isolierband
- 1-Meter-Wasserwaage
- Kleine digitale Wasserwaage
- Ein Freund, der einem hilft, kann sehr nützlich sein!

Denke auch daran, dass es keine ideale Position gibt, sondern nur dein Bikefitting-Fenster. Wenn du diese Techniken anwendest und deine aufgezeichneten Messwerte auf jedes Fahrrad anwendest, solltest du in dieses Fenster hineinblicken, von dem aus du dann die kleinen Änderungen vornehmen kannst, die verschiedene Disziplinen, Ziele, Rahmengeometrien und deine eigene Entwicklung als Radfahrer erfordern.

▶ Retül-Zin-Tool

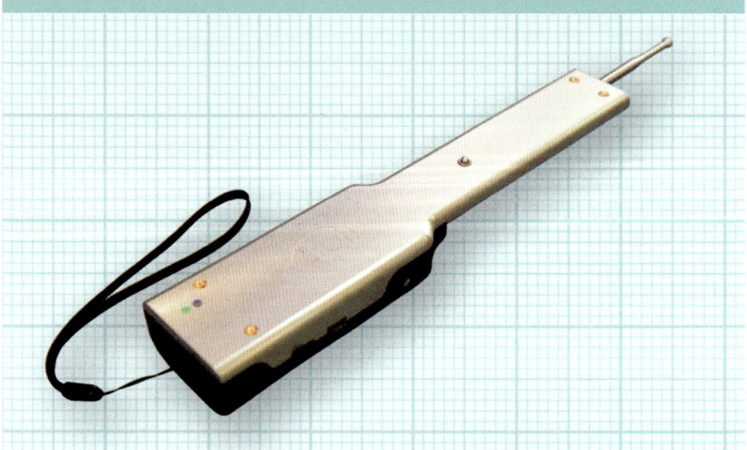

Fünf essenzielle Messwerte

Sattelhöhe

Setze dein Maßband auf der Seite gegenüber der Tretkurbel auf die Markierung in der Mitte des Tretlagers.

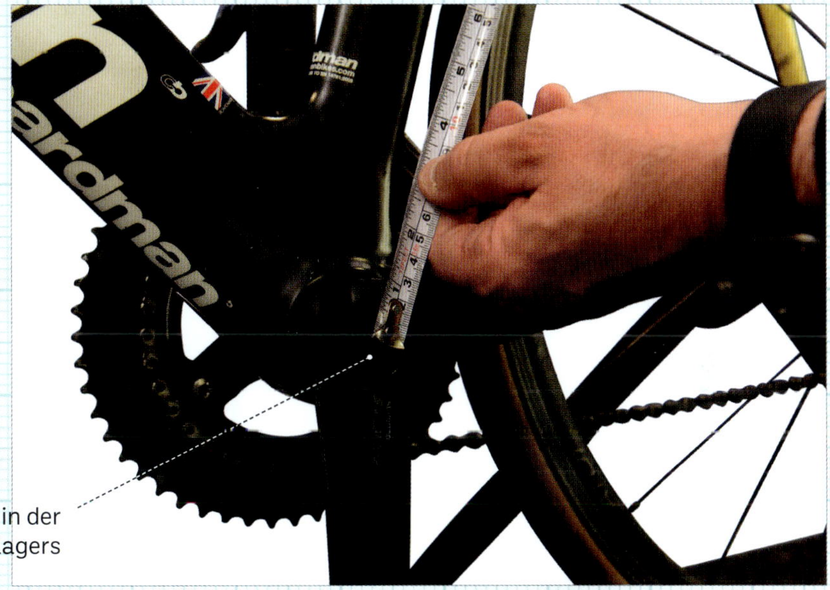

Nullmarkierung in der Mitte des Tretlagers

Lege das Maßband an einer dafür vorgesehenen Stelle am Sattel an (auf halbem Weg nach hinten oder 10 Zentimeter von vorn. Oft sind dort weiße Markierungen auf Sätteln von Profis zu sehen).

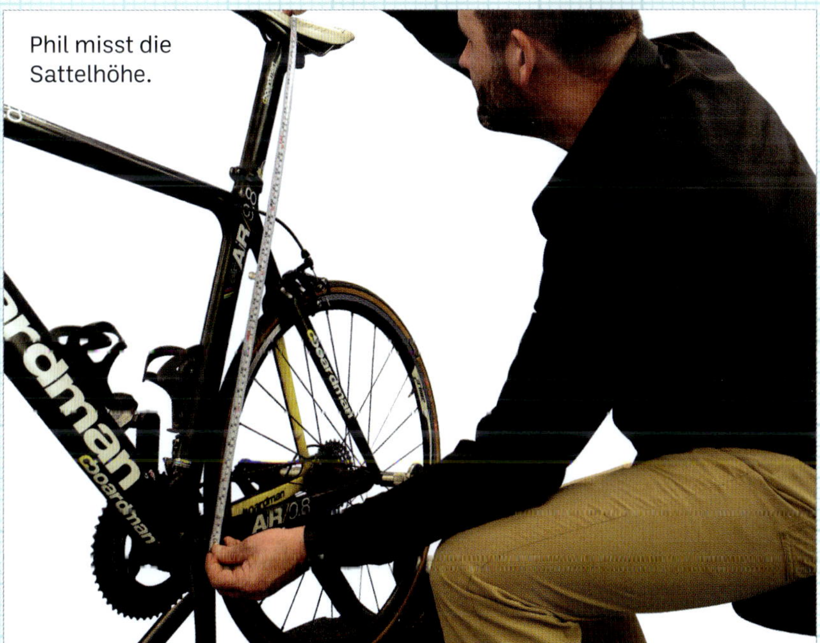

Phil misst die Sattelhöhe.

▶ Sattelversatz

Platziere die 1-Meter-Wasserwaage vertikal, sodass sie sich in einer Linie mit der Mitte des Tretlagers befindet. Stelle sicher, dass sie waagerecht ist!

Messe mit dem Maßband die Distanz von der Wasserwaage zur Nase des Sattels.

Phil misst den Sattelversatz.

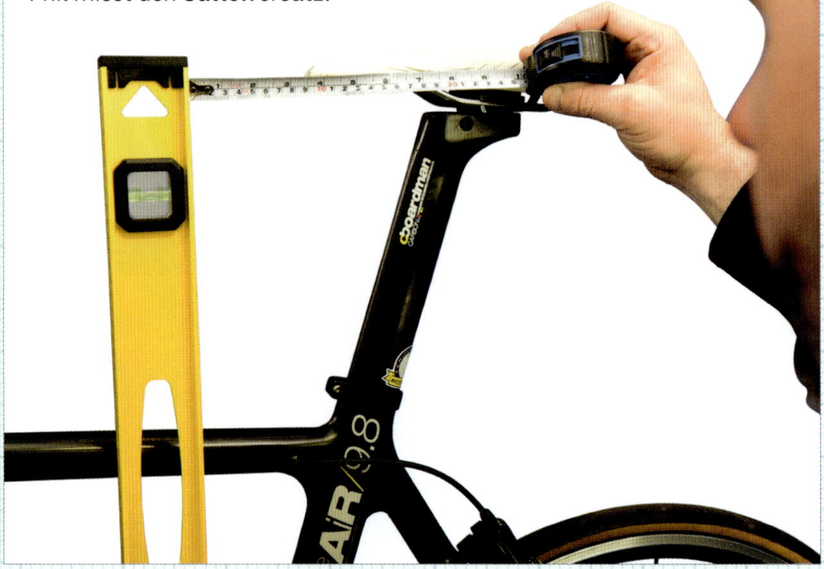

▶ Sattelwinkel

Verwende eine 1-Meter-Wasserwaage zwischen den beiden Schnellspannern, um sicherzustellen, dass das Fahrrad waagerecht steht.

Lege dann eine kleine digitale Wasserwaage auf den Sattel. Wo du die Wasserwaage platzierst, ist wichtig, da einige Sättel ziemlich lang sind und sich hinten erheben. Suche also nach einem flachen Abschnitt.

Abgesehen davon, dass er flach ist, spielt es keine Rolle, wo genau du die Wasserwaage platzierst, solange du jedes Mal auf die gleiche Weise misst. Ich bevorzuge, von der Mitte bis zur Vorderseite eines Sattels zu messen, da Sättel dort tendenziell flacher sind und die meisten Radfahrer dort sitzen.

Wasserwaage auf dem Sattel

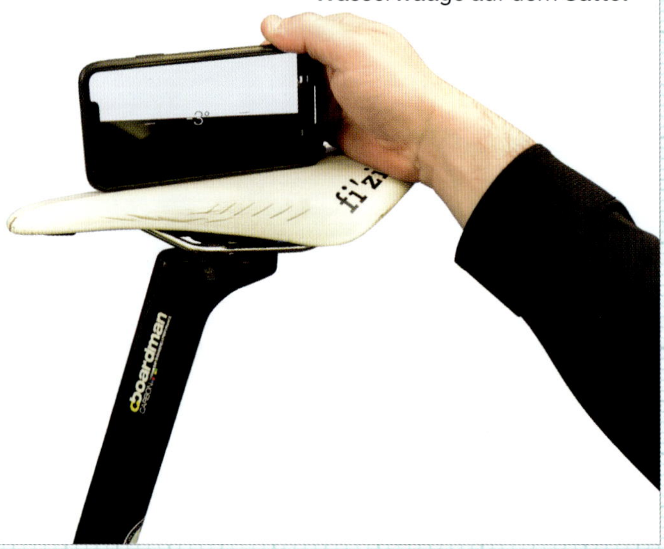

Reach

Hier geht es um den Kontaktpunkt Reach, nicht den Rahmen-Reach, welchen du in Geometriediagrammen findest.

Er wird von der vorderen Sattelspitze bis zur Oberkante der Bremshauben an deinem Lenker gemessen.

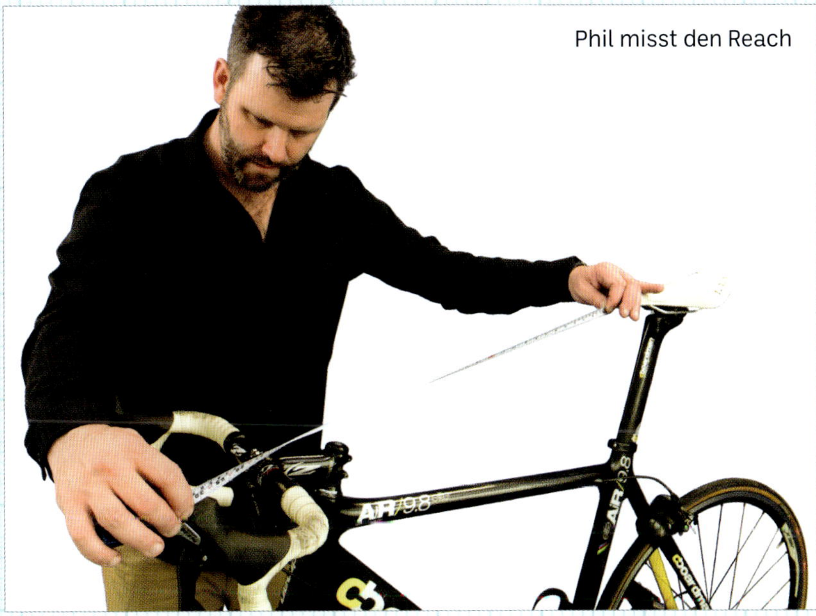

Phil misst den Reach

Drop

Auch hier geht es um den Kontaktpunkt Drop.

Lege die 1-Meter-Wasserwaage auf den Sattel und verlängere sie nach vorn bis auf die richtige Höhe.

Miss mit einem Maßband den Drop von der Wasserwaage vorn bis zum Lenker.

Diese Messung ist mit einem Freund viel einfacher.

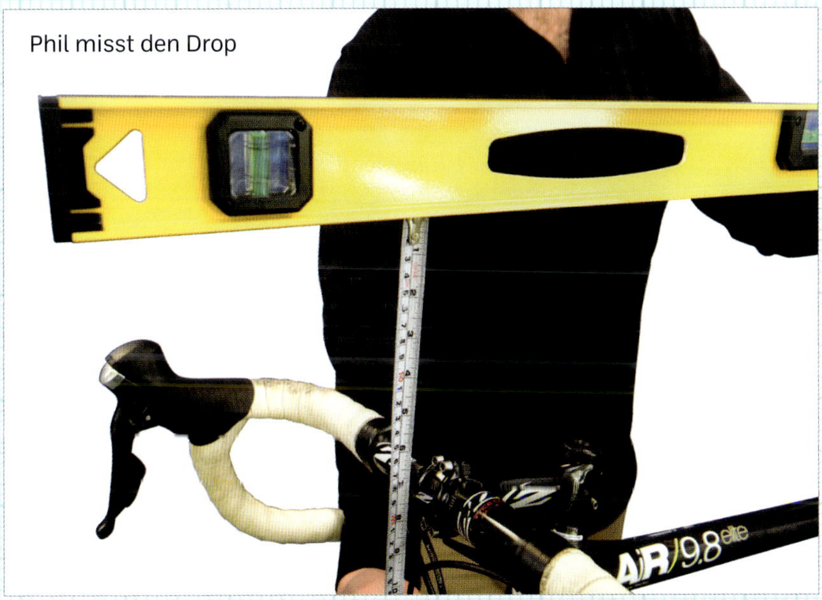

Phil misst den Drop

Top-Tipps, deine Position wiederzufinden

- Markiere an deiner Sattelstütze mit Isolierband deine Größe, da es dadurch offensichtlich ist, wenn sie verrutscht, und wenn du deine Sattelstütze entfernen musst, kannst du sie so sehr einfach wieder in die richtige Position fallen lassen.
- Markiere mit einem Filzstift, wo sich deine Sattelschienenklemmen befinden, da diese wie die Sattelstütze zum Verrutschen neigen.
- Markiere mit einem Filzstift den Vorbau und einen entsprechenden Punkt auf deinem Lenker. Solange diese übereinstimmen, weißt du, dass dein Lenker richtig gedreht und nicht verschoben ist.
- Markiere mit einem Filzstift die Stelle an deinem Sattel, an der du immer die Sattelhöhe misst.
- Fotografiere deine Cleat-Position oder verwende einen Filzstift, um die Außenseite deiner Cleats nachzuzeichnen.

Weitere notierenswerte Dinge

- Kurbellänge
- Sattelbreite
- Sattellänge
- Lenkerbreite
- Vorbaulänge
- Anzahl der Spacers unter dem Vorbau

Wenn du alle oben genannten Punkte kennst, kannst du deine Position sicher von Fahrrad zu Fahrrad übertragen.

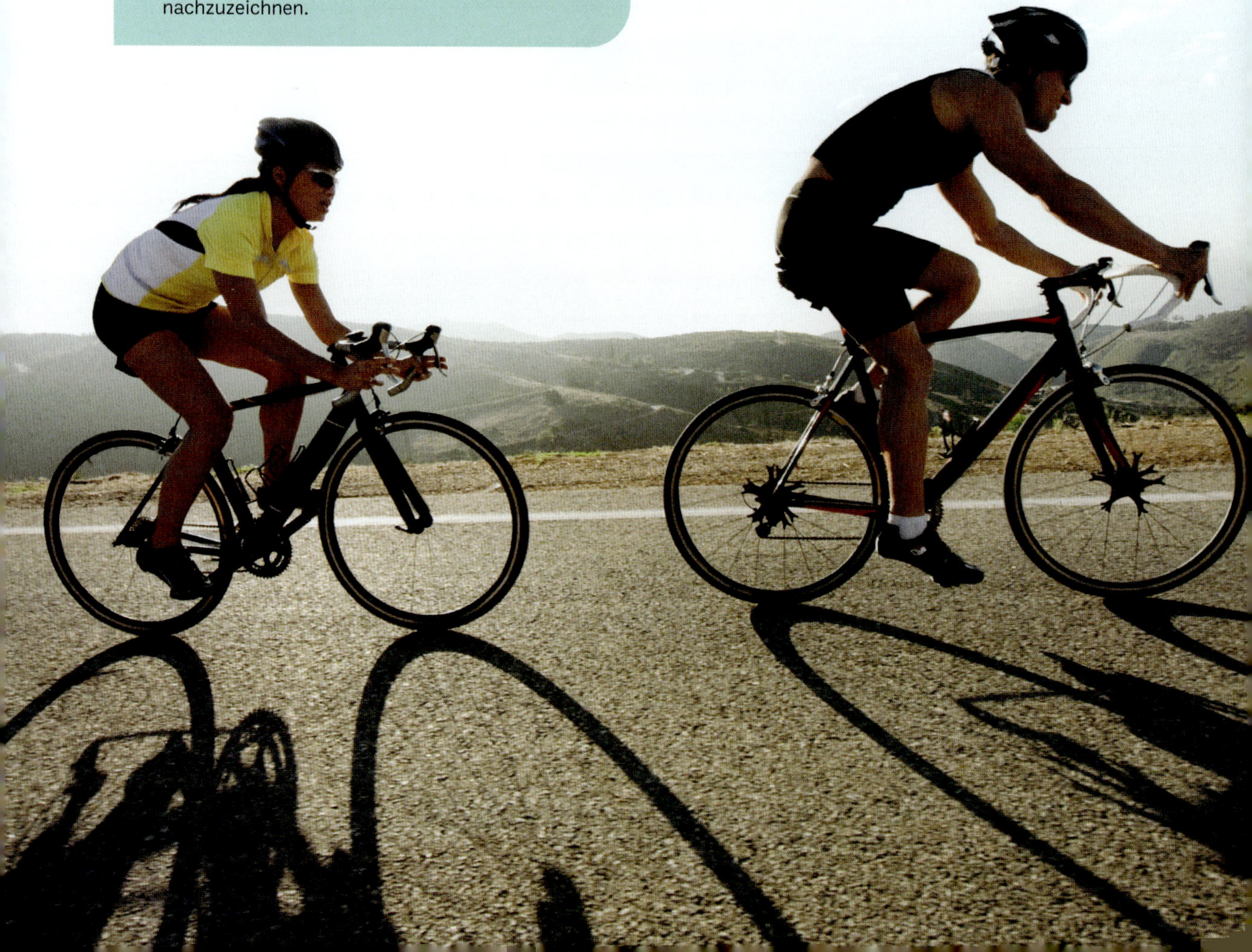

	MESSWERT	NOTIZEN
Sattelhöhe		
Sattelversatz		
Sattelwinkel		
Reach		
Drop		
Kurbellänge		
Sattelbreite		
Sattellänge		
Lenkerbreite		
Vorbaulänge		
Anzahl der Spacers unter dem Vorbau		

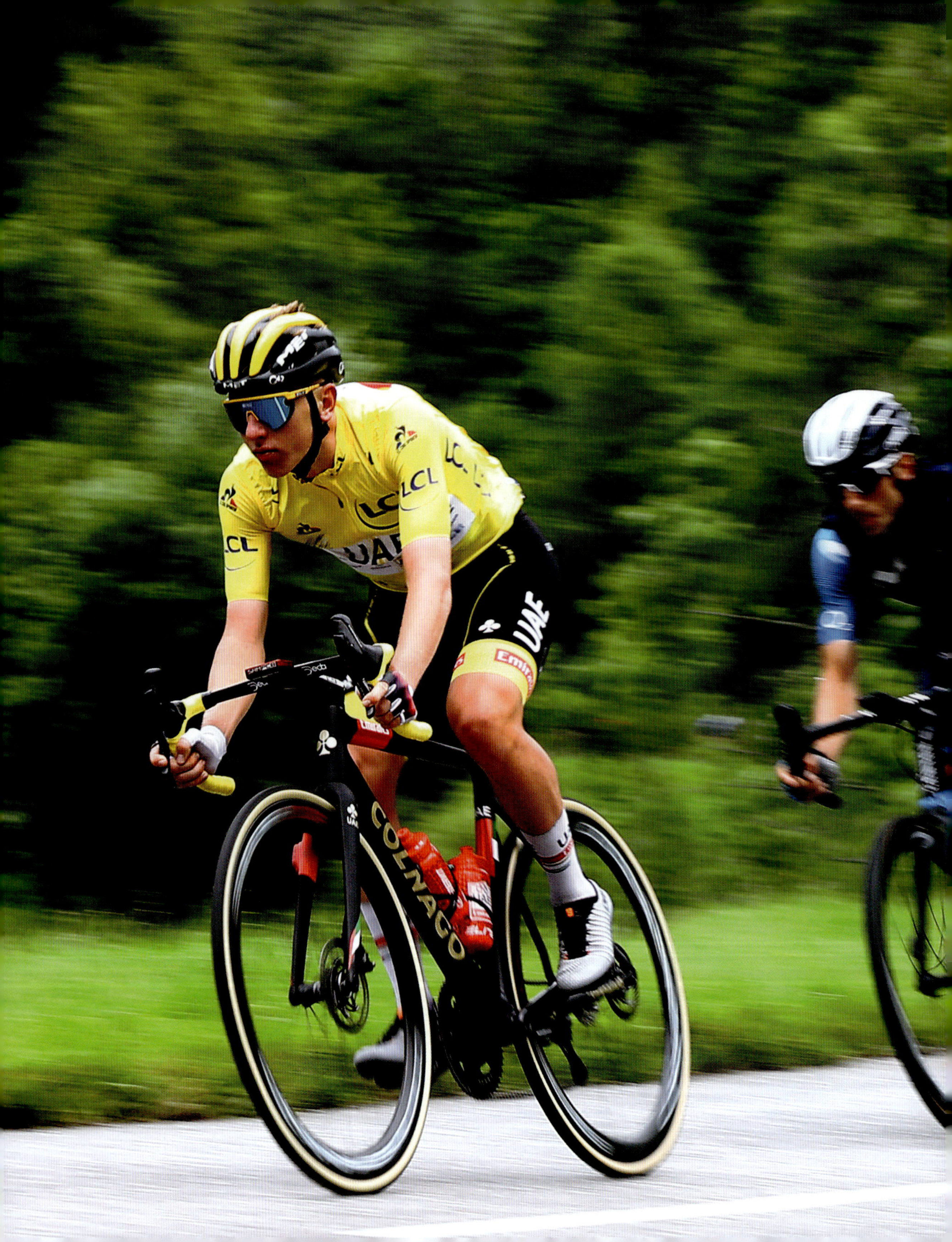
LCL
UAE
COLNAGO

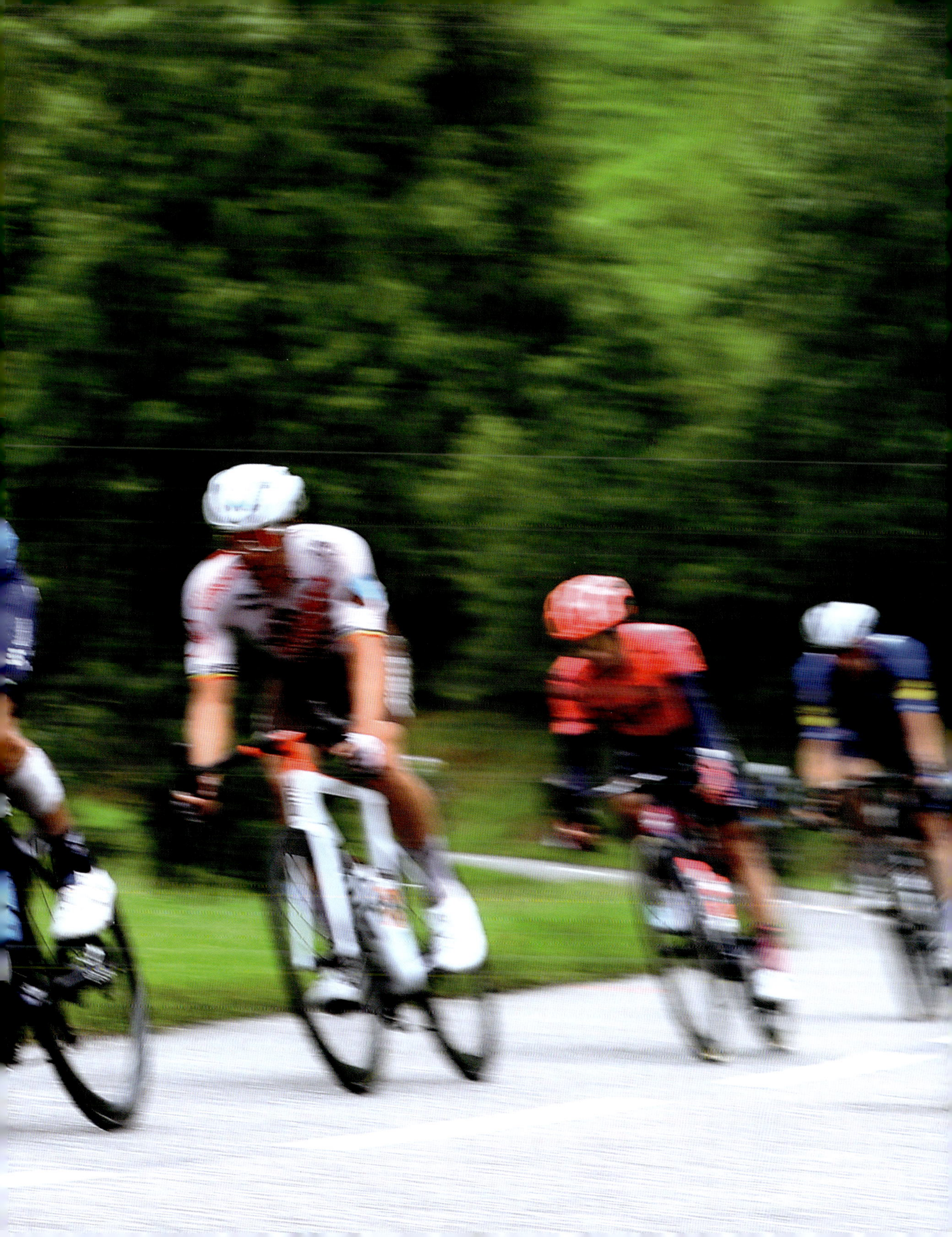

Glossar

Biartikulärer Muskel – ein Muskel, der zwei Gelenke im Körper kreuzt und somit zwei Bewegungen ausführen kann. Das ist selten. Die überwiegende Mehrheit der Muskeln ist monoartikulär.

CONI – das Italienische Olympische Komitee (Comitato Olimpico Nazionale Italiano).

Dämpfung – Abschwächung oder Verringerung von Geräuschen. Im Radsport meint es die Absorption von Vibration und Kräften, welche auf der Straße erzeugt werden, durch den Körper und das Fahrrad.

Drehmoment – die Menge an »Drehkraft«, die ein Objekt um eine Achse dreht.

Drehmomentkette – eine Bezeichnung für die Beinmuskeln, die beim Radfahren an der Erzeugung von Drehmoment beteiligt sind.

Drops – die Kurve am Lenker, die nach unten und hinten abfällt.

Dynamisches Bikefitting – ein Bikefitting, bei dem Daten erfasst werden, während der Radfahrer dynamisch Rad fährt.

EMG (Elektromyografie) – Elektroden, die auf der Haut platziert werden, zeichnen die elektrische Aktivität auf, die darunter entsteht, wenn die Muskeln kontrahieren.

Entgegenkommendes Fitting – ein Bikefitting, das der Unbeweglichkeit und den Problemen einer Person entgegenkommt – das Fahrrad passt sich dem Körper an, nicht umgekehrt.

Exzentrisch – eine Muskelkontraktion, bei der sich der Muskel verlängert, aber weiterhin kontrahiert, zum Beispiel wenn man eine Dose von der Schulter an der Körperseite entlang nach unten führt – der Bizeps verlängert sich langsam – eine exzentrische Kontraktion.

Eversor – ein Muskel im Unterschenkel, der den Fuß evertiert, das heißt nach außen dreht.

Faszie – Bindegewebe, das Muskeln und Sehnen überzieht.

Femur – der Oberschenkelknochen.

Fitting-Fenster – der Bereich – zum Beispiel der Sattelhöhe – innerhalb dessen jemand als in einer guten Position befindlich betrachtet werden kann.

Float – die Bezeichnung für die freie Bewegung, die erlaubt ist, während die Cleats an einem Klickpedalsystem oder einem festen Pedalsystem befestigt sind.

Frontalebene – auch als Koronalebene bekannt, die vertikale Ebene, die den Körper in ventrale (bauchseitige) und dorsale (rückenseitige) Abschnitte unterteilt. Es ist eine der Körperebenen, die verwendet werden, um die Position von Körperteilen in Bezug zueinander zu beschreiben, siehe Abbildung unten.

Gelenkwinkel – der Winkel, der zwischen zwei Gliedmaßen entsteht, wenn sie an einem Gelenk aufeinandertreffen, wie dem Knie, der Hüfte oder dem Ellenbogen.

Glutei – der Plural von *Glutaeus* – eine Bezeichnung, um alle drei Gesäßmuskeln zu beschreiben, die das Gesäß formen.

Goniometer – ein Winkelmesser mit großem Arm, der zum Messen von Gelenkwinkeln verwendet wird.

Inversor – ein Muskel im Unterschenkel, der den Fuß invertiert, das heißt nach innen dreht.

Irreguläre Belastung – wenn ein Gelenk oder Gewebe ein Gewicht trägt, für das es nicht geschaffen ist.

Isometrisch – bei einer isometrischen Kontraktion kontrahiert oder arbeitet der Muskel, bleibt aber stationär, zum Beispiel wenn man eine Dose in der Luft in der Hand hält –

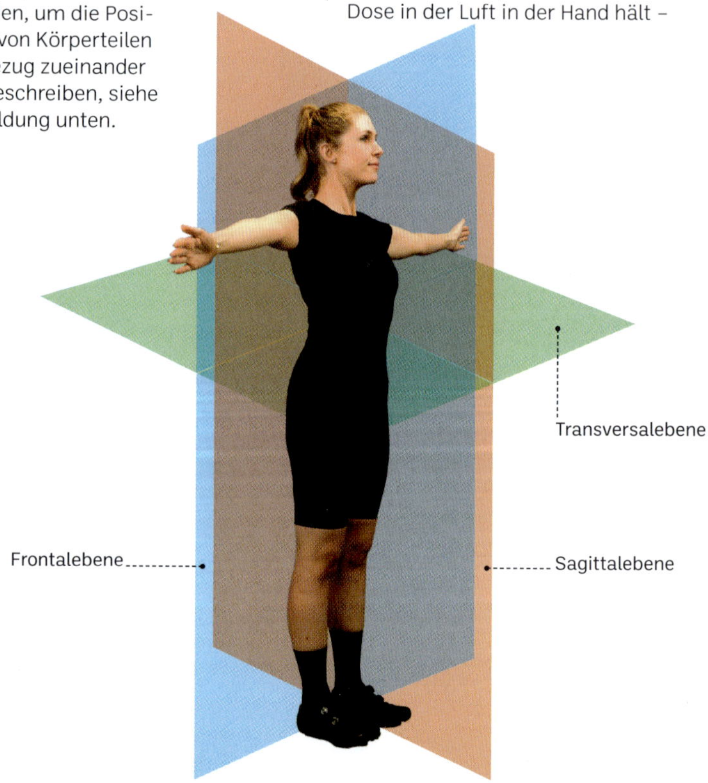

der Bizeps arbeitet isometrisch, um sie dort zu halten.

Kettenblatt – der vordere Ring mit kreisförmig montierten Zähnen, der die Kette und das Fahrrad nach vorn treibt.

Kinetische Kette – die Kette aus Gliedmaßen, Muskeln und Gelenken, die an einer Bewegung beteiligt ist (Kinese).

Konzentrisch – eine Muskelkontraktion, bei der sich der Muskel verkürzt, zum Beispiel wenn man eine Dose mit der Hand zur Schulter führt – der Bizepsmuskel verkürzt sich konzentrisch.

KOPS – »Knee Over Pedal Spindle«, Knie über der Pedalachse.

Koronalebene – siehe »Frontalebene«.

Kortison – eine Art Steroid, das zur Kontrolle von Entzündungen verwendet wird.

Kurbelarm – der Arm, der das Pedal mit dem Kettenblatt und dem Fahrrad verbindet.

Neutrales Bikefitting – ein Bikefitting, das jemanden in einer neutralen oder sicheren Position platziert, zum Beispiel gut inmitten akzeptabler Bereiche.

OT – oberer Totpunkt – bezieht sich auf die Position des Pedals, wenn es sich auf 12 Uhr oder am obersten Ende seines Weges befindet.

Patella – ein Sesambein, das in der Mitte der Quadrizepssehne sitzt, auch als Kniescheibe bekannt.

Peloton – der Name für eine große Gruppe von Radfahrern, die sich während eines Straßenrennens bildet.

Pronation – Bewegung von Fuß und Sprunggelenk, die in der Abflachung des Fußgewölbes resultiert.

Quadrizeps – die Gruppe aus vier Muskeln an der Vorderseite des Oberschenkels, die helfen, das Knie zu strecken.

Rectus femoris – der große biartikuläre Quadrizepsmuskel.

Reibungskoeffizient – eine einzelne Zahl, die aus einer Gleichung generiert wird, um die Reibung auszudrücken, die – beim Radfahren – auf den Radfahrer und das Fahrrad wirkt.

Sagittalebene – eine vertikale Ebene, die von ventral (vorn) nach dorsal (hinten) verläuft und den Körper in eine rechte und eine linke Hälfte teilt (siehe Abbildung auf Seite 198).

Senklot – ein Gewicht, das an einer Schnur befestigt ist und dabei hilft, eine perfekte vertikale Position zu finden, beispielsweise zur Einrichtung von KOPS.

Statisches Bikefitting – ein Bikefitting, bei dem der Radfahrer statisch auf einem Fahrrad sitzt, also nicht fährt.

Supination – Bewegung von Fuß und Sprunggelenk, die in einer Wölbung des Fußes resultiert.

Toggling – übermäßige Seitwärtsbewegung am Pedal-Cleat aufgrund verschlissener Cleats.

Transversalebene – eine imaginäre Ebene, die den Körper in einen superioren (oberen) und einen inferioren (unteren) Teil unterteilt. Sie steht senkrecht zur Frontal- und Sagittalebene (siehe Abbildung auf Seite 198).

UCI – Union Cycliste International – der weltweite Dachverband des Radsports.

UT – unterer Totpunkt – bezieht sich auf die Position des Pedals, wenn es sich auf 6 Uhr oder am untersten Ende seines Weges befindet.

Valgus – lateinisch für »nach innen gewölbt« – x-beinige Menschen haben ein Valgus-Knie. Beim Radfahren und Bikefitting bezieht sich eine »Valgus-Stellung des Vorfußes« darauf, dass der Fuß so gekippt ist, dass der kleine Zeh höher ist als der große Zeh, was durch eine Unterlegscheibe ausgeglichen werden kann, die den Fuß in die entgegengesetzte Richtung kippt.

Varus – lateinisch für »nach außen gebogen« – o-beinige Menschen haben ein Varus-Knie. Beim Radfahren und Bikefitting bezieht sich eine »Varus-Stellung des Vorfußes« darauf, dass der Fuß so gekippt ist, dass der große Zeh höher ist als der kleine Zeh, was durch eine Unterlegscheibe ausgeglichen werden kann, die den Fuß in die entgegengesetzte Richtung kippt.

Ventilation – der Akt des Atmens – Füllen und Entleeren der Lunge mit Luft.

Verfolgung – die Disziplin, bei der ein Radfahrer (oder eine Mannschaft aus Radfahrern) einen anderen Radfahrer (oder eine Mannschaft) auf einer Bahn oder in einem Velodrom verfolgt.

Weiterführende Literatur und Websites

Baker, A. (2009): *Bike Fit*. 4. Auflage. Argo Publishing/Arnie Baker Cycling. Als E-Book unter arniebakercycling.com erhältlich

Bisi, M., Ceccarelli, M., Riva, F., Stagni, R. (2012): *Biomechanical und metabolic responses to seat-tube angle variation during cycling in triathletes*. Journal of Electromyography and Kinesiology, 22. S. 845–851 [PubMed][Google Scholar]

De Luca, C. (1997): *The use of surface electromyography in biomechanics*. Journal of Applied Biomechanics, 13. S. 135–163 [Google Scholar]

Dorel, S., Couturier, A., Hug, F. (2009): *Influence of different racing positions on mechanical und electromyographic patterns during pedaling*. Scandinavian Journal of Medicine & Science in Sports, 19. S. 44–54 [PubMed][Google Scholar]

Garside, I., Doran, D. (2000): *Effects of bicycle frame ergonomics on triathlon 10-km running performance*. Journal of Sports Sciences, 18. S. 825–833 [PubMed][Google Scholar]

Gaskin, M. (2013): *Cycling Science: How Rider and Machine Work Together*. Frances Lincoln

Gregor, R., Conconi, F., Broker, J. (2000): *Biomechanics of road cycling*. In: Gregor, R., Conconi, F. (Hrsg.): *Road Cycling*. Blackwell Science. S. 18–39 [Google Scholar]

Hausswirth, C., Vallier, J., Lehenaff, D., Brisswalter, J., Smith, D., Millet, G., Dreano, P. (2001): *Effect of two drafting modalities in cycling on running performance*. Medicine & Science in Sports & Exercise, 33. S 485–492 [PubMed][Google Scholar]

Heil, D., Wilcox, A., Quinn, C. (1995): *Cardiorespiratory responses to seat-tube angle variation during steady-state cycling*. Medicine & Science in Sports & Exercise, 27. S. 730–735 [PubMed][Google Scholar]

Hermens, H., Freriks, B., Disselhorst-Klug, C., Rau, G. (2000): *Development of recommendations for SEMG sensors and sensor placement procedures*. Journal of Electromyography and Kinesiology, 10. S. 361–374 [PubMed][Google Scholar]

Herzog, W., Guimaraes, A., Anton, M., Carter-Erdman, K. (1991): *Moment-length relations of rectus femoris muscles of speed skaters/cyclists and runners*. Medicine & Science in Sports & Exercise, 23. S. 1289–1296 [PubMed][Google Scholar]

Hopker, J. und Jobson, S. (2012): *Performance Cycling: The Science of Success*. Bloomsbury

Hug, F. und Dorel, S. (2009): *Electromyographic analysis of pedaling: A review*. Journal of Electromyography and Kinesiology, 19. S. 182–189 [PubMed][Google Scholar]

Jeukendrup, A., Craig, N., Hawley, J. (2000): *The bioenergetics of World Class Cycling*. Journal of Science and Medicine in Sport, 3. S. 414–433 [PubMed][Google Scholar]

Jorge, M. und Hull, M. (1986): *Analysis of EMG measurements during bicycle pedaling*. Journal of Biomechanics, 19. S. 683–694 [PubMed][Google Scholar]

LaFortune, M., Cavanagh, P., Valiant, G., Burke, E. (1983): *A study of the riding mechanics of elite cyclists*. Medicine & Science in Sports & Exercise, 15. S. 113 [Google Scholar]

Mahony, N., Donne, B., O'Brien, M. (1999): *A comparison of physiological responses to rowing on friction-loaded and air-braked ergometers*. Journal of Sports Sciences, 17. S. 143–149 [PubMed][Google Scholar]

Mujika, I. und Padilla, S. (2001): *Physiological and performance characteristics of male professional road cyclists*. Sports Medicine, 31. S. 479–487 [PubMed][Google Scholar]

Price, D. und Donne, B. (1997): *Effect of variation in seat tube angle at different seat heights on sub-maximal cycling performance in man*. Journal of Sports Sciences, 15. S. 395–402 [PubMed][Google Scholar]

Pruitt, A. (2006): *Andy Pruitt's Complete Medical Guide for Cyclists*. Velopress

Raasch, C., Zajac, F., Ma, B., Levine, W. (1997): *Muscle coordination of maximum speed pedaling*. Journal of Biomechanics, 30. S. 595–602 [PubMed][Google Scholar]

Rankin, J. und Neptune, R. (2010): *The influence of seat configuration on maximal average crank power during pedaling: A simulation study*. Journal of Applied Biomechanics, 26. S. 493–500 [PubMed][Google Scholar]

Reiser, R., Peterson, M., Broker, J. (2002): *Influence of hip orientation on Wingate power output and cycling technique*. Journal of Strength & Conditioning Research, 16. S. 556–560 [PubMed][Google Scholar]

Ricard, M., Hills-Meyer, P., Miller, M., Michael, T. (2006): *The effects of bicycle frame geometry on muscle activation and power during a Wingate anaerobic test*. Journal of

Bibliografie

Sports Science and Medicine, 5. S. 25–32 [PMC freier Artikel] [PubMed] [Google Scholar]

Ryan, M. und Gregor, R. (1992): *EMG profiles of lower extremity muscles during cycling at constant workload and cadence*. Journal of Electromyography and Kinesiology, 2. S. 69–80 [PubMed] [Google Scholar]

Savelberg, H., Van de Port, I., Willems, P. (2003): *Body configuration in cycling affects muscle recruitment and movement pattern*. Journal of Applied Biomechancis, 19. S. 310–324 [Google Scholar]

Silder, A., Gleason, K., Thelen, D. (2011): *Influence of bicycle seat tube angle and hand position on lower extremity kinematics and neuromuscular control: Implications for triathlon running performance*. Journal of Applied Biomechancis, 27. S. 297–305 [PubMed] [Google Scholar]

Winter, D. und Yack, H. (1987): *EMG profiles during normal human walking: Stride-to-stride and inter-subject variability*. Electroencephalography and Clinical Neurophysiology, 67. S. 402–411 [PubMed] [Google Scholar]

Websites

www.retul.com
www.cyclefit.com
www.bikefit.com
www.slowtwitch.com

Anderson, J. und Sockler, J. (1990): *Effects of orthoses on selected physiological parameters in cycling*. Sports Medicine, 80 (3). S. 161–165

Ashe, M. C., Scroop, G. C., Frisken, P. I., Amery, C. A. Wilkins, M. A und Khan, K. M. (2003): *Body position affects performance in untrained cyclists*. British Journal of Sports Medicine, 37 (5). S. 441–444

Barratt, P. R., Korff, T., Elmer, S. J. und Martin, J. C. (2011): *Effect of crank length on joint-specific power during maximal cycling*. Medicine & Science in Sports & Exercise, 43 (9). S. 1689–1697

Bini, R. (2012): *Patellofemoral and tibiofemoral joint forces in cyclists and triathletes: Effects of saddle height*. Journal of Science of Cycling, 1 (1). S. 9–14

Böhm, H., Siebert, S. und Walsh, M. (2008): *Effects of short-term training using SmartCranks on cycle work distribution and power output during cycling*. European Journal of Applied Physiology, 103. S. 225–232

Braeckevelt, I. J., De Bock, I. J., Schuermans, J., Verstockt, S., Witvrouw, E. und Dierckx, J. (2019): *The Need for Data-Driven Bike Fitting: Data Study of Subjective Expert Fitting*. 7th International conference on Sport Sciences Research and Technology (icSports 2019), S. 181–189. SCITEPRESS (Science and Technology Publications)

Broker, J. P. und Gregor, R. J. (1993): *Mechanical energy management in cycling: Hamstrings and gastrocnemius intercompensate to balance system energy*. Department of Physiological Science. University of California, Los Angeles

Burnett, A., Cornelius, M., Dankaerts, W. und O'Sullivan, P. (2004): *Spinal kinematics and trunk muscle activity in cyclists: A comparison between healthy controls and non-specific chronic low back pain subjects: A pilot investigation*. Manual Therapy, 9 (4). S. 211–219

Clarsen, B., Krosshaug, T. und Bahr, R. (2010): *Overuse injuries in professional road cyclists*. American Journal of Sports Medicine, 38 (12). S. 2494–2501

Davids, K., Glazier, P. und Ara, D. (2003): *Movement systems as dynamical systems: The functional role of variability and its implications for sports medicine*. Sports Medicine, 33 (4). S. 245–260

Ellis, R., Hing, W. und Reid, D. (2007): *Iliotibial band friction syndrome: A systematic review*. Manual Therapy, 12. S. 200–208

Elmer, S. J., Barratt, P. R., Korff, T. und Martin, J. C. (2011): *Jointspecific power production during submaximal and maximal cycling*. Medicine & Science in Sports & Exercise, 43 (10). S. 1940–1947

Ericson, M. und Niesell, R. (1986): *Tibiofemoral joint forces during ergometer cycling*. American Journal of Sports Medicine, 14 (4). S. 285–290

Ericson, M., Ekholm, J., Svensson, O. und Nisell, R. (1985): *The forces of ankle joint structures during ergometer cycling*. Foot Ankle, 6 (3). S. 135–142

Ericson, M., Niesell, R., Arborelius, U. und Ekholm, J. (1985): *Muscle activity during ergometer cycling*. Scandinavian Journal of Rehabilitation Medicine, 17. S. 53–61

Farrell, K., Reisinger, K. und Tillman, M. (2003): *Force and repetition in cycling: Possible implications for iliotibial band friction syndrome*. Knee, 10 (1). S. 103–109

Ferrer-Roca, V., Roig, A., Galilea, P. und García-López, J. (2012): *Influence of saddle height on lower limb kinematics in well-trained cyclists: static vs. dynamic evaluation in bike fitting*. The Journal of Strength & Conditioning Research, 26 (11). S. 3025–3029. Doi: 10.1519/JSC.0b013e318245c09d

Francis, P. (1986): *Injury prevention for cyclists: A biomechanical approach*. In: Burke, E. R. (Hrsg.) Science of Cycling. Human Kinetics, S. 145–184

Fredericson, M., Cookingham, C., Chaudhari, A., Dowdell, B., Oestreicher, N. und Sahrmann, S. (2000): *Hip abductor weakness in distance runners with iliotibial band syndrome*. Clinical Journal of Sport Medicine, 10. 169–175

Fulkerson, J. und Gossling, H. (1980): *Anatomy of the knee joint lateral retinaculum*. Clinical Orthopaedics and Related Research, 53. S. 183–188

Fulkerson, J. und Hungerford, D. (1990): *Disorders of the Patellofemoral Joint*. Williams and Wilkins

Gregor, R., Cavanagh, P. und LaFortune, M. (1985): *Knee flexor moments during propulsion in cycling: A creative solution to Lombard's paradox*. Journal of Biomechanics, 18 (5). S. 307–316

Herbert, L. (1994): *Patellofemoral pain syndrome: The possible role of an inadequate neuromuscular mechanism*. Clinical Biomechanics, 9 (2). S. 93–97

Holmes, J. C., Pruitt, A. L. und Whalen, N. J. (1991): *Cycling knee injuries: Common mistakes that cause injuries and how to avoid them*. Cycling Science, 3 (2). S. 11–15

Holmes, J. C., Pruitt, A. L. und Whalen, N. J. (1993): *Iliotibial band syndrome in cyclists*. American Journal of Sports Medicine, 21 (3). S. 419–424

Holmes, J. C., Pruitt, A. L. und Whalen, N. J. (1994): *Lower extremity overuse in bicycling*. Clinical Sports Medicine, 13 (1). S. 187–205

Horton, M. und Hall, T. (1989): *Quadriceps femoris angle: normal values, and relationships with gender and selected skeletal measures*. Physical Therapy, 69 (11). S. 897–901

Hug, F. und Dorel S. (2009): *Electromyographic analysis of pedaling: A review*. Journal of Electromyography and Kinesiology, 19 (2). S. 182–198

Hull, M. L. und Ruby, P. (1996): *Preventing overuse injuries*. In: Burke, E. R. (Hrsg.), *High-Tech Cycling*. Human Kinetics, S. 11

Hvid, I., Anderson, B. und Schmidt, H. (1981): *Chondromalacia patellae: The relation of abnormal joint mechanics*. Acta Orthopaedica, 52. S. 661-666

Hynd, J., Crowle, D. und Stephenson, C. (2014): *The influence of hamstring extensibility on preselected saddle height within experienced competitive cyclists*. Journal of Science and Cycling, 3 (2). S. 22

Insall, J., Falvo, K. und Wise, D. (1976): *Chondromalacia patellae: A prospective study*. Journal of Bone Joint Surgery, 58. S. 7–8

Khaund, R. und Flynn, S. (2005): *Iliotibial band syndrome: A common source of knee pain*. American Family Physician, 71 (8). S. 1545–1550

Kibler, W., Chandler, T. und Pace, B. (1992): *Principles of rehabilitation after chronic tendon injuries*. Clinical Journal of Sport Medicine, 11 (3). S. 661–671

Korff, T., Romer, L. M., Mayhew, I. und Martin, J. C. (2007): *Effect of pedaling technique on mechanical effectiveness and efficiency in cyclists*. Medicine & Science in Sports & Exercise, 39 (6). S. 991–995

Lauterbach, G., Schwellnus, M. und Noakes, T. (1992): *Biomechanical predictors of overuse knee injuries in cyclists*. Medical Science in Sports and Exercise, 24 (5). S. 127

Lavine, R. (2010): *Iliotibial band friction syndrome*. Current Reviews in Musculoskeletal Medicine, 3. S. 18–22

Lederman, E. (2010): *The myth of core stability*. Journal of Bodywork and Movement Therapies, 14 (1). S. 84–98

Lederman, E. (2011): *The fall of the postural-structural-biomechanical model in manual and physical therapies: Exemplified by lower back pain*. Journal of Bodywork and Movement Therapies, 15 (2). S. 131–138

Martin, J. C. und Brown, N. A. T. (2009): *Joint-specific power production and fatigue during maximal cycling*. Journal of Biomechanics, 42. S. 474–479

Martin, J. C. und Wagner, B. M. (2002): *Mechanical energy flow during maximal cycling: Is energy conserved?* World Congress of Biomechanics 2012

Martin, J. C., Lamb, S. M. und Brown, N. A. (2002): *Pedal trajectory alters maximal single-leg cycling power*. Medicine & Science in Sports & Exercise, 34 (8). S. 1332–1336

Mellion, M. (1991): *Common cycling injuries: Management and prevention*. Sports Medicine, 11 (1). S. 52–70

Nemeth, W. und Sanders, B. (1996): *The lateral synovial recess of the knee: Anatomy and role in chronic iliotibial band friction syndrome*. Arthroscopy, 12 (5). S. 574–580

Neptune, R. R., Kautz, S. A. und Zajac, F. E. (2000): *Muscle contributions to specific biomechanical functions do not change in forward versus backward pedaling*. Journal of Biomechanics, 33. S. 155–164

Nguyen, A., Boling, M., Levine, B. und Shultz, S. (2009): *Relationships between lower extremity alignment and the quadriceps angle*. Clinical Journal of Sport Medicine, 19 (3). S. 201–206

Olerud, C. und Berg, P. (1984): *The variation of the quadriceps angle with different positions of the foot*. Clinical Orthopaedics and Related Research, 79 (7). S. 162–165

Powers, C., Perry, J., Hsu, A. und Hislop, J. (1997): *Are patellofemoral pain and quadriceps femoris muscle torque associated with locomotor function?* Physical Therapy, 77. S. 1063–1075

Price, D. und Donne, B. (1997): *Effect of variation in seat tube angle at different seat heights on submaximal cycling performance in man*. Journal of Sports Sciences, 15 (4). S. 395–402

Ruby, P. und Hull, M. L. (1993): *Response of intersegmental knee loads to foot/pedal platform degrees of freedom in cycling*. Journal of Biomechanics, 26. S. 1327–1340

Ruby, P., Hull, M., Kirby, K. und Jenkins, D. (1992): *The effect of lower limb anatomy on knee loads during seated cycling*. Journal of Biomechanics, 25. S. 1195–1207

Salai, M., Brosh, T., Blankstein, A., Oran, A. und Chechik, A. (1999): *Effect of changing the saddle angle on the incidence of low back pain in recreational bicyclists*. British Journal of Sports Medicine, 33 (6). S. 398–400

Sanderson, D. J., Black, A. H. und Montgomery, J. (1994): *The effect of varus and valgus wedges on coronal plane knee motion during steadyrate cycling*. Clinical Journal of Sport Medicine, 4. S. 120–124

Sanderson, D. J. und Martin, P. E. (1997): *Lower extremity kinematic and kinetic adaptations in unilateral below-knee amputees during walking*. Gait and Posture, 6. S. 126–136

Sauer, J. L., Potter, J. J., Weisshaar, C. L., Ploeg, H. L. und Thelen, D. G. (2007): *Influence of gender, power, and hand position on pelvic motion during seated cycling*. Medicine & Science in Sports & Exercise, 39 (12). S. 2204–2211. Doi: 10.1249/mss.0b013e3181568b66

Schep, G., Bender, M. H., Kaandorp, D., Hammacher, E. und de Vries, W. R. (1999): *Flow limitations in the iliac arteries in endurance athletes: Current knowledge and directions for the future*. International Journal of Sports Medicine, 20 (7). S. 421–428

Silberman, M. R., Webner, D., Collina, S. und Shiple, B. J. (2005): *Road bicycle fit*. Clinical Journal of Sport Medicine, 15 (4). S. 271–276

Tamborindeguy, A. und Bini, R. (2011): *Does saddle height affect patellofemoral and tibiofemoral forces during bicycling for rehabilitation?* Journal of Bodywork and Movement Therapies, 15 (2). S. 186–191

Too, D. (1994): *The effect of trunk angle on power production in cycling*. Research Quarterly for Exercise and Sport, 65 (4). S. 308–315

Weiss, B. (1985): *Non-traumatic injuries in amateur long distance bicyclists*. American Journal of Sports Medicine, 13 (3). S. 187–192

Wilber, C. A., Holland, G. J., Madison, R. E. und Loy, S. F. (1995): *An epidemiological analysis of overuse injuries among recreational cyclists*. International Journal of Sports Medicine, 16 (3). S. 201–206

Register

Dank

Ich möchte zunächst allen danken, die zu diesem Buch beigetragen haben und nicht erwähnt werden – ihr wisst, wer ihr seid, und das Buch ist dank eures Beitrags umso besser.

Besonderer Dank gilt Nik Cook, Sarah Skipper, Charlotte Croft, Grant Pritchard und wie immer dem unerschütterlichen David Luxton.

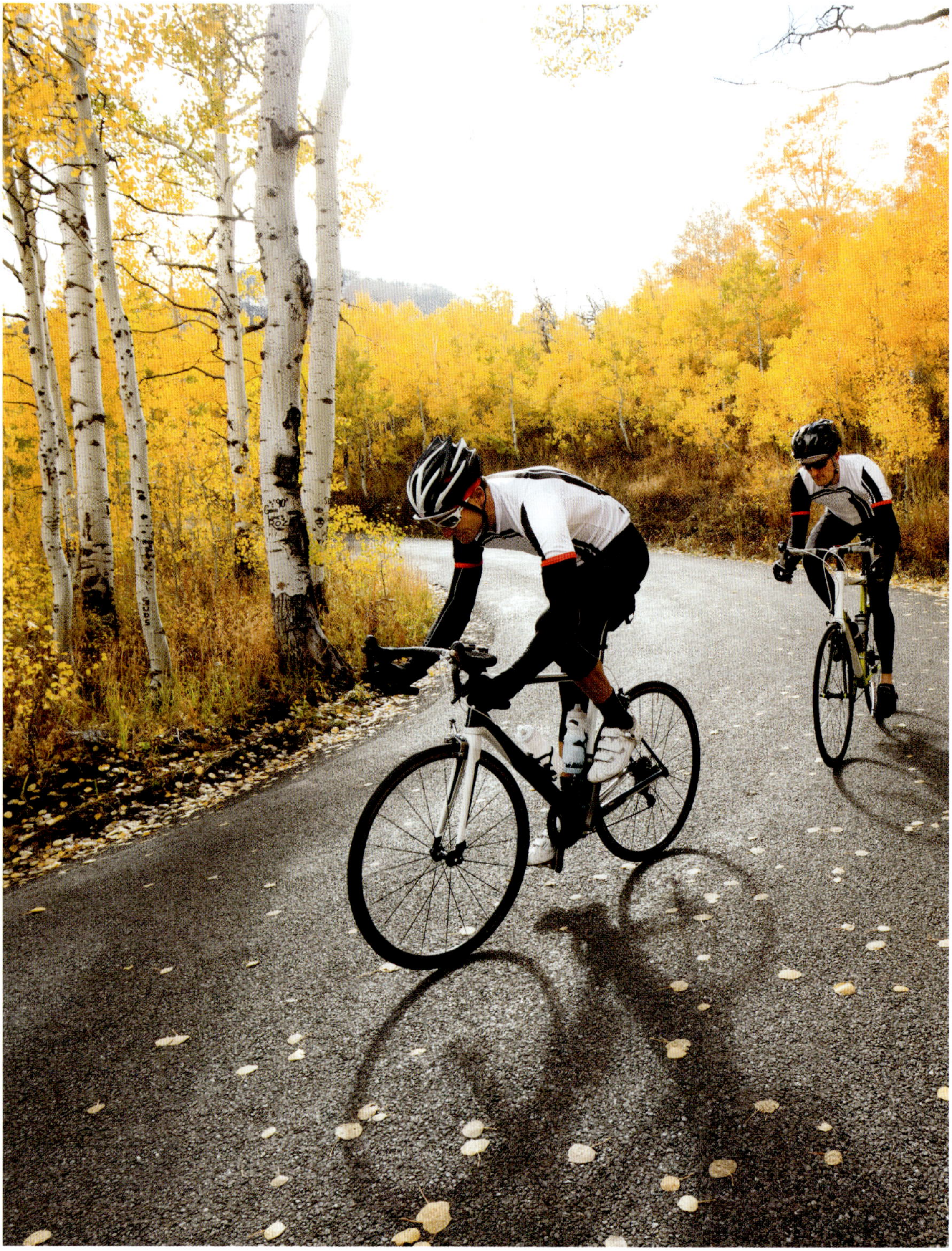